LEXIKON
DER HEIL-PFLANZEN

MARIA-E. LANGE-ERNST
SEBASTIAN ERNST

LEXIKON DER HEILPFLANZEN

NEUER HONOS VERLAG

Titelmotiv: ZEFA / Braennhage
Gesamtherstellung: NEUER HONOS VERLAG

Einführung

Sanfte Heilweisen im Aufwärtstrend

Der Arzt sei nur der Helfer, der Patient selbst aber der Arzt. Diesen revolutionär anmutenden Satz hat einst der griechische Arzt Hippokrates (460–375 v. Chr.) gesagt und nicht ein Befürworter der modernen alternativen Medizin.

In der Antike gab es nur *eine* Art der Krankheitsbehandlung, die wir heute Naturheilkunde oder Erfahrungsmedizin nennen und im Vergleich zur etablierten Hochschulmedizin als moderne, ganzheitliche, zuweilen auch alternative Heilkunst verstehen. Diese umfaßt nach unserem aktuellen Kenntnisstand eine Fülle von Maßnahmen und Behandlungsweisen, die dem weiten Feld der sanften Medizin zugeordnet werden. Naturheilkundliche Verfahren und Anwendungen zielen in erster Linie darauf ab, die Selbstheilungskräfte des Körpers zu stärken und zu beleben, denn der Organismus setzt bei Mißempfindungen und Einbußen seiner Balance unverzüglich alle verfügbaren Kräfte in Bewegung, um zu seiner gewohnten Normalität zurückzufinden. Hippokrates hat seinerzeit diesen geheimnisvollen „inneren Arzt", den Mutter Natur jedem Menschen in die Wiege legt, erkannt, verstanden und wirken lassen.

Der Trend zur Selbstmedikation bei Befindlichkeitsstörungen aller Art, die Sehnsucht nach Natur sowie die Angst vor Arzneimittelnebenwirkungen und Unverträglichkeiten hat in der Bundesrepublik den Verbrauch von Naturheilmitteln in den vergangenen 20 Jahren deutlich ansteigen lassen.

1970 nutzten 52 Prozent der Bevölkerung regelmäßig Naturheilmittel, und 1997 waren es schon 62 Prozent. Diese Zunahme ist vor allen Dingen der Altersgruppe der 16 bis 29jährigen – darunter vor allem den Frauen – zuzuschreiben. 74 Prozent von ihnen greifen mehr oder weniger regelmäßig auf Naturheilmittel zurück. Bei den Männern sind es nur 55 Prozent. Dies ergab eine vom Bundesfachverband der Arzneimittelhersteller (BAH) in Auftrag gegebene Langzeitstudie des Allensbach-Instituts.

Laut Allensbach profitieren die Naturheilmittel eindeutig vom Trend zur Selbstmedikation: Bei „kleinen Wehwehchen" auf einen Arztbesuch zu verzichten, gaben 1978 bereits 44 Prozent der Bevölkerung an. 1996 waren es schon 58 Prozent und das bedeutet: Der Großteil unserer Naturheilmittel dient der Behandlung und Vorbeugung leichterer Befindlichkeitsstörungen wie Erkältungen, Kopfschmerzen, Schlaf- und Verdauungsproblemen.

Was aber tatsächlich unter Naturheilmitteln zu verstehen ist, diese Definition hat Allensbach den Befragten selbst überlassen. Daher dürften nicht nur Arzneimittel aus der Apotheke in die genannte Umfrage eingegangen sein, sondern auch einfache Hausmittel wie etwa ein Wadenwickel zur Fiebersenkung.

Die Befragten machten überwiegend gute Erfahrungen mit der Wirksamkeit sanfter Heilweisen: „Naturheilmittel haben mir geholfen“, sagen 58 Prozent, „... haben nicht geholfen“, dagegen nur 3 Prozent der Bevölkerung. Mittlerweile kauften sich 56 Prozent der Anwender ihre Naturheilmittel selbst, nur 22 Prozent erhielten sie auf Rezept. Die Zukunft scheint den Naturheilmitteln zu gehören: 41 Prozent der Bevölkerung glaubt, daß diese künftig noch eine weitaus größere Rolle auf dem Arzneimittelmarkt spielen werden.

Naturheilkunde heute

Die Naturheilkunde fußt auf den traditionellen Erkenntnissen und Erfahrungswerten, daß Mißempfindungen und Krankheiten des Menschen im Grunde genommen nur mit den eigenen Mitteln des Körpers und durch ihn selbst beseitigt und geheilt werden können. Diese Mittel bestehen zum Beispiel in der großartigen Fähigkeit, zerstörtes Gewebe wieder herzustellen oder eine Vernarbung herbeizuführen, die eingeschränkten Funktionen eines Organs allmählich wieder zu aktivieren oder durch die Mehrleistung anderer Organe auszugleichen.

Naturheilkundliche Maßnahmen locken die Selbstheilungskräfte, indem sie die aktive Widerstandsfähigkeit des Abwehrsystems gegen krankmachende Einflüsse aus den unterschiedlichen Bereichen der Umwelt gezielt unterstützen. Sie beeinflussen durch ihr Ordnungsprinzip den gesamten Menschen in seiner Dreieinigkeit aus Körper, Geist und Seele und fördern damit die Erhaltung und Wiederherstellung eines harmonischen und natürlichen Gleichgewichts. Jede Mißempfindung oder Krankheit betrachtet die Naturheilkunde als Signal und Ausdruck der biologischen Heilkraft, die im Menschen wohnt. Diese macht mit ihren Mitteln unmißverständlich darauf aufmerksam, daß Schonung und Ruhe sowie eine Änderung der Lebensweise geboten sind. Das gilt zum Beispiel sowohl für Fieber als auch die gesteigerte Ausscheidung durch Darm, Nieren und Haut beim Ausschwitzen. Mit naturheilkundlichen Maßnahmen werden nicht nur Symptome bekämpft, sondern das Übel wird an der Wurzel gepackt.

Es liegt in der Natur des Menschen, daß sich die körpereigenen Regulationsmechanismen des „inneren Arztes" oft als unvollkommen oder überfordert darstellen und deshalb eine gezielte Unterstützung benötigen. Die moderne Naturheilkunde mit ihrem facettenreichen therapeutischen Angebot wird heutzutage in besonderem Maße von Gesunden zur Vorsorge (= Prophylaxe), im Rahmen von Frühheilverfahren und in der Nachbehandlung von Krankheiten (= Rehabilitation) angewandt. Die sanfte Medizin bewährt sich zunehmend als Ergänzung und Alternative zu herkömmlichen schulmedizinischen Behandlungen. Außerdem werden die Selbstheilungskräfte des Körpers immer dann günstig beeinflußt, wenn die Ratsuchenden Ermunterung erfahren, sich ernstgenommen fühlen und spüren, daß sie für sich selbst und ihr eigenes Wohlergehen eine ganze Menge tun können.

Oberstes Gebot der Naturheilkunde ist, keine Behandlungsweise in Betracht zu ziehen, die auch nur im geringsten Maße die körpereigenen Anstrengungen zu Gesundung und Heilung stört. Die sanften Heilweisen lehren uns auch, die eng miteinander verbundenen Wiederherstellungs- und Abwehrbemühungen des Körpers mit Geduld abzuwarten und seine Anstrengungen im Gesundungsprozeß zu respektieren. Die Naturheilkunde zeigt, wie die biologischen Maßnahmen auf das eng vernetzte „Getriebe" des Organismus je nach Art und Intensität abzustufen sind und bezieht die Persönlichkeit des Erkrankten sowie dessen individuelle Gegebenheiten voll in das Behandlungsprinzip ein.

Vorbei sind die Zeiten, in denen naturheilkundlich orientierte Ärzte und Therapeuten kopfschüttelnd belächelt, sogar als unwissenschaftlich und unzeitgemäß gescholten wurden. Im Zuge der allgemeinen Rückbesinnung auf die Natur, insbesondere durch eine stets wachsende Sensibilisierung breiter Schichten der Bevölkerung für die fortschreitende Zerstörung des ältesten Partners der Menschheit, dessen Ausbeutung und

Mißachtung, ist auch in Gesundheitsfragen ein neues Naturbewußtsein entstanden. Auf imposante Maschinenparks in Kliniken und Praxen, ein dichtes Netz von hochspezialisierten Medizinern für jedes Organ und zahllose bunte Pillen möchten immer mehr gesundheitsbewußte Menschen nach Möglichkeit nur dann zurückgreifen, wenn solche Behandlungsmaßnahmen wirklich unumgänglich werden.

Naturheilkunde und Schulmedizin

Nach statistischen Erhebungen sind heute rund zwei Drittel der ambulanten Patientinnen und Patienten über 35 Jahre in unseren Arztpraxen lediglich befindensgestört oder vitalitätsgemindert, aber nicht ernsthaft krank. Die eindeutige Ursache dieser Entwicklung ist der Lifestyle in unserer naturfernen Überflußgesellschaft mit chronischen Fehlbelastungen durch Bewegungsmangel, den „Sitzmarathon" des Alltags, überreichliche „Kalorienbomben", aber dennoch nährstoffarme, weil überwiegend industriegefertigte Kost, und eine stattliche Häufung von emotional-sozialem Negativstreß. Unterschiedliche Ventilsymptome führen zu Entgleisungen des allgemeinen Wohlbefindens, aber in den wenigsten Fällen sind wirklich Medikamente notwendig. Statt dessen sind bei Leistungsknick und psychosomatischer Erschöpfung Beratungs-, Zuwendungs- und Präventivmedizin dazu angetan, dem Übel auf den Grund zu gehen. In diesem weiten Feld liegt die große Chance der modernen Naturheilkunde. Sie vermag den krankmachenden Lebensstil nach und nach zu korrigieren und mit sanften Anwendungen die Selbstheilungskräfte des Organismus wieder zu beleben.

Menschliche Zuwendung ist seit jeher die Stärke der naturheilkundigen Therapeuten. Sie gehen auf den erkrankten Menschen und seine Probleme mit Geduld und großer Sorgfalt ein, weil sie das komplexe Zusammenspiel von Körper, Geist und Seele verstehen und wissen, daß ständige Kränkungen im Beruf und Alltag krank machen können. Statt eines raschen Griffs zum Rezeptblock nehmen sich die Therapeuten Zeit für ein klärendes Gespräch und hernach kommt es zu einer ausführlichen Beratung und entsprechenden Behandlungsangeboten.

Unrealistische Hoffnungen und Erwartungen werden seriöse Therapeuten immer dämpfen und insbesondere keine Wunderdinge verheißen. Vielfältige Versprechungen selbsternannter

Wunderheiler, die angeblich mit allerlei Tröpfchen und Kräutern zum Beispiel jeden Krebs zum Verschwinden bringen können, haben den naturheilkundlichen Verfahren in der Vergangenheit mehr geschadet als genutzt. Aber die „Kluft zwischen Klassikern und Kräutern" wird zunehmend geringer. Der Zusatztitel „Arzt für Naturheilverfahren" ist mitlerweile sehr begehrt. Für diese Entwicklung steht eine ganze Reihe von Ursachen, wobei eine auch von vielen Ärzten mittlerweile so gesehen wird: *Die Schulmedizin gelangt bei vielen chronischen Erkrankungen an das Ende ihres „Lateins".*

Ob Arteriosklerose, rheumatische Leiden, Neurodermitis, Migräne und Kopfschmerzen, Schlafstörungen, funktionelle Magen-Darm-Beschwerden und vieles mehr, es wird Blut abgenommen, geröntgt, und eine Vielzahl von Medikamenten wird ausprobiert. Vielfach wird zum Spezialisten oder in die Klinik überwiesen, aber letztendlich doch nur am Symptom herumkuriert. Mit der Zeit kommt durch die Häufung rein schulmedizinischer Maßnahmen der „innere Arzt" immer mehr zum Verstummen, und die körpereigene Abwehrfähigkeit erlahmt zusehends.

Weshalb das so ist, erläutert Professor Dr. med. Hartmut Heine von der Universität Witten-Herdecke. Der Präsident des European Council of Doktors for Plurality in Medicine (ECPM) sagt: „Aus naturheilkundlicher Sicht lassen sich Stoffwechselvorgänge im Organismus als dynamisches Gleichgewicht zwischen degenerativen und regenerativen Vorgängen verstehen. Reicht das regenerative Potential nicht aus, die Abbauvorgänge zu kompensieren, kommt es zu Befindlichkeitsstörungen und chronischen Erkrankungen. Ganzheitlich ausgerichtete Behandlungsweisen können das gesamte System wieder in seinen biologischen Gleichklang bringen, indem sie die regenerativen Prozesse fördern und mobilisieren."

Laut Professor Heine läßt sich das Ungleichgewicht zwischen Degeneration und Regeneration durch eine Zunahme der Fehlleistungen im sogenannten Grundsystem des Körpers erklären. Dieses wirkt wie ein Molekularsieb aus hochspezialisierten Zuckerbestandteilen und kontrolliert durch seine vielschichtige Zusammensetzung und Maschenweite die Versorgungswege zu den Zellen. Jeder einzelne unserer 60 bis 100 Billionen Urbausteine unseres Körpers ist von diesem Grundsystem wie von einem Bett umgeben. Es sorgt unter anderem für die unablässige Zufuhr von lebenswichtigen Nährsubstanzen und Sauerstoff und besorgt den Abtransport von Stoffwechselendprodukten. Eine längerfristige Fehlbelastung des Körpers durch den krankmachenden Lifestyle führt letztendlich dazu, daß dieses Kontrollsystem des Molekularsiebs nicht mehr situationsgerecht arbeitet. Dadurch können die nachgeschalteten Zellen zu Entgleisungen und krankhaften Veränderungen ihrer Aktivitäten gezwungen sein. Unterschiedliche Befindlichkeitsstörungen und das Entstehen chronischer Erkrankungen sind dann die direkte Folge. Daß diese gestörten Regulationsabläufe des Körpers die eigentliche Ursache für Erkrankungen sind, findet immer mehr Eingang in die Schulmedizin. Aus diesem Grunde sind heute Ärztinnen und Ärzte gefragt, die sowohl das herkömmliche Spektrum der Schulmedizin beherrschen als auch den enormen Erfahrungsschatz der natürlichen Heilweisen zu nutzen verstehen. Sie sind in der Lage, bereits in der Grauzone zwischen *„nicht mehr gesund genug, aber noch nicht krank"* die fehlgesteuerten Regulationssysteme bei aktiver Mithilfe des Patienten wieder in die gewohnte Ordnung zurückzuführen.

Ventilsymptome wie Schlafstörungen, innere Unruhe, Leistungseinbrüche, vorgezogene Alterungs- und Abnutzungserscheinungen, Hautsymptome, Magen-Darmstörungen, Infektionsanfälligkeit und vieles mehr können ganzheitlich orientierte Ärztinnen und Ärzte rechtzeitig erkennen und damit das Einmünden in chronisch-degenerative Erkrankungen verhindern oder zumindest hinauszögern. Ein optimaler Behandlungserfolg ist sehr häufig auf der Grundlage von unterschiedlichen Naturheilverfahren zu erreichen, die möglicherweise mit Strategien der konventionellen Medizin kombiniert werden.

Der Grundsatz der Naturheilkunde

Erklärte Absicht der Naturheilkunde ist es, stets behutsam einzugreifen, um den gesamten Organismus in seiner Anstrengung um die Herstellung der biologischen Ordnung zu unterstützen. Hier hilft die goldene Regel nach Sebastian Kneipp: „Die gelindeste Anwendung ist die beste." Der „Wasserpfarrer" war durch seine langjährige Erfahrung zu der Überzeugung gekommen, „daß die kleinen Portionen besser wirken, weil die Natur nicht große Portionen auf einmal verwerten kann."

Machen wir uns klar: Naturheilkundliche Anwendungen sind durchaus keine moderne Alternative des Gesundheits- und Medizinbetriebs unserer Tage, sondern eine uralte Wertbezeichnung. Von Anbeginn an steht immer der Mensch im Mittelpunkt der Anwendungen, und sie, die Naturheilkunde, entstammt selbst einem Lebensmittelpunkt des Menschen. Diese Erkenntnis weckt Vertrauen und macht naturheilkundliche Anwendungen und ihr Gedankengut einfach menschlich.

Weshalb sprechen sich denn weit mehr als 80 Prozent aller Deutschen für die sanften Heilweisen, vor allem die altbewährten und wiederentdeckten aus der Grünen Apotheke aus? Eine bekannte biologische Reizregel besagt: „Schwache Reize fachen die Lebenstätigkeit an, mittelstarke fördern sie, starke hemmen sie und stärkste heben sie auf." Wir müssen heute danach fragen, wie es in diesem Zusammenhang mit der Wirksamkeit von Heilpflanzen steht – oder sollten wir statt „Wirksamkeit" nicht besser „Heilungsfähigkeit" sagen?

Heilpflanzen – Die Hände der Götter

Die Pflanzenheilkunde ist zweifellos das älteste aller Therapieverfahren der Menschheitsgeschichte, und zugleich liegen in ihr auch die Wurzeln der hochmodernen Medizin unserer Tage. Schon in den frühzeitlichen Aufzeichnungen der großen Kulturen dieser Welt sind Hinweise auf die Heilkraft von Pflanzen und das Wissen von Heilkundigen zu finden. Häufig wird von weisen Frauen und Göttinnen erzählt, die sich mit der Pflanzenheilkunde befaßten und auskannten, oder sie galten auch als deren verehrungswürdige Beschützerinnen.

Um 2500 v. Chr. wurden in der Tonplatten-Bibliothek des assyrischen Kaisers Assurbanipal schon 250 Arzneipflanzen exakt beschrieben. Die altägyptische Königin Hatchepsut ließ etwa 1490 v. Chr. ein Gewächshaus für die Aufzucht von Heilkräutern errichten. Arabische und altgriechische Ärzte wie der berühmte Hippokrates (um 460 bis 377 v. Chr.) oder römische und germanische Heilkundige wie Gallenus und Walen verwendeten in erster Linie die Kraft der Pflanzen bei der Behandlung ihrer Patienten. Schließlich wurde der gesamte Erfahrungsschatz der morgen- und abendländischen Kulturkreise von Benediktinermönchen zusammengetragen.

„Causae et Curae“ (= Ursachen und Behandlungen), das Gesamtwerk der berühmten Naturärztin und Äbtissin Hildegard von Bingen (1098–1179), umfaßte bereits 62 unterschiedliche Fieber-, 79 Herz- und 99 Rheumamittel aus der Grünen Apotheke. Aber auch weise Frauen aus dem einfachen Volk verstanden sich auf die Heilkraft der Pflanzen, und weil sie wegen dieser Macht ihres großen Wissens der Kirche unheimlich wurden, starben ungezählte „Kräuterweiblein“ und Hebammen als sogenannte „Hexen“ auf dem Scheiterhaufen. Den größten Teil ihres reichen Erfahrungsschatzes nahmen sie mit in den Tod. Darum mußte in den folgenden Jahrhunderten das Wissen um die Wirksamkeit der heilkräftigen Pflanzenrezepturen wieder mühsam zusammengetragen oder völlig neu entdeckt werden.

Heutzutage sind etwa 3.000 Heilpflanzen bekannt, aber nur rund 500 werden zur Herstellung von Arzneien genutzt. Bis zu 40 Prozent unserer modernen und im Deutschen Arzneibuch aufgeführten Pharmazeutika sind im weitesten Sinne pflanzlichen Ursprungs, selbst wenn diese Zusammenhänge nicht auf Anhieb erkennbar sind und die jeweiligen Rezepturen aus alter und industriell geprägter Zeit nur noch geringe Gemeinsamkeiten aufweisen.

Zu den heilkräftigen Pflanzen zählen vorrangig Kräuter, aber ebenso Sträucher, Bäume, Früchte und Knollengewächse. Die traditionelle Pflanzenheilkunde nutzt entweder die gesamte Pflanze oder auch nur bestimmte Pflanzenteile wie Blätter und Wurzeln, um diese auf unterschiedliche Weise zu frischen und getrockneten Drogen auf- und zuzubereiten.

Mit ihren umfangreichen Inhaltsstoffen wie Alkaloiden, Glykosiden, Gerb- und Bitterstoffen, ätherischen Ölen sowie Vitaminen, Mineralien und Spurenelementen – nicht zu vergessen auch Eiweiß und Zuckerstoffe – ist jede unserer Heilpflanzen eine individuell zusammengesetzte Schatztruhe der Natur. Sie ist darüber hinaus ein komplexes Wunderwerk, angefüllt mit einer kaum vorstellbaren Vielfalt biologischer Chemikalien. Unsere geläufige Trennung: Hier Natur, dort Chemie ist also überhaupt nicht angebracht. Die Natur besitzt ihre ureigene Vielfalt und sehr geheimnisvolle Rezepturen, die wir modernen Menschen kaum nachvollziehen können.

Die pharmazeutische Industrie und pharmakologische Forschung wurden vom Gesetzgeber aufgefordert, bestimmte Gruppen und insbesondere einzelne Inhaltsstoffe von heilkräftigen Pflanzen zu isolieren und diese auf ihre bestimmten Wirksamkeitsmechanismen zu überprüfen. Daß der „biochemische Großbetrieb“ Pflanze die Zusammensetzung seiner einzelnen Wirkstoffe nur ungern preisgibt, mußten mittlerweile viele Forschungsgruppen erleben. Die vom Gesetzgeber verlangten Untersuchungen und Nachweise sind deshalb nicht nur langwierig, sondern auch sehr kostenaufwendig.

Mitunter müssen selektierte Wirksubstanzen von Heilpflanzen labortechnischen Prozessen unterworfen werden, die den therapeutischen Nutzen anheben sollen. Hierdurch kann es zu Nebenwirkungen kommen, die bei einer natürlichen Aufbereitung der ganzen Pflanze oder ihrer Teile kaum zu erwarten sind. Pflanzliche Heilmittel stehen heute in großer Vielfalt als Tee, Saft, Dragees, Pulver, Tropfen, Kapseln, Tonica oder Elixiere zur Verfügung. Darunter befinden sich nicht wenige völlig harmlose und häufig auch untaugliche Zubereitungen, die obendrein dem wenig sachkundigen Verbraucher für gutes Geld verkauft werden. Je nach ihrer Wirkung und möglichen Nebenwirkung sind die meisten pflanzlichen Wirk- und Heilmittel frei verkäuflich zu erwerben. Einige von ihnen unterliegen nach wie vor der Verschreibungspflicht des Arztes und dürfen auch von Heilpraktikern nicht verordnet werden.

Heilmittelzubereitungen entfalten im Körper ihre Wirkung auf unterschiedlichen Wegen. In den meisten Fällen geschieht dies über die Mundschleimhaut und den Magen-Darm-Trakt. Andere werden inhaliert oder gelangen über die Einreibung oder Injektion der Wirkstoffe an den Zielort.

Die folgenden wichtigsten Inhaltsstoffe der Heilpflanzen gelten als wissenschaftlich geprüft und werden in der Vorbeugung und Therapie als wirksam und unbedenklich erachtet:

Ätherische Öle

Es handelt sich um äußerst empfindliche Substanzen mit ganz spezifischem Geruch. Sie zeichnen sich durch folgende Eigenschaften aus:

- bakterienhemmend (Knoblauch und Meerrettich)
- appetitanregend (Majoran und Koriander)

- schleimlösend und sekretfördernd (Anis und Thymian)
- beruhigend (Baldrian und Melisse)
- blähungshemmend (Kümmel und Fenchel)
- entzündungshemmend (Kamille und Arnika)
- Leber und Galle anregend (Pfefferminze)
- entwässernd und harntreibend (Wacholder)
- stimmungsaufhellend (Johanniskraut)

Alkaloide

Es handelt sich um alkalische Stickstoffverbindungen, die betäubend, lähmend oder einschläfernd wirken. Wegen ihrer giftigen Inhaltsstoffe sind sie verschreibungspflichtig, zum Beispiel Atropin (= Tollkirsche) oder Morphium (= Schlafmohn).

Bitterstoffe

Die bitteren Substanzen der Pflanze wirken appetitanregend, stoffwechselregulierend und verdauungsfördernd, zum Beispiel Löwenzahn und Enzianwurzel.

Gerbstoffe

Diese wasserlöslichen Substanzen haben sich bei Haut- und Schleimhautreizungen, Schmerzzuständen und Blutungen bewährt. Sie festigen das Gewebe und unterstützen die Abwehrfähigkeit der Schleimhäute, zum Beispiel Eichenrinde, Hamamelis, Heidelbeeren.

Schleimstoffe

Das Gemisch von Zuckerstoffen oder Polysachariden quillt und geliert in Verbindung mit Wasser. Die Substanzen kräftigen die Schleimhäute und wirken husten- und krampflindernd, zum Beispiel Eibisch, Huflattich und Spitzwegerich.

Glykoside

Es handelt sich um Verbindungen aus einem Lösungs- und Transportmittel (zumeist Zucker) und dem eigentlichen Wirkstoff, dem Aglykon. Glykoside wirken schon in geringfügigen Mengen wie zum Beispiel Digitalis (= Roter Fingerhut), oder immunstärkend wie der Rote Sonnenhut.

Flavonoide

Diese Gruppe besteht aus Substanzen mit Vitamincharakter. In den Pflanzen sind sie Träger von Farbstoffen, deren Wirkungen sich sehr vielfältig darstellen. Sie gelten als:

- harntreibend (Birkenblätter)
- herzstärkend (Weißdorn)
- leberschützend (Mariendistel)
- schweißtreibend (Lindenblüten)

Farbstoffe

Hierbei handelt es sich um unterschiedlich wirkende Vitaminsubstanzen wie:

- Das Orange (Beta-Carotin) der Carotinoide wird entweder zu Vitamin A umgewandelt oder vom Organismus als eigenständiger Schutzstoff für Haut, Schleimhäute und Atemwege genutzt
- Das Rot der Rote Bete (Bentamin) oder die Anthozyane von Beerenfrüchten wirken gefäßstärkend und fördern die Sauerstoffaufnahme.
- Das Blau von Holunder, Heidelbeeren oder Weintrauben gilt als immunstärkend und wirkt positiv auf das Blut ein.
- Das Grün (= Chlorophyll), also das natürliche Blattgrün der Pflanzen, belebt die Sauerstoffatmung der Körperzellen.

Kieselsäure

Es handelt sich um eine Substanz, die das Bindegewebe festigt; sie wirkt blutreinigend (Brennessel und Zinnkraut).

Zahlreiche Substanzen, die in Heilpflanzen enthalten sind und seit jeher bei der Vorbeugung und Behandlung von Krankheiten verwendet wurden, sind noch nicht schlüssig definiert. Das bedeutet aber nicht, daß ihr Einfluß auf die Balance von Körper, Geist und Seele lediglich unspezifisch oder einfach Glaubenssache wäre, nur weil eine exakte Bestimmung nach wissenschaftlich gefordertem Standard fehlt. Auch entfalten pflanzliche Substanzen nicht bei jedem Menschen die gleiche ordnende und heilende Wirkung, selbst dann nicht, wenn diese zu den standardisierten Präparaten mit klar definierten und vom Hersteller ausgewiesenen Inhaltsstoffen zählen.

Es gibt eine Fülle von Denkmodellen und Theorien, daß die positive Beeinflussung des Wohlbefindens durch pflanzliche Heilmittel mit einer chemisch-physikalischen Erklärung der Wirkweisen einzelner Inhaltsstoffe wenig zu tun hat. Beispiele hierfür sind die Homöopathie, die indische Ayurveda-Medizin, die Bachblüten-Therapie und andere. Offenbar geht die positive Beeinflussung in diesen Fällen nicht von den speziellen Wirkstoffen aus, sondern von der gesamten Lebensenergie der Heilpflanze. Diese geht auf den erkrankten Organismus über und läßt dessen Energieströme wieder fließen. Dadurch kann das gesamte System gesunden. Zuweilen spielt auch in der klassischen Pflanzenheilkunde diese Denkweise eine Rolle, aber in erster Linie müssen wir heute annehmen, daß die Pflanzenwirkstoffe ihre ganz bestimmte Anlaufschiene im Organismus haben. Ihre Anwendung erfordert Umsicht und Kenntnis der unterschiedlichen Wirkweisen.

Pflanzliche Heilmittel dürfen nicht generell als harmlos und nebenwirkungsfrei eingestuft werden, nur weil sie natürlich oder natürlichen Ursprungs sind. Die verbreitete Ansicht, daß aus der Grünen Apotheke nur Gutes, Unbedenkliches und für uns Menschen Heilkräftiges stammt, bedarf dringend einer sachlichen Prüfung.

Auf die richtige Dosierung kommt es an

Wirksame pflanzliche Heilmittel können auch unerwünschte Wirkungen nach sich ziehen. Dies gilt zum Beispiel für Digitalis, den hochgiftigen Fingerhut, dessen Inhaltsstoff zu einem wirksamen Herzmittel aufbereitet wird. Digitalis darf nur nach ärztlicher Anweisung dosiert und in ganz bestimmten Fällen für einen gewissen Zeitraum eingenommen werden. Hier gilt der uralte Grundsatz der Naturheilkunde: *Die Menge macht das Gift.* Die Übergänge zwischen schädlich und nützlich sind zuweilen äußerst schmal. Im allgemeinen haben aber unsere bekannten Heilpflanzen – die Hände der Götter – bei vernünftiger Anwendung keine schädlichen Nebenwirkungen. Das gilt sowohl für die kurzfristige Anwendung als auch die Langzeitnutzung.

Mit einem Irrtum, der da lautet: *Viel hilft viel...* muß an dieser Stelle aufgeräumt werden! Ebenso ist das volkstümliche Sprichwort: *Hilft, heilt, schadet nie...* nur bedingt richtig. Manche Menschen reagieren beispielsweise allergisch auf das

Blauöl der gewöhnlichen Kamille oder mit Lichtempfindlichkeit und Hautreizungen auf die ätherischen Öle des Bärenklaus. Ebenso sollten die bekannten pflanzlichen Drogen wie Aloe, Sennisblätter und Faulbaumrinde nicht als unbedenklich eingestuft und zeitlich unbegrenzt verwendet werden. Sie sind der gelegentlichen Einnahme bei Verstopfung vorbehalten. Andenfalls können sie zu chronischen Schäden der Darmschleimhaut führen, und letztendlich läuft die erwünschte natürliche Regelung der Darmfunktionen aus dem Ruder, indem sich der Darm an die Gabe gewöhnt und ohne deren Beistand nicht mehr auskommt.

Anhand dieser wenigen Beispiele läßt sich eines der wichtigsten Argumente von Skeptikern pflanzlicher Heilmittel entkräften, das da lautet: Was eine Wirkung erbringen soll, muß auch Nebenwirkungen haben. Nach dieser Auffassung belegen die häufig nicht erkennbaren Nebenwirkungen pflanzlicher Heilmittel ihren Mangel an Wirksamkeit. Langsam wird jedoch die Zahl derer, die der Heilkraft aus der Grünen Apotheke jede Wirksamkeit absprechen, geringer. Das gilt auch für die Ärzteschaft, die aufgrund schwerwiegender Nebenwirkungen durch chemisch hergestellte Medikamente immer häufiger umdenkt. Dennoch muß man sich davor hüten, die Pflanzenheilkunde mit ihrem breiten Wirkungsspektrum zu überschätzen! Im Falle einer akuten Lungenentzündung sind beispielsweise die schweren Geschütze aus der Retorte der Chemie – wie etwa ein Breitband-Antibiotikum – unverzichtbar. Der nachweisbare antibiotische Effekt des Meerrettichs ist den Anforderungen bei diesem Krankheitsbild nicht gewachsen, das heißt: Die Pflanzenheilkunde soll und kann fast jede medizinisch notwendige Behandlung ergänzen, begleiten und unterstützen. Sie kann ordnend auf den gesamten Organismus einwirken und auf diese Weise dem Entstehen einer schweren Erkrankung mit chronischem Verlauf verhindern oder diese mildern.

Im Verlauf ihrer langen Geschichte hat sich die Pflanzenheilkunde vorwiegend in der Linderung und Behandlung nervöser, funktioneller und chronischer Erkrankungen bewährt. Im Rahmen der sogenannten Volksmedizin kommt ihr bei kleinen und größeren Entgleisungen der körperlich-seelischen Balance mehr denn je zuvor eine ganz entscheidende Rolle zu. Allerdings gilt: bei unklaren und anhaltenden Beschwerden nicht längerfristig und in Eigeninitiative an sich oder Freunden und

Familienmitgliedern „herumdoktern"! Entgegen vieler Vorstellungen und Erwartungen ist gegen so manche Erkrankung leider *kein* Kraut gewachsen, und der ärztliche Rat und eine herkömmliche schulmedizinische Therapie sind unumgänglich.

Anleitung zum Umgang mit Pflanzenwirkstoffen

1. Werden Naturstoffe zur Selbstmedikation genutzt, ist ein generelles Umdenken wichtig: Substanzen aus der Grünen Apotheke können nur in Ausnahmefällen eine sofortige Wirkung anbieten.

2. Pflanzenarzneien greifen zumeist behutsam und langfristig als ordnende Heilinformation in die Steuerungsvorgänge des Körpers und seiner Organe ein. Dadurch wird eine natürliche Vorbeugung und Regeneration eingeleitet.

3. Die Wirksamkeit von Heilpflanzen beruht in der Regel auf dem Zusammenwirken mehrerer Inhaltsstoffe. Erst durch die Gemeinsamkeit dieses Gesamtgefüges kommt es bei richtiger Dosierung zum gewünschten Erfolg.

4. Der verbreitete Irrglaube: „Viel hilft auch viel!" sollte gerade bei der Verwendung von Pflanzenwirkstoffen ausgemustert werden.

5. Die Unterscheidung zwischen unterdrückender (= somatischer) und echter Heilwirkung durch die Aktivierung der Selbstheilungskräfte spielt in der Pflanzenheilkunde eine übergeordnete Rolle. Pflanzenwirkstoffe sind unserem Körper verwandt und haben deshalb in der richtigen Dosis und Anwendung kaum schädigende Nebenwirkungen.

6. Eine positive Erwartungshaltung begünstigt die Selbstheilungskräfte des Abwehrsystems und stärkt damit den körpereigenen „inneren Arzt".

Tips zur Einnahmedauer

Da pflanzliche Arzneien unterschiedlich wirken, haben Heilkundige einige Regeln für die durchschnittliche Einnahmedauer aufgestellt:

1. Therapien mit pflanzlichen Arzneien wie Tropfen und Tinkturen können in Eigenverantwortung über mehrere Monate

durchgeführt werden. In Zweifelsfällen sollte unbedingt der Hausarzt zu Rate gezogen werden.

2. Kuren mit Teemischungen und Säften aus frischen Pflanzen sollten durchgehend 3 Tage bis 3 Wochen dauern. Nach einer Unterbrechung kann die Behandlung wieder fortgesetzt werden.

3. Einige pflanzliche Arzneimittel zeigen spontane Wirkung, die den chemischen Präparaten annähernd gleich ist. Andere – vor allem milde – Präparate brauchen in der Regel Tage und Wochen, bis die erwartete Umstimmung des Körpers gelingt. Deshalb ist viel Geduld notwendig. Das gilt besonders für pflanzliche Heilmittel bei rheumatischen Beschwerden.

4. Bestimmte Beobachtungen über eventuelle Nebenwirkungen und Besonderheiten während der Einnahme sollten schriftlich festgehalten und dem Hausarzt oder Therapeuten mitgeteilt werden. Diese Aufzeichnungen bilden die Grundlage für eine eventuelle Veränderung der Einnahmegewohnheiten oder die Umstellung auf ein anderes Präparat.

Ein Wort zum Selber-Sammeln

Wer Heilpflanzen und -kräuter für den eigenen Gebrauch sammeln möchte, benötigt gründliche Kenntnisse über das Erscheinungsbild, die Erntezeit, die Aufbereitung und Aufbewahrung der Pflanzen. Wichtig ist: Nur gesunde Pflanzen sind für die Stabilisierung und Erhaltung des Wohlbefindens geeignet! In der Nähe von Industrieanlagen mit kontaminierten Böden oder an bleiverschmutzten Straßenrändern und Wiesenrainen sollte man sich also nicht auf die Suche begeben. Heilpflanzen und -kräuter werden von den professionellen Anbietern unter besonders günstigen Bedingungen herangezogen, meistens ohne künstlichen Dünger und Pestizide zur Reife gebracht und nach strengen Qualitätsregeln geerntet. Die freie Natur kann bis auf ganz wenige Ausnahmen diese Vorgaben leider nicht mehr anbieten.

Zahlreiche Heilkräuter sind hervorragende Würzmittel. Sie dienen seit jeher der Gesundheit und können gleichermaßen den Speiseplan bereichern. Diese Gewürzpflanzen sind in der Regel auf Wochenmärkten günstig zu haben und werden auch aus biologischem Anbau angeboten. Es lohnt sich nachzufragen.

Heilsame Medizin aus der Speisekammer

Schon zu Großmutters Zeiten wußte man sich bei kleinen und auch größeren Mißempfindungen wie Bronchitis, Nasenbluten, schlecht heilenden Wunden oder Erkältungen mit vielerlei Hausmitteln zu helfen. Dem typisch deutschen **Weißkohl-Gemüse** werden heilsame Wirkungen bei Sodbrennen, Magen- und Darmgeschwüren sowie eine Vorbeugung bei Verstopfung nachgesagt. Jüngst wurde unter anderem an der Universität Bern nachgewiesen, daß durch die Gabe von Kohlsaft die Ausheilung von Magen- und Zwölffingerdarmgeschwüren deutlich beschleunigt werden konnte. Außerdem zeigen wissenschaftliche Untersuchungen, daß damit die Antikörperproduktion zu steigern ist, die unser körpereigenes Abwehrsystem aktiv stimuliert. Daher findet Weißkohl bei grippalen Effekten als leicht bekömmliche Suppe wieder Anwendung. Außerdem ist interessant, daß die in Kohl enthaltenen Senföle als natürliche Antibiotika Wirkungen entfalten, indem sie Bakterienattacken vorbeugen und die Übeltäter unschädlich machen.

Ein weiteres Hausmittel ist der **Essig**. Bereits der Grieche Hippokrates schwor vor allem bei Entzündungen auf seine pilztötenden Eigenschaften. Hierzulande kennt und nutzt man besonders den Apfelessig als vielseitiges Heilmittel. Er findet beispielsweise Anwendung bei hohem Blutdruck, Nervosität und Schlaflosigkeit. Äußerlich aufgetragen, bringt er entzündliche Schwellungen und Ekzeme schneller zum Abheilen. Ebenso spielte die basische **Karotte** schon in der Heilkunde des Hippokrates eine wichtige Rolle. Sie soll sowohl sirupartig mit Kandiszucker eingekocht bei Bronchitis helfen als auch feingerieben und als Packung aufgelegt juckende Hautleiden lindern. Daß die **Muskatnuß** ein vielseitiges Gewürz zu Gemüse, Fisch und Fleischgerichten ist, sollte hinreichend bekannt sein. Doch die Heilkraft der Muskatnuß hat sich besonders bei schweren Durchfällen bewährt. Ein bis zwei Messerspitzen frischgeriebene Muskatnuß werden in trinkwarmes Wasser eingerührt und schluckweise getrunken. Ein weiteres Gewürz ist der **Zimt**, der in der Weihnachtsbäckerei eine große Rolle spielt. Auch seine Heilfähigkeiten sind erstaunlich. Er wirkt desinfizierend bei

Schnittverletzungen und Insektenstichen, beugt der Ausbreitung bakterieller Infektionen vor, stillt Nasenbluten und findet erfolgreiche Anwendung bei Soor (durch eine Pilzerkrankung hervorgerufene Infektion im Mund bei Kindern, gelegentlich auch Erwachsenen).

Wird der Gänsebraten mit **Beifuß** und/oder **Wermut** gewürzt, dann ist der Gaumenschmaus trotz seines hohen Fettanteils recht gut verträglich. Wer darauf verzichtet oder die Gewürze ablehnt, kann je nach Veranlagung früher oder später durch fettreiche Ernährung Gallenprobleme und manches andere Leiden bekommen. Sie sind dann leider nicht mehr mit der Gabe von Gewürzen in den Griff zu bekommen.

Pflanzen sind in verschiedene Gruppen einzuteilen:

1. Nahrungspflanzen
2. Heilpflanzen
3. Giftpflanzen

Da die Übergänge häufig fließend sind, gelingt nicht immer eine klare Zuordnung. Nahrungspflanzen sind mehr oder minder neutral. Sie können verzehrt oder auch in Form von Säften getrunken werden und tragen deshalb die Bezeichnung Lebensmittel.

Heilpflanzen beeinflussen unterschiedliche Körperfunktionen. Sie unterstützen Gewebe und Organe bei der Erfüllung vieler biologischer Aufgaben. Heilpflanzen zählen zu der sogenannten Gruppe der traditionellen Medizin, die auch unter der Bezeichnung Phytotherapie bekannt ist.

Giftpflanzen führen zu gesundheitlichen Beeinträchtigungen, sie schaden also dem Körper, und in den meisten Fällen entscheidet die Dosis über das Gift.

Es gibt Pflanzen, die in jede der drei Gruppen hineingehören könnten, wie zum Beispiel die Bohne. Bei den meisten Sorten eignen sich nicht alle Pflanzenteile, da sie teilweise nützlich und giftig und nur gekocht genießbar sind. Ähnlich sieht es mit unserer beliebten Kartoffel aus. Darüber hinaus gibt es Pflanzen, deren Teile sehr gegensätzliche Verwendungsbereiche aufweisen, wie etwa der Lein. Seine Fasern wandern in die Textilindustrie, die Samen dienen bekanntlich der Ernährung. Deshalb stellt die Einteilung der Pflanzen in drei Gruppen nur einen sehr groben Leitfaden dar. Es gibt Pflanzen, die sich als Lebensmittel, Grundstofflieferanten für Arzneien oder auch als Kosmetikum eignen, aber auch solche, die allein in einer ganz bestimmten Form und Zubereitung brauchbar sind. Im Umgang mit den „Händen der Götter" spielt seit jeher die Erfahrung eine ganz entscheidende Rolle. Heute muß die Pflanzenheilkunde sowohl für Verbraucher als auch für Patienten erneut und verständlich aufbereitet werden, da der Erfahrungsschatz von erprobten Hausmitteln häufig verloren ging.

Die Selbstmedikation

Eine weitere wichtige Voraussetzung für den sinnvollen Umgang mit unseren Heilpflanzen und deren Zubereitungen ist der eigene Körper als ganzheitlicher Systemverbund, der sowohl auf die Hilfe der Heilpflanzen als auch auf ihr Gift reagiert.

Pflanzliche Heilmittel und Zubereitungen werden in stetig zunehmendem Maße für die Selbstmedikation genutzt.

Für die Selbstmedikation sprechen trifftige Argumente:

1. Da selbstverordnete Medikamente auf eigene Rechnung gehen, wird sorgsam maßgehalten, ein Mißbrauch also nicht gefördert. *Gewöhnung und Abhängigkeit* sind nicht zu befürchten, weil die Inhaltsstoffe von heilkräftigen Pflanzen nicht über ein solches Potential verfügen.

2. In der Regel werden Anwendungsvorschriften und etwaige Warnungen bei der Selbstmedikation sehr genau beachtet. Wirkungsverständnis und Dosierungsbewußtsein sind bei Menschen, die Selbstmedikation betreiben, wesentlich ausgeprägter als bei solchen, die Anwendungsvorschriften des Arztes blind befolgen. Deshalb ist Therapietreue ein Merkmal der Selbstmedikation.

3. Eine Selbstbehandlung geschieht in den meisten Fällen nicht dauerhaft und wird von der Selbstverantwortung bestimmt. In Zweifelsfällen, zum Beispiel bei unklaren Symptomen und der Verschlechterung des Befindens, wird ärztlicher Rat eingeholt.

4. Die Forderung, in geeigneten Fällen wirksame, aber unschädliche Präparate aus der Grünen Apotheke zu verwenden, klingt nicht nur vernünftig, sie ist auch unter dem Ge-

sichtspunkt dringlicher Einsparungen im Gesundheitswesen ein Gebot der Stunde. Dieses könnte zeitgemäß folgendermaßen lauten: Vor die Therapie haben die Götter eine verantwortungsbewußte Vorbeugung gesetzt... und dabei stehen uns die „Hände der Götter" in vielfältiger Weise zur Seite. Nehmen wir also dieses Angebot ernst.

Übersicht über die Darreichungsformen von pflanzlichen Heilmitteln

Die Heilpräparate pflanzlichen Ursprungs werden in verschiedenen Formen angeboten. Diese nennt man Galenika, eine Bezeichnung, die auf den antiken Arzt Claudius Galen zurückgeht. Er ließ verschiedene Medikamente herstellen. Dabei befaßte er sich überwiegend mit pflanzlichen Drogen und Rohstoffen. Die gesamte Palette galenischer Pharmazie, jener bewährten Medikamentenformen und Rezepturen aus einfachen Heilmittelsubstanzen pflanzlichen Ursprungs, erlebt ihre Renaissance. Alle erworbenen Heilmittel müssen für den häuslichen Gebrauch mit der jeweiligen Bezeichnung versehen, in geeigneten sauberen Behältern aufbewahrt und vor Licht und Wärmeeinwirkung geschützt werden. Es ist auch wenig ratsam, einen großen Vorrat anzulegen, wenn nur gelegentlich kleinere Mengen erforderlich sind. Frische ist eine Voraussetzung für Wirksamkeit. Das betrifft in erster Linie Tees, Absude und Extrakte von Heilpflanzen, die für den häuslichen Gebrauch nach persönlichem Bedarf zubereitet werden. Ganz besondere Vorsicht gilt für Medikamente, die nicht in Kinderhand geraten dürfen. Da häufig Verwechslungen stattfinden, sollte das Etikett auf dem jeweiligen Produkt klar ausweisen, was für den äußerlichen und innerlichen Gebrauch bestimmt ist.

Innerliche Anwendungen in dafür bestimmten Zubereitungen werden durch den Mund (peroral) aufgenommen. Sie gelangen über die Schleimhäute der Mundhöhle oder unter die Zunge gelegt (sublingual) sowie durch Injektionen in den Organismus oder mit Hilfe anderer Methoden wie der Inhalation durch Nase, Mund und Atemwege in die Körperhöhlen.

Äußerlich verwendete (externe) Medikamente werden zum Beispiel auf die Haut aufgetragen (Salben, Pasten, Lösungen, Umschläge, Packungen, Seifen, Puder).

Übersicht über Zubereitungsarten von pflanzlichen Heilmitteln und deren Eigenschaften

a) Absud bzw. Dekokt (lat. decocta)

Absude sind wäßrige Auszüge, die durch Extraktion mit Wasser aus pflanzlichen Drogen zubereitet werden. Diese müssen eine Zeitlang mit dem Wasser kochen. Das Kraut, die Wurzeln und Blätter sowie Blüten werden je nachdem mit angewärmten Wasser übergossen und in der Regel eine Viertelstunde gekocht. Harte Bestandteile benötigen eine Stunde. Das verdampfende Wasser muß aufgefüllt werden. Nach dem Kochen wird der Absud durch ein Tuch gegossen oder ausgepreßt, in einen Meßbecher aus Porzellan gegeben und mit Wasser auf die vorgeschriebene Menge aufgefüllt. In den meisten Fällen verwendet man beim Aufguß 1 Teil Droge auf 10 Teile Wasser. Ausnahmen bilden lediglich sogenannte Schleimdrogen wie Leinsamen. Hier wird 1 Teil Droge auf 20 Teile Wasser gegeben und kalt angesetzt. Absude eignen sich nicht für die Vorratshaltung, sondern sollten höchstens für 2 bis 3 Tage zubereitet werden.

b) Aufgüsse bzw. Tees (lat. infusa)

Die schnellste und gebräuchlichste Art der Drogenzubereitung sind Aufgüsse und wäßrige Extrakte von Pflanzenteilen. Entsprechend den Zubereitungsangaben wird die zerkleinerte Droge abgewogen, mit kochendem Wasser übergossen und für etwa 5-10 Minuten in einem bedeckten Gefäß stehengelassen. Ab und zu sollte die Flüssigkeit umgerührt werden. Schließlich sollte der Aufguß durch ein dichtes Sieb oder einen Filter gegeben werden. Man bereitet in der Regel aus 1 Gramm Droge 10 Gramm Aufguß.

c) Heilpflaster und Seifen (lat. emplastra, sapones)

Pflaster sind heilende Präparate, die auf die Haut gelegt werden. Sie schmiegen sich bei Körpertemperatur an die Haut an, schmelzen jedoch nicht dabei. Grundbestandteile von Pflastern sind unter anderem bestimmte Fettsäuren und Pflanzenauszüge. Dagegen enthalten medizinische Seifen oft Heilsubstanzen pflanzlichen Ursprungs, aber auch Birkenteer, Schwefel und verschiedene ätherische Öle.

d) Inhalation (lat. inhalationes)

Zur Inhalation werden gasförmige Substanzen wie ätherische Öle oder sehr fein zerstäubte Flüssigkeiten (Aerosole) sowie fein pulverisierte Medikamente verwendet. Die Inhaltsstoffe gelangen auf unterschiedliche Weise in den Rachenraum, die Nasennebenhöhlen, den Hals und die Bronchien. Dazu eignen sich Inhalatoren oder Zerstäuber sowie dafür bestimmte Sprays. Möglich ist auch das Einatmen des Dampfes und Rauches von Pflanzendrogen.

e) Injektion (lat. injectiones)
Aus verschiedenen Substanzen werden auch Injektionen hergestellt. Es handelt sich um sterile Lösungen in Ampullen, die mit einer Injektionsnadel unter die Haut, in die Muskulatur oder in die Gefäße gespritzt werden können.

f) Medizinisch-aromatische Wasser (lat. aquae aromaticae)
Aus gesättigten, wäßrigen Lösungen von ätherischen Ölen aus pflanzlichen Substanzen werden aromatische Wässer hergestellt. Ihnen ist zumeist Spiritus beigegeben. Sie sollten immer frisch zubereitet sein, denn die Haltbarkeitsdauer beträgt höchstens 1 Monat.

g) Medizinische Einreibungen (lat. linimenta externa)
Bei diesen Einreibungen handelt es sich um flüssige, zuweilen auch dicke, manchmal auch gallertartige Zubereitungen, die bei Körperwärme auseinander fließen. Sie werden auf die Haut gegeben oder in sie einmassiert. Dem gleichen Zweck dienen gelöste Heilmittel wie ätherische Öle und Fettöle.

h) Medizinische Öle (lat. olea medicata)
In Fettölen gelöste Drogen oder auch andere Heilmittel werden zu medizinischen Ölen gezählt. Sie finden sowohl äußerlich als auch innerlich Anwendung und dienen bei Injektionen zur Sterilisation der Haut. Im engeren Wortsinn sind alle Pflanzenöle wie Sonnenblumen-, Mandel- und Olivenöl gemeint.

i) Medizinische Weine (lat. vina medicata)
Weine sind flüssige Heilpräparate, die durch Mischungen von Drogenextrakten mit zumeist roten Weinen entstehen (zum Beispiel Enzian oder Kalmus mit Malaga-Wein oder anderen).

j) Pillen (lat. pilulae)
Portionierte Präparate in Kugelform werden zumeist Pillen genannt und durch den Mund verabreicht. Ihre Zubereitung erfordert neben den Hauptwirkstoffen unterschiedliche Hilfssubstanzen, die in erster Linie pflanzlichen Ursprungs sind (Süßholz, Süßholzsaft, Pulver aus der Roßpappel, Enzian- und

Baldrianwurzel, Hefeextrakt u. ä.). Früher wurden die Pillen vom Apotheker aus unterschiedlichen Substanzen hergestellt. Heute sind fertige Pulver üblich.

k) Pulver (lat. pulveres)

Die Ausgangssubstanz für Pulver besteht meistens aus getrockneten Drogen. Es handelt sich um Medikamente, die bis zu einem ganz bestimmten Grad zerkleinert sind. Die Rezepturen erfordern pulverisierte Drogen. Sie stammen entweder aus einer Pflanze oder als zusammengesetzte Substanz aus mehreren Drogen. Neben den Pulvern zur innerlichen Anwendung werden auch Pulver mit äußerlichen Applikationen, zum Beispiel Puder, hergestellt.

l) Pflanzenextrakte

Außer Tee und Teegemischen finden vielfach Pflanzenextrakte Anwendung. Während des Auslaugens werden Drogenwirkstoffe unter Einwirkung von Flüssigkeit in Lösungen überführt. Das geschieht durch kalte oder warme Prozesse mit Wasser oder Spiritus. Der Extrakt wird manchmal auch eingedickt. Hier finden Begriffe wie Mazeration, Perkolation, Digestion ihren Platz.

Das Auslaugen bei normalen Temperaturen zwischen 15 bis 20 °C wird Mazeration genannt. Neben Wasser und Spiritus findet manchmal auch Wein Verwendung. Die Dauer hängt von den Eigenschaften der Droge ab, sollte aber bei Verwendung von Wasser nicht zu lange anhalten, um eine Gärung oder Schimmelbildung zu vermeiden. Die Mazeration dauert bei Schleimdrogen wie Eibisch und Lein etwa eine halbe Stunde, bei bitteren Drogen zwei bis zwölf Stunden. Falls nicht anders angegeben, werden Mazerate im Verhältnis von 1 Teil Droge auf 20 Teile Wasser bzw. eine andere Flüssigkeit zubereitet. Auf den Rezepten findet sich eine Angabe über die optimale Mazerationszeit.

Zu einer Perkolation werden die Drogen bei Temperaturen von 15 bis 20 °C durch fließende Flüssigkeit ausgelaugt. Bei diesem Verfahren sind Extrakte von wirksamen Drogen das Endergebnis.

Das Auslaugen von Pflanzendrogen bei höheren Temperaturen, die bei etwa 50 °C liegen sollen, nennt man Digestion. In den meisten Fällen wird bei einer Temperatur von 35 bis 40 °C extrahiert. Die Prozedur beträgt wenigstens eine halbe und höchstens 24 Stunden. Ab und zu sollten die Substanzen durchgeschüttelt werden. Dieses Verfahren findet bei harten Pflanzenteilen oder solchen mit schwer löslichen Wirkstoffen Anwendung.

m) Salben (lat. unguenta)
Produkte, die bei normaler Körpertemperatur leicht zu verreiben sind und sich auf der Fläche verteilen lassen, werden Salben genannt. Sie sind zum Auftragen auf die Haut und Schleimhaut sowie auf verletztes Gewebe bestimmt. Heilsalben bestehen aus dem eigentlichen Heilmittel, das mit einer Fettgrundlage vermischt wird (Lanolin, Vaseline, Öle und auch synthetische Fette). Neben den gebräuchlichen Salbenarten gibt es auch Pasten von festerer Konsistenz, die für den Kosmetikbereich hergestellt werden, und fettarme Zubereitungen, die sogenannten Cremes.

n) Sirup
Drogenauszüge in Lösungen von Zucker und Wasser werden Sirup genannt. Zuweilen enthalten sie auch andere Substanzen. Sie finden wegen ihres guten Geschmacks vor allen Dingen in der Kinderheilkunde ihre Anwendung, und zumeist bietet sich eine Einnahme der bestimmten Siruparten an.

o) Tabletten (lat. tabulettae)
Portionierte Präparate verschiedener Form und Größe, die pulverisierte Pflanzendrogen enthalten, werden Tabletten genannt. Sie werden generell zur innerlichen Anwendung angeboten (Dragees oder Pastillen sowie andere Tablettenformen, die der jeweiligen Einnahme angepaßt sind). Tabletten sind häufig mit bestimmten Stoffen umhüllt, damit sie sich nicht schon im Mund, sondern erst im Magen oder auch im Darm auflösen (= Dragees bzw. Filmtabletten).

p) Tee und Teegemische (lat. Spezies)
Verschiedene Tees und Teegemische werden aus zerkleinerten Pflanzen hergestellt, denen auch andere Substanzen zugefügt werden können. Drogen, die für Tees und andere Präparate verwendet werden, sollten geschnitten, gehackt oder zerstoßen sein. Der Staub, der bei der Zerkleinerung entsteht, wird abgesaugt. Ein Heiltee sollte immer staubfrei sein. Bei der Zusammenstellung von Tee werden die entsprechenden Drogen einzeln gewogen. Die verschiedenen Substanzen werden hernach auf ein großes, sauberes Papier geschüttet und mit einem Löffel oder einem Kartonstreifen gemischt. Immer wird mit den

Pflanzen begonnen, von denen der Tee den größten Anteil enthält. Früchte, Samen und manchmal auch Harze werden grob zerkleinert und am Ende zugefügt. Die frisch zubereiteten Tees sollten keinesfalls mit alten Vorräten vermischt werden. Solche, die für Umschläge verwendet werden, bestehen aus grob pulverisierten Drogen. Sie sollten beim Kauf die Aufschrift tragen: Zur äußerlichen Verwendung, für Umschläge (um Verwechslungen zu vermeiden). Die Dosierung des Tees erfolgt mit einem kleinen oder auch größeren Löffel. Wenn nicht anders verordnet, nimmt man von Teemischungen, die überwiegend aus Kraut, Blättern und Blüten bestehen, etwa 3 Gramm (= ein Eßlöffel), und bei anderen Mischungen aus Wurzeln, Holz oder Früchten etwa 1,5 Gramm (= ein Teelöffel) auf ein Glas Wasser (= 150 ml).

Die Tees sollten immer trocken und verschlossen aufbewahrt und vor Lichteinwirkung geschützt werden. Achtung! Bei Drogengemischen mit starken Wirkstoffen sollte die jeweilige Behandlungsmenge und Auslaugstärke vom Arzt vorgeschrieben sein (zum Beispiel Mistel).

Tees und Teemischungen werden häufig zur Aufnahme von heilsamen Wirkstoffen aus der Grünen Apotheke bei folgenden Erkrankungen benutzt:

1. Heilpflanzentee bietet sich bei leichteren Alltagserkrankungen wie etwa Magen- und Verdauungsstörungen, Erkältungen und Atemwegserkrankungen an.
2. Chronische Stoffwechselleiden können durch eine langzeitig unterstützende Aufnahme der Wirkstoffe mit Heilpflanzentees erfahrungsgemäß häufig gebessert werden.
3. Insbesondere zur Vorbeugung von Erkrankungen sind Heilpflanzentees wegen der milden Wirkung und des Fehlens von Nebenwirkungen zur Aufnahme über einen längeren Zeitraum vorzüglich geeignet. Es gibt gerade zur Anregung des Stoffwechsels viele Heilpflanzen, die für sich oder in Kombination angewendet gut wirken. Zuweilen kann eine Gesamtwirkung durch die gemeinsame Nutzung von unterschiedlichen Teesorten oder auch Teemischungen optimiert werden.

Vorsicht: Die Anwendung von Heilpflanzentees sollte aber keinesfalls zu der Annahme verleiten, daß Mutter Natur wahre

Wundermittel anbietet. Auch und gerade bei der Verwendung von Heilpflanzen sind natürliche Grenzen zu beachten.

Stellt sich nach einer bestimmten Zeit der Anwendung keine Besserung ein oder haben sich die Krankheitssymptome sogar verstärkt, sollte unverzüglich ein Arzt oder Heilpraktiker zu Rate gezogen werden.

q) Tinkturen (lat. tincturae)

Auszüge mit Wein, Spiritus oder Spiritusäther von pflanzlichen Drogen heißen Tinkturen. Wie schon der lateinische Begriff sagt – „tinctus" „farbig" oder „gefärbt" – handelt es sich um bestimmte Flüssigkeiten, die so wie ihr Ausgangsmaterial verschiedene Färbungen haben. Ihre Zubereitung wird durch das Arzneibuch oder Apothekenvorschriften geregelt. Es gibt einfache Tinkturen, die aus einer einzelnen Droge hergestellt werden und auch zusammengesetzte Tinkturen, die aus mehreren Drogen bestehen.

r) Zäpfchen (lat. suppositoria)

Präparate, die von Kakaobutter oder anderen Wirkstoffen umschlossen werden und bei Körpertemperatur schmelzen, werden als Zäpfchen bezeichnet. Diese finden Verwendung, indem sie in den Enddarm (per rectum) oder in die Scheide (per vaginam) eingeführt werden.

Tips zum Wiegen und Messen der Drogen

Um die richtige Menge der bezüglich ihres Volumens sehr unterschiedlichen Drogen zu ermitteln, kann eine Apothekerwaage oder auch eine Briefwaage verwendet werden.

Wird beispielsweise empfohlen, den pflanzlichen Rohstoff im Verhältnis von 3:100 aufzugießen, so sollten 3 Gramm abgewogen und anschließend mit 100 ml Wasser aufgegossen werden. Wenn keine Waage zur Verfügung steht, kann folgende Faustregel zugrunde gelegt werden:

- 1 Teetasse entspricht etwa 100 ml
- 1 Kaffeetasse entspricht rund 50 ml
- 1 Schnapsgläschen entspricht rund 30 ml
- 1 Eßlöffel entspricht rund 10 ml
- 1 Teelöffel entspricht rund 5 ml

A

Ackerschachtelhalm (Equisetum arvense)

Pflanzenfamilie: Schachtelhalmgewächse

Botanische Schilderung: Mit Hilfe von Versteinerungen ist nachgewiesen worden, daß der Ackerschachtelhalm eine der ältesten Pflanzen überhaupt ist. Als das Leben in grauer Vorzeit das Wasser verließ, um auch das Land zu erobern, gehörte der Schachtelhalm zu den ersten Lebewesen, die die Evolution hervorbrachte. Das erklärt auch, warum diese Pflanze vergleichsweise einfach aufgebaut ist und über keine Blüten verfügt. Auch von richtigen Blättern kann beim Schachtelhalm nicht die Rede sein. Er verfügt lediglich über gezähnte, rundliche Blattscheiden, die sich an den Knoten der Stengel befinden. Wesentlich ist außerdem, daß man bei dieser Heilpflanze zwischen fertilen und sterilen Stengeln unterscheidet. Die fertilen, unverzweigten Stengel erreichen eine Höhe von etwa 25 cm und sind an der bräunlichen Färbung zu erkennen, während die sterilen Stengel dunkelgrün und reich verzweigt sind. Die sterilen Stengel verfügen an ihren Spitzen über eine Vielzahl von Sporengefäßen. Die Arterhaltung mit Hilfe von Sporen hat sich offenbar als höchst wirksam erwiesen. Andernfalls hätte sich der in ganz Europa verbreitete Schachtelhalm wohl kaum länger als eine Milliarde Jahre auf der Erde behaupten können.

Blütezeit: Der Ackerschachtelhalm zählt zu den Pflanzen, die keine Blüten heranbilden.

Verwendete Pflanzenteile: Die sterilen, grünen Stengel beinhalten die heilwirksamen Stoffe, die den Ackerschachtelhalm zu einer wertvollen Heilpflanze machen.

Inhaltsstoffe: Flavonoide, Kieselsäure, Saponine, Kalisalze

Heilwirkung und Anwendung: Der Ackerschachtelhalm zeichnet sich durch seinen hohen Gehalt an Mineralstoffen aus. Insbesondere Kieselsäure ist in dieser Heilpflanze in bemerkenswerter Konzentration enthalten. Da die Kieselsäure vom Organismus benötigt wird, um zum Beispiel Knochensubstanz aufzubauen, wird der Ackerschachtelhalm in der Genesungsphase nach Krankheiten und Knochenbrüchen eingesetzt, um den Heilungsprozeß zu fördern. Darüber hinaus kann diese Heilpflanze auch dazu genutzt werden, die Harnbildung zu beschleunigen. Hierfür wird eine Alkoholtinktur hergestellt, bei der das Pflanzengut im Verhältnis von 15:100 in 25%igem Alkohol eine Woche lang angesetzt wird.

Zwei Teelöffel von dieser Tinktur sollte man täglich zu sich nehmen. Eine äußerliche Anwendung empfiehlt sich, wenn Verbrennungen, Entzündungen von Haut und Schleimhäuten oder quälender Juckreiz behandelt werden sollen. Auch zur Reinigung von Verletzungen der Haut kann der Schachtelhalm verwendet werden. Dafür wird das Pflanzengut im Verhältnis von 5:100 aufgegossen und direkt ober über getränkte Umschläge auf die betroffenen Körperpartien gegeben.

Neben- und Wechselwirkungen, Gegenanzeigen: Bei Ödemen, die im Zusammenhang mit einer eingeschränkten Herz- und Nierentätigkeit auftreten, wird davon abgeraten, Präparate auf der Basis des Schachtelhalms einzunehmen.

Alant, echter (Inula helenium)

Pflanzenfamilie: Korbblütler

Botanische Schilderung: Der Alant ist eine imposante Erscheinung mit seinem bis zu 2 m hohen Stengel und den geradezu rekordverdächtig großen, bodenständigen Blättern, die eine Länge von gut 1 m erreichen können. Auch die ovalen, spitz zulaufenden Stengelblätter erreichen eine beträchtliche Größe, ohne dabei die gigantischen Ausmaße der am Boden wachsenden Rosettenblätter zu erlangen. Auch die orangegelben Blüten werden recht groß und erinnern in ihrer Form an die Blüten der Sonnenblume. Wie diese bilden auch die Blüten des Alants Köpfchen, die von einer Vielzahl von Deckblättern umgeben werden. Der Alant ist in unseren Breiten recht selten. Wenn überhaupt nur auf feuchten Wiesen in der Nähe von Bach- oder Flußläufen zu finden.

Blütezeit: Juni bis September.

Verwendete Pflanzenteile: Beim Alant ist es der massive Wurzelstock, dessen Ausläufer eine Spannweite von bis zu 5 m erreichen können, der die heilwirksamen Substanzen enthält.

Inhaltsstoffe: Helenium, Inulin, Pektine, ätherisches Öl (enthält Sesquiterpenlactone)

Heilwirkung und Anwendung: Die auch in der Homöopathie verwendete Heilpflanze steht im Ruf, bei Atemwegserkrankungen sowie Nieren- und Leberstörungen heilende Wirkstoffe anzubieten. Das im Alant enthaltene Helenium wirkt in erster Linie hustenstillend. In jüngster Zeit haben klinische Forschungen bestätigt, daß der Alant darüber hinaus Leber-und Nierensteinen entgegenwirkt und die Harnbildung anregt. Das Pflanzengut wird innerlich angewandt, nachdem es in Wein angesetzt wurde (Verhältnis 3:100 für 10 Tage). Es gibt auch fertige Tinkturen.

Neben- und Wechselwirkungen, Gegenanzeigen: Bei Überdosierungen kommt es zu Übelkeit, Erbrechen, Krämpfen und sogar Lähmungserscheiningen. Die Sesquiterpenlactone können mit ihrer sensibilisierenden Wirkung auf die Schleimhäute gelegentlich eine Kontaktdermatitis auslösen.

Aloe (Aloe ferox)

Pflanzenfamilie: Liliengewächse

Botanische Schilderung: Die Aloe gehört zur Pflanzenfamilie der Liliengewächse. Ihr verholzter Stengel wird normalerweise bis zu 3 m hoch und ist fast immer unverzweigt. An der Spitze des Stengels bilden die Blätter eine dichte Rosette. Sie haben keine Stiele, einen dreieckigen Querschnitt und sind dick und fleischig. Die Blätter der tropischen Aloe sind in der Lage, größere Mengen an Wasser zu speichern. An ihrem Rand befinden sich zahlreiche Stacheln. Die gelben Blüten setzen sich zu Rispen zusammen, die auf sehr langen Stielen stehen. Die einzelnen Blüten sind von tiefroten Perigonblättern umgeben. Die Heimat der Aloe ist der südliche Teil Afrikas jenseits des Äquators.

Blütezeit: Von Dezember bis Februar

Verwendete Pflanzenteile: Die Blätter der Aloe verfügen über verschiedene Substanzen, denen Heilwirksamkeit zugesprochen wird. Bevor sich Präparate aus den Blättern herstellen lassen, müssen diese jedoch zuerst abgekocht werden.

Inhaltsstoffe: Aloin, Dihydroxyanthracenderivate, Aloeresine

Heilwirkung und Anwendung: In geringeren Dosen gilt die Aloe als verdauungsfördernd. Höher dosiert wirkt sie stark abführend. Als Abführmittel sollte diese Heilpflanze nicht über einen längeren Zeitraum hinweg eingenommen werden. Während der Schwangerschaft sollte die Aloe überhaupt nicht eingesetzt werden. Täglich 10 Tropfen Aloetinktur genügen vollkommen, um die Verdauung anzuregen.

Neben- und Wechselwirkungen, Gegenanzeigen: Bei Überdosierungen kann es zu Krämpfen im Magen-Darm-Bereich kommen. Treten diese auf, sollte unbedingt die Dosis reduziert bzw. auf ein anderes Arzneimittel ausgewichen werden.

Andorn, gemeiner (Marrubium vulgare)

Pflanzenfamilie: Lippenblütler

Botanische Schilderung: Der Andorn ist eine krautig wirkende, mehrjährige Pflanze. Seine reich verzweigten, etwa halbmeterhohen Stengel sind übersät mit weißen Haaren. Da diese Behaarung auch die Blätter überzieht, erscheint der Andorn graugrün. Die gegenständigen (gegenüberliegend am Stengel sitzenden) Blätter sind allesamt gestielt, eiförmig und randgezähnt. Die weißen Blüten des Andorns wachsen aus den Achseln der obersten Blätter. An den Blüten sticht der lange, röhrenförmige Kelch ins Auge. Da der Andorn nährstoffreiche Böden braucht, ist diese einstmals weit verbreitete Heilpflanze heute recht selten geworden.

Blütezeit: Juni bis September

Verwendete Pflanzenteile: Die blühenden Sproßspitzen verfügen über die heilwirksamen Stoffe. Wichtig ist, daß der untere verholzte Teil der Pflanze unbeschädigt bleibt, damit sich auch im darauffolgenden Jahr eine neue Andorn-Generation entwickeln kann.

Inhaltsstoffe: Bitterstoffe (Marrubiin, Marrubenol u.a.), Gerbstoffe, Flavonglykoside

Heilwirkung und Anwendung: Aus dem Wirkungsspektrum dieser schon lange bekannten Heilpflanze stechen drei Eigenschaften hervor: Der Andorn gilt als auswurffördernd, verdauungsanregend und fiebersenkend. Insbesondere bei Husten und Lungenleiden ist eine Behandlung mit Andorn in Erwägung zu ziehen. Die fiebersenkenden Eigenschaften dieser Heilpflanze kommen vor allem dann zum Tragen, wenn das Fieber in Zusammenhang mit einer Darmerkrankung auftritt. Für alle erwähnten Anwendungen sollte das Pflanzengut im Verhältnis von 2:100 aufgegossen werden. 2–3 Tassen pro Tag davon werden empfohlen.

Neben- und Wechselwirkungen, Gegenanzeigen: Sind nicht bekannt.

Anis (Pimpinella anisum)

Pflanzenfamilie: Doldenblütler

Botanische Schilderung: In unseren Breiten ist Anis vor allem als Backgewürz bekannt, da er über ein angenehm süßliches Aroma verfügt. Man geht heute davon aus, daß der Anis ursprünglich aus Asien nach Europa kam, wo er schon seit langem rund um das Mittelmeer angebaut wird. Das erklärt auch die volkstümliche Bezeichnung „Römischer Fenchel", unter der diese Pflanze ebenfalls bekannt ist.

Der Anis ist einjährig. Seine Stengel werden etwa einen halben Meter hoch. Charakteristisch ist der Geruch, den die Pflanze verströmt. Die gefiederten Blätter sind in ihrer Basis nieren- oder herzförmig und stehen auf Stielen. Die kleinen, weißen Blüten sind recht unscheinbar und wachsen in Dolden an den Stengelenden. Aus den sogenannten Doppelschließfrüchten wird das Anispulver gewonnen. Sie enthalten die Samen und sind mit stoppeligen Borsten bedeckt.

Blütezeit: Mai bis August je nach Standort

Verwendete Pflanzenteile: Die Anisfrüchte sind nicht nur ein aromatischer Backzusatz, sondern enthalten auch ausgesprochen heilsame Substanzen.

Inhaltsstoffe: Ätherisches Öl und Harze

Heilwirkung und Anwendung: Anis besitzt eine regulierende Wirkung auf die Verdauung, wenn Blähungen oder eine träge Verdauung behandelt werden sollen. Außerdem helfen Präparate auf Anisbasis bei nervösen Krämpfen und Schlaflosigkeit. In beiden Fällen empfiehlt sich ein Aufguß im Verhältnis 3:100, von dem man täglich eine Tasse zu sich nehmen sollte.

Neben- und Wechselwirkungen, Gegenanzeigen: In seltenen Fällen kann Anis allergische Reaktionen von Haut und Schleimhäuten hervorrufen.

Apfelsinenbaum (Citrus sinensis)

Pflanzenfamilie: Rautengewächse

Botanische Schilderung: Der Apfelsinenbaum ist mit einer Höhe von etwa 5 Metern und der rundlichen Krone ein typischer Vertreter der Citrusgewächse. Die süßen Früchte, die bei uns als Apfelsinen bzw. Orangen bekannt sind, gehören zu den beliebtesten Obstsorten überhaupt. Wie die Zitrone oder die Bergamotte gedeiht der Orangenbaum lediglich in Südeuropa, wo er so häufig angepflanzt wird, daß er für manche Gegenden zur typischen Kulturpflanze wurde.

Der Apfelsinenbaum selbst verfügt über eine Vielzahl ovaler Blätter, die allesamt auf Stengeln sitzen. Seine weißlichen Blüten wachsen zumeist einzeln aus den Blattachseln. Aus diesen entwickelt sich nach der Blüte die Frucht, deren Schale leuchtend gelborange gefärbt ist und Texturen zwischen glatt und runzlig aufweist.

Blütezeit: Von Januar bis April

Verwendete Pflanzenteile: Es sind die Früchte, die über heilkräftige Stoffe wie Vitamin C und Pflanzenfarbstoffe verfügen.

Inhaltsstoffe: Ätherische Öle, Bitterstoffe und Vitamin C

Heilwirkung und Anwendung: Orangen löschen den Durst und schmecken außerdem gut. Diese Qualitäten haben die Frucht des Apfelsinenbaumes nicht nur zu einem wichtigen Nahrungsmittel, sondern auch zu einem in der Pharma- bzw. Likörindustrie verwendeten Aromalieferanten werden lassen. Dabei sind es vor allem die Schalen der ungespritzten Apfelsine, die über aromatische und auch heilsame Stoffe verfügen. Alte Erfahrungswerte besagen, daß sich die beruhigenden Eigenschaften der Orange zur schonenden Behandlung von Nervosität und Schlaflosigkeit bei Kindern eignen. Dafür werden einige Schalenstückchen aufgegossen im Verhältnis 5:100. Davon wird täglich eine Tasse getrunken. Darüber hinaus kann eine im gleichen Verhältnis vorgenommene Abkochung der Arzneimitteldroge dazu beitragen, eine träge Verdauung zu stimulieren.

Neben- und Wechselwirkungen, Gegenanzeigen: Sind nicht bekannt.

Arnika (Arnica montana)

Pflanzenfamilie: Korbblütler

Botanische Schilderung: Namen wie Blutblum oder Wundkraut legen die Vermutung nahe, daß die Arnika aufgrund ihrer Heilkräfte die Aufmerksamkeit des Volksmundes schon früh auf sich gezogen hat.

Tatsächlich ist die Arnika eine der bekanntesten Heilpflanzen in unseren Breiten. Ihre hochgelobten, günstigen Wirkungen bei Wunden und Prellungen haben sie mittlerweile zu einem festen Bestandteil zahlreicher Hautcremes werden lassen.

Die Arnika läßt sich am sichersten in ihrer Blütezeit (Juni-August) bestimmen, denn die orangegelbe Blüte ist das herausragende Charakteristikum dieser auch in der Homöopathie verwendeten Heilpflanze. Die Blüte sitzt auf einem etwa halbmeterhohen Stengel, der wie die grundständigen (am Boden sitzenden) Blätter der Arnika dem mehrjährigen Wurzelstock entspringen. Außer den grundständigen Blättern ist der Stengel kahl und nur wenig verzweigt.

Blütezeit: Von Juni bis August

Verwendete Pflanzenteile: Als heilwirksam gelten bei der Arnika sowohl die Wurzel wie auch die Blüten.

Inhaltsstoffe: Flavonoide, Cumarin, ätherisches Öl, Sesquiterpenlactone (Helenalinderivate)

Heilwirkung und Anwendung: Die Arnika enthält Wirkstoffe, die sich zur Behandlung von Schürf- und Rißwunden oder Prellungen eignen. Wie bereits erwähnt, gibt es daher einige Heilsalben auf Arnika-Basis. Von einer innerlichen Einnahme von Arnika-Präparaten ist abzuraten, da gelegentliche Fälle von Vergiftungen bekannt geworden sind. Die äußerliche Anwendung dieser Heilpflanze ist dagegen sehr zu empfehlen. Bei Zweifeln und Unsicherheiten sollte mit dem Arzt oder Gesundheitsberater gesprochen werden.

Neben- und Wechselwirkungen, Gegenanzeigen: Insbesondere bei Kindern kann Arnika eine Kontaktdermatitis auslösen. In diesem Zusammenhang wird empfohlen, auf die helenalinarme spanische Arnika zurückzugreifen. Überhöhte Dosierungen führen gelegentlich zu Übelkeit, Erbrechen und Herzstörungen.

Artischocke (Cynara scolymus)

Pflanzenfamilie: Korbblütler

Botanische Schilderung: Die Artischocke wurde in unseren Breiten vor allem wegen ihrer Blüten bekannt. Es sind nicht die Früchte, sondern die ungeöffneten Blüten dieser in Südeuropa häufig angebauten Nahrungspflanze, die mit ihrem typischen Geschmack die „haute cuisine" eroberte. Diese sind von zahlreichen Schuppen umgeben und bilden (wenn man sie läßt) schließlich blaue Blütenköpfchen.

Artischocken haben einen robusten Wurzelstock, aus dem sich die großen bodenständigen Blätter und der bis zu 1 m hohe Stengel entwickeln. Während die bodenständigen Blätter der Artischocke mehrfach gefiedert sind, erscheinen die kleineren Stengelblätter meistens ganz oder höchstens einfach gefiedert. An der Unterseite verfügen die Blätter über eine starke Behaarung, die ihnen eine graugrüne Färbung verleiht.

Blütezeit: Von Juni bis August

Verwendete Pflanzenteile: Nicht die als Nahrungsmittel genutzten ungeöffneten Blüten, sondern die Blätter und der Wurzelstock sind für die Pflanzenheilkunde von Belang.

Inhaltsstoffe: Chlorogensäure, Cynarin, Flavonoide, Inulin, Sesquiterpenlactone

Heilwirkung und Anwendung: Die herausragendste Wirkung der Artischocke auf den menschlichen Organismus ist zweifellos die Steigerung der Harnbildung. Präparate auf Artischockenbasis stimulieren den Flüssigkeitshaushalt des Körpers und tragen dazu bei, überschüssige Wasseransammlungen sanft auszuschwemmen. Darüber hinaus ist wissenschaftlich nachgewiesen, daß die Inhaltsstoffe der Artischocke den Cholesteringehalt im Blut senken können. Um diese Heilwirkungen zur Entfaltung zu bringen, sollte das Pflanzengut abgekocht werden (Verhältnis 3:100). Von diesem Dekokt genügt täglich eine Tasse. Ebenso gut können auch handelsübliche Präparate und Frischpflanzensaft verwendet werden. Wie bei allen Behandlungen mit pflanzlichen Arzneimitteln sollte in Zweifelsfällen immer der Arzt und/oder Heilpraktiker befragt werden, bevor das Präparat bzw. Arzneimittel eingesetzt wird.

Neben- und Wechselwirkungen, Gegenanzeigen: Präparate auf der Basis der Artischocke dürfen nicht eingenommen werden, wenn eine Korbblütler-Allergie vorliegt. Auch Patienten, die unter Gallensteinen leiden, sollten auf andere Heilpflanzen zurückgreifen.

Aubergine (Solanum melongena)

Pflanzenfamilie: Nachtschattengewächse

Botanische Schilderung: Die einjährige Aubergine gehört zu den Nachtschattengewächsen. Ihre violetten Stengel sind im oberen Bereich stark verzweigt. Die wechselständigen Blätter sitzen auf relativ langen, kräftigen Stielen. Sie haben eine ovale Form und eine spitz zulaufende verlängerte Blattspitze. Der Rand der Blätter ist zumeist gewellt, und die Oberfläche ist mit einer feinen Behaarung versehen. Die Blüten wachsen aus den Gabelungen der Zweige. Sie stehen einzeln auf Blütenstielen und sind in verschiedenen Tönen zwischen weiß und violett gefärbt. Am bekanntesten sind sicher die großen Früchte der Aubergine, deren Form einer gebogenen Walze gleicht. Ihre Färbung schwankt ebenfalls und kann von hellviolett bis bräunlichblau variieren. Die Samen sind im Fruchtfleisch eingeschlossen. Ursprünglich stammt die Aubergine aus Asien. In Europa wird sie heute überall dort angebaut, wo es die klimatischen Bedingungen zulassen (vor allem Südeuropa).

Blütezeit: Von Mai bis Juli

Verwendete Pflanzenteile: Die Schale der Auberginenfrüchte bietet den Rohstoff für verschiedene Arzneimittel.

Inhaltsstoffe: Aminosäuren, Chlorogensäure und die Vitamine A, B und C

Heilwirkung und Anwendung: Jüngste Untersuchungen haben bewiesen, daß die Aubergine die Produktion von Gallenflüssigkeit anregt und somit einen normalisierenden Einfluß auf die Leber ausübt. Weiterhin senken Präparate auf Auberginen-Basis den Cholesteringehalt im Blut und steigern die Harnsekretion wie auch die Verdauung. Insgesamt kann also auch von einer entgiftenden Wirkung der Aubergine gesprochen werden. In allen bisher beschriebenen Bereichen sollte die Aubergine innerlich angewandt werden. Dabei werden die Schalen abgekocht (Verhältnis 5:100). Von dieser Abkochung kann man zwei oder drei Tassen täglich zu sich nehmen. Äußerlich angewandt, bekämpfen die Schalen der Auberginenfrüchte Hautentzündungen und insbesondere Hämorrhoiden. Hierfür werden die unbehandelten Schalen direkt auf die betroffenen Körperpartien gelegt. Es lohnt sich außerdem immer, Auberginen als Gemüse zu verzehren, um damit der Gesundheit einen guten Dienst zu erweisen.

Neben- und Wechselwirkungen, Gegenanzeigen: Sind nicht bekannt.

Augentrost (Euphrasia officinalis)

Pflanzenfamilie: Rachenblütler

Botanische Schilderung: Wie bei einigen anderen Heilpflanzen mit ausgeprägter Heilwirkung steht auch die Namensgebung beim Augentrost in direktem Zusammenhang mit seiner heilkundlichen Anwendung. Der Augentrost stammt aus der Familie der Rachenblütler. Sein etwa 30 cm hoher Stengel ist behaart und zumeist kerzengerade. Auch die direkt am Stengel sitzenden, randgezähnten Blätter verfügen über eine Behaarung. Die blauen Blüten des Augentrosts haben einen röhrenförmigen Kelch, der entfernt an einen Rachen erinnert. Sie sitzen an den Stengelenden und bilden kleine Trauben. Der Augentrost ist fast überall in Europa auf Wiesen und Feldern anzutreffen.

Blütezeit: Von Juli bis September

Verwendete Pflanzenteile: Als Pflanzengut wird die ganze Pflanze mit der Wurzel angesehen.

Inhaltsstoffe: Gerbstoffe und Iridoidglykoside

Heilwirkung und Anwendung: Schon der Name dieser Heilpflanze gibt Aufschluß darüber, in welchem Bereich der Augentrost zu therapeutischen Zwecken verwendet werden kann. Diese auch in der Homöopathie verwendete Heilpflanze hilft bei Entzündungen der Lider und der Bindehaut oder bei starker Lichtempfindlichkeit. Aus der Volksheilkunde ist außerdem bekannt, daß der Augentrost gegen Kurzsichtigkeit eingesetzt wurde. Dafür fehlt allerdings bis heute ein wissenschaftlicher Nachweis. Seine ausgeprägte Heilwirkung bei Entzündungen und Reizung der Augen gilt jedoch als erwiesen. Hierfür empfiehlt sich eine äußere Anwendung, bei der das Pflanzengut im Verhältnis von 3:100 abgekocht wird. Dieses Dekokt kann anschließend für Waschungen verwendet werden oder über darin getränkte Läppchen auf die Lider wirken.

Neben- und Wechselwirkungen, Gegenanzeigen: Sind nicht bekannt.

B

Bachminze (Mentha aquatica)

Pflanzenfamilie: Lippenblütler

Botanische Schilderung: Aus der Bachminze ist die sehr viel bekanntere **Pefferminze** gezüchtet worden, indem man sie mit der grünen Minze gekreuzt hat. Diese in unseren Breiten weit verbreitete Heilpflanze kann somit als Urform der Pfefferminze bezeichnet werden. Es ist daher auch nicht weiter erstaunlich, daß sich beide Varianten sehr ähnlich sehen. Am leichtesten lassen sich die beiden Minzsorten an ihren Blüten unterscheiden. Im Gegensatz zu der Pfefferminze, deren Blüten in Ähren wachsen, bilden die Blüten der Bachminze rundliche Blüten-Köpfchen. Aus dem Wurzelstock wachsen zumeist zahlreiche Stengel, die etwas höher werden als jene der Pfefferminze (ca. 75 cm), diesen in ihrer Form jedoch sehr ähnlich sind. Auch die stark duftenden Blätter weisen kaum Unterschiede auf und zeigen dieselbe auffallend rötliche Aderung auf der Blattunterseite.

Blütezeit: Von Mai bis Juli

Verwendete Pflanzenteile: Die wirksamen Inhaltsstoffe befinden sich in den Blättern und in den blühenden Sproßspitzen. Beiden gilt daher die Aufmerksamkeit der Pflanzenheilkunde.

Inhaltsstoffe: Ätherische Öle, Harze und Bitterstoffe

Heilwirkung und Anwendung: Die Bachminze gilt bei der Behandlung von Verdauungsstörungen, Krämpfen und mit Kopfschmerzen verbundener Übelkeit als geeignetes Arzneimittel. Ihre regulierende Eigenschaft auf den Magen-Darm-Bereich ist besonders hervorzuheben, zumal die Bachminze erwiesenermaßen die Sekretion der Magensäfte anregt. Es existiert eine Vielzahl von Präparaten auf der Basis der Bachminze (Tees, Tropfen etc.), auf die zurückgegriffen werden kann. Wer das Pflanzengut lieber selbst weiterverarbeiten möchte, sollte dieses im Verhältnis von 5:100 eine Woche in Weißwein ansetzen und davon dann ein Glas pro Tag zu sich nehmen.

Neben- und Wechselwirkungen, Gegenanzeigen: Wenn über längere Zeit hinweg überhöhte Dosierungen eingenommen werden, kann das zu Magenkrämpfen und Wahnvorstellungen führen.

Bärentraube (Arctostaphylos urva ursi)

Pflanzenfamilie: Heidekrautgewächse

Botanische Schilderung: Bei dieser Heilpflanze handelt es sich um einen stark verästelten Strauch, der im Spätsommer rote Beeren hervorbringt. Die immergrüne Bärentraube verliert ihre Blätter auch in der kalten Jahreszeit nicht. Überhaupt sind die kompakten rundlichen oder eiförmigen Blätter ein wesentliches Charakteristikum der Bärentraube. Sie besitzen eine dem Leder ähnliche Oberfläche mit sattgrünem Glanz. Auch die glockenförmigen weißen Blüten der Bärentraube sind durchaus auffällig, da sie in traubenähnlichen Verbünden wachsen, um so die Blicke bestäubender Insekten auf sich zu ziehen.

Der robuste Eindruck dieser Heilpflanze täuscht nicht, denn die Bärentraube ist in ganz Europa weit verbreitet.

Blütezeit: Von April bis Juni

Verwendete Pflanzenteile: Die Blätter der Bärentraube werden im Hochsommer geerntet. Von einem Verzehr der Beeren ist abzuraten, da diese mehlig und ausgesprochen sauer schmecken.

Inhaltsstoffe: Hydrochinonderivate (Arbutin, Ericolin, Methylarbutin), Kalisalze, Tannine

Heilwirkung und Anwendung: In der Homöopathie wird oft vom Bild eines pflanzlichen Arzneimittels gesprochen. Anhand solcher Arzneimittelbilder wird versucht, das Wirkungsprofil des betrachteten Heilmittels zu erläutern. Das Arzneimittelbild der Bärentraube zeigt ganz deutlich, daß die Heilpflanze bei Blasen- und Nierenleiden sowie Entzündungen im Urogenitalbereich eine besonders hohe Wirksamkeit hat. Die Anwendung der Bärentraube erfordert jedoch die Kontrolle und Anleitung eines Arztes oder Heilpraktikers.

Neben- und Wechselwirkungen, Gegenanzeigen: Bei hohen Dosierungen sind seltene Fälle von Übelkeit und Erbrechen bekannt.

Bärlapp (Lycopodium clavatum)

Pflanzenfamilie: Bärlappgewächse

Botanische Schilderung: Der Bärlapp ist eine mysteriöse Heilpflanze, die den Volksmund zu allerlei Spekulationen Anlaß geboten hat. Das zeigen Namen wie „Hexenkraut", „Wolfsklaue", „Drudenfuß" und „Schlangenmoos". Die Pflanze selbst besteht aus am Boden kriechenden, eng beblätterten Stengeln, aus denen kleinere, aufrechte Stengelchen wachsen, die sich in zumeist zwei Fruchtähren aufgabeln. Der Bärlapp entwickelt keine Blüten. Stattdessen befinden sich in den Winkeln der eng stehenden, übereinanderlappenden Blätter sogenannte Sporenbehälter, die das ausgesprochen feine gelbliche Sporenmehl enthalten. Bläst man dieses Mehl in offenes Feuer, entstehen blitzende Funken. Kurioserweise ist es genau dieses „Blitzpulver", das die heilkräftigen Anteile des Bärlapps bereit hält.

Blütezeit: Der Bärlapp gehört zu den Pflanzen, die keine Blüten heranbilden.

Verwendete Pflanzenteile: Das Sporenmehl aus den Stengeln der Pflanzen wird herausgeklopft, nachdem diese zuvor einige Tage zum Trocknen aufgehängt wurden.

Inhaltsstoffe: Chinolinalalkaloide (Lycopodin, Lycodin u.a.)

Heilwirkung und Anwendung: Das in der Pflanzenheilkunde etwas ungewöhnliche Pflanzengut dieser Heilpflanze wird heutzutage nur noch äußerlich angewandt. In der Volksheilkunde wurde der Bärlapp zwar gegen Rheuma und Verstopfung auch zur innerlichen Einnahme empfohlen, doch heute werden zur Behandlung dieser Krankheitsbilder und Beschwerden andere pflanzliche Arzneimittel vorgezogen. Geht es jedoch darum, Entzündungen oder auch Verletzungen der Haut (Abschürfungen und Verbrennungen) zu behandeln, dann kann das Sporenmehl des Bärlapps mit guten Aussichten auf Linderung und Heilung direkt auf die betroffenen Hautpartien aufgebracht werden.

Neben- und Wechselwirkungen, Gegenanzeigen: Die im Bärlapp enthaltenen Alkaloide sind leicht toxisch und bewirken bei längerer Einnahme Störungen im Magen-Darm-Trakt (Erbrechen, Durchfall).

Bärlauch (Allium ursinum)

Pflanzenfamilie: Liliengewächse

Botanische Schilderung: Der Bärlauch gehört neben der Küchenzwiebel und dem Knoblauch zum Gemüseregiment der Liliengewächse. Da der Bärlauch allerdings von nicht ganz so edlem Wuchse ist, hat ihn der Volksmund mit Namen wie „Hexenzwiebel" oder „Wurmlauch" etikettiert. Seine höhere Erdverbundenheit äußert sich auch in seinem gedrungenen Erscheinungbild. Die Blütenstengel des Bärlauchs sind deutlich kürzer als die von Knoblauch und Küchenzwiebel und werden selten höher als 50 cm. Auch die Blütendolden sind unscheinbarer als die der edlen Verwandtschaft. Wie zum Ausgleich dafür hat der Barlauch viel breitere, große Blätter von intensiv grüner Färbung, die das Bild dieser Heilpflanze prägen. Der nach Knoblauch riechende Bärlauch ist in ganz Europa weit verbreitet und gedeiht besonders gut an feuchten Hängen oder am Ufer von Flüssen und Bächen.

Blütezeit: Mai und Juni

Verwendete Pflanzenteile: Vom Bärlauch werden sowohl die Zwiebel als auch der obere Teil der Pflanze geerntet. Wenn diese Heilpflanze z. B. einem grünen Salat untergemischt wird, sollte möglichst frisches Pflanzengut verwendet werden. Der winterliche Vorrat kann getrocknet und gelagert werden, da der Bärlauch nicht so schnell an Aroma verliert.

Inhaltsstoffe: Allicin, Alliin, Aminosäuren, Ätherisches Öl, Dithiine und Fructosan

Heilwirkung und Anwendung: Das Wirkungsspektrum des Bärlauchs ist praktisch identisch mit dem des Knoblauchs. Die regulierende Wirkung auf den Blutdruck, die allgemein reinigende, entschlackende Wirkung auf den Organismus sowie die harntreibende Eigenschaft des Bärlauchs sind hier an erster Stelle zu nennen. Den Bärlauch nimmt man am besten im Salat zu sich. Es besteht aber auch die Möglichkeit, den Bärlauch abzukochen, ihn anschließend durchzuseien und in Alkohol aufzulösen (70%ig). 10–20 Tropfen täglich reichen aus.

Neben- und Wechselwirkungen, Gegenanzeigen: Sind nicht bekannt.

Baldrian, echter (Valeriana officinalis)

Pflanzenfamilie: Baldriangewächse

Botanische Schilderung: Der Baldrian gehört ohne Zweifel zu den bekanntesten Heilpflanzen überhaupt. Schon in der Volksheilkunde galt der Baldrian als wirksames und zugleich schonendes Beruhigungsmittel. Diese langjährige Gegenwart in der Grünen Apotheke hat den Volksmund zu Bezeichnungen wie Augenwurzel, Krampfwurzel, Dreifuß, Viehkraut oder Marienwurzel angeregt.

Die Pflanze verfügt über einen mehrjährigen Wurzelstock, aus dem sich die in Ausnahmefällen bis zu 2 m hohen Stengel entwickeln. Sowohl die bodenständige Blattrosette wie auch die Stengelblätter teilen sich in sogenannte Fiedern auf. Die großen Abstände zwischen den bis zu 20 einzelnen Fiedern erwecken den Eindruck, es würde sich um voneinander unabhängige vollwertige Blätter handeln. Doch der Schein trügt. Weiterhin tun sich die gefiederten Blätter durch ihre Behaarung hervor. Die weißen Blüten des Baldrians wachsen in Dolden an den oberen Stengelenden. Diese Dolden bestehen aus einer Vielzahl einzelner Blüten. Verbreitet ist der Baldrian überall in Europa, wobei er sich auf feuchten Böden heimisch fühlt.

Blütezeit: Von Juni bis August

Verwendete Pflanzenteile: Der Wurzelstock und die davon abgehenden Wurzeln sind aus der Sicht der Pflanzenheilkunde aufgrund ihrer hohen Konzentration von heilwirksamen Stoffen besonders interessant.

Inhaltsstoffe: Ätherisches Öl und instabile Valepotriate, die im Laufe der Verarbeitung verloren gehen.

Heilwirkung und Anwendung: Die Wirkungspalette des Baldrian umfaßt praktisch alle Bereiche, die ein Beruhigungsmittel abdecken kann. So wirkt diese Heilpflanze bei nervösen

Störungen, Schlaflosigkeit, Angstzuständen, Herzklopfen, Menstruationsbeschwerden , Neuralgien und Migräne. Es wird heutzutage eine Vielzahl von Baldrian-Präparaten angeboten. Um aus diesen das individuell passende auszuwählen, sollten der Arzt und/oder Heilpraktiker zu Rate gezogen werden.

Neben- und Wechselwirkungen, Gegenanzeigen: Sind nicht bekannt.

Basilikum (Ocimum basilicum)

Pflanzenfamilie: Lippenblütler

Botanische Schilderung: Das Basilikum ist ein vielfach verwendetes Küchengewürz, das vor allem aufgrund seines häufigen Einsatzes in der italienischen Küche bei uns bekannt geworden ist. Ursprünglich stammt diese Pflanze aus dem tropischen Asien, wurde jedoch schon vor langer Zeit nach Europa gebracht, wo sie seitdem einen bemerkenswerten Siegeszug angetreten hat.

Das Basilikum wird etwa einen halben Meter hoch und zeichnet sich besonders durch die Vielzahl dicht wachsender, gestielter Blätter aus, die ätherische Öle und damit auch den typischen Geschmack enthalten. Als Angehörige der Familie der Lippenblütler teilen sich die weißlichen Blüten dieser Pflanze in eine große Oberlippe und eine kleinere Unterlippe, die sich weiter unten zu einem trichterförmigen Kelch zusammenfinden. Sie wachsen in Trauben an den oberen Stengelenden. Das Basilikum bevorzugt ein warmes Klima, gedeiht aber auch in heimischen Gemüsegärten.

Blütezeit: Von Juni bis September

Verwendete Pflanzenteile: Neben den blühenden Sproßspitzen sind es in erster Linie die Blätter, die nicht nur als Gewürz dienen, sondern auch heilwirksame Substanzen enthalten.

Inhaltsstoffe: Ätherisches Öl, in dem u.a. Linalool, Estragol und Eugenol enthalten sind

Heilwirkung und Anwendung: Als pflanzliches Heilmittel ist Basilikum in der Lage, die Verdauung anzukurbeln. Auch bei Krämpfen im Magen-Darm-Trakt kann Basilikum Linderung verschaffen. Hierfür wird empfohlen, die Blätter im Verhältnis von 5:100 aufzugießen. Von diesem Getränk nimmt man ein kleines Gläschen nach den Mahlzeiten zu sich.

Die Blätter eignen sich außerdem als Badezusatz, da die ätherischen Öle einen belebenden Einfluß auf die Haut entfalten.

Neben- und Wechselwirkungen, Gegenanzeigen: Da Estragol mutagen wirkt, sind Hinweise auf eine karzinogene Wirkung nicht von der Hand zu weisen. Eine langanhaltende Einnahme von Präparaten auf Basilikum-Basis ist somit nicht zu empfehlen, auch wenn konkrete Nachweise auf eine krebserregende Wirkung bisher nicht erbracht wurden. Als Gewürz kann Basilikum hingegen bedenkenlos genossen werden.

Beifuß, gemeiner (Artemisia vulgaris)

Pflanzenfamilie: Korbblütler

Botanische Schilderung: Der Beifuß ist ein echter Lebenskünstler unter den Pflanzen. Er wächst auf den verschiedensten Böden. Seine Vorliebe für stickstoffhaltigen Untergrund hat ihn gerade in der Nähe des Menschen und seiner Zivilisationslandschaften besonders häufig werden lassen. Seine ausgeprägte Widerstandsfähigkeit läßt ihn sogar an Straßenrändern gedeihen.

Die rotbraunen Stengel, die aus der robusten Wurzel wachsen, sind auffallend stark verzweigt. Die gefiederten Blätter des Beifuß sind scharf gezackt, oben dunkelgrün und auf der Unterseite weiß behaart. Die gelblichen Blüten dieser etwa meterhohen Heilpflanze bilden große Rispen. Da der Beifuß aromatische Bitterstoffe beinhaltet, spielt er wie einige andere Heilpflanzen auch eine Rolle in der Getränkeindustrie.

Blütezeit: Juli bis September

Verwendete Pflanzenteile: Zur Herstellung der Arzneimittel-Droge werden die blühenden Sproßspitzen geerntet.

Inhaltsstoffe: Ätherisches Öl und Flavonolderivate

Heilwirkung und Anwendung: Das ausgewogene Wirkungsprofil des Beifuß stimuliert sowohl die Verdauung wie auch den Appetit. Es handelt sich um aromatische Bitterstoffe. Sie lassen den regelmäßigen Einsatz dieser Heilpflanze sinnvoll erscheinen. Es empfiehlt sich, das Pflanzengut in Weiß- oder Rotwein anzusetzen (mindestens eine Woche im Verhältnis von 3 g auf 100 ml Wein). Ein Glas dieses Elixiers nach den Mahlzeiten reicht dabei aus.

Neben- und Wechselwirkungen, Gegenanzeigen: Es gibt Menschen, die auf Beifuß allergisch reagieren. Sie sollten auf eine andere Heilpflanze zurückgreifen. Darüber hinaus sind keine Nebenwirkungen bekannt.

Beinwell (Symphytum officinalis)

Pflanzenfamilie: Rauhblattgewächse

Botanische Schilderung: Der Beinwell ist ein enger Verwandter des **Borretsch** und diesem auch in seiner Gestalt nicht unähnlich. Es handelt sich um eine mehrjährige, etwa meterhohe Pflanze, die stark verzweigt ist und von einer auffallenden Behaarung überzogen wird. Die spitz zulaufenden Blätter können 30 cm messen, sind oval geformt und von einer deutlich sichtbaren braunen Aderung gekennzeichnet. Die weißen Blüten des Beinwells wachsen in Rispen an den Stengelenden. Der gelbgrüne Kelch und die weißen Blütenblätter machen den Beinwell im Zusammenspiel mit den großen Blättern zu einer attraktiven Pflanze. Verbreitet ist der Beinwell vorwiegend in Mitteleuropa. Er liebt feuchte Böden. Daher wächst er vor allem in Sumpf- oder Feuchtgebieten.

Blütezeit: Von Mai bis August

Verwendete Pflanzenteile: Beim Beinwell gelten sowohl die Wurzeln als auch die blühenden Sproßspitzen und die Blätter als Ausgangsstoff verläßlicher Arzneimittel.

Inhaltsstoffe: Allantonin und Polysaccharide (Wurzel)

Heilwirkung und Anwendung: Die ausgeprägt wundheilende Wirkung des Beinwells ist schon seit der Antike bekannt. Bei jeglicher Verletzung oder Entzündung der äußeren Haut ist dieses Heilmittel in die engere Wahl zu ziehen. Ob es sich um Verletzungen, Wunden, Juckreiz, Ekzeme, Hämorrhoiden oder Prellungen handelt – der Beinwell hält Wirkstoffe bereit, die in allen genannten Bereichen eine Anwendung sinnvoll erscheinen lassen. Da es sich um Erkrankungen der äußeren Haut handelt, ist es naheliegend, daß eine äußere Anwendung des Beinwells empfohlen wird. Sie erfolgt mit einem Aufguß (Verhältnis 10:100), der mit Hilfe getränkter Verbände oder Kompressen auf die betroffenen Körperpartien aufgebracht wird.

Neben- und Wechselwirkungen, Gegenanzeigen: Während einer Schwangerschaft wird davon abgeraten, Beinwell anzuwenden.

Benediktinerdistel (Cnicus benedictus)

Pflanzenfamilie: Korbblütler

Botanische Schilderung: Bei der Benediktinerdistel handelt es sich um ein Kraut aus der Familie der Korbblütler, das sich das Gewand einer Distel übergestreift zu haben scheint. Die gefiederten Blätter der Benediktinerdistel sind mit äußerst spitzen Zähnen versehen. Die oben zumeist verzweigten Stengel sind klebrig und behaart. An den Stengelenden sitzen die einzeln wachsenden, gelben Blüten, die von einer engen Manschette aus dornigen Hüllblättern umgeben sind. Trotz der auffallenden Blüten kann man nicht behaupten, daß die wehrhafte Benediktinerdistel eine schöne Pflanze wäre. Das Gegenteil ist der Fall. Sie bevorzugt feuchte Äcker und wird von Landwirten als „Unkraut“ angesehen, das wegen seiner Zähigkeit sehr lästig werden kann.

Blütezeit: Mai und Juni

Verwendete Pflanzenteile: Der gesamte oberirdische Teil der Pflanze ist aus Sicht der Pflanzenheilkunde wertvoll, obgleich das äußere Erscheinungsbild der stacheligen Benediktinerdistel das Gegenteil vermuten ließe.

Inhaltsstoffe: Ätherisches Öl, Bitter- und Gerbstoffe, Vitamin A

Heilwirkung und Anwendung: Arzneimittel auf der Basis der Benediktinerdistel gelten als appetit- und stoffwechselanregend. Verdauung und Harnabsonderung werden angeregt. Außerdem ist ein allgemein reinigender Effekt der Benediktinerdistel auf den menschlichen Organismus zu beobachten. Die heilwirksamen Stoffe können in Form eines Aufgusses genutzt werden. Der pflanzliche Rohstoff wird im Verhältnis von 4:100 aufgegossen. Zwei Tassen täglich reichen aus.

Neben- und Wechselwirkungen, Gegenanzeigen: Patienten, die unter Entzündungen der Nieren oder im Magen- Darm-Bereich leiden, sollten eine andere Heilpflanze verwenden.

Bergamotte (Citrus bergamia)

Pflanzenfamilie: Rautengewächse

Botanische Schilderung: Obwohl der Ursprung der Bergamotte im Dunklen liegt, geht man heute davon aus, daß es sich um eine natürliche Kreuzung (Mutation) zwischen Orange und Zitrone handelt. Diese Heilpflanze ist demzufolge ein typischer Obstbaum von gedrungenem Erscheinungsbild. Er wird nur wenige Meter hoch. Die dicht wachsenden, hellgrünen Blätter sind oval geformt und recht groß (bis zu 10 cm Länge). Die weißlichen Blüten wachsen aus den Blattachseln. Die nicht ganz runden Früchte der Bergamotte sind etwas größer als Zitronen und von orangegelber Farbe. Ihre Schale ist glatt und weist zumeist nur wenige Unregelmäßigkeiten auf.

Die Bergamotte benötigt ein warmes, subtropisches Klima und ist daher nur in Südeuropa zu finden.

Blütezeit: Von März bis Mai

Verwendete Pflanzenteile: Aus den geschälten Früchten wird das ätherische Öl gewonnen.

Inhaltsstoffe: Bergapten, Limonen und Terpenalkohole (Linalool)

Heilwirkung und Anwendung: Da die Gewinnung des ätherischen Bergamottöls sehr viel Sachkenntnis und praktische Erfahrung erfordert und die Bergamotte überdies in unseren Breiten gar nicht vorkommt, sollte man sich eines der handelsüblichen Öle besorgen. Diese Produkte haben außerdem den Vorteil, daß Inhaltsstoffe, die zu gelegentlichen Allergien führen können, herausgefiltert wurden. Das Bergamottöl ist reich an aromatischen Inhaltsstoffen und wird daher sowohl in der Parfum- als auch in der Likörindustrie verwendet. Auch der sehr bekannte Earl Grey Tee verdankt seinen typischen Geschmack dem beigefügten Bergamottöl. Aus Sicht der Pflanzenheilkunde kommt dem Bergamottöl besonderer Wert zu, da es sich als Desinfektionsmittel bei Wunden eignet und direkt auf die Haut gegeben werden kann. Seine anregende Wirkung hilft auch bei Erfrierungen, da es die Durchblutung anregt.

Neben- und Wechselwirkungen, Gegenanzeigen: Personen mit besonders empfindlicher Haut sollten vorsichtig mit dem Bergamottöl umgehen, da dieses gelegentlich Rötungen und Ausschläge hervorrufen kann.

Berberitze (Berberis vulgaris)

Pflanzenfamilie: Sauerdorngewächse

Botanische Schilderung: Die Berberitze ist ein vor allem in Südeuropa beheimateter Strauch, der auffallend stark verästelt ist und mehr als 2 m hoch werden kann. Die rundlichen, zumeist eiförmigen Blätter sind seitlich gezähnt und verfügen über eine lederähnliche Oberfläche. Eine Besonderheit der Berberitze sind die besonders spitzen Dornen, die an den Zweigen sitzen. Die gelben Blüten dieser Heilpflanze wachsen in Verbünden von maximal 20 einzelnen Blüten zusammen. Wegen ihres guten Geschmacks eignen sich die länglichen, roten Beerenfrüchte der Berberitze zur Herstellung von Marmelade. Aufgrund ihrer Größe und der starken Verzweigung wird die Berberitze häufig als Heckenstrauch angepflanzt. Die Wurzeln der Berberitze verfügen über einen intensiven gelben Farbstoff verfügen, der sich zum Färben von Leder, Baumwolle und anderen Textilien eignet.

Blütezeit: Mai und Juni

Verwendete Pflanzenteile: In der Pflanzenheilkunde werden die Wurzeln und die Blätter verwendet. Die zur Herstellung von Marmelade benötigten Beerenfrüchte können im September gesammelt werden.

Inhaltsstoffe: Isochinolinalkaloide (Berberin, Columbamin, Palamtin u. a.)

Heilwirkung und Anwendung: Der Berberitze werden vor allem fiebersenkende und den Blutdruck regulierende Eigenschaften nachgesagt. Außerdem wird die antiseptische Wirkung gegenüber Krankheitserregern betont. Deshalb kommt der Berberitze erhebliche Bedeutung im Kampf gegen die Malaria zu. In der Volksheilkunde wird die Berberitze bei Menstruationsbeschwerden eingesetzt. Dabei sollte das Pflanzengut gekocht und im Verhältnis von 3:100 in Wasser verdünnt werden. Eine Tasse pro Tag genügt.

Neben- und Wechselwirkungen, Gegenanzeigen: Mehr als 4 g der Droge sollte man pro Tag nicht zu sich nehmen. Sonst können Erbrechen, Nasenbluten und Nierenentzündungen die Folge sein.

Blasentang (Fucus vesiculosus)

Pflanzenfamilie: Braunalgen

Botanische Schilderung: Der Blasentang gehört zu den Algen und ist an den Küsten des Atlantiks zu finden. Die einzelnen Pflanzen erreichen eine Länge von etwa 30 cm. Die Pflanze verfügt über blattähnliche Lappen, an denen sich kleine Häckchen befinden. Mit diesen hält der Blasentang sich an Felsen, Steinen oder anderen Pflanzen fest. Da er zumeist in großen Mengen auftritt, sind einzelne Pflanzen schwer auszumachen. Entlang der Mittelrippe befinden sich luftgefüllte Blasen, mit deren Hilfe der Tang im Wasser schweben kann. Ähnlich wie Moose und Flechten entwickelt Tang keine Blüten. Stattdessen dienen warzige Ausbuchtungen an den Enden der Thalluszweige als Fortpflanzungsorgane.

Blütezeit: Als Alge gehört der Blasentang zu den Pflanzen, die keine Blüten hervorbringen.

Verwendete Pflanzenteile: Die gesamte Pflanze enthält heilwirksame Substanzen.

Inhaltsstoffe: Ätherische Öle, Alginsäure, Bitterstoffe und organische Jodverbindungen

Heilwirkung und Anwendung: Selbst die Schulmedizin verwendet den Blasentang schon seit langem zur Behandlung von Fettsucht. Da diese Heilpflanze die Schilddrüse anregt und Stoffwechselprozesse beschleunigt, hilft sie bei krankhaftem

Übergewicht und damit einhergehender Zellulitis. Hierfür wird das Pflanzengut im Verhältnis von 2:100 abgekocht. Von diesem Dekokt trinkt man täglich zwei Tassen.

Neben- und Wechselwirkungen, Gegenanzeigen: Auch wenn solche nicht bekannt sind, sollte vor der Einnahme ein Arzt konsultiert werden.

Blutweiderich (Lythrum salicaria)

Pflanzenfamilie: Weidrichgewächse

Botanische Schilderung: Eine Pflanze, die nicht zu Unrecht auch als „stolzer Heinrich“ bekannt ist, da ihre Stengel bis zu 2 m hoch werden können. Besonders zur Blütezeit, wenn die rötlichen Blütentrauben die Stengelenden bevölkern, macht der Blutweiderich in der Tat einen stolzen Eindruck. Die dichten Blütentrauben sind ohnehin neben der Größe das auffallendste Merkmal dieser Heilpflanze, die feuchte Böden bevorzugt und daher häufig an Flüßen und Bächen wächst. Die länglichen, zumeist spitz zulaufenden Blätter haben es somit schwer, aus dem Hintergrund hervorzutreten. Der Stengel des Blutweiderichs ist reich verzweigt, vierkantig und mit einer feinen Behaarung versehen.

Blütezeit: Von Juni bis August

Verwendete Pflanzenteile: Wie so oft, sind es die blühenden Sproßspitzen, die für die Verwendung in der Pflanzenheilkunde geeignet sind, weil sie die wirksamen Stoffe enthalten.

Inhaltsstoffe: Cholin, Pektine, Salicarin und Tannine

Heilwirkung und Anwendung: Es gibt kaum eine zweite Heilpflanze, die sich so gut zur Behandlung von Darminfektionen eignet wie der Blutweiderich. Die antimikrobische Wirkung (gegen Krankheitserreger) dieses Arzneimittels ist z. B. bei Ruhr- und Typhusbazillen in klinischen Studien nachgewiesen worden. Um die Heilwirkung des Blutweiderichs zu nutzen, empfiehlt es sich, das Pflanzengut im Verhältnis von 5:100 aufzugießen.

Eine äußere Anwendung dieser Heilpflanze ist bei Ekzemen, Juckreiz und Rötungen der Haut in Betracht zu ziehen. Dabei kann der Aufguß über Umschläge aufgebracht werden.

Neben- und Wechselwirkungen, Gegenanzeigen: Sind nicht bekannt.

Blutwurz (Potentilla erecta)

Pflanzenfamilie: Rosengewächse

Botanische Schilderung: Der Name dieser Pflanze bezieht sich auf ihre frühere Verwendung in der Volksheilkunde, wo sie als blutungsstillendes Mittel eingesetzt wurde. In ihrem Aufbau ähnelt die Blutwurz ihrer engen Verwandten, dem Gänsefingerkraut. Wie dieses verfügt die Blutwurz über lange bodenständige Blätter, die sich in einzelne Fiedern teilen. Allerdings bestehen die Blätter der Blutwurz nur aus drei oder vier Fiedern (im Gegensatz zu den sehr viel zahlreicheren Fiedern des Gänsefingerkrauts). Die restlichen Blätter sitzen direkt an den etwa 30 cm hohen Stengeln und teilen sich ebenfalls in drei Fiedern auf. Die länglichen Blattfiedern der Blutwurz sind allesamt randgezähnt und von länglicher Form. Auch die gelben Blüten, die aus den Achseln oberer Stengelblätter wachsen, erinnern in Form und Farbe an jene des Gänsefingerkrauts. Aufgrund ihrer Vorliebe für feuchte Böden ist die in ganz Europa verbreitete Blutwurz in der Nähe von Wasserläufen oder auf feuchten Wiesen zu finden.

Blütezeit: Von Juni bis August

Verwendete Pflanzenteile: Es ist der mehrjährige Wurzelstock, der die heilwirksamen Stoffe der Blutwurz enthält.

Inhaltsstoffe: Gerbstoffe (Catechin, Ellagitannin)

Heilwirkung und Anwendung: Die Inhaltsstoffe der Blutwurz haben laut neuesten Forschungsergebnissen eine zusammenziehende und entzündungshemmende Wirkung auf den menschlichen Organismus, was diese Heilpflanze vor allem für Entzündungen im Magen-Darm-Trakt zu einem empfehlenswerten Heilmittel macht. Die rasche Wirkung der Blutwurz kommt z. B. bei Durchfall zum Tragen. Hierfür wird der Wurzelstock abgekocht (Verhältnis 5:100). Zwei Tassen dieser Abkochung pro Tag reichen aus. Die entzündungshemmenden Eigenschaften der Blutwurz können äußerlich angewandt auch bei Entzündungen der Schleimhäute eingesetzt werden, wobei die gleiche Abkochung für Mundspülungen benutzt werden kann.

Neben- und Wechselwirkungen, Gegenanzeigen: Patienten mit einem besonders empfindlichen Magen sollten wegen gelegentlich auftretender Unverträglichkeiten eine andere Heilpflanze wählen. Ein Gespräch mit dem Arzt bietet sich hier an.

Bockshornklee (Trigonella foenum-graecum)

Pflanzenfamilie: Schmetterlingsblütler

Botanische Schilderung: Der bis zu 80 cm hohe Bockshornklee hat nur eine sehr vage Ähnlichkeit mit seinen bekannteren Verwandten (dem Steinklee oder Sauerklee) und wirkt eher wie ein kleiner Strauch. Die zahlreichen Blätter stehen wechselständig an den Stengeln. Sie sind länglich-oval und haben eine deutlich sichtbare Aderung. Aus den Blattachseln entwickeln sich die gelblichweißen, einzeln wachsenden Blüten, die nach oben geöffneten Röhren gleichen. Ein Charakteristikum des Bockshornklees sind weiterhin die ca. 10 cm langen Hülsenfrüchte. Sie enthalten etwa 15 Samen. Dieser Goliath aus der Klee-Familie ist fast ausschließlich im südlichen Europa zu finden.

Blütezeit: Juni und Juli

Verwendete Pflanzenteile: Die in den Hülsenfrüchten befindlichen Samen verfügen über Substanzen, die den Bockshornklee zu einem ebenso bewährten wie wirksamen Arzneimittel machen.

Inhaltsstoffe: Proteine, Schleimstoffe, Steroidsaponine, Trigonellin

Heilwirkung und Anwendung: Der Bockshornklee hat eine allgemein kräftigende, belebende Wirkung auf den menschlichen Organismus. In der Rekonvaleszenz nach langen Krankheiten und überstandenen Infektionen kommt dem Bockshornklee die Rolle eines nahrhaften Kräftigungsmittels zu. Die innerliche Anwendung der Samen ist einfach. Sie werden zu einem Mehl zerstoßen, das man mit den üblichen Mahlzeiten zu sich nehmen kann (ein Gramm zweimal täglich).

Neben- und Wechselwirkungen, Gegenanzeigen: Wenn Präparate auf der Basis des Bockshornklees über einen langen Zeitraum hinweg äußerlich angewandt werden, kann es zu Hautreizungen und allergischen Reaktionen kommen.

Bohne (Phaesolus vulgaris)

Pflanzenfamilie: Schmetterlingsblütler

Botanische Schilderung: Die Bohne ist eine einjährige Pflanze aus der Familie der Schmetterlingsblütler. Ihre länglichen Hülsenfrüchte sind ein äußerst beliebtes Nahrungsmittel, das aufgrund der enthaltenen Proteine und des Gehalts an Zucker und Stärke als vollwertige Kost einzustufen ist. Die Stengel der Bohne können sehr lang werden (Bohnenstange!) und neigen dazu, sich um Hindernisse oder andere Pflanzen herumzuranken. Die Blätter der Bohne teilen sich in drei Fiedern, von denen zwei seitlich verlaufen. Die längere mittlere Blattfieder hebt sich auch aufgrund ihrer Rautenform von den beiden seitlichen Fiedern ab. Die Blüten bilden Trauben, die nur aus eingen wenigen Einzelblüten bestehen. Ihre Farbe schwankt zwischen weiß und violett. Die Bohne ist eigentlich in Lateinamerika beheimatet, wird aber mittlerweile in ganz Europa angebaut.

Blütezeit: Von Juni bis September

Verwendete Pflanzenteile: Es sind die als Gemüse verwendeten Hülsenfrüchte, die sich auch unter naturheilkundlichen Aspekten nutzen lassen.

Inhaltsstoffe: Aminosäuren, Chromsalze, Flavonoide, Kieselsäure, Phaesolin, Phasin (Samen)

Heilwirkung und Anwendung: Ein Aufguß (Verhältnis 5:100 – eine Tasse täglich) der Hülsen wird empfohlen, wenn im Verlauf von Diäten oder in der Rekonvaleszenz nach längerer Krankheit der Körper mit kräftigenden Mitteln unterstützt werden soll. Auch der regelmäßige Verzehr von Bohnen kann durchaus als kräftigende Präventivmaßnahme bezeichnet werden, da dem Organismus Proteine und Vitamine angeboten werden.

Neben- und Wechselwirkungen, Gegenanzeigen: Das in den Samen enthaltene Phasin kann Entzündungen im Magen-Darm-Bereich und Erbrechen hervorrufen.

Bohnenkraut (Satureja hortensis)

Pflanzenfamilie: Lippenblütler

Botanische Schilderung: Obwohl das Bohnenkraut eine eher kleine, zarte Pflanze ist, die kaum höher als 30 cm wird, erinnert der Anblick der zahlreichen, stark verzweigten Stengel an einen kleinen Busch. Die rötlichen Stengel sind ebenso von einer borstigen Behaarung überzogen wie die Blätter und die Blüten. Die schmalen lanzettähnlichen Blätter des Bohnenkrauts stehen gegenständig an den Stengeln. Sie sind mit hellen Punkten übersät. Bei diesen Punkten handelt es sich um Drüsen, in denen ein ätherisches Öl produziert wird. Der typische Duft des Bohnenkrauts wird noch stärker, wenn man die Blätter unter den Fingern zerreibt. Aus den Achseln oberer Blätter wachsen die Blütenstiele, an deren Enden die weißen Blüten zu finden sind. An jedem Blütenstiel finden sich nicht mehr als fünf Blüten, deren röhrenförmiger Kelch in einer glockenähnlichen Krone endet. Das mittlerweile sehr beliebte Bohnenkraut ist in Mitteleuropa zu Hause, wo es trockene Böden auf Wiesen oder an Wegrändern vorzieht.

Blütezeit: Von Juni bis August

Verwendete Pflanzenteile: Der gesamte oberirdische Teil des Bohnenkrauts ist unter heilkundlichen Aspekten verwertbar.

Inhaltsstoffe: Ätherische Öle (Karvacrol), mineralische Spurenelemente und Tannine.

Heilwirkung und Anwendung: Die Wirkungspalette des Bohnenkrauts bewegt sich zwischen appetitanregenden, verdauungsfördernden und krampflösenden, schmerzstillenden Eigenschaften. Das bedeutet, daß diese Heilpflanze bei Störungen der Verdauung und nervösen Magenkrämpfen ein besonders wertvolles Arzneimittel darstellt. Aufgrund der ausgeprägten Wirkkraft des Bohnenkrauts sollte in Zweifelsfällen seine Einnahme in Absprache mit dem Arzt und/oder Heilpraktiker erfolgen. Üblich ist es, den pflanzlichen Rohstoff aufzugießen (Verhältnis 2:100). Eine Tasse täglich sollte genügen, um den therapeutischen Wert des Bohnenkrauts wirksam werden zu lassen. Außerdem besteht auch die Möglichkeit einer äußeren Anwendung dieser Heilpflanze. Bei entzündeter Mundschleimhaut kann ein etwas stärkerer Aufguß (Verhältnis 5:100) als Gurgel- bzw. Mundwasser genutzt werden.

Neben- und Wechselwirkungen, Gegenanzeigen: Das Bohnenkraut sollte nur bei tatsächlichen Beschwerden eingenommen werden. Zur vorbeugenden Einnahme über einen längeren Zeitraum hinweg ist es wegen mitunter auftretender Nebenwirkungen nicht zu empfehlen.

Borretsch (Borrago officinalis)

Pflanzenfamilie: Rauhblattgewächse

Botanische Schilderung: Der Borretsch hat erst kürzlich auf den Rezeptseiten verschiedener Magazine als Bestandteil eines osteuropäischen Gemüseeintopfs Furore gemacht. Er wurde früher in ganz Europa kultiviert, ist heute allerdings in unseren Breiten nur noch in der verwilderten Form anzutreffen. Bei näherer Betrachtung fällt die starke Behaarung an Stengel und Blättern besonders ins Auge. Der etwa halbmeterhohe Stengel ist sowohl mit grundständigen, ovalen Blättern versehen, als auch mit solchen, die weiter oben auf kurzen Stielen am Stengel sitzen und wesentlich kleiner sind als die Verwandten aus dem Erdgeschoß. Die blauvioletten Blüten befinden sich im Dachgeschoß des Borretsch und schließen sich an der Stengelspitze zu Rispen zusammen.

Blütezeit: Von Juni bis August

Verwendete Pflanzenteile: Mit Ausnahme der kleinen Schließfrüchte und des stark behaarten Stengels kann die gesamte Pflanze (ohne Wurzel!) verwendet werden, wobei man die Blüten getrennt vom restlichen Pflanzengut aufbewahrt.

Inhaltsstoffe: Schleimstoffe, Mineralsalze, Gerbstoffe, Kieselsäure, Pyrrolizidinalkaloide

Heilwirkung und Anwendung: Beim Borretsch sind verschiedene Anwendungsbereiche bekannt. Der äußerliche Einsatz dieser Heilpflanze (als Aufguß 5 g auf 100 ml Wasser zum Tränken von Kompressen oder als Waschwasser) mindert den Juckreiz, der bei Hautausschlägen auftreten kann. Insbesondere bei Kinderkrankheiten (wie Masern und Röteln) wird der Borretsch eingesetzt, um die Beschwerden zu lindern. Aber auch Furunkel oder Ekzeme können gleichermaßen behandelt werden. Zu einer inneren Anwendung des Borretsch wird geraten, wenn bellend-quälender Reizhusten behandelt werden soll. Hierfür eignet sich eine Weintinktur, wobei das Pflanzengut im Verhältnis von 5:100 fünf Tage in Wein angesetzt werden sollte.

Neben- und Wechselwirkungen, Gegenanzeigen: Durch die im Kraut enthaltenen Pyrrolizidinalkaloide sind in seltenen Ausnahmen toxische Wirkungen möglich.

Breitwegerich (Plantago major)

Pflanzenfamilie: Wegerichgewächse

Botanische Schilderung: Beim Breitwegerich handelt es sich um eine mehrjährige Pflanze, die keine Stengel entwickelt. Stattdessen wächst eine bodenständige Blattrosette aus dem Wurzelstock. Die breiten, oval geformten Blätter sitzen auf kurzen Stielen, die direkt in den Wurzelstock übergehen. Die Blütenähren, die sich aus einer Vielzahl aneinander aufgereihter, einzelner Blüten zusammensetzen, befinden sich an den blattlosen Blütenschäften, die etwa 30 cm hoch werden und nicht mit Stengeln im klassischen Sinn verwechselt werden dürfen. Nach der Blüte entwickelt der Breitwegerich längliche Fruchtkapseln, die durchschnittlich ein Dutzend kleiner schwarzer Samen enthalten. Als zähe und widerstandsfähige Pflanze ist der Breitwegerich praktisch in ganz Europa anzutreffen und wächst überall dort, wo man ihn läßt. Dabei bevorzugt er Plätze wie Wiesen, Lichtungen und Felder, wo er nicht im Schatten größerer Pflanzen steht und zu wenig Sonnenlicht erhascht.

Blütezeit: Von Mai bis August

Verwendete Pflanzenteile: Sowohl in den Blättern als auch in den Samen sind heilkräftige Wirkstoffe nachgewiesen worden.

Inhaltsstoffe: Iridoidglykoside, Polysaccharide und Polyphenole

Heilwirkung und Anwendung: Die entzündungshemmenden Eigenschaften des Breitwegerichs lassen seinen Einsatz vor allem bei Entzündungen des Verdauungsapparates (Durchfall) und im Rachen- und Halsbereich (Husten) empfehlenswert erscheinen. Hierfür wird der pflanzliche Rohstoff (die Blätter) aufgegossen (Verhältnis 5:100). Zwei Tassen täglich genügen, um die Heilkräfte zur Entfaltung zu bringen. Es besteht auch die Möglichkeit, den Breitwegerich äußerlich anzuwenden, wenn kleinere Schürfwunden, Insektenstiche oder Hautentzündungen behandelt werden sollen. Dabei wird der gleiche Aufguß über getränkte Umschläge auf die betroffenen Körperpartien gebracht.

Neben- und Wechselwirkungen, Gegenanzeigen: Sind nicht bekannt.

Brennessel (Urtica dioica)

Pflanzenfamilie: Brennesselgewächse

Botanische Schilderung: Mit der Brennessel hat fast jeder schon einmal ein heißes Rendezvous gehabt. Neben der durchschlagenden Wirkung der Brennhaare auf den Blättern verfügt die Brennessel über ein charakteristisches Aussehen, das dazu angetan ist, in der Erinnerung „gebrannter Kinder“ haften zu bleiben. Ihre etwa meterhohen Stengel wachsen meist gruppenweise. Die weißgelben Blütenähren an den Stengelenden, die ebenso klein wie zahlreich sind, sehen aus, als wären sie von einem Zuckerbäcker modelliert worden. Das bekannteste Merkmal der Brennessel sind jedoch zweifellos die von einer scharfen Flüssigkeit durchtränkten Brennhaare auf den Blättern. Die Blätter selbst sitzen auf Stielen an den Stengeln, sind länglich oval geformt und deutlich randgezähnt.

Die Brennessel ist eine ausdauernde Pflanze, die in ganz Europa verbreitet ist und sich überall dort ansiedelt, wo man sie läßt. Wiesen, Wegränder und Hecken sind daher bevorzugte Standorte.

Blütezeit: Von Juli bis Oktober

Verwendete Pflanzenteile: Der gesamte oberirdische Teil der Pflanze enthält eine Vielzahl von wirksamen Stoffen. Sie haben die Brennessel zu einer der bekanntesten und auch beliebtesten Heilpflanzen unser Zeit gemacht.

Inhaltsstoffe: Chlorophyll, Carotinoide, Mineralsalze, Vitamin C, Amine (Histamin, Cholin, Serotonin)

Heilwirkung und Anwendung: Die Brennessel ist schon in der Antike ihrer Heilwirkung wegen verehrt worden. Besonders ausgeprägt ist die Wirkung des pflanzlichen Rohstoffs bei Darmentzündungen und Durchfall. Hinzu kommt, daß die Brennessel erwiesenermaßen die Ausscheidung verschiedener Stoffe stimuliert (Cholesterin, Harnsäure, Stoffwechselschlacken), weswegen ihr in der Behandlung von Rheuma, Gicht und Arthritis besonderer Wert zukommt. Um die Brennwirkung der Blätter außer Kraft zu setzen, genügt es, den pflanzlichen Rohstoff in ein heisses Wasserbad zu legen. Anschließend kann man den Saft herauspressen oder einen Aufguß vornehmen (Verhältnis 5:100). Vom Brennessel-Saft genügen fünf Eßlöffel täglich, während man vom Aufguß eine Tasse täglich zu sich nehmen sollte. Zur wirksamen Durchspülungstherapie von Nieren und Blase, aber auch bei Frühjahrskuren empfiehlt es sich, Heilpflanzensaft aus der frischen Brennessel zu sich zu nehmen, der gebrauchsfertig erhältlich ist.

Neben- und Wechselwirkungen, Gegenanzeigen: Höchst selten kann die Einnahme von Brennesselpräparaten zu leichten Störungen im Magen-Darm-Bereich führen.

Brombeerstrauch (Rubus ulmifolius)

Pflanzenfamilie: Rosengewächse

Botanische Schilderung: Der Brombeerstrauch ist eine Pflanze, zu der der Mensch seit jeher ein zwiespältiges Verhältnis hat. Einerseits werden die schmackhaften Beerenfrüchte geschätzt, die ein ausgezeichnetes diätetisches Nahrungsmittel sind. Andererseits kann der schnell wachsende, dornige Strauch zu einer regelrechten Plage für die Landwirtschaft werden (vor allem in Südeuropa). Mit ihren Stacheln und den aus-

Aloe

Anis

Alant

Arnika

Augentrost

Artischocke

Gemeiner Andorn

Echter Baldrian

Bärentraube

Brennessel

Beinwell

Fichte

Hauhechel

Eukalyptus

Gundelrebe

ladenden Ästen können einzelne Brombeersträucher zu einem undurchdringlichen Dickicht zusammenwachsen, durch das sich nur „Feuer und Schwert" einen Weg bahnen können. Wie die Äste sind auch die Blätter des Brombeerstrauchs mit Dornen versehen. Sie sind oval geformt, dunkelgrün gefärbt und weisen eine deutliche Randzähnung auf. Die weißlichen Blüten wachsen in Rispen an den Enden der Äste. Die relativ großen einzelnen Blüten haben fünf Kronblätter, die sich weit auffalten und den Blick damit auf die Staubbeutel richten. Nach der Blüte entwickeln sich die schwarzen, vitaminreichen Beeren. Als besonders ausdauernde Pflanze ist die Brombeere in ganz Europa zu finden und wächst in Wäldern und Hecken.

Blütezeit: Von Juni bis September

Verwendete Pflanzenteile: Neben den Beeren verfügen auch die Blätter über Inhaltsstoffe, die einen heilkundlichen Einsatz rechtfertigen.

Inhaltsstoffe: Flavonoide, Triterpensäuren, ätherisches Öl, Bitter- und Gerbstoffe, Pflanzensäuren, Pektin, Zucker und die Vitamine A, B, C

Heilwirkung und Anwendung: Als Arzneimittel wirkt der Brombeerstrauch regulierend auf den Darmtrakt und eignet sich somit zur Behandlung von Durchfällen und Darmentzündungen. Dabei genügt es, eine größere Menge frischer Beeren zu verzehren (oder deren Saft zu trinken). Ein Aufguß der Blätter (Verhältnis 5:100) kann äußerlich angewandt werden. Er hilft bei Entzündung von Haut oder Schleimhaut sowie bei Hämorrhoiden und kann über getränkte Verbände oder auch als Gurgel- bzw. Mundwasser eingesetzt werden.

Neben- und Wechselwirkungen, Gegenanzeigen: Sind nicht bekannt.

Brunnenkresse (Nasturtium officinale)

Pflanzenfamilie: Kreuzblütler

Botanische Schilderung: Die Brunnenkresse ist eine in unseren Breiten sehr bekannte Pflanze, die in erster Linie als Nahrungsmittel verwendet wird. Sie wächst im Wasser, und nur die

Stengelenden mit den frischen Trieben ragen über die Wasseroberfläche hinaus. Die gefiederten Blätter können dabei einen grünen Teppich auf dem Wasser bilden, da die Stengel der Brunnenkresse zumeist in größerer Anzahl dicht nebeneinander stehen. Die kleinen weißen Blüten sind vergleichsweise unscheinbar. Sie bilden locker gruppierte Blütentrauben, die an den Stengelenden sitzen. Was ihren Standort betrifft, ist die Brunnenkresse recht wählerisch. Sie bevorzugt seichte Gewässer wie Bäche und Rinnsale mit klarem Wasser. Mitunter ist sie auch am Ufer sauberer Seen zu finden.

Blütezeit: Von Juni bis September

Verwendete Pflanzenteile: Als Pflanzengut wird jener Teil der Brunnenkresse angesehen, der sich oberhalb der Wasseroberfäche befindet.

Inhaltsstoffe: Senfölglykoside und Vitamin C

Heilwirkung und Anwendung: Als vitaminreiches Nahrungsmittel eignet sich die Brunnenkresse für die Verwendung in Salaten oder als Grundlage für Kräuterquarks. Auch aus Sicht der Pflanzenheilkunde sollte die Brunnenkresse am besten roh verzehrt werden. Wird sie gekocht, verliert sie ihre wertvollen Inhaltsstoffe. Sie eignet sich besonders gut zur Behandlung von Husten und Schnupfen, da sie über eine auswurffördernde und hustenlindernde Wirkung verfügt. Außerdem enthält die Brunnenkresse Schwefelverbindungen, die die periphere Durchblutung anregen. Als Hustenmittel sollte sie sorgfältig gewaschen und anschließend roh verzehrt werden. Ihre durchblutungsfördernde Wirkung kann dazu beitragen, die Kopfhaut zu beleben oder das Zahnfleisch zu stärken. Hierfür empfiehlt es sich, den frischen Saft der Brunnenkresse mit Alkohol (60%) zu gleichen Teilen zu mischen. Anschließend kann die Tinktur einmassiert oder zum Gurgeln verwendet werden (nicht schlucken!).

Neben- und Wechselwirkungen, Gegenanzeigen: Die Anwendung der Brunnenkresse verbietet sich bei Patienten, die unter Ulcus duodeni, Ulcus ventriculus oder Nierenentzündungen leiden. Auch Babys und Kleinkinder sollten mit schonenderen Heilpflanzen behandelt werden.

Buchsbaum (Buxus sempervirens)

Pflanzenfamilie: Buchsbaumgewächse

Botanische Schilderung: Der immergrüne Busch, der nur sehr selten die Ausmaße eines Baumes erreicht, ist ein wahrer Methusalem unter den Pflanzen. Ein Lebensalter von 500 Jahren ist keine Seltenheit. Daß die gefurchte Rinde des Buchsbaums korkig wirkt, mutet vor dem Hintergrund dieser Tatsache sehr verständlich an. Seine fleischigen Blätter sitzen auf kurzen Blattstielen und sind oval geformt. Die winzigen Blüten wachsen in Knäueln aus den Blattachseln und entwickeln sich zu ebenfalls sehr kleinen Früchten. Das Vorkommen des Buchsbaumes ist auf Süd- und Mitteleuropa beschränkt. Am wohlsten fühlt er sich in der Gesellschaft von Laubbäumen. In zunehmendem Maße wird er auch als Zierpflanze in Gärten angepflanzt.

Blütezeit: Mai und Juni

Verwendete Pflanzenteile: Die Blätter und auch die Rinde jüngerer Zweige werden wegen ihrer wirksamen Inhaltsstoffe unter heilkundlichen Aspekten verwendet.

Inhaltsstoffe: Alkaloide, Buxin und Vitamin C

Heilwirkung und Anwendung: Der Buchsbaum wird wegen seiner harntreibenden und vor allem wegen seiner fiebersenkenden Eigenschaften geschätzt. Dabei werden Abkochungen (Verhältnis 2:100 – täglich eine Tasse) der Rinde zur innerlichen Verwendung empfohlen. Ebenfalls innerlich angewandt werden Aufgüsse der Blätter (Verhältnis 3:100), die sich in der Behandlung rheumatischer Beschwerden bewährt haben.

Neben- und Wechselwirkungen, Gegenanzeigen: Aufgrund der enthaltenen Alkaloide ist davon abzuraten, Präparate auf der Basis des Buchsbaums über einen längeren Zeitraum hinweg einzunehmen.

C

Chinarinde (Cinchona succiruba)

Pflanzenfamilie: Rötegewächse

Botanische Schilderung: Die Chinarinde ist ein schlanker, etwa 25 m hoher Baum mit rotbrauner Rinde. Samuel Hahnemann, der Begründer der Homöopathie, führte mit der Rinde dieses ursprünglich aus Südamerika stammenden Baumes eine Reihe von Selbstversuchen durch. Seine Beobachtungen führten Hahnemann zu der Überzeugung, daß diejenige Arznei eine Krankheit heilen würde, die beim Gesunden möglichst ähnliche Symptome hervorruft. Durch Einnahme der Chinarinde stellte er am eigenen Leib Symptome des Wechselfiebers fest. Durch diese Erkenntnis hat diese Heilpflanze beträchtliche Berühmtheit erlangt.

Der schlanke Baum hat rundlich-ovale Blätter, die zum Blattende hin spitz zulaufen. Während die Blattoberfläche kahl ist, befinden sich an der Unterseite regelrechte Haarbüschel. Die rosa Blüten bilden große Rispen an den Zweigenden.

Blütezeit: Mai und Juni

Verwendete Pflanzenteile: Obwohl in erster Linie die Rinde als heilwirksam gilt, werden gelegentlich auch die Wurzeln geerntet.

Inhaltsstoffe: Alkaloide (Cinchonidin, Cinchonin, Chinin u.a.), Bitterstoffe

Heilwirkung und Anwendung: Tinkturen auf Chinarindenbasis werden gewöhnlich bei Verdauungsstörungen und fiebrigen Erkältungen verwendet. Außerdem gilt die Chinarinde als appetitanregend. Ihre aromatischen Inhaltsstoffe werden auch in der Likörindustrie genutzt.

D

Dill (Anethum gravolens)

Pflanzenfamilie: Doldenblütler

Botanische Schilderung: Wie andere klassische Küchengewürze ist auch der Dill eine ausgezeichnete Heilpflanze, was vielen Hobbyköchen möglicherweise gar nicht bewußt ist.

Das sicherste Kennzeichen dieser zur Familie der Doldenblütler gehörenden Pflanze ist der starke Geruch, den sie verströmt. Das Erscheinungsbild des Dills wird beherrscht von dem bis zu 1 m hohen Stengel. Die zumeist dreigeteilten Blätter erinnern in ihrer schmalen atypischen Form eher an Grashalme, während die gelblichen, zu lockeren Dolden zusammengefaßten Blüten eher dazu angetan sind, die Blicke von Spaziergängern auf sich zu ziehen. Den in Europa häufig vorkommenden wilden Dill findet man an Wegrändern oder auf Wiesen.

Blütezeit: Von Juni bis August

Verwendete Pflanzenteile: Beim Dill gelten sowohl die Schließfrüchte als auch die frischen Sproßspitzen als heilwirksam.

Inhaltsstoffe: Ätherische Öle (enthalten Carvon und Phellandren)

Heilwirkung und Anwendung: Das Wirkungsspektrum des Dills beinhaltet vor allem verdauungsfördernde und harntreibende Stoffe, was den therapeutischen Einsatz bei Beschwerden von Magen und Nieren nahelegt. In der traditionellen Volksheilkunde wurde Dill verabreicht, um die Milchsekretion der weiblichen Brust anzukurbeln. Die Dillspitzen im Gemüseregal hätten also durchaus auch einen Platz im Arzneischrank verdient. Regelmäßiger Einsatz dieses „Heilgewürzes" erfüllt nicht nur eine geschmackliche Funktion, sondern stimuliert gleichzeitig die Verdauung. So kann man den Dill durchaus als Vorbeugemaßnahme à la carte gegen Magenbeschwerden bezeichnen.

Neben- und Wechselwirkungen, Gegenanzeigen: Sind nicht bekannt.

Dost (Origanum vulgare)

Pflanzenfamilie: Lippenblütler

Botanische Schilderung: Der bei uns auch als Oregano bekannte Dost ist die wilde Form des Majorans, dem er sowohl äußerlich als auch in seiner Verwendung als Heilpflanze durchaus ähnlich ist. Der Dost ist eine mehrjährige Pflanze, deren zahlreiche Stengel etwa einen halben Meter hoch werden. Die Blätter sitzen auf sehr kurzen Stielen und sind oval geformt. Im Gegensatz zu den braunroten Stengeln sind die Blätter des Dosts zumeist unbehaart. Die rötlichen Blüten bilden Rispen an den Stengelenden und verleihen dem Dost in der Blütezeit (ab Juni) sein charakteristisches Aussehen. Der Dost ist fast überall in Europa beheimatet und auf Wiesen und Waldrändern zu finden.

Blütezeit: Von Juni bis August

Verwendete Pflanzenteile: Die blühenden Sproßspitzen enthalten Wirkstoffe, die den Dost in den Stand einer Heilpflanze erheben.

Inhaltsstoffe: Ätherisches Öl, Flavonoide und Phenolcarbonsäuren

Heilwirkung und Anwendung: Das Wirkungsspektrum des Dosts ähnelt dem des Majorans. Das macht ihn zu einem vorzüglichen Heilmittel gegen Verdauungsstörungen, zumal seine Wirkstoffe die Sekretion der Magensäfte stimulieren. Diese sorgen dafür, daß die Verdauungsfunktion des Magens unterstützt wird. Hinzu kommt, daß der Dost die Eigenschaft hat, die Schleimhäute zu beruhigen und den Abtransport des Schleims zu beschleunigen, was ihn zu einem wirkungsvollen Hustenmittel macht. Hierfür können Inhalationen mit dem Heilmittel vorgenommen werden. Zur innerlichen Einnahme bei Verdauungsstörungen wird der pflanzliche Rohstoff aufgegossen (Verhältnis 4:100). Eine Tasse nach dem Mittagessen genügt.

Neben- und Wechselwirkungen, Gegenanzeigen: Sind nicht bekannt.

E

Eberesche (Sorbus aucuparia)

Pflanzenfamilie: Rosengewächse

Botanische Schilderung: Die Eberesche ist ein laubabwerfender Baum, der 15 bis 20 m hoch werden kann. Der Stamm dieses grazil wirkenden Baumes ist sehr schmal und endet in einer rundlichen Krone, die ihre Äste weit von sich streckt. Die dunkelgrünen Blätter sind gefiedert und teilen sich damit in längliche aneinander aufgereihte Fiedern, die durchaus den Eindruck erwecken können, daß es sich um einzelne Blätter handelt. Die Blätter der Eberesche sind wegen der mehr oder minder symmetrischen Stellung der einzelnen Fiedern ebenfalls ein schöner Anblick und tragen damit zu dem attraktiven Bild dieses Baumes bei. Die kleinen weißen Blüten der Eberesche setzen sich an den Zweigenden zu Dolden zusammen, die aus einer Vielzahl einzelner Blüten bestehen. Besonders auffällig sind weiterhin die leuchtend roten Beerenfrüchte, die sich in größeren Verbänden nach der Blüte entwickeln. Wie beliebt diese Früchte bei Vögeln sind, mag ein kurzer Ausflug ins Wörterbuch des Volksmundes bekunden. Drosselbeere, Gimpelbeer und Kransvogelbeer zeugen von dieser Vorliebe. Doch die roten Früchte sind nicht nur für gefiederte Zeitgenossen ein schmackhaftes Nahrungsmittel. So läßt sich z. B. eine gute Marmelade aus den Früchten gewinnen.

Blütezeit: Mai und Juni

Verwendete Pflanzenteile: Die Früchte eignen sich nicht nur als reines Nahrungsmittel, sondern haben auch Eigenschaften, die ihre Verwendung in der Grünen Apotheke rechtfertigen.

Inhaltsstoffe: Carotinoide, Flavonoide, Fruchtsäuren, Gerbstoffe, Glykoside und Parasorbinsäure

Heilwirkung und Anwendung: Die Früchte der Eberesche lassen sich zur Regulierung von Funktionsstörungen des Magen-Darm-Traktes verwenden. Bei Durchfall oder Darmentzündungen eignet sich dabei besonders der Saft aus frischen

Früchten. Ein Glas am Tag genügt für den therapeutischen Zweck. Darüber hinaus kann die Eberesche bei Entzündungen von Haut und Schleimhäuten – äußerlich angewandt – gute Dienste leisten. Hierfür werden die Früchte abgekocht (Verhältnis 5:100). Das Dekokt wird für Waschungen und Spülungen genutzt.

Neben- und Wechselwirkungen, Gegenanzeigen: Vom Verzehr größerer Mengen frischer Früchte ist abzuraten, da die Parasorbinsäure, die beim Kochvorgang abgebaut wird, Reizerscheinungen bewirken kann.

Eberwurz (Carlina acaulis)

Pflanzenfamilie: Korbblütler

Botanische Schilderung: Die aus dem Volksmund stammende Bezeichnung Silberdistel erscheint eigentlich passender als Eberwurz, zumal diese Pflanze alles hält, was eine Distel verspricht: eine attraktive, silbrige Blüte und sehr spitze Dornen. Bei diesen Dornen handelt es sich eigentlich um die Endstücke der Blattfiedern des Eberwurz. Die Blüte der „Silberdistel" erscheint in Form der silbrig-grauen Hüllblätter und eines sogenannten Köpfchens, das die eigentlichen Blüten enthält. Die Länge des Stengels, auf dem die Blüte sitzt, kann stark schwanken (von 0–100 cm). Zumeist ist der Stengel klein und unscheinbar. Die Eberwurz ist zwar in ganz Europa verbreitet, aber heute nur noch selten zu finden.

Blütezeit: Von Juni bis August

Verwendete Pflanzenteile: Der Eberwurz verfügt zwar erwiesenermaßen über heilsame Inhaltsstoffe, doch sollte aufgrund der Seltenheit dieser schönen Pflanze auf die Verwendung im größeren Stil verzichtet werden.

Inhaltsstoffe: Ätherisches Öl und Inulin

Heilwirkung und Anwendung: Wenn auf die appetitanregenden und die Verdauung regulierenden Wirkstoffe nicht verzichtet werden kann, bietet sich eine innere Einnahme an, wobei 2 g Pflanzengut (Wurzelstücke) à 100 ml Wein zwei Wochen aufgesetzt werden. Von dieser Weintinktur trinkt man ein kleines Glas nach dem Mittag- oder Abendessen.

Neben- und Wechselwirkungen, Gegenanzeigen: Sind nicht bekannt.

Edelkastanie (Castanea sativa)

Pflanzenfamilie: Buchengewächse

Botanische Schilderung: Trotz der Namensähnlichkeit zur Roßkastanie ist die Edelkastanie weit weniger eng mit dieser verwandt, als man annehmen möchte. Im Gegensatz zur Roßkastanie gehört die bis zu 30 m hohe Edelkastanie zu den Buchengewächsen. Auch die Blätter unterscheiden sich wesentlich, zumal die kurzstieligen, spitz zulaufenden Blätter der Eßkastanie die charakteristische Auffächerung in fünf Finger vermissen lassen, die für die Blätter der Roßkastanie so typisch ist.

Die eßbaren Schließfrüchte der Edelkastanie verbergen sich im stacheligen Kastanienigel, der im reifen Zustand in vier Teile aufplatzt und die Kastanien freigibt. Wegen ihrer Vorliebe für milde klimatische Verhältnisse ist die Eßkastanie vor allem in Südeuropa zu finden, wo sie gerne als Zierbaum in Gärten und Parkanlagen angepflanzt wird.

Blütezeit: Von April bis Juni

Verwendete Pflanzenteile: Von therapeutischer Bedeutung sind bei der Eßkastanie die Blätter und die Rinde junger Zweige.

Inhaltsstoffe: Flavonole und Gerbstoffe.

Heilwirkung und Anwendung: Die zusammenziehende Wirkung der Edelkastanie ist schon seit langem bekannt. Es empfiehlt sich daher eine Anwendung des Pflanzenguts bei Husten (innerlich) und gereizten Hautpartien (äußerlich). Für die innere Anwendung hat es sich bewährt, eine Alkohol-Tinktur anzusetzen, wobei das Pflanzengut im Verhältnis von 1:5 in 60%igem Alkohol fünf Tage lang stehen gelassen werden sollte. Von dieser Tinktur genügen zwei Teelöffel am Tag. Zur äußerlichen Anwendung wird das Pflanzengut abgekocht, im Verhältnis von 5:100 in Wasser verdünnt und kann anschließend zum Gurgeln oder für Waschungen eingesetzt werden.

Neben- und Wechselwirkungen, Gegenanzeigen: Sind nicht bekannt.

Efeu (Hedera helix)

Pflanzenfamilie: Efeugewächse

Botanische Schilderung: Der Umstand, daß es sich beim Efeu um eine Kletterpflanze handelt, dürfte hinlänglich bekannt sein. Ob Mauer, Hauswand oder ein hoher Baum – der Efeu ist jederzeit bereit, es auf eine Kletterpatie ankommen zu lassen. Die immergrünen Blätter sitzen auf langen Stielen. Die leuchtend grüne Blattoberfläche fühlt sich lederartig an. Die gelbgrünen Blüten schließen sich an der Spitze der jungen Triebe zu kugeligen Rispen zusammen. Zur Übertragung der Samen entwickelt der Efeu Steinfrüchte, die von rundlicher Form sind und nur einige wenige Samen (zumeist 3) enthalten. Mit Ausnahme des nördlichen Europas ist der Kletterkünstler überall zu finden und scheut auch Höhenlagen bis zur Baumgrenze nicht.

Blütezeit: Von Juni bis August

Verwendete Pflanzenteile: Beim Efeu sind es die Blätter, die aufgrund ihrer Wirkstoffe die Aufnahme dieser Pflanze in die Grüne Apotheke rechtfertigen.

Inhaltsstoffe: Triterpensaponine

Heilwirkung und Anwendung: Bei Husten und verschleimten Bronchien gilt der Efeu als besonders wirksames Arzneimittel. Weil allerdings auch leicht giftige Stoffe in den Blättern enthalten sind, empfiehlt es sich nicht, Efeupräparate selber herzustellen. Wegen der ausgeprägten Wirkung sind eine Reihe von Präparaten auf Efeu-Basis erhältlich. Im Gegensatz dazu können Efeublätter bedenkenlos zur äußerlichen Anwendung empfohlen werden. Bei neuralgischen Schmerzen, rheumatischen Beschwerden, Arthritis und Hautentzündungen kann eine im Verhältnis von 5:100 hergestellte Abkochung mittels getränkter Umschläge oder Kompressen aufgebracht werden.

Neben- und Wechselwirkungen, Gegenanzeigen: Sind nicht bekannt.

Eibisch (Althaea officinalis)

Pflanzenfamilie: Malvengewächse

Botanische Schilderung: Auch für diese Heilpflanze hat der Volksmund in seinem unerschöpflichen Fundus eine ebenso einfache wie treffende Bezeichnung parat; Heilwurz. Es handelt sich um eine Pflanze, deren Wurzeln über heilsame Kräfte verfügen. Diese sind beim Eibisch derart ausgeprägt, daß er ein fester Bestandteil verschiedenster Hustensäfte geworden ist. Der bis zu 1,5 m hohe Eibisch wird fälschlicherweise oft für einen Busch gehalten. Tatsächlich handelt es sich um eine Vielzahl einzelner Pflanzen, deren Stengel in enger Nachbarschaft emporwachsen. Der Eindruck wird noch dadurch verstärkt, daß die kurzstieligen, breiten Blätter so dicht wachsen, daß es schwerfällt, die einzelnen Stengel auszumachen. Die zahlreichen weißen Blüten dieser in mitteleuropäischen Gärten häufig angepflanzten Heilpflanze wachsen ebenfalls direkt vom Stengel und wirken vor dem Hintergrund der tiefgrünen Blätter besonders auffällig.

Blütezeit: Von Juni bis August

Verwendete Pflanzenteile: Mit Ausnahme der Stengel wird die ganze Pflanze als Pflanzengut betrachtet.

Inhaltsstoffe: Pflanzenschleim und Pektine

Heilwirkung und Anwendung: Zwei herausragende Heilwirkungen sind beim Eibisch besonders hervorzuheben. Wegen seiner abschwellenden und auswurffördernden Eigenschaften kann man heutzutage aus einer Vielzahl von Arzneimitteln auf der Basis des Eibisch auswählen. Da er überdies noch leicht beruhigend wirkt, ist er geradezu prädestiniert, um Mandelentzündungen, Husten und Halsweh zu behandeln.

Neben- und Wechselwirkungen, Gegenanzeigen: Sind nicht bekannt.

Eibisch, roter (Althaea rosea)

Pflanzenfamilie: Malvengewächse

Botanische Schilderung: Der rote Eibisch ist eine stattliche bis zu 3 m hohe Pflanze, die vorwiegend in Südeuropa vorkommt. Der Name dieser Heilpflanze bezieht sich auf die großen, leuchtendroten Blüten, die charakteristisch für diese auch als Stockrose bekannte Pflanze sind. Weiterhin auffallend ist die starke Behaarung des roten Eibischs, die sich sowohl über den Stengel als auch über die Stiele der Blätter hinzieht. Die relativ großen Blätter zeichnen sich durch eine starke Randzähnung aus. Da der rote Eibisch felsige Böden liebt, ist er häufig an steinigen Plätzen anzutreffen.

Blütezeit: Von Juni bis August

Verwendete Pflanzenteile: Beim roten Eibisch werden ausschließlich die Blüten kurz vor ihrer Öffnung geerntet. Hierbei ist darauf zu achten, daß die Blüten mitunter auch eine weißliche oder gelbe Färbung annehmen können. Nur die roten Blüten sollten verwendet werden.

Inhaltsstoffe: Pflanzenschleim und Pektine

Heilwirkung und Anwendung: Schon in der Volksheilkunde wurde der rote Eibisch aufgrund seiner auswurffördernden Eigenschaften bei Husten und Halsentzündungen geschätzt. Diese Heilpflanze wirkt daher auch den „Alltagsbeschwerden" von Rauchern (Husten, trockener Hals) entgegen. Neben der inneren Anwendung kann auch eine äußerliche Behandlung in Betracht gezogen werden. Hierfür wird ein in Wasser verdünnter Aufguß zum Gurgeln oder als Mundspülung verwendet.

Neben- und Wechselwirkungen, Gegenanzeigen: Sind nicht bekannt.

Eisenkraut (Verbena officinalis)

Pflanzenfamilie: Eisenkrautgewächse

Botanische Schilderung: Eine Pflanze, die der Volksmund mit Namen wie Opferkraut, Druidenkraut, Sagenkraut, Katzenblutkraut oder Wundkraut versehen hat, gehört in aller Regel auch zur Familie der Heilpflanzen. Die wirksamen Stoffe des Eisenkrauts sind bereits seit der Antike bekannt.

Die kantigen Stengel dieser Heilpflanze sind verzweigt und etwa einen halben Meter hoch. Die Blätter stehen gegenständig an den Stengeln, wobei die unteren Blätter über Stiele verfügen, die den oberen Blättern fehlen. Weiterhin fällt auf, daß die unteren Blätter sich in drei Fiedern teilen, während die oberen ungeteilt und schmal sind. Die rosa Blüten sind sehr klein und schließen sich an den Stengelenden zu Rispen zusammen. Das Eisenkraut ist praktisch überall in Europa zu finden. Es bevorzugt freien Lichteinfall auf Wiesen und Feldern.

Blütezeit: Juli und August

Verwendete Pflanzenteile: Die blühenden Sproßspitzen enthalten eine ganze Reihe von Wirkstoffen, die das Eisenkraut zu einem wertvollen Rohstoff verschiedener Arzneimittel machen.

Inhaltsstoffe: Iridoidglykoside und Kaffeesäurederivate (Verbascosid)

Heilwirkung und Anwendung: Die Wirkungspalette des Eisenkrauts ist ausgesprochen breit. Sie umfaßt appetitanregende und verdauungsfördernde Substanzen ebenso wie fiebersenkende Stoffe, die auch bei rheumatischen Beschwerden empfohlen werden. Für diese Anwendungsbereiche kann der pflanzliche Rohstoff aufgegossen werden (Verhältnis 3:100). Zwei kleine Tassen täglich reichen aus. Außerdem wird die äußerliche Anwendung des Eisenkrauts in die engere Wahl gezogen, wenn entzündete Hautpartien, Prellungen, Quetschungen, neuralgische Beschwerden und entzündete Schleimhäute behandelt werden sollen. Dabei kann ein etwas stärkerer Aufguß (Verhältnis 5:100) für Waschungen und Spülungen verwendet werden.

Neben- und Wechselwirkungen, Gegenanzeigen: Sind nicht bekannt.

Engelwurz, echte (Angelica archangelica)

Pflanzenfamilie: Doldenblütler

Botanische Schilderung: Schon allein wegen ihrer gelbgrün blühenden, großen Dolden könnte man bei der Engelwurz von einer attraktiven, auffälligen Pflanze sprechen. Der Umstand, daß die Dolden auf einem bis zu 2 m hohen Schaft sitzen, unterstreicht diesen Eindruck. Die dichten kugelförmigen Blütendolden bestehen ihrerseits aus einer Vielzahl kleinerer Dolden.

Die einzelnen Blüten sind winzig und es bedarf schon eines genaueren Blicks, um diese auszumachen. Die Blätter der Engelwurz stellen ihre beträchtliche Größe auf langen Stielen förmlich zur Schau. Von ihrer nahen Verwandten, der Waldengelwurz, läßt sich die echte Engelwurz am leichtesten durch die paarweise wachsenden Schließfrüchte unterscheiden. Sowohl die Rippen an der Außenseite der Früchte als auch der stummelartige Propeller an deren Rand sind weit weniger stark ausgebildet, als dies bei den Früchten der Waldengelwurz der Fall ist (siehe dazu auch **Waldengelwurz**). Es ist davon abzuraten, Präparate auf Engelwurz-Basis selber herzustellen, da die Gefahr besteht, die Engelwurz mit dem giftigen Schierling zu verwechseln. Es ist daher besser, fertige Präparate zu verwenden.

Blütezeit: Juli und August

Verwendete Pflanzenteile: Als heilwirksam gilt insbesondere die Wurzel dieser Pflanze. Da die Früchte bestimmte Wirkstoffe enthalten, die gegen Blähungen helfen, werden diese ebenfalls geerntet und verarbeitet.

Inhaltsstoffe: Ätherisches Öl, Harze und Tannine

Heilwirkung und Anwendung: Die Wurzel dieser Heilpflanze enthält ein appetitanregendes, wohlschmeckendes Aroma, das die Engelwurz zu einem häufig verwendeten Bestandteil von Kräuterlikören gemacht hat. Da diese Heilpflanze außerdem über Inhaltsstoffe verfügt, die Verdauungsstörungen entgegenwirken, hat die Engelwurz schon in der Volksheilkunde einen hohen Stellenwert gehabt. Es ist jedoch wichtig, darauf hinzuweisen, daß Engelwurz-Präparate nur in Absprache mit dem Arzt oder Heilpraktiker eingenommen werden sollten. Zu hohe Dosierungen dieser Heilpflanze können depressive Erschöpfungszustände verursachen.

Neben- und Wechselwirkungen, Gegenanzeigen: Arzneimittel auf Engelwurz-Basis sollten immer in Absprache mit dem Arzt verwendet werden, da die stimulierende Wirkung bei überhöhter Dosierung ins Gegenteil umschlägt und Depressionen sowie Magenverstimmungen hervorrufen kann.

Enzian, gelber (Gentiana lutea)

Pflanzenfamilie: Enziangewächse

Botanische Schilderung: Der gelbe Enzian galt schon in der Volksheilkunde als eine der wichtigsten Heilpflanzen. Moderne Untersuchungen haben bestätigt, daß der gelbe Enzian über Wirkstoffe verfügt, die ihn als wertvolles Arzneimittel ausweisen. Die Pflanze selbst ist mehrjährig. Die bis zu 150 cm hohen Stengel wachsen aus einer Blattrosette. Die Blätter sind rundlich-oval, auffallend groß und von deutlich abgehobenen Blattadern durchzogen. Die gelborangen Blüten setzen sich in den Blattachseln zu Dolden zusammen, die aus 8-10 einzelnen Blüten bestehen. In Mittel- und Südeuropa ist der gelbe Enzian auf Wiesen, Weiden und Schutthalden zu finden. Auf kalkhaltigen Böden fühlt er sich am wohlsten.

Blütezeit: Juli und August

Verwendete Pflanzenteile: Der kräftige Wurzelstock des gelben Enzians verdient aus heilkundlicher Sicht besondere Aufmerksamkeit, da er verschiedene heilaktive Stoffe enthält. Aus Naturschutzgründen wird der gelbe Enzian für Heilzwecke angebaut, so daß niemand befürchten muß, bei seiner Verwendung gegen den Naturschutz zu verstoßen.

Inhaltsstoffe: Bitterstoffe und Zucker

Heilwirkung und Anwendung: In der Wurzel enthaltene Bitterstoffe bewirken beim menschlichen Organismus eine Steigerung der Sekretion von Gallen- und Magensäften. Demzufolge hilft dieses Arzneimittel bei Verdauungsbeschwerden, Übelkeit, Kopfschmerzen und Appetitlosigkeit. Überdies gilt der gelbe Enzian als empfehlenswertes Stärkungsmittel nach überstandener Krankheit. Außerdem ist der Wirkstoff Gentiopikrosid dafür verantwortlich, daß die Wurzel des gelben Enzians auch fiebersenkend wirkt (Malaria). Hierfür kann der pflanzliche Rohstoff in Rotwein angesetzt werden (Verhältnis 5:100 – für eine Woche). Von dieser Weintinktur nimmt man täglich ein kleines Glas zu sich.

Neben- und Wechselwirkungen, Gegenanzeigen: Sind nicht bekannt.

Estragon (Artemisia dracunculus)

Pflanzenfamilie: Korbblütler

Botanische Schilderung: Diese als Küchengewürz auch in unseren Breiten sehr bekannte Pflanze aus der Familie der Korbblütler wächst in einzelnen, stark verästelten Stengeln, die sich zu buschähnlichen Anordnungen zusammenschließen und etwa 1 m hoch werden. Die Blätter des Estragons sind länglich und spitz zulaufend. Die zwischen weiß und grün variierenden Blüten bilden Rispen und tragen in ihrem etwas unscheinbaren Aussehen zu dem zurückhaltenden Erscheinungsbild des Estragons bei. Der Estragon stammt ursprünglich aus dem fernen Osten und wird heute fast überall in Europa kultiviert.

Blütezeit: Juli und August

Verwendete Pflanzenteile: Als Pflanzengut sind beim Estragon die blühenden Sproßspitzen sowie die Blätter anzusehen.

Inhaltsstoffe: Ätherische Öle, Cumarine und Tannine

Heilwirkung und Anwendung: Wie sein naher Verwandter, der Beifuß, verfügt der Estragon sowohl über verdauungsanregende Komponenten als auch über einen aromatischen Geschmack. Wie einige andere Heilpflanzen hat der Estragon über den Umweg durch die Küche als Heilpflanze Einzug in unser Alltagsgeschehen gehalten. Schon der bewußte Umgang mit diesem Gewürz beugt Verdauungsbeschwerden vor und sorgt weiterhin für typische geschmackliche Akzente. Wenn die Verdauung bereits gestört ist, empfiehlt es sich, das Pflanzengut in 50 %igem Alkohol aufzulösen (5–7 Tage). Von dieser Tinktur stellen 20 Tropfen nach jeder Mahlzeit eine angemessene Dosierung dar.

Neben- und Wechselwirkungen, Gegenanzeigen: Sind nicht bekannt.

Eukalyptus (Eucalyptus globulus)

Pflanzenfamilie: Myrtengewächse

Botanische Schilderung: Obwohl der Eukalyptus in unseren Breiten gar nicht vorkommt, sondern lediglich im Mittelmeerraum anzutreffen ist, genießt dieser immergrüne Baum auch hierzulande einen beträchtlichen Bekanntheitsgrad. Wegen seiner wohltuenden, entzündungshemmenden Wirkung auf das Atemsystem gibt es eine Vielzahl verschiedener heilkräftiger Präparate wie Bonbons, Salben etc. Auch die Tatsache, daß die Blätter des Eukalyptus ganz oben auf dem Speiseplan der possierlichen Koala-Bären stehen, hat zu seiner Bekanntheit beigetragen. Nicht zuletzt zählen die australischen Eukalyptus-Bäume zu den größten Pflanzen überhaupt, denn sie können mehr als 100 m hoch werden. Die ursprünglich aus Australien importierten Exemplare des Mittelmeerraums werden hingegen selten höher als 30 m. Die schmalen und recht langen Blätter dieses Baumes haben eine langgezogene Spitze und sind zumeist sichelförmig nach unten gebogen. Aus den Achseln der Blätter wachsen die einzeln stehenden Blüten, die mit der Vielzahl von Staubbeuteln an kleine Puderquasten erinnern.

Blütezeit: Mai und Juni

Verwendete Pflanzenteile: Es sind die Blätter des Eukalyptus, die die heilwirksamen Stoffe beherbergen.

Inhaltsstoffe: Ätherisches Öl (enthält Eucalyptol)

Heilwirkung und Anwendung: Wie bereits erwähnt, hat der Eukalyptus eine entzündungshemmende Wirkung auf das gesamte Atemsystem. Auch im Magen-Darm-Bereich wirkt der Eukalyptus Entzündungen entgegen. In beiden Fällen empfiehlt sich eine innere Anwendung. Hierbei wird das Pflanzengut aufgegossen (Verhältnis 4:100) und mit etwas Honig gesüßt. Zwei Tassen täglich sind ausreichend. Äußerlich angewandt, kann der gleiche Aufguß – allerdings ohne Honig – eingesetzt werden, um Entzündungen der Haut zu behandeln. Hierfür sind Waschungen anzuraten.

Neben- und Wechselwirkungen, Gegenanzeigen: In Ausnahmefällen löst Eukalyptus Übelkeit und Erbrechen aus. Außerdem kann der Einfluß von Eucalyptus auf das Enzymsystem der Leber dazu führen, daß andere Arzneimittel kürzer oder schwächer wirken.

F

Faulbaum (Frangula alnus)

Pflanzenfamilie: Kreuzdorngewächse

Botanische Schilderung: Der Faulbaum ist eng mit dem Kreuzdorn verwandt und schwankt wie dieser in seinen Ausmaßen zwischen Baum und Strauch. Die Rinde ist glatt und von hellen Streifen durchzogen. Die Blätter des Faulbaums sitzen auf kleinen Stielen an Ästen und Zweigen. Sie sind glatt und eiförmig. Die symmetrisch verlaufende Blattaderung zeichnet sich deutlich ab. Die winzigen grüngelben Blüten wachsen als sogenannte Blütenkerzen aus den Blattachseln. Aufgrund ihrer geringen Größe springen diese Blütenkerzen nicht gerade ins Auge. Viel bekannter sind da schon die schwarzen Steinfrüchte, die der Frangula alnus entwickelt. Der Faulbaum ist vor allem in Nord- und Mitteleuropa verbreitet. Feuchte Wälder oder Flußläufe bieten ein ideales Umfeld für den Faulbaum.

Blütezeit: Mai und Juni

Verwendete Pflanzenteile: Die Rinde der Zweige gilt aufgrund der enthaltenen Substanzen als heilwirksam. Allerdings wird das Sammelgut ein bis zwei Jahre gelagert, bis es verwendet werden kann. Die Rinde erreicht im zweiten Jahr die beste Wirkung.

Inhaltsstoffe: Dihydroxianthracenderivate und Aglykone

Heilwirkung und Anwendung: Bei Präparaten auf der Basis des Faulbaums stehen eindeutig seine abführenden Eigenschaften im Vordergrund. Bei Menschen, die unter Verstopfung leiden oder sich allgemein davor schützen wollen, kann dieses klassische Regulativ gute Dienste leisten. Wie bei allen chronischen Leiden sollte die Behandlung nicht längerfristig andauern, um unerwünschte Nebenwirkungen auszuschließen. Wenn bei chronischer Verstopfung immer größere Mengen des pflanzlichen Wirkstoffes erforderlich sind, um damit den gewünschten Effekt zu erzielen, sollte der Rat des Arztes eingeholt werden! Die Einnahme von Faulbaumpräparaten ist somit nur für einen kurzfristigen Zeitraum zu empfehlen. Dafür wird zu einer Abkochung im Verhältnis von 5:100 geraten. Als Anhaltspunkt für die Dosierung gilt eine Tasse täglich.

Neben- und Wechselwirkungen, Gegenanzeigen: Über einen längeren Zeitraum hinweg eingenommen, führen Faulbaum-Präparate zu einem Elekrolytverlust, der mit Hautverfärbungen einhergeht.

Feigenbaum (Ficus carica)

Pflanzenfamilie: Maulbeergewächse

Botanische Schilderung: Der ursprünglich aus Kleinasien stammende Feigenbaum ist heute im Mittelmeerraum weit verbreitet und wird dort großflächig angebaut. Als Nutzpflanze eignet sich der Feigenbaum, weil seine Früchte ein vorzügliches Nahrungsmittel abgeben. Es hat dazu geführt, daß der Feigenbaum auch in unseren Breiten, wo er eigentlich gar nicht vorkommt, sehr bekannt wurde. Der kleine Baum aus der Familie der Maulbeergewächse hat gefiederte Blätter, die auf langen Stielen sitzen und über eine schwache, wellig wirkende Randzähnung verfügen. Die Blüten des Feigenbaumes stellen eine Besonderheit dar, da sie aneinander aufgereiht auf den Stengeln der rundlichen Blütenböden sitzen. Wie bei vielen anderen Bäumen auch unterscheiden sich die Blüten in weibliche und männliche Exemplare. Der Blütenboden entwickelt sich dann weiter zur Feigenfrucht mit dem rötlichen Fruchtfleisch und den darin enthaltenen Samenkörnchen.

Blütezeit: Mai und Juni

Verwendete Pflanzenteile: Die Früchte des Feigenbaumes stellen nicht nur eine vitaminreiche Erweiterung des Obstkorbes dar, sondern beinhalten auch heilwirksame Stoffe.

Inhaltsstoffe: Eiweiß, Fett, Kohlenhydrate, Mineralstoffe, Pektin und Zucker

Heilwirkung und Anwendung: Schon allein der Verzehr frischer Feigen kann aufgrund der enthaltenen Enzyme die Verdauungsvorgänge beschleunigen sowie Verstopfungen und allgemein träger Darmtätigkeit entgegenwirken. Außerdem hilft eine Abkochung des frischen Pflanzenguts, Atemwegsbeschwerden wie Husten und Halsschmerzen zu behandeln. Dabei sollten die Feigen im Verhältnis von 15:100 abgekocht werden. Eine Tasse davon nach den Mahlzeiten ist ausreichend.

Neben- und Wechselwirkungen, Gegenanzeigen: Sind nicht bekannt.

Feldahorn (Acer campestre)

Pflanzenfamilie: Ahorngewächse

Botanische Schilderung: Der Feldahorn ist ein Laubbaum, der zwar bis zu zehn Meter hoch werden kann, zumeist aber nicht über drei Meter hinausreicht und somit oft an einen Busch erinnert. Seine Blätter werden als gefingert bezeichnet, da sie sich in fünf unterschiedlich große Lappen aufteilen und dabei an die Finger einer Hand erinnern. Allerdings ist der mittlere Lappen größer als die beiden seitlichen Lappen.

Die allgemein bekannte Visitenkarte des Feldahorns ist jedoch zweifellos die Flügelfrucht, die zwei Samen enthält und mit einem gegenüberstehenden Flügelpaar weite Strecken vom Baum aus bewältigen kann. Der kreisende Propellerflug des Ahornsamens ist ein sehr geläufiges Bild, das sich fast jeder vor Augen halten kann. Der Feldahorn ist in fast ganz Europa verbreitet und auf nährstoffreichen Böden bis über 1000 m über Meereshöhe anzutreffen.

Blütezeit: Mai

Verwendete Pflanzenteile: Nur die Rinde der jungen Zweige, die im Frühjahr abgeschält werden sollte, kommt als Pflanzengut in Betracht. Man sollte unbedingt darauf achten, keine verkorkten Zweige zu benutzen.

Inhaltsstoffe: Allantoin, Cholin, Phytosterin und Tannine

Heilwirkung und Anwendung: Bei Hautrötungen und erschöpfter, gestreßter Haut eignet sich die Rinde des Feldahorns zur äußerlichen Anwendung. Wenn die Rinde im Verhältnis von 5:100 abgekocht wird, können Kompressen mit dem Dekokt getränkt werden, um sie dann auf die betroffenen Stellen zu legen. Wegen seiner belebenden Wirkung kann das Pflanzengut auch als Badezusatz verwendet werden (eine Handvoll genügt).

Neben- und Wechselwirkungen, Gegenanzeigen: Sind nicht bekannt.

Fenchel (Foeniculum vulgare)

Pflanzenfamilie: Doldenblütler

Botanische Schilderung: Fenchel ist bei uns in erster Linie als Nahrungsmittel bekannt. Charakteristisch für das Aussehen dieser Pflanze aus der Familie der Doldenblütler sind die stark verzweigten, etwa meterhohen Stengel. Die Blätter des Fenchels sind äußerst schmal und erinnern an Fransen.

Als Mitglied der Pflanzenfamilie der Doldenblütler entwickelt der Fenchel kleine gelbe Dolden, die aus maximal 20 einzelnen Blüten bestehen. Diese kleinen Blütendolden setzen sich dann ihrerseits wieder zu großen Blütendolden zusammen. Nach der Blüte reifen dann die paarweise wachsenden Schließfrüchte, die den Samen enthalten. Als wohlschmeckendes und ebenso bekömmliches Nahrungsmittel wird der Fenchel überall in Europa als Gartenpflanze angebaut.

In seiner wilden Form ist er jedoch nur in Südeuropa anzutreffen, wobei er trockene Böden bevorzugt.

Blütezeit: Von Juli bis September

Verwendete Pflanzenteile: Heilwirksame Inhaltsstoffe werden beim Fenchel nur den Wurzeln und den Schließfrüchten zugeschrieben. Die Wurzeln sollten dabei im Spätherbst ausgegraben, gereinigt und zerkleinert werden.

Inhaltsstoffe: Ätherisches Öl

Heilwirkung und Anwendung: Als Salat, Gemüse, Gewürz oder Tee hat wohl fast jeder schon einmal auf diese oder jene Weise mit dieser vielfältigen Nahrungspflanze Bekanntschaft gemacht. Doch auch als Heilpflanze darf sich der Fenchel einer langen Tradition rühmen, da seine appetit- und verdauungsanregenden Kräfte bereits in der Volksheilkunde genutzt wurden. In der modernen Pflanzenheilkunde wird zu einer inneren Einnahme des Fenchels geraten, wenn die Harnsekretion beschleunigt werden soll. Hierzu werden Wurzelstücke im Verhältnis von 5:100 abgekocht (jeweils eine Tasse nach den Mahlzeiten). Ein Aufguß der Schließfrüchte eignet sich hingegen, Appetit und Verdauung anzuregen (3:100). Bei Mundgeruch kann mit diesem Aufguß auch gegurgelt werden.

Neben- und Wechselwirkungen, Gegenanzeigen: In Ausnahmefällen kann die Einnahme von Fenchel allergische Reaktionen von Haut und Schleimhäuten zur Folge haben. Das reine ätherische Fenchelöl sollte außerdem während der Schwangerschaft nicht angewandt werden.

Fetthenne (Sedum acre)

Pflanzenfamilie: Dickblattgewächse

Botanische Schilderung: Als Angehörige der Pflanzenfamilie der Dickblattgewächse ist die Fetthenne eng mit der Hauswurz verwandt. Die fleischigen immergrünen Stengel der Fetthenne wachsen in so engen Abständen nebeneinander, daß der Eindruck entsteht, es würde sich um ein regelrechtes Pflanzenpolster handeln. Tatsächlich werden die einzelnen Stengel kaum länger als 10 cm. Die kahlen fleischigen Blätter stehen in kurzen Abständen dachziegelartig an den Stengeln. Die kräftig-gelben Blüten wachsen auf kurzen Ähren an den Stengelenden. Die höchst widerstandsfähige zähe Fetthenne ist überall in Europa verbreitet und ist auch mit trockenen Böden zufrieden.

Blütezeit: Von Juli bis Oktober

Verwendete Pflanzenteile: Die blühenden Sproßspitzen sind aus der Sicht der Pflanzenheilkunde wertvoll.

Inhaltsstoffe: Gerbstoffe, Glykoside, Harze, Pflanzenschleim und Piperidinderivate

Heilwirkung und Anwendung: Innere Anwendungen der Fetthenne sind strikt abzulehnen, zumal bestimmte Wirkstoffe zu schweren Funktionsstörungen des Magen-Darm-Trakts führen können. Bei der äußerlichen Anwendung können die wundheilenden Kräfte der Fetthenne bei kleineren Verletzungen und Schürfwunden auch aufgrund ihrer desinfizierenden Eigenschaft empfohlen werden. Dabei kann ein Aufguß im Verhältnis von 3:100 über Verbände aufgebracht werden.

Neben- und Wechselwirkungen, Gegenanzeigen: Eine innere Anwendung der Fetthenne kann zu ernsten Magenbeschwerden führen.

Fichte (Picea abies)

Pflanzenfamilie: Kieferngewächse

Botanische Schilderung: Mit maximalen Höhen von mehr als 50 m ist die Fichte einer der höchsten Bäume Europas. Mit der spitz zulaufenden Krone hat die Fichte eine keilförmige Gestalt. Als Nadelbaum bleibt sie auch im Winter grün. Ihre Nadeln sind im Gegensatz zur Weißtanne rund um die Zweige herum angebracht. Als zweihäusiger Baum entwickelt die Fichte sowohl weibliche wie auch männliche Blütenzapfen. Die Unterscheidung fällt leicht, da die weiblichen Zapfen wesentlich länger und bauchiger als die schlankeren männlichen sind. Die Fichte ist ein typischer Baum für die Alpen und andere europäische Gebirgsregionen, wo sie regelrechte Fichtenwälder bilden kann (Fichtelgebirge). Sie ist dabei bis in 2 000 m Höhe anzutreffen.

Blütezeit: Mai

Verwendete Pflanzenteile: Als heilwirksam gelten die jungen Triebe und Knospen.

Inhaltsstoffe: Ätherisches Öl, Cadinen, Phellandren und Pinen

Heilwirkung und Anwendung: In ihrer Anwendung und in ihrer Wirkweise ist die Fichte praktisch identisch mit der Weißtanne (siehe **Weißtanne**).

Neben- und Wechselwirkungen, Gegenanzeigen: Das ätherische Öl kann Reizungen der Atemwege bewirken.

Flieder (Syringa vulgaris)

Pflanzenfamilie: Ölbaumgewächse

Botanische Schilderung: Der Flieder ist vor allem als Zierstrauch bekannt. Ein Umstand, der in erster Linie den attraktiven pyramidenförmigen Blütenrispen zu verdanken ist. Diese sind bei der wilden Form violett und bei Zuchtformen auch rot oder weiß. In seiner Größe steht der Fliederstrauch in der Regel an der Schwelle zwischen Baum und Strauch. Er ist zumeist reich verzweigt und wirkt mit der Vielzahl neuer Triebe bisweilen auch wie ein Busch. Die Blätter sitzen auf langen Stielen gegenständig an den Zweigen und bilden mit ihrem glänzenden Grün einen auffälligen Kontrast zu den violetten Blüten, die das Bild des blühenden Flieders beherrschen und wegen ihrer frühen Blüte (ab April) als typische Frühlingsboten betrachtet werden. Für manche Menschen genügt es schon, den intensiven Duft der Fliederblüten zu registrieren, um „Frühlingsgefühle“ zu bekommen. Verbreitet ist der Flieder überall dort, wo er auch wild gedeiht und somit kommt er praktisch überall in Europa vor (mit Ausnahme des hohen Nordens).

Blütezeit: Von April bis Juni

Verwendete Pflanzenteile: Beim Flieder haben es Blätter, Blüten und auch die Rinde in sich. Sie alle enthalten Stoffe, die ihn direkt zu einem Bestandteil der Grünen Apotheke gemacht haben.

Inhaltsstoffe: Ätherische Öle, Bitterstoffe, Glykoside und Vitamin C

Heilwirkung und Anwendung: Da der Flieder mehrere verschiedene Stoffe enthält, die heilende Wirkungen auf den menschlichen Organismus ausüben, verfügt er über ein recht breites Wirkungsspektrum. Dennoch stehen zwei Bereiche klar im Vordergrund: Einerseits gelten Präparate auf der Basis des Flieders als geeignet, rheumatischen Beschwerden entgegenzuwirken, und andererseits ist die Rinde des Flieders ein bekannt wirksames Fiebermittel, das auch Malariakranken Linderung verschafft.

Bei Gelenkschmerzen und Rheuma wird zu einer Öltinktur geraten (20 g des pflanzlichen Rohstoffes in 100 ml Olivenöl zwei Wochen ansetzen). Diese kann verrieben oder vorsichtig einmassiert werden. Die fiebersenkende Wirkung der Rinde entfaltet sich am besten, wenn diese im Verhältnis von 3:100 abgekocht wird. Täglich zwei Tassen dieser Abkochung reichen aus.

Neben- und Wechselwirkungen, Gegenanzeigen: Sind nicht bekannt.

Flohkraut (Plantago psyllium)

Pflanzenfamilie: Wegerichgewächse

Botanische Schilderung: Das Flohkraut ist eine mit dem **Breitwegerich** verwandte Pflanze, die allerdings im Gegensatz zu diesem Stengel entwickelt. Die verzweigten Stengel sind hohl, behaart und selten höher als 25 cm. Die Blätter des Flohkrauts sitzen ohne Stiel an den behaarten Stengeln. Sie sind schmal und länglich und befinden sich in gegenständiger (gegenüberliegend auf gleicher Höhe) Anordnung an den Stengeln. Aus den Blattachseln wachsen die Blütenstengel, auf denen die Blütenähren sitzen. Diese wachsen so eng aneinander gedrängt, daß der Eindruck von Blütenköpfchen entsteht. Auffallend ist außerdem, daß die Blüten über unverhältnismäßig lange Staubbeutel verfügen. Nach der Blüte entwickeln sich die Fruchtkapseln, die jeweils zwei Samen enthalten. Das Flohkraut ist in den Mittelmeerländern zu Hause und bevorzugt lichte Standorte.

Blütezeit: Von Mai bis Juli

Verwendete Pflanzenteile: Wie auch beim Breitwegerich sind es die Samen, die über heilkräftige Inhaltsstoffe verfügen.

Inhaltsstoffe: Alkaloide, Iridoidglykoside und Pflanzenschleime

Heilwirkung und Anwendung: Schon in der Volksheilkunde war bekannt, daß das Flohkraut eine regulierende und praktisch nebenwirkungsfreie Wirkung auf den Darm ausübt. Diese Eigenschaft steht auch in der modernen Pflanzenheilkunde im Vordergrund. Eine träge Darmfunktion, Entzündungen des Darmtrakts und auch die Ruhr lassen sich mit dem Flohkraut verläßlich behandeln. Auch die Anwendung dieser Heilpflanze ist denkbar einfach, denn es wird zur Einnahme der ganzen Samen geraten (ein Eßlöffel mit einem Gläschen Wasser).

Neben- und Wechselwirkungen, Gegenanzeigen: In absoluten Ausnahmefällen kann das Flohkraut Allergien auslösen.

Frauenmantel (Alchemilla xanthochlora)

Pflanzenfamilie: Rosengewächse

Botanische Schilderung: Schon der Name des Frauenmantels gibt Anlaß zu der Vermutung, daß es sich hier um eine Heilpflanze handelt, die in der Behandlung von Frauenkrankheiten eine Rolle spielt. Tatsächlich ist die blutungsstillende Eigenschaft des Frauenmantels schon zu vorchristlichen Zeiten bekannt gewesen. Deswegen wurde der Frauenmantel bei Menstruationsbeschwerden verwendet. Neben den zu Rispen zusammengefaßten Blüten des etwa 50 cm hohen Frauenmantels sind es vor allem die Blätter, die dieser Heilpflanze ihren Stempel aufdrücken. Denn die fast kreisrunde Form der Blätter, die aus 7–10 rundlichen Lappen bestehen, sticht besonders ins Auge. Die Blütenrispen sind mit ihrer grüngelblichen Färbung eher unauffällig. Der Frauenmantel ist in ganz Europa verbreitet und auf Wiesen und Wegrändern häufig anzutreffen.

Blütezeit: Von Mai bis August

Verwendete Pflanzenteile: Als Pflanzengut werden beim Frauenmantel lediglich die Blätter angesehen, die im Frühsommer abgezupft werden sollten.

Inhaltsstoffe: Flavonoidglykoside, Gerbstoffe und Leukocyanidine

Heilwirkung und Anwendung: Die wesentlichste Heilwirkung des Frauenmantels ist seine adstringierende (zusammenziehende) Eigenschaft, derentwegen er in der Antike zum Stillen von Blutungen und zur Beschleunigung der Heilung von Wunden eingesetzt wurde. Mittlerweile wird der Frauenmantel bei Entzündungen in Mund oder Rachen eingesetzt. Darüber hinaus kann er auch bei Juckreiz im Intimbereich dem Waschwasser beigemischt werden. In beiden Fällen ist eine äußerliche Anwendung angezeigt, bei der das Pflanzengut im Verhältnis von 5:100 in Wasser abgekocht wird. Anschließend können dann Waschungen und Spülungen mit dem Dekokt vorgenommen werden.

Neben- und Wechselwirkungen, Gegenanzeigen: Sind nicht bekannt.

G

Gänseblümchen (Bellis perennis)

Pflanzenfamilie: Korbblütler

Botanische Schilderung: Eine auch in der Homöopathie verwendete Heilpflanze, die selbst Stadtmenschen so bekannt sein sollte, daß eine ausführliche Vorstellung des Gänseblümchens dem Versuch gleichkäme, Eulen nach Athen zu tragen. Die weißgelben Blüten des Gänseblümchens seien deswegen hier nur der Vollständigkeit halber erwähnt. Weniger bekannt sind die Blätter dieser Heilpflanze, die am Fuß des zumeist etwa 15 cm hohen Stengels sitzen und diesen in kreisförmiger Anordnung umgeben. Der hohe Verbreitungsgrad dieser Heilpflanze hat sie zu einem allgegenwärtigen Anblick auf Wiesen, öffentlichen Grünflächen und in Gärten werden lassen.

Blütezeit: Von April bis Oktober

Verwendete Pflanzenteile: Mit Ausnahme der Wurzeln kann die ganze (oberirdische) Pflanze geerntet werden.

Inhaltsstoffe: Ätherische Öle, Harze und Tannine

Heilwirkung und Anwendung: Das Pflanzengut kann sowohl äußerlich wie auch innerlich angewandt werden. Am einfachsten ist das Untermischen von Blüten des Gänseblümchens in grünen Salaten. Bei der innerlichen Anwendung werden allgemein die reinigenden Wirkstoffe hervorgehoben, die den Flüssigkeitshaushalt stimulieren und abführend wirken. Sollen hingegen schmerzende Stellen auf der Haut oder entzündete Schleimhäute behandelt werden, empfiehlt sich die äußerliche Anwendung. Dabei sollte das Pflanzengut aufgekocht, durchgeseiht und im Verhältnis von 5:100 in Wasser verdünnt werden. Anschließend können ebenso Waschungen der Haut sowie Mundspülungen vorgenommen werden.

Neben- und Wechselwirkungen, Gegenanzeigen: Sind nicht bekannt.

Gänsefingerkraut (Potentilla anserina)

Pflanzenfamilie: Rosengewächse

Botanische Schilderung: Das wesentlichste Kennzeichen des Gänsefingerkrauts sind seine bodenständigen Blätter. Auch wenn es auf den ersten Blick nicht so aussieht, handelt es sich bei diesen um mehr als 20 cm lange Blätter, die sich in bis zu 25 einzelne Blattfiedern aufteilen. Da die Blattfiedern wie eigenständige Blätter aussehen, entsteht der Eindruck, daß es sich um dicht wachsende, aber dennoch vollständige einzelne Blätter handeln würde. Die Blattfiedern verfügen über eine prägnante Randzähnung, sind oval geformt und an ihrer Unterseite stark behaart. An den Blütenstengeln sitzen die stark zurückgebildeten und sehr kleinen Stengelblätter, die häufig im dichten Gewirr der bodenständigen Blattfiedern untergehen. Die gelben Blüten sitzen einzeln an den Stengelenden. Aufgrund ihrer intensiven Färbung heben sie sich deutlich von der restlichen Pflanze ab. Das mehrjährige Gänsefingerkraut ist mit wenigen Ausnahmen in ganz Europa auf „gesunden", von landwirtschaftlichen Düngemethoden verschonten Böden anzutreffen.

Blütezeit: Juli und August

Verwendete Pflanzenteile: Der ganze oberirdische Teil der Pflanze wird als Ausgangsstoff für Präparate auf Gänsefingerkraut angesehen.

Inhaltsstoffe: Flavonoide, Gerbstoffe und Leukoanthocyanidine

Heilwirkung und Anwendung: Die Anwendung des Gänsefingerkrauts gilt in der modernen Pflanzenheilkunde als angezeigt, wenn Störungen und/oder Erkrankungen des Magen-Darm-Traktes behandelt werden sollen (z. B. Durchfall). Auch bei Schmerzen während der Menstruation wird die Einnahme dieser Heilpflanze empfohlen (vor allem dann, wenn die Schmerzen von besonders reichlichem Ausfluß begleitet werden). Für beide Anwendungen wird zu einer innerlichen Anwendung geraten, bei der das Gänsefingerkraut eine knappe Woche in Weißwein angesetzt wird (Verhältnis von 5:100). Von dieser Weintinktur gelten zwei kleine Gläser täglich als angebracht.

Neben- und Wechselwirkungen, Gegenanzeigen: Bei Patienten, die einen leicht reizbaren Magen haben, sollte auf eine andere Heilpflanze zurückgegriffen werden.

Geißblatt, wohlriechendes (Lonicera caprifolium)

Pflanzenfamilie: Geißblattgewächse

Botanische Schilderung: Aufgrund der Tatsache, daß sich das wohlriechende Geißblatt gerne an anderen Pflanzen hochrankt, ist der Volksmund auf die treffende Bezeichnung „Jelängerjelieber" gekommen. Die sich windenden Stengel des wohlriechenden Geißblattes sind stark verzweigt. Die ovalen, leuchtend-grünen Blätter dieser Heilpflanze sitzen gegenständig am Stengel. Die oberen Blätter wachsen vollkommen zusammen, so daß der Eindruck entsteht, der Stengel würde durch das Blatt hindurchwachsen. Die Blüten wachsen direkt aus dem zusammengewachsenen Blätterpaar am oberen Stengelende in sogenannten Quirlen. Die gelbweißen Schmuckstücke haben eine längliche, röhrenartige Form und können bis zu 4 cm messen. Auch die roten Beeren des wohlriechenden Geißblattes können zur Bestimmung der Pflanze beitragen, die vorrangig im Mittelmeerraum zu finden ist und schattige Böden an Waldrändern schätzt.

Blütezeit: Von Mai bis Juli

Verwendete Pflanzenteile: Als Pflanzengut werden beim wohlriechenden Geißblatt die Blüten und Blätter betrachtet, die in den Frühlingsmonaten Mai und Juni geerntet werden können.

Inhaltsstoffe: Ätherische Öle und Glykoside

Heilwirkung und Anwendung: Es sind vor allem in den Blüten enthaltene Wirkstoffe, die das wohlriechende Geißblatt zu einem hervorragenden Arzneimittel bei Beschwerden des Atemsystems werden ließen. Ob nun Reizhusten oder Bronchialasthma behandelt werden sollen, ist „Jelängerjelieber" das Mittel der Wahl. Um die hustenstillende, entkrampfende Wirkung des wohlriechenden Geißblattes zu nutzen, empfiehlt sich ein Aufguß im Verhältnis von 5:100. Täglich zwei Tassen davon genügen.

Neben- und Wechselwirkungen, Gegenanzeigen: Sind nicht bekannt.

Glaskraut (Parietaria officinalis)

Pflanzenfamilie: Brennesselgewächse

Botanische Schilderung: Das Glaskraut ist eine vor allem in Südeuropa verbreitete, mit der Brennessel verwandte Pflanze, deren Heilwirkung schon seit der Antike genutzt wird. Aus dem mehrjährigen Wurzelstock entwickeln sich zahlreiche Stengel, die in Abhängigkeit vom Standort aufrecht oder auch kriechend wachsen können. Aufgrund seiner Vorliebe für trockene Böden ist das Glaskraut nicht selten an Mauern und Felsen zu finden. Die Verschiedenartigkeit seines Wuchses ist insofern als Anpassung an mögliche Lebensräume zu verstehen. Die einzelnen Stengel können eine Länge von mehr als einem halben Meter erreichen. Die spitz zulaufenden, ovalen Blätter sitzen auf langen Stengeln. Die etwas unscheinbaren Blüten des Glaskrauts bilden sogenannte Blütenknäuel, die direkt an den Stengeln sitzen und in den Blattachseln wachsen.

Blütezeit: Von Juni bis September

Verwendete Pflanzenteile: Der gesamte oberirdische Teil der Pflanze verfügt über heilwirksame Eigenschaften.

Inhaltsstoffe: Bitterstoffe, Pflanzenschleim, Salze und Schwefelverbindungen

Heilwirkung und Anwendung: Beim Glaskraut ist die harntreibende, entzündungshemmende Wirkung hervorzuheben, die diese Heilpflanze zu einem wirkungsvollen Arzneimittel bei Blasen- und Nierenleiden macht. Auch die Ausscheidung kleiner Steine im Harnapparat wird vom Glaskraut unterstützt. Hierfür wird der Saft der frischen Blätter empfohlen (nicht mehr als 50 g täglich). Darüber hinaus hilft das Glaskraut bei Akne und kleineren Verletzungen der Haut. Dabei wird der pflanzliche Rohstoff abgekocht (Verhältnis 5:100). Die Behandlung kann dann mittels Waschungen oder getränkter Kompressen erfolgen.

Neben- und Wechselwirkungen, Gegenanzeigen: Sind nicht bekannt.

Götterbaum (Ailantus glandulosa)

Pflanzenfamilie: Bittereschengewächse

Botanische Schilderung: Ein ursprünglich aus Asien stammender Laubbaum, der in Europa seit etwa 200 Jahren als Zierbaum bekannt ist und im 18. Jahrhundert von den Engländern importiert wurde. Im Orient wird der Götterbaum vor allem wegen seiner guten Wirkung bei Infektionen des Magen-Darm-Bereichs kultiviert. In China wurde der Götterbaum als Futterpflanze für Seidenraupen eingesetzt. Der Götterbaum wird als Heilpflanze zunehmend aus den Hausapotheken verdrängt, weil Nebenwirkungen wie Übelkeit und Erbrechen oder depressive Zustände bekannt geworden sind.

Blütezeit: Juli und August

Verwendete Pflanzenteile: Die Rinde junger Zweige wird im Frühjahr oder im Herbst geerntet.

Inhaltsstoffe: Ätherische Öle, Glykoside, Harze, Pflanzenschleim und Saponine

Heilwirkung und Anwendung: Auch wenn diese Heilpflanze hinsichtlich ihrer Nebenwirkungen nur sehr dosiert und vorsichtig eingenommen werden sollte, so ist sie doch zur Behandlung von akuten Beschwerden (Durchfall) durchaus in Betracht zu ziehen. Hierbei sollte das Pflanzengut in Wasser abgekocht und dann verdünnt eingenommen werden. Am besten erfolgt die Einnahme in Übereinstimmung mit dem Arzt und/oder Heilpraktiker. Es sollte ohnehin selbstverständlich sein, bei Zweifeln und Unkenntnis, ein Gespräch mit dem Gesundheitsberater vor der Einnahme eines heilpflanzlichen Präparates zu suchen.

Neben- und Wechselwirkungen, Gegenanzeigen: Die Einnahme von Götterbaum-Präparaten führt gelegentlich zu Übelkeit und depressiver Verstimmung. Es sollte daher nur dann auf dieses Arzneimittel zurückgegriffen werden, wenn kein anderes zur Verfügung steht.

Goldrute (Solidago virgaurea)

Pflanzenfamilie: Korbblütler

Botanische Schilderung: Der Name dieser Pflanze gibt schon eine recht präzise Beschreibung der Goldrute ab. Denn die gerade wachsenden, unverzweigten Stengel erinnern mit ihrer durchschnittlichen Größe von 80 cm in der Tat an Ruten. Und die goldgelben Blüten mögen in ihrer Pracht den Volksmund dazu angeregt haben, eine so barocke Bezeichnung zu wählen. Pflanzenliebhaber würden hier betonen, daß die Goldrute als besonders schöne Pflanze ihrem Namen alle Ehre macht. Die Blätter dieser mehrjährigen Pflanze aus der Familie der Korbblütler sind länglich und spitz zulaufend. Die vage Randzähnung der Blätter kann mitunter ganz ausbleiben. Die goldgelben Blüten sitzen an den Stengelenden. Sie bilden gestielte Rispen, die aus den oberen Blattachseln wachsen. Die in Europa weit verbreitete Goldrute liebt Höhenlagen über 500 m Meereshöhe.

Blütezeit: Juli und August

Verwendete Pflanzenteile: Neben dem Wurzelstock gelten vor allem die blühenden Sproßspitzen als heilwirksam.

Inhaltsstoffe: Flavonoide, Phenolglykoside und Saponine

Heilwirkung und Anwendung: Schon in der Volksheilkunde galt die Goldrute als harntreibendes Mittel. Auch in der modernen Pflanzenheilkunde wird diese Heilpflanze wegen ihrer ausschwemmenden Eigenschaft bei Blasen- und Nierensteinen eingesetzt. Auch Darmentzündungen oder Durchfall lassen sich mit der Goldrute behandeln. Für beide Bereiche wird zu einem Aufguß des pflanzlichen Rohstoffs geraten (Verhältnis 5:100 – zwei Tassen täglich).

Neben- und Wechselwirkungen, Gegenanzeigen: Sind nicht bekannt.

Günsel, gelber (Ajuga chamaepitys)

Pflanzenfamilie: Lippenblütler

Botanische Schilderung: Eine in Südeuropa beheimatete krautähnliche Pflanze, die kaum höher als 20 cm wird. Die oberen Blätter des gelben Günsels sind gefiedert, teilen sich in drei Segmente auf und erinnern dabei etwas an kleine Tannennadeln. Die unteren Blätter sind nicht gefiedert. Die intensiv gelben Blüten sind charakteristisch für diese Heilpflanze, was sich auch im Namen niedergeschlagen hat. Der gelbe Günsel gedeiht auch auf sehr kargen Böden und ist daher in Südeuropa weit verbreitet.

Blütezeit: Von April bis Juli

Verwendete Pflanzenteile: Als Pflanzengut wird der gesamte oberirdische Teil der Pflanze angesehen, die in der Blütezeit knapp oberhalb des Bodens abgeschnitten wird.

Inhaltsstoffe: Bitterstoffe, Harze und Salze

Heilwirkung und Anwendung: Aufgrund seiner harntreibenden Eigenschaften gilt der gelbe Günsel als besonders geeignet, rheumatische Beschwerden und Gicht zu behandeln. Es gibt verschiedene Präparate mit den Wirkstoffen des gelben Günsels. In der Volksheilkunde wird er weiterhin als adäquates Heilmittel bei Leberstauungen erwähnt. Auch in diesem Fall sollte jedoch der Arzt oder Heilpraktiker konsultiert werden, bevor man die Behandlung mit dieser Heilpflanze beginnt.

Neben- und Wechselwirkungen, Gegenanzeigen: Sind nicht bekannt.

Günsel, kriechender (Ajuga reptans)

Pflanzenfamilie: Lippenblütler

Botanische Schilderung: Der kriechende Günsel kann im übertragenen Sinn als großer Bruder des gelben Günsels bezeichnet werden. Er gehört zur Familie der Lippenblütler und wird zumeist etwas größer als sein Verwandter (30–40 cm). Im Gegensatz zum gelben Günsel ist der kriechende Günsel nicht verästelt. Weitere Unterscheidungsmerkmale sind der viereckige Stengel und die blauen Blüten. Auch beim kriechenden Günsel gibt es zwei verschiedene Sorten von Blättern. Zum einen die dem Boden zugewandten Grundblätter, die auf einem langen Stiel sitzen und zum anderen die Stengelblätter, die direkt aus dem Stengel wachsen und über keinen Stiel verfügen.

Blütezeit: Von April bis Juli

Verwendete Pflanzenteile: Wie auch beim gelben Günsel wird der gesamte oberirdische Teil der Pflanze geerntet.

Inhaltsstoffe: Glykoside, Saponine und Tannine

Heilwirkung und Anwendung: Der hohe Tannin-Gehalt des kriechenden Günsels prädestiniert diese Heilpflanze zur Behandlung von entzündungsbedingten Darmbeschwerden (Durchfall). Äußerlich angewandt kommen seine wundheilenden Eigenschaften zum Tragen, die auch den lokalen Einsatz von getränkten Umschlägen bei gestreßter, geröteter Haut ratsam erscheinen lassen. Bei der innerlichen Anwendung des kriechenden Günsels sollte das Pflanzengut im Verhältnis von 3:100 in Wasser verdünnt werden. Eine Teetasse nach jeder Mahlzeit genügt vollkommen.

Neben- und Wechselwirkungen, Gegenanzeigen: Sind nicht bekannt.

Gundelrebe (Glechoma hederacea)

Pflanzenfamilie: Lippenblütler

Botanische Schilderung: Angesichts der kriechend wachsenden Stengel der Gundelrebe mutet die volksmundliche Bezeichnung „Erdefeu" ungemein treffend an. Aus den sich am Boden entlangschlängelnden Stengeln sprießen sowohl gerade, aufrecht wachsende Triebe, die die Blüten tragen, als auch solche, die förmlich liegenbleiben und aus denen sich die Wurzeln dieser mehrjährigen Pflanze entwickeln. Die herzförmigen Blätter der Gundelrebe haben eine auffallende Behaarung und eine runzlig wirkende Blattoberfläche. Die blauvioletten Blüten wachsen als sogenannte Quirle aus den Blattachseln. Nach der Blüte reifen im Blütenkelch die Schließfrüchte der Gundelrebe, die der Arterhaltung dienen. Die Gundelrebe ist als „echte Europäerin" von Helsinki bis Neapel verbreitet und auf Wiesen, Feldern und Heckenrändern zu Hause.

Blütezeit: Von März bis Juni

Verwendete Pflanzenteile: Mit Ausnahme der Wurzeln gilt die ganze Pflanze als heilwirksam.

Inhaltsstoffe: Bitterstoffe, Cholin und Tannine

Heilwirkung und Anwendung: Bei der Gundelrebe sind sowohl innerliche wie auch äußerliche Anwendungen bekannt. Äußerlich kann sie bei Hautentzündungen und Verbrühungen (bzw. leichten Verbrennungen) eingesetzt werden. Hierfür wird ein im Verhältnis von 5:100 vorgenommener Aufguß mittels getränkter Kompressen auf die Haut gebracht. Erkältungshusten, Heiserkeit und ein rauher Hals stellen Symptome dar, die die Einnahme von Präparaten auf der Basis der Gundelrebe rechtfertigen. Ein Aufguß (Verhältnis 2:100) wird hierfür empfohlen. Täglich zwei Tassen genügen.

Neben- und Wechselwirkungen, Gegenanzeigen: Sind nicht bekannt.

Gurke (Cucumis sativus)

Pflanzenfamilie: Kürbisgewächse

Botanische Schilderung: Die Gurke gehört zur Familie der Kürbisgewächse und hat sich im Bewußtsein der Verbraucher als kalorienarme Salat- und Gemüsepflanze einen festen Platz gesichert. Aber auch die Möglichkeit des kosmetischen Einsatzes – wie etwa einer Gurkenmaske – hat sich seit Generationen bei den Frauen herumgesprochen.

Die Gurke ist eine einjährige Pflanze, deren Stengel mehrere Meter lang werden können. Diese Stengel können in Abhängigkeit vom Standort aufrecht stehen oder am Boden entlangkriechen. Die gestielten Blätter der Gurke stehen wechselständig an den Stengeln und haben die Eigenschaft, um Hindernisse herumzuwachsen und diese förmlich einzuwickeln. Neben ihrer behaarten Oberfläche sticht außerdem die Form der Gurkenblätter hervor, die sich in fünf Lappen aufteilen und damit an die Finger einer Hand erinnern. Die gelben Blüten der Gurke wachsen aus den Blattachseln und weisen wie die Blätter eine starke Behaarung auf. Die länglichen Früchte der Gurke können je nach Züchtung verschieden groß sein, sind allerdings durchweg von länglicher Form. Während der Reife verfärben sich die Früchte gelb.

Blütezeit: Von Juni bis August

Verwendete Pflanzenteile: Von der Gurke werden nur die unreifen (und damit noch grünen) Früchte für heilkundliche Zwecke verwendet. Und diese liegen bekanntlich bei jedem Gemüse- und Lebensmittelhändler im Regal.

Inhaltsstoffe: Aminosäure, ätherische Öle, Karotin und Vitamln C

Heilwirkung und Anwendung: Aus der Volksheilkunde ist bekannt, daß Gurken aufgrund ihrer ausschwemmenden Eigenschaften gegen Bandwürmer eingesetzt wurden. Heutzutage wird der regelmäßige Verzehr von Gurken oder deren Saft wegen der enthaltenen Vitamine und Mineralstoffe sowie ihrer harntreibenden Wirkung empfohlen.

Darüber hinaus eignet sich die Gurke zur äußerlichen Anwendung bei trockener, spröder Haut. Dabei wird das Fruchtfleisch als Maske bzw. Packung direkt auf die betreffenden Körperstellen verteilt.

Neben- und Wechselwirkungen, Gegenanzeigen: Sind nicht bekannt.

H

Hängebirke (Betula pendula)

Pflanzenfamilie: Birkengewächse

Botanische Schilderung: Die Birke ist einer der bekanntesten und in Europa auch einer der häufigsten Laubbäume, die eine Höhe von 30 m erreichen können und sandige Böden bevorzugen. Der weißgrauen Rinde an Stamm und Zweigen verdankt die Birke ihr charakteristisches Aussehen. Doch auch die geflügelten Samen der Birke, die sich im Herbst auf ihre mitunter bemerkenswert lange Reise begeben, erfreuen sich eines beträchtlichen Bekanntheitsgrades. Diese geflügelten Botschafter der Birke entwickeln sich aus den weiblichen Blüten und werden Kätzchen genannt. Um erregt protestierenden Botanikern zuvorzukommen, sei hier darauf hingewiesen, daß es sich bei den Kätzchen tatsächlich um die Blütenstände handelt, auf denen die eigentlichen Blüten aneinander aufgereiht sitzen. Die bauchigen Blätter der Birke weisen eine starke Randzähnung auf und verjüngen sich tropfenförmig ihrer Spitze entgegen.

Blütezeit: März und April

Verwendete Pflanzenteile: Als Pflanzengut werden junge Triebe, die Rinde jüngerer Zweige und die Blätter angesehen.

Inhaltsstoffe: Ätherisches Öl, Flavonoide, Gerbstoffe und Saponine

Heilwirkung und Anwendung: Im Zuge der aktuellen „Cholesterin-Hysterie" ist die Birke aufgrund ihrer cholesterinsenkenden Eigenschaften als potentielles Heilmittel vermehrt ins Gespräch gebracht worden. Außerdem gilt die Einnahme von Birkenpräparaten als angebracht, wenn die Bildung und Ausscheidung von Harnsäure stimuliert werden soll. Die „ausschwemmende" Wirkung der Birke eignet sich auch zur Behandlung von Ödemen (Wasseransammlung im Gewebe) als Folge von einer gestörten Nierenfunktion. Äußerlich angewandt (als Badezusatz) kann die Birke dazu beitragen, Akne oder Hautunreinheiten entgegenzuwirken.

Neben- und Wechselwirkungen, Gegenanzeigen: Sind nicht bekannt.

Hafer (Avena sativa)

Pflanzenfamilie: Süßgrasgewächse

Botanische Schilderung: Mit seinem bekannt hohen Nährwert ist der Hafer eine hervorragende Nutzpflanze, deren vielfältige Verwendungsmöglichkeiten man gar nicht alle aufzählen kann. Von der Haferschleimsuppe bis zum Brot aus Hafer haben die meisten Verwendungsformen ohnehin sprichwörtliche Popularität. Der Hafer gehört zur Pflanzenfamilie der Grasgewächse. Die einjährige Pflanze entwickelt einen mehr als meterhohen Halm, der in unregelmäßigen Abständen knotige Verdickungen aufweist (sogenannte Nodien). Die Abschnitte am Stengel, die zwischen diesen Verdickungen liegen, werden als Internodien bezeichnet. Die Blätter wachsen aus den Nodien. Ihre Blattscheide umfaßt den Stengel und geht schließlich in diesen über. Die Blätter sind schmal, länglich und spitz zulaufend. Die Blüten wachsen in Rispen, die sich aus einzelnen Blütenähren zusammensetzen. Nach der Blüte entwickeln sich die Samen, die mit Getreidekörnern verglichen werden können. Der Hafer wird in weiten Teilen Europas als Kulturpflanze angebaut.

Blütezeit: Juli

Verwendete Pflanzenteile: Vor allem die Samen des Hafers, aber auch sein Stroh gelten als heilwirksam.

Inhaltsstoffe: Fette, Flavonoide, Proteine, Sterole und Steroidsaponine

Heilwirkung und Anwendung: Haferstroh ist harntreibend, während die Samen die Darmtätigkeit anregen und vor allem bei Husten eine erweichende, auswurffördernde Wirkung entfalten. Die harntreibenden Eigenschaften des Haferstrohs lassen sich am besten in Form einer Abkochung nutzen (Verhältnis 4:100 – zwei Tassen täglich). Die hustenlindernde Wirkung der Samen(-körner) wird hingegen als äußerliche Anwendung eingesetzt. Hierbei wird Hafermehl zu einem Brei gekocht und dann – in Umschläge gehüllt – auf die Brust gelegt.

Neben- und Wechselwirkungen, Gegenanzeigen: Seltene Überempfindlichkeiten bei Haferpräparaten sind dokumentiert worden.

Hartriegel, gelber (Cornus mas)

Pflanzenfamilie: Hartriegelgewächse

Botanische Schilderung: Der gelbe Hartriegel ist ein attraktiver, mehr als mannshoher Busch, der eigentlich in Asien beheimatet ist. Seiner hübschen roten Steinfrüchte wegen ist der gelbe Hartriegel in den milden Regionen Süditaliens und Spaniens als Zierpflanze durchaus verbreitet. Seine Blätter wachsen gegenständig an den Zweigen. Sie sind oval geformt, verfügen aber an ihren Enden über verlängerte, schmale Blattspitzen. Die gelben Blüten wachsen in kleinen Dolden entlang der Zweige. Die gelbgrüne Rinde des Busches ist ein gutes Unterscheidungsmerkmal zum roten Hartriegel, der in fast ganz Europa zu finden ist. Die Früchte des gelben Hartriegels sind länglich, selten länger als 2 cm und leuchtend rot. Die Reife kündigt sich an, wenn das Fruchtfleisch im August durchzuschimmern beginnt.

Blütezeit: Februar und März

Verwendete Pflanzenteile: Als Pflanzengut werden beim gelben Hartriegel die roten Früchte und die Rinde junger Zweige angesehen.

Inhaltsstoffe: Pflanzenschleim, Tannine und Zucker

Heilwirkung und Anwendung: Bei dieser Pflanze stehen zwei Heilwirkungen im Vordergrund. Das Pflanzengut des gelben Hartriegels verfügt sowohl über fiebersenkende als auch zusammenziehende Eigenschaften.

Die wohlschmeckende Marmelade aus den Früchten kann z. B. Kindern angeboten werden, die unter Durchfall leiden. Noch wirksamer sind Präparate auf der Basis der Hartriegelrinde. Dabei sollte das Pflanzengut im Verhältnis von 5:100 eine gute Woche in Weißwein angesetzt werden. Zwei kleine Gläser dieser Weintinktur nach den Mahlzeiten reichen aus, um den therapeutischen Effekt zu erzielen.

Neben- und Wechselwirkungen, Gegenanzeigen: Sind nicht bekannt.

Hauhechel (Ononis spinosa)

Pflanzenfamilie: Schmetterlingsblütler

Botanische Schilderung: Der Hauhechel ist ein kleiner, kaum meterhoher Strauch, dessen Stengel zumeist stark verzweigt sind. Die dreigeteilten Blätter des Hauhechels sitzen auf kurzen Stielen. Sie sind schmal und länglich, weisen eine Randzähnung auf und sind beidseitig behaart. Als Mitglied der Pflanzenfamilie der Schmetterlingsblütler ähneln die weißen Blüten des Hauhechels Schmetterlingen, zumal die Kronblätter über flügelartige Verlängerungen verfügen. Ebenso wie der Stengel und die Blätter sind auch die Blüten, die einzeln aus den Blattachseln im oberen Drittel des Strauchs wachsen, behaart. Ein weiteres auffallendes Merkmal des Hauhechels ist der üble Geruch, den diese Pflanze ausstrahlt. Der kleine Strauch ist praktisch in ganz Europa verbreitet und überall dort anzutreffen, wo die Böden trocken und sonnenbeschienen sind.

Blütezeit: Von Juni bis September

Verwendete Pflanzenteile: Es sind die Wurzeln des mehrjährigen Hauhechels, die die heilwirksamen Stoffe enthalten.

Inhaltsstoffe: Ätherisches Öl, Flavonoide, Ononin

Heilwirkung und Anwendung: Erste Hinweise auf die Verwendung des Hauhechels sind uns bereits aus der Antike überliefert. Die harntreibende Wirkung befähigt diese Heilpflanze, kleine Steine in Niere oder Blase auszuschwemmen. Diese recht ausgeprägte Wirkung befähigt den Hauhechel weiterhin, toxische Rückstände, die sich im Körper von Rheumatikern und Arthritikern anreichern, auszuleiten. Nicht zuletzt eignet sich der Hauhechel, um Entzündungen des Harnapparats zu behandeln. Die einfachste Methode, die Heilwirkung dieser Pflanze zu nutzen, ist ein Aufguß, bei dem der pflanzliche Rohstoff im Verhältnis von 3:100 aufgegossen wird. Mehr als zwei Tassen täglich sind nicht nötig. Der gleiche Aufguß gilt darüber hinaus als wirksames Mundwasser, wenn entzündetes Zahnfleisch behandelt werden soll.

Neben- und Wechselwirkungen, Gegenanzeigen: Sind nicht bekannt.

Hauswurz, echte (Sempervivum tectorum)

Pflanzenfamilie: Dickblattgewächse

Botanische Schilderung: Wenn man den lateinischen Namen dieser Heilpflanze übersetzt, dann hieße sie eigentlich „das Immerwährende der Dächer". Der poetische Glanz dieses Namens überstrahlt die heute gültige Bezeichnung „Hauswurz" doch deutlich. Das ändert allerdings nichts an den zahlreichen Verwendungsmöglichkeiten, um die die Hauswurz die Grüne Apotheke bereichert.

Die Hauswurz ist mit der Fetthenne verwandt. Wie diese ist die Hauswurz eine mehrjährige Pflanze, die aus einer Vielzahl einzelner Blattrosetten besteht. Nach einigen Jahren entwickeln die Blattrosetten einen Blütenstengel, nach dessen Blüte sie absterben. Die Blätter der Blattrosetten sind fleischig und von ovaler Form. Die Stengelblätter umhüllen den Stengel und unterscheiden sich von den Rosettenblättern durch ihre Behaarung und die rötlich gefärbte Blattspitze. In Mittel- und Südeuropa ist die Hauswurz weit verbreitet. Ihre besondere Vorliebe für trockene Böden führt dazu, daß man sie vor allem auf Felsen, Mauern oder Hausdächern findet.

Blütezeit: Juli und August

Verwendete Pflanzenteile: Die dicken fleischigen Blätter sind es, die die Hauswurz in den Rang einer Heilpflanze erheben.

Inhaltsstoffe: Harze, Pflanzenschleim, Tannine und Vitamin C

Heilwirkung und Anwendung: Der Brei aus den frischen Blättern der Hauswurz gilt als gutes Heilmittel bei Entzündungen der Haut, Verbrennungen, Insektenstichen und Schwielen. Hierbei kann der unbehandelte Brei aus den Blättern direkt auf die betroffenen Körperpartien gelegt werden.

Neben- und Wechselwirkungen, Gegenanzeigen: Sind nicht bekannt.

Heckenrose (Rosa canina)

Pflanzenfamilie: Rosengewächse

Botanische Schilderung: Bei der Heckenrose handelt es sich um einen recht großen Strauch, der praktisch überall in Europa zu finden ist. Bezüglich ihres Standortes ist die Heckenrose ihrem Namen verpflichtet und wächst daher in Hecken und an Waldrändern. Die Heckenrose ist ein auffallend stark verzweigter Strauch. Ihre zahlreichen Zweige sind mit spitzen Dornen versehen. Die gefiederten randgezähnten Blätter stehen in wechselständiger Anordnung an den Zweigen. Sie sitzen auf Stielen und bestehen aus fünf bis neun einzelnen Fiedern. Die großen Blüten der Heckenrose wachsen in Dolden an den Zweigenden. Ihre Färbung schwankt zwischen weiß und rot. Die einzelnen Blüten haben allesamt fünf Kronblätter, aus deren Mitte die gelben Staubbeutel förmlich herausstechen. Im Anschluß an die Blüte entwickeln sich die rundlichen Schließfrüchte der Heckenrose, die in unseren Breiten als Hagebutten bekannt sind. Neben ihrer roten Färbung fällt an den Hagebutten vor allem die reichliche Behaarung auf, von der sie überzogen werden.

Blütezeit: Von Mai bis Juli

Verwendete Pflanzenteile: Bei der Heckenrose stehen aus heilkundlicher Sicht die Hagebutten im Vordergrund, obgleich auch in den Blättern heilwirksame Stoffe nachgewiesen worden sind.

Inhaltsstoffe: Ascorbinsäure, Carotinoide, Fruchtsäuren, Pektine und Zucker

Heilwirkung und Anwendung: Aus den Hagebutten läßt sich bekanntermaßen eine hervorragende Marmelade herstellen, die wegen des hohen Vitamin C-Gehalts der Früchte auch diätetischen Ansprüchen genügt. Hinzu kommt, daß der regelmäßige Verzehr von Hagebuttenmarmelade die Nierenfunktion anregt. In der modernen Pflanzenheilkunde wird jedoch hauptsächlich eine äußerliche Anwendung der Hagebutten empfohlen. Diese wirken entzündungshemmend und können bei quälendem Juckreiz zu einer Linderung der Beschwerden beitragen, indem eine Abkochung (Verhältnis 5:100) über getränkte Umschläge auf die betroffenen Hautpartien gebracht wird.

Neben- und Wechselwirkungen, Gegenanzeigen: Sind nicht bekannt.

Heidekraut (Calluna vulgaris)

Pflanzenfamilie: Heidekrautgewächse

Botanische Schilderung: Das Heidekraut ist ein relativ kleiner, bei uns auch als Erika bekannter Strauch, der auf Weiden und Hochplateaus zu finden ist und sich besonders gern auf torfigen Böden ansiedelt. So erfreuen sich bestimmte Gegenden in der Lüneburger Heide reicher Populationen dieser Heilpflanze. Die kleinen, aber dafür sehr zahlreichen Blüten des Heidekrauts sitzen wie die Zähne eines Reißverschlusses aneinander aufgereiht auf den jungen Zweigen und sorgen mit ihrer rosa Färbung für das typische Aussehen des Heidekrauts. Bei genauerem Hinsehen wird deutlich, daß die einzelnen Blüten in ihrer Form an Glöckchen erinnern. Weiterhin sind die geradezu winzigen, direkt am Stengel wachsenden Blätter dieser Heilpflanze auffallend, die ebenfalls eng beieinander sitzen und sich gegenseitig überlappen.

Blütezeit: Von Juli bis September

Verwendete Pflanzenteile: Beim Heidekraut werden die blühenden Sproßspitzen im Hochsommer gesammelt.

Inhaltsstoffe: Phenole (Callunin, Chlorogensäure, Epicatechin u. a.), Flavonoide, Gerbstoffe, Steroide und Triterpene

Heilwirkung und Anwendung: Bei Entzündungen der Blase und der Harnwege ist die Einnahme dieses Arzneimittels angezeigt. Es regt die Harnabsonderung an und hat damit einen ableitenden Einfluß auf den Urogenitaltrakt. Allerdings sollten Heidekraut-Präparate nur unter der Kontrolle des Arztes und/oder Heilpraktikers eingenommen werden, zumal bei überhöhter Dosierung der Darm in Mitleidenschaft gezogen werden kann. Zur äußerlichen Anwendung wird bei Hautreizungen oder Ekzemen geraten. Dazu sollte das Pflanzengut abgekocht und in einer Verdünnung von 5:100 über getränkte Umschläge aufgelegt werden.

Neben- und Wechselwirkungen, Gegenanzeigen: Sind nicht bekannt.

Heidelbeere (Vaccinium myrtillus)

Pflanzenfamilie: Heidekrautgewächse

Botanische Schilderung: Die Heidelbeere ist vor allem aufgrund ihrer besonders schmackhaften Früchte bekannt. Die allseits beliebten Heidelbeeren wachsen an etwa halbmeterhohen, stark verzweigten Sträuchern. Die zumeist randgezähnten Blätter des Heidelbeerstrauches stehen auf kurzen Stielen in wechselständiger Anordnung an den Zweigen. Auffallend ist die deutlich sichtbare Aderung an der Unterseite der Blätter. Die Blüten wachsen aus den Blattachseln. Sie hängen nach unten und wechseln in ihrer Färbung zwischen weiß und rot. Nach der Blüte entwickeln sich dann die blauschwarzen kugeligen Heidelbeeren, die eine Vielzahl kleiner Samen enthalten. Das Vorkommen der Heidelbeere ist auf Nord- und Mitteleuropa beschränkt. Zu Füßen von Nadelwäldern fühlt sie sich besonders wohl.

Blütezeit: Von April bis Juni

Verwendete Pflanzenteile: Die Früchte beinhalten verschiedene Wirkstoffe, die den Heidelbeerstrauch in den Stand einer Heilpflanze erheben.

Inhaltsstoffe: Anthocyane, Flavonglykoside und Gerbstoffe

Heilwirkung und Anwendung: Die Heidelbeeren verfügen über ausgeprägte entzündungshemmende Eigenschaften, die insbesondere bei Darmentzündungen und Durchfall zum Tragen kommen. Gerade bei Kindern haben sich Präparate auf der Basis der Heidelbeere bewährt. Dazu können die Früchte ohne weitere Verarbeitung gegessen werden. Es besteht auch die Möglichkeit, den Saft der Früchte zu sich zu nehmen. Äußerlich angewandt, kann der Saft (oder Brei) aus den frischen Früchten bei Entzündungen der Haut und Schleimhäute eingesetzt werden. Bei Halsentzündungen (Gurgeln) und bei Hämorrhoiden (Waschungen) gilt die Heidelbeere als besonders wirkungsvoll.

Neben- und Wechselwirkungen, Gegenanzeigen: Sind nicht bekannt.

Himbeerstrauch (Rubus idaeus)

Pflanzenfamilie: Rosengewächse

Botanische Schilderung: Als vielerorts kultivierter Gartenstrauch hat die Himbeere eine hohe Popularität, die vor allem auf die köstlichen Früchte zurückzuführen ist, die dieser Strauch entwickelt. Aufgrund ihres hohen Gehalts an Vitamin B und C stellen die Himbeeren ein besonders empfehlenswertes Nahrungsmittel dar. Das ausgeprägte Aroma der Früchte wird auch in der Likörindustrie genutzt (Himbeergeist).

Der Himbeerstrauch ist ähnlich wie sein naher Verwandter, der Brombeerstrauch, stark verzweigt und mit zahlreichen Stacheln versehen. Die Blätter sind gefiedert und mit einer unregelmäßig verlaufenden Randzähnung versehen. Weiterhin ist die starke, filzig wirkende Behaarung an der Unterseite der Blätter charakteristisch. Die Blüten des Himbeerstrauchs wachsen einzeln aus den Achseln der Blätter. Die Blütenkrone besteht aus fünf weißen Blättern, die die Aufmerksamkeit vorbeifliegender Insekten auf die gelben Staubbeutel richten. Die Himbeeren sind rundlich und setzen sich aus einer großen Anzahl kleiner Steinfrüchte zusammen.

Blütezeit: Mai und Juni

Verwendete Pflanzenteile: Neben den nahrhaften und vitaminreichen Früchten verdienen vor allem die Blätter die besondere Aufmerksamkeit der Pflanzenheilkunde.

Inhaltsstoffe: Ätherisches Öl, Anthocyanglykoside, Flavonoide, Fruchtsäuren, Gerbstoffe, Pektin, Vitamin A und Zucker

Heilwirkung und Anwendung: Die Blätter des Himbeerstrauches haben sowohl äußerlich wie auch innerlich angewandt eine entzündungshemmende Wirkung auf den menschlichen Organismus. Entzündungen des Magen-Darm-Trakts und auch Halsentzündungen lassen eine innere Anwendung ratsam erscheinen. Hierfür kann man zwei Tassen einer Abkochung (Verhältnis 3:100) täglich zu sich nehmen. Bei Hautentzündungen und Hämorrhoiden kann dieselbe Abkochung über getränkte Kompressen aufgebracht werden.

Neben- und Wechselwirkungen, Gegenanzeigen: Sind nicht bekannt.

Hirschzunge (Phyllitis scolopendrum)

Pflanzenfamilie: Streifenfarngewächse

Botanische Schilderung: Die Hirschzunge gehört zu den Farngewächsen und hat daher wie andere Farne auch weder Blüten noch Früchte aufzuweisen. Die Arterhaltung wird statt dessen mit Hilfe von Sporen gewährleistet (wie bei Pilzen). Daß es sich bei den sogenannten Wedeln um die Blätter des Farns handelt, ist bei der Hirschzunge noch recht offensichtlich, zumal die Wedel im Gegensatz zu anderen Farnen nicht gefiedert sind und in der Tat wie längliche, spitz zulaufende Blätter aussehen. An der Unterseite der Wedel befinden sich die Sori. Bei diesen handelt es sich um kleine gefäßartige Gebilde, in denen sich die Sporen entwickeln. Die Hirschzunge ist eine widerstandsfähige Pflanze, die keine besonderen Ansprüche an die Bodenqualität stellt und in ganz Europa verbreitet ist.

Blütezeit: Als Farngewächs gehört die Hirschzunge zu jenen Pflanzen, die keine Blüten hervorbringen.

Verwendete Pflanzenteile: Es wurden zwar auch heilwirksame Inhaltsstoffe in dem Wurzelstock nachgewiesen, doch im wesentlichen sind es die Wedel, die aus Sicht der Pflanzenheilkunde von Interesse sind.

Inhaltsstoffe: Pflanzenschleim und Tannine

Heilwirkung und Anwendung: Die hustenlindernde, auswurffördernde Wirkung ist bei dieser Heilpflanze so ausgeprägt, daß sie zu einem gängigen Bestandteil vieler verschiedener Hustenmittel geworden ist. Die Hirschzunge hilft auch, wenn die Harnsekretion gesteigert und kleine Steine in Niere oder Blase ausgeschwemmt werden sollen. Für beide Anwendungen wird empfohlen, den pflanzlichen Rohstoff abzukochen (Verhältnis 5:100). Von dieser Abkochung genügen täglich zwei Gläschen. Äußerlich angewandt, eignet sich die Hirschzunge zur Behandlung leichterer Verbrennungen und Hautreizungen. Dabei wird die identische Abkochung mittels getränkter Kompressen auf die betroffenen Hautpartien gebracht.

Neben- und Wechselwirkungen, Gegenanzeigen: Sind nicht bekannt.

Hirtentäschelkraut (Capsella bursa pastoris)

Pflanzenfamilie: Kreuzblütler

Botanische Schilderung: Das Hirtentäschelkraut verdankt seinen einprägsamen Namen der Form seiner kleinen Schotenfrüchte, die einem auf der Spitze stehenden Dreieck ähneln, in dem man durchaus auch kleine Taschen sehen kann. Das Hirtentäschelkraut ist praktisch in ganz Europa anzutreffen und das auch in Hochlagen bis zu 2 000 m. Besonders auffällig sind bei dieser Heilpflanze die grundständigen Blätter, die rosettenförmig um den Stengel wachsen. Sie sind zumeist gewellt und erinnern in ihrer länglichen Form ein wenig an die Blätter des Löwenzahns. Am Ende des etwa 60 cm hohen Stengels sitzen die kleinen weißen Blüten, die in traubenähnlichen Verbünden wachsen. Als sehr anpassungsfähige Pflanze ist das Hirtentäschelkraut von keiner bestimmten Bodenqualität abhängig. Die hohe Wachstumsgeschwindigkeit dieser Heilpflanze kann dazu führen, daß sich zwei oder drei Generationen im selben Jahr heranbilden.

Blütezeit: Von März bis Oktober

Verwendete Pflanzenteile: Die ganze oberirdische Pflanze gilt in der Pflanzenheilkunde als wirksam und wird üblicherweise in den Monaten von Mai bis September gesammelt.

Inhaltsstoffe: Aminosäuren, organische Säuren, Proteine und Salze

Heilwirkung und Anwendung: Das Hirtentäschelkraut wird vorwiegend in der Behandlung von Menstruationsbeschwerden (wie z. B. zu lange oder zu starke Regelblutung) genutzt. Die enthaltenen Wirkstoffe verursachen eine Kontraktion der Muskulatur des Uterus, wodurch die Blutung eingedämmt wird. Die Behandlung mit Hirtentäschelkraut erfolgt innerlich. Dabei wird das Pflanzengut eine Woche in Wein (Verhältnis 15:100) angesetzt. Drei Gläschen der Weintinktur pro Tag erscheinen angebracht. Es ist ratsam, vor der Einnahme mit dem Arzt oder Heilpraktiker zu sprechen.

Neben- und Wechselwirkungen, Gegenanzeigen: Sind nicht bekannt.

Holunder, schwarzer (Sambucus niger)

Pflanzenfamilie: Geißblattgewächse

Botanische Schilderung: Der schwarze Holunder ist wohl eine der bekanntesten Heilpflanzen überhaupt. Nicht umsonst ist eine Vielzahl volkstümlicher Bezeichnungen (Holler, Schwitztee, deutscher Flieder, Eller, Kisseke usw.) in Umlauf. In seiner Größe schwankt der Holunder in Abhängigkeit von den Umweltbedingungen zwischen einem Strauch und einem kleinen Baum. Höher als 10 m wird er nur in seltenen Ausnahmen. Die Blätter sind gefiedert und teilen sich in maximal sieben scheinbar eigenständige Fiedern auf. Neben der ovalen Form fällt vor allem die feine Randzähnung der einzelnen Fiedern auf. Die weißen (mitunter auch gelblichen) Blüten des schwarzen Holunders wachsen in großen Dolden an den Zweigenden. Sie setzen sich aus einer schier unübersehbaren Menge winziger Blüten zusammen. Im Anschluß an die Blüte entwickeln sich die schwarzen Beerenfrüchte, denen der Holunder seinen (Vor-)Namen verdankt. Mit Ausnahme des hohen Nordens ist der schwarze Holunder überall in Europa verbreitet. Allerdings hegt er eine Vorliebe für Hecken und Wälder, in denen er sich bevorzugt ansiedelt.

Blütezeit: Juni

Verwendete Pflanzenteile: Neben den auffälligen schwarzen Beerenfrüchten gelten auch die Blüten als ausgesprochen heilwirksam.

Inhaltsstoffe: Carbonsäuren, Flavonoide, Steroide und Triterpene

Heilwirkung und Anwendung: Aufgrund der besonders ausgeprägten Wirkung der Holunderblüten werden heutzutage Holundertees angeboten, die ihre heilwirksamen Eigenschaften besonders im Umfeld von Erkältungskrankheiten (Husten, Schnupfen und rauher Hals) entfalten. Darüber hinaus werden Holundertees auch bei Asthma und Rheuma empfohlen. Der Saft der Früchte hingegen eignet sich zur Behandlung neuralgischer Beschwerden (Trigeminusneuralgie) und regt außerdem die Harnsekretion an.

Neben- und Wechselwirkungen, Gegenanzeigen: Sind nicht bekannt.

Hopfen, wilder (Humulus lupulus)

Pflanzenfamilie: Hanfgewächse

Botanische Schilderung: Eine der Familie der Hanfgewächse zugehörige Heilpflanze, die ihren hohen Bekanntheitsgrad der nicht eben unwesentlichen Rolle verdankt, die der Hopfen in der Bierindustrie spielt. „Hopfen und Malz – Gott erhalt's" – dieser innige Wunsch hat mancherorts sprichwörtlichen Charakter. Das wesentlichste Merkmal des wilden Hopfens hat weniger mit seiner Erscheinung als vielmehr mit seinem Wachstum zu tun. Denn der Hopfen ist eine typische Schlingpflanze, die vor keiner Gelegenheit zurückschreckt, sich emporzuschrauben. Ausgehend von einem robusten Wurzelstock können die einzelnen Triebe dabei eine Länge von mehreren Metern erreichen. Die Blätter des Hopfens sind randgezähnt, verfügen über einen langen Stiel und teilen sich in zumeist fünf unterschiedlich große Lappen auf. Nur im obersten Teil der Pflanze verlieren die Blätter diese Aufteilung und sehen dann eher herzförmig aus. Man unterscheidet beim Hopfen zwischen weiblichen und männlichen Pflanzen. Männliche Pflanzen entwickeln zu Rispen zusammengefaßte Blüten, während bei weiblichen Pflanzen die Blüten paarweise aus den Achseln oberer Blätter wachsen. Der wilde Hopfen ist in Europa praktisch überall zu finden und wächst gerne in Wäldern und Hecken, wo er emporranken kann.

Blütezeit: Von Juli bis September

Verwendete Pflanzenteile: In der Pflanzenheilkunde werden lediglich die weiblichen Blütenstände des wilden Hopfens ihrer Heilwirkung wegen gesammelt, die ab August geerntet werden können. Dabei wird der Blütenstand ohne Stiel an seiner Basis abgetrennt.

Inhaltsstoffe: Ätherisches Öl und Bitterstoffe

Heilwirkung und Anwendung: Der Hopfen ist sicher eines der ältesten Beruhigungsmittel, das aus der Volksheilkunde überliefert wurde. Seine sedative Eigenschaft wird auch in der modernen Pflanzenheilkunde genutzt und kann z. B. dazu beitragen, Schlafstörungen abzubauen. Hierfür wird eine innere Anwendung empfohlen, bei der das Pflanzengut im Verhältnis von 2:100 aufgegossen wird.

Eine Tasse vor dem Zubettgehen reicht völlig aus.

Neben- und Wechselwirkungen, Gegenanzeigen: Sind nicht bekannt.

Huflattich (Tussilago farfara)

Pflanzenfamilie: Korbblütler

Botanische Schilderung: Wie sein naher Verwandter, der Löwenzahn, gehört der mehrjährige Huflattich zur Pflanzenfamilie der Korbblütler. Da die goldgelben Blüten des Huflattichs denen des Löwenzahns ähneln, wird er gelegentlich mit diesem verwechselt. Bei näherem Hinsehen lassen sich jedoch schnell signifikante Unterschiede feststellen. Die Stengel (Bütenschäfte) des Huflattichs sind im Gegensatz zu den hohlen Stengeln des Löwenzahns fest und von fleischiger Konsistenz. Während der Löwenzahn eine bodenständige Blattrosette entwickelt, hat der Huflattich herzförmige Blätter, deren Stiele vom Stengel abgehen. Auch die Blüten unterscheiden sich, zumal die Blütenköpfchen des Huflattichs nur am Rand sogenannte Zungenblüten aufweisen, die die kleineren Blüten im Zentrum umfassen. Wichtig ist außerdem, daß die Blüten vor den Blättern erscheinen. Anzutreffen ist der Huflattich überall in Europa auf Wiesen und Feldern.

Blütezeit: März und April

Verwendete Pflanzenteile: Die heilwirksamen Eigenschaften der Blütenköpfchen und der Blätter des Huflattichs sind der Volksheilkunde schon lange bekannt und mittlerweile auch von modernen Forschungsergebnissen bestätigt worden.

Inhaltsstoffe: Gerbstoffe, Pflanzenschleim und Pyrrolizidinalkaloide

Heilwirkung und Anwendung: Als Heilpflanze genießt der Huflattich bei Entündungen der Atemwege und bei Hauterkrankungen einen hervorragenden Ruf. Bei Erkältungen, Bronchitis und Halsentzündungen bewirkt eine innerliche Anwendung der Blütenköpfchen (oder der Blätter) eine rasche Linderung der Beschwerden. Dabei wird ein Aufguß empfohlen (Verhältnis 3:100 – bei zwei Tassen pro Tag). Hautentzündungen lassen eine äußerliche Anwendung ratsam erscheinen, wobei der identische Aufguß als Grundlage für getränkte Kompressen dient.

Auch hier sollte vor der Verwendung der Heilpflanze ein Gespräch mit dem Arzt oder Heilpraktiker stattfinden.

Neben- und Wechselwirkungen, Gegenanzeigen: Während der Schwangerschaft und Stillzeit sollten Huflattich-Präparate nicht eingenommen werden. Wichtig: Huflattich-Arzneimittel sollten nicht länger als vier Wochen im Jahr angewandt werden. Auch die tägliche Menge sollte aufgrund der Pyrrolizidinalkaloide nicht über die Empfehlung (siehe oben) hinausgehen.

Hundszunge (Cynoglossum officinale)

Pflanzenfamilie: Hundszunge

Botanische Schilderung: Eine auch als „Wundkraut" bekannte, durchweg behaarte Pflanze, die einen Zyklus von zwei Jahren durchläuft. Aus einer Blattrosette, die sich schon im ersten Jahr bildet, wächst im zweiten Jahr der etwa halbmeterhohe Stengel. Die länglichen Stengelblätter sitzen in großer Anzahl zumeist direkt am Stengel und haben eine längliche, spitz zulaufende Form. Die Blüten der Hundszunge schließen sich zu Trauben zusammen und schwanken in ihrer Farbe in verschiedensten Tönen zwischen rot und blau. Aufgrund der durchgehenden Behaarung kennzeichnet diese Heilpflanze ein mattgrünes Aussehen. Verbreitet ist die Hundszunge praktisch in ganz Europa und überall dort anzutreffen, wo die Natur sich selbst überlassen bleibt.

Blütezeit: Von Juni bis August

Verwendete Pflanzenteile: Schon in der Volksheilkunde wußte man um die heilwirksamen Inhaltsstoffe aus der Wurzel der Hundszunge. Auch in der modernen Pflanzenheilkunde wird diese als wertvolle Arzneimitteldroge angesehen.

Inhaltsstoffe: Alkaloide, Consolidin, Cynoglossidin und Pyrrodizinalkaloide

Heilwirkung und Anwendung: Die wundheilenden Kräfte der Hundszunge werden schon seit dem Mittelalter eingesetzt, um kleinere Wunden, Insektenstiche oder Hautrisse zu behandeln. Diese Anwendungsform hat sich bis heute erhalten. Dabei wird das Pflanzengut abgekocht (Verhältnis 5:100) und über getränkte Verbände auf die betroffenen Hautpartien gebracht.

Innerlich angewandt haben Präparate auf Hundszungenbasis einen beruhigenden Einfluß, der z. B. krampfartige Hustenanfälle unterbinden kann. Denn die Hundszunge beinhaltet narkotisierende Stoffe, die dazu geführt haben, daß sie häufig in einem Atemzug mit dem Opium genannt wurden. Es ist daher unbedingt notwendig, Hundszungen-Arzneimittel nur nach Absprache mit dem Heilpraktiker und/oder Arzt zu verwenden.

Neben- und Wechselwirkungen, Gegenanzeigen: Die enthaltenen Pyrrodizinalkaloide lassen eine längere Anwendung aufgrund ihrer toxischen Wirkung auf die Leber nicht ratsam erscheinen.

I

Isländisches Moos (Cetraria islandica)

Pflanzenfamilie: Flechten

Botanische Schilderung: So wie es im Tierreich „lebende Fossilien" gibt (wie etwa Krokodile und Schildkröten), so sind solche auch unter den Pflanzen zu finden. Neben Farnen und Moosen gehören auch die Flechten zu jenen Pflanzen, die bereits viele Millionen Jahre und verschiedene Erdzeitalter überdauert haben. Die Fortpflanzung der Flechten, zu denen das Isländische Moos trotz seines irreführenden Namens gehört, erfolgt über Sporen, die in den Fortpflanzungsorganen, den sogenannten Apothecien, gebildet werden. Die Pflanze selbst ist einfach aufgebaut und besteht aus dem Thallus, dem vegetativen Körper der Flechten, der sich mehrfach verzweigt und in U-förmig gegabelte Lappen aufteilt, die an Blattwerk erinnern. Das isländische Moos ist in ganz Nordeuropa beheimatet und gedeiht sowohl auf Waldböden wie auf felsigem Gelände.

Blütezeit: Als Flechtengewächs gehört das Isländische Moos zu jenen Pflanzen, die keine Blüten heranbilden.

Verwendete Pflanzenteile: Die gesamte Pflanze wird beim Isländischen Moos im Herbst geerntet. Dabei sollte man jüngere und damit heller gefärbte Exemplare vorziehen.

Inhaltsstoffe: Bitterstoffe, Flechtensäuren und Pflanzenschleim

Heilwirkung und Anwendung: In der klinischen Medizin wurde nachgewiesen, daß Isländisches Moos eine besonders starke antimikrobische Wirkung ausübt. In der Pflanzenheilkunde wird dieses Heilmittel bei Verdauungsstörungen und Husten empfohlen, da es auswurffördernde Stoffe enthält und Darmentzündungen und Durchfall Einhalt gebietet. In beiden Fällen wird zu einer inneren Anwendung geraten. Dazu sollte das getrocknete Pflanzengut im Verhältnis von 4:100 abgekocht und – auf zwei bis drei Tassen verteilt – täglich eingenommen werden.

Neben- und Wechselwirkungen, Gegenanzeigen: Sind nicht bekannt.

J

Johannisbeere, rote (Ribes rubrum)

Pflanzenfamilie: Stachelbeergewächse

Botanische Schilderung: Als ausgesprochen häufig kultivierte Gartenpflanze ist die rote Johannisbeere in unseren Breiten ebenso bekannt wie beliebt. Der Strauch wird etwa 1,5 m hoch und ist stark verzweigt. Die Blätter, die in ihrer Form an jene des Ahorns erinnern, sitzen auf langen Stielen und haben eine unregelmäßige Randzähnung. Die Blüten des roten Johannisbeerstrauchs bilden hängende Trauben aus etwa 15 einzelnen Blüten. Aus ihnen entwickeln sich nach der Blüte die kugelrunden roten Beerenfrüchte, die aufgrund ihres hohen Bekanntheitsgrades keiner weiteren Beschreibung bedürfen.

Blütezeit: April und Mai

Verwendete Pflanzenteile: Die roten Johannisbeeren enthalten nicht nur Vitamin C, sondern auch weitere Stoffe, die über beachtliche Heilkräfte verfügen.

Inhaltsstoffe: Fruchtsäuren, Mineralsalze, Vitamine und Zucker

Heilwirkung und Anwendung: Der bloße Verzehr frischer Johannisbeeren oder der Genuß des Safts wirkt regulierend auf die Verdauung und hat allgemein eine den Stoffwechsel beschleunigende Wirkung auf den menschlichen Organismus (harntreibend, appetitanregend etc.). Hinzu kommt, daß das Fruchtfleisch der Beeren bei leichteren Verbrennungen benutzt werden kann, um die betroffenen Hautpartien zu reinigen und den Heilungsprozeß einzuleiten. Wichtig ist dabei, das Fruchtfleisch möglichst rasch nach der Verbrennung aufzulegen.

Neben- und Wechselwirkungen, Gegenanzeigen: Sind nicht bekannt.

Johannisbeere, schwarze (Ribes nigrum)

Pflanzenfamilie: Stachelbeergewächse

Botanische Schilderung: Der schwarze Johannisbeerstrauch ist der große Bruder des roten. Wie dieser ist er reich verzweigt und seine langstieligen Blätter sind denen des roten Johannisbeerstrauchs zum Verwechseln ähnlich. Ein wesentlicher Unterschied zwischen den beiden Stachelbeergewächsen ist die geringere Zahl einzelner Blüten, aus denen sich die hängenden Blütentrauben zusammensetzen. Demzufolge bestehen auch die Beerentrauben aus weniger Früchten. Im Gegensatz zur roten Johannisbeere ist die schwarze auch in ihrer wilden Form in Europa weit verbreitet.

Blütezeit: April und Mai

Verwendete Pflanzenteile: Bei der schwarzen Johannisbeere verfügen neben den Beeren auch die Blätter über Inhaltsstoffe, die aus Sicht der modernen Pflanzenheilkunde wertvoll sind.

Inhaltsstoffe: Anthocyane, Flavonoide, Fruchtsäuren, Vitamin C und Zucker

Heilwirkung und Anwendung: Neben den aromatischen Eigenschaften der Beerenfrüchte, die sich die Getränkeindustrie zunutze macht, wirkt der Saft aus den frischen Beeren antirheumatisch, harntreibend und reinigend. Darüber hinaus ist wie bei den roten Johannisbeeren ein positiver Einfluß auf die Verdauung festgestellt worden. Interessant ist weiterhin, daß die Beeren zu einer Verbesserung des Sehvermögens beitragen können. Äußerlich angewandt, verfügen die Beeren über die gleichen Eigenschaften wie ihre rothäutigen Verwandten und lassen sich bei Hautentzündungen und leichten Verbrennungen als Brei einsetzen.

Neben- und Wechselwirkungen, Gegenanzeigen: Sind nicht bekannt.

Johannisbrotbaum (Ceratonia siliqua)

Pflanzenfamilie: Hülsenfrüchte

Botanische Schilderung: Der etwas barock anmutende Name dieser Heilpflanze führt gleich in zweierlei Weise in die Irre.

Einerseits erreicht der Johannisbaum selten eine Größe, die ihn als Baum ausweisen würde und nicht zum Strauch degradiert, und andererseits handelt es sich bei den Früchten nicht etwa um botanische Backwaren, sondern um eine Hülsenfrucht, die zumeist ein Dutzend Samen enthält.

Der kurze, aber sehr robuste Stamm und seine dichte Krone verleihen dem Johannisbrotbaum ein gedrungenes Äußeres. Als immergrüner Strauch wirft er seine Blätter im Herbst nicht ab. Die kompakten, ovalen Blätter erinnern an die Blätter anderer immergrüner Sträucher in ihrer festen, fleischigen Struktur. Die Blüten des Johannisbrotbaumes wachsen auf Trauben, die direkt aus den Zweigen wachsen. Charakteristisches Merkmal für diese Heilpflanze sind die bis zu 15 cm langen, bräunlichen Hülsenfrüchte. Die darin enthaltenen Samen lassen sich zu einem Mehl verarbeiten, das sich neben anderen Verwendungsmöglichkeiten auch als maßvolle Beigabe zum Brotteig eignet. Insofern hat der Name dieses Strauchs dennoch seine Berechtigung.

Blütezeit: April bis Juni

Verwendete Pflanzenteile: Obwohl mitunter auch Zweige und Blätter gesammelt werden, sollte man sich schon im Interesse dieser schönen, ursprünglich aus Kleinasien importierten Pflanze auf das Ernten der Hülsenfrüchte beschränken. Aus den Samen kann dann das Mehl gewonnen werden.

Inhaltsstoffe: Pektine und Tannine

Heilwirkung und Anwendung: Johannisbrot-Mehl gilt in der Pflanzenheilkunde insbesondere bei Magen-Darm-Beschwerden als angezeigtes Arzneimittel. Gerade bei Kindern kann dieses nebenwirkungsarme Heilmittel dazu beitragen, Durchfall abklingen zu lassen oder allgemein regulierend auf die Verdauung einzuwirken. Präparate auf der Basis des Johannisbrot-Mehls gelten darüber hinaus als antiseptisch und eignen sich somit auch, Darminfektionen entgegenzuwirken. Dabei sollte das Mehl im Verhältnis von 5:100 abgekocht werden. Davon erscheinen zwei bis drei Tassen am Tag als angebracht.

Neben- und Wechselwirkungen, Gegenanzeigen: Sind nicht bekannt.

Johanniskraut (Hypericum perforatum)

Pflanzenfamilie: Johanniskrautgewächse

Botanische Schilderung: Das Johanniskraut ist ein Multitalent unter den Heilpflanzen. Dessen war man sich seit jeher in der Volksheilkunde bewußt. Das führte dazu, daß der Volksmund so viele verschiedene Namen für das Johanniskraut erfand; bildreiche Bezeichnungen wie Mannskraft, Herrgottsblut, Maria Bettstroh, Hexenkraut und Sonnwendkraut zeugen hiervon.

Typisch für das Johanniskraut sind die etwa meterhohen Stengel, die in großer Anzahl aus den Wurzelstöcken wachsen und in der oberen Hälfte häufig verzweigt sind. Die Blätter sitzen ohne Stiel an den Stengeln, sind von ovaler Form und verlieren in den oberen Regionen der Stengel zunehmend an Größe. Sie verfügen über kleine Drüsen, die ätherisches Öl enthalten. Wenn man ein Blatt des Johanniskrautes gegen das Licht betrachtet, entsteht durch das durchschimmernde Licht der Eindruck, die Blätter wären getüpfelt. Diese Besonderheit hat dazu geführt, daß diese Heilpflanze auch als Tüpfel-Johanniskraut bekannt ist. Zur Blütezeit im Juni (daher auch Sonnwendkraut) entwickeln sich an den Stengelenden goldgelbe Blütendolden, die das Erscheinungsbild dieser Heilpflanze prägen.

Blütezeit: Von Juni bis September

Verwendete Pflanzenteile: Man verwendet beim Johanniskraut die blühenden Sproßspitzen, wobei die Stengel oberhalb der verholzten Basis abgeschnitten werden sollten.

Inhaltsstoffe: Ätherisches Öl, Flavonoide, Naphthobianthrone und Xanthone

Heilwirkung und Anwendung: Die große Anzahl verschiedener Wirkstoffe macht das Johanniskraut, das auch in der Homöopathie verwendet wird, zu einer vielseitig einsetzbaren Heilpflanze. Innerlich angewandt können Präparate auf Johanniskraut-Basis dazu beitragen, den Blutdruck zu senken, Krämpfen entgegenzuwirken, die Stimmung anzuheben und die Verdauung anzuregen. Dabei kann man entweder auf handelsübliche Präparate zurückgreifen oder das getrocknete und zerkleinerte Pflanzengut im Verhältnis von 3:100 aufgießen. Täglich eine Tasse davon reicht aus. Die antiseptischen, entzündungshemmenden Inhaltsstoffe lassen auch eine äußerliche Anwendung ratsam erscheinen. Gerade wenn es darum geht, Schürf- oder Schnittwunden und andere Verletzungen der Haut zu behandeln, hat es sich bewährt, das Pflanzengut im Verhältnis von 5:100 abzukochen und die betroffenen Körperpartien mit getränkten Verbänden oder Kompressen zu versorgen.

Neben- und Wechselwirkungen, Gegenanzeigen: Mit der Einnahme von Johanniskraut-Präparaten kann eine erhöhte Lichtempfindlichkeit einhergehen.

K

Kalmus (Acorus calamus)

Pflanzenfamilie: Aronstabgewächse

Botanische Schilderung: Der eigentlich aus Indien stammende Kalmus ist eine Wasserpflanze, die mittlerweile in ganz Europa an Seen, Bächen und Sumpfgebieten anzutreffen ist. Besonders auffallend ist der Wurzelstock, der nicht selten mehr als einen Meter Länge aufweist. Die länglichen, florettartigen Blätter wachsen direkt aus dem Wurzelstock und ummanteln den bis zu 1 m hohen Stengel. Die Blüten des Kalmus werden oft gar nicht als solche wahrgenommen, zumal sie einen ährenförmigen Blütenkolben bilden und dabei mehr an eine Frucht erinnern.

Blütezeit: Juni und Juli

Verwendete Pflanzenteile: Als heilkräftig gilt beim Kalmus einzig und allein der Wurzelstock, der in den Zwischenjahreszeiten, wenn die Pflanze sich im Ruhezustand befindet, ausgegraben und geerntet wird.

Inhaltsstoffe: Ätherisches Öl und Bitterstoffe

Heilwirkung und Anwendung: Der Kalmuswein steht im Ruf, über schmerzstillende und fiebersenkende Eigenschaften zu verfügen. Wegen seiner Aromastoffe wird Kalmus vielfach in der Getränkeindustrie eingesetzt. Vor hohen Dosierungen oder der eigenen Zubereitung des Kalmusweins ist abzuraten, da der Wirkstoff Asaron Nebenwirkungen verursachen kann. Wie bei den meisten anderen Heilpflanzen auch sollte man fertige Präparate verwenden statt am heimischen Herd zu experimentieren.

Kamille, echte (Matricaria recutita)

Pflanzenfamilie: Korbblütler

Botanische Schilderung: Die Kamille gehört zu jenen Pflanzen, deren aromatische Wirkstoffe bekannter sind als das Aussehen der eigentlichen Pflanze. Auch wenn diese Heilpflanze in weiten Teilen Europas häufig vorkommt, so hat sie doch vor allem als Teebeutel Furore gemacht.

Charakteristisch für die Kamille sind die gelb-weißen Blüten (Köpfchen), die in ihrer Form an die weithin beliebten Margeriten erinnern, allerdings etwas kleiner als diese sind. Die mehrfach gefiederten, fransenförmigen Blätter dieser Heilpflanze wachsen in wechselnder Anordnung an den bis zu 75 cm hohen Stengeln und zeichnen sich besonders durch ihr sattes Grün aus. Als Folge ihrer schmalen, eher unscheinbaren Erscheinung sind sie jedoch weit weniger geeignet, die Blicke auf sich zu ziehen, als das bei den Blüten der Fall ist, die sich mitunter wie ein Teppich über ganze Wiesen legen können.

Blütezeit: Von Juni bis September

Verwendete Pflanzenteile: Lediglich die Blütenköpfchen, die am Stengelende abgeschnitten oder abgezwickt werden sollten, kommen für die Hausapotheke in Betracht. Dabei ist zu beachten, daß die Kamille im Frühsommer (zumeist Juni, gelegentlich früher) blüht.

Inhaltsstoffe: Ätherisches Öl, Flavonderivate und Matricin

Heilwirkung und Anwendung: Die Kamille verfügt über ein relativ breites Wirkungsspektrum, das sie einerseits zu einem ausgezeichneten Beruhigungsmittel macht und andererseits für die Behandlung von Verdauungsstörungen und Zahnschmerzen empfiehlt. Außerdem verspricht auch eine äußere Anwendung auf der Haut gute Aussichten auf eine Besserung entzündungsbedingter Störungen. Hierzu sollte das Pflanzengut im Verhältnis von 20:100 aufgegossen werden. Dieser Aufguß kann als Badezusatz, Shampoo oder Gurgelwasser (bei Hals- oder Zahnschmerzen) verwendet werden. Möchte man die beruhigenden, schmerzstillenden Kräfte der Kamille nutzen, sollte ein Aufguß im Verhältnis von 5:100 vorgenommen werden, der sich zur täglichen Einnahme (eine Tasse nach den Mahlzeiten) eignet.

Neben- und Wechselwirkungen, Gegenanzeigen: Sind nicht bekannt.

Kamille, römische (Chamaemelum nobile)

Pflanzenfamilie: Korbblütler

Botanische Schilderung: Eine im Gegensatz zur echten Kamille mehrjährige Pflanze, die – wie ihr Name bereits andeutet – hauptsächlich in Südeuropa vorkommt. Die römische Kamille ist etwas zierlicher als ihre Verwandte aus der Familie der Korbblütler. Ihre Stengel werden kaum höher als 30 cm. Die in einzelne Fiedern unterteilten Blätter sind äußerst schmal und wirken fransenartig. Das sicherste Kennzeichen der römischen Kamille sind die weißen Blütenköpfchen, die an den verzweigten oberen Stengelenden sitzen und aufgrund der Vielzahl von Kelchblättern amourösen Spekulationen (sie liebt mich, sie liebt mich nicht) einige Spannung verleihen können. Nach der Blüte entwickeln sich längliche Schließfrüchte, auf deren Außenwänden sich Rippen deutlich abzeichnen. Da die römische Kamille inzwischen recht selten geworden ist, sollte man in Kulturen gezogene Pflanzen vorziehen.

Blütezeit: Juni und Juli

Verwendete Pflanzenteile: Auch bei der römischen Kamille sind lediglich die blühenden Sproßspitzen für Heilzwecke von Belang.

Inhaltsstoffe: Ätherisches Öl, Cumarine, Flavonoide, Hydroperoxide, Sesquiterpenlactone und Steroide

Heilwirkung und Anwendung: In ihrer Anwendung unterscheidet sich die römische Kamille kaum von der echten Kamille. Allerdings sollte die römische Kamille niedriger dosiert werden, da die Konzentration der Wirkstoffe bei dieser Heilpflanze höher ist. Da ihr Aroma ebenfalls feiner und besser ausgeprägt ist, spielt die römische Kamille auch eine Rolle in der Likörindustrie.

Neben- und Wechselwirkungen, Gegenanzeigen: Sofern eine Allergie gegen Korbblütler vorliegt, sollte eine andere Heilpflanze verwendet werden.

Kapernstrauch (Capparis spinosa)

Pflanzenfamilie: Kapernsträucher

Botanische Schilderung: Die kleinen dunkelgrünen Kügelchen, die in unseren Breiten als Kapern ebenso bekannt wie beliebt sind und als Küchengewürz vielfältig verwendet werden, sind eigentlich die Knospen des in Südeuropa beheimateten Kapernstrauches. Der Kapernstrauch ist stark verzweigt und seine einzelnen Äste scheinen sich in ihrem hängenden Wachstum dem Boden zuzuwenden. Zur Blütezeit wird das Erscheinungsbild des Kapernstrauches von den prächtigen, großen weißrosa Blüten bestimmt, die an die Blüten von Obstbäumen (wie Apfel oder Kirsche) erinnern. Vor dem Hintergrund des leuchtenden Grüns der kompakten rundlichen Blätter wirken die Blüten, aus denen eine Vielzahl violetter Staubblätter wie Fühler herauswachsen, besonders auffallend. Im Herbst treten an ihre Stelle rote Fruchtkapseln, die schwarze Samen enthalten. Der Kapernstrauch ist ein Methusalem unter den Sträuchern. Er kann ohne weiteres mehr als 30 Jahre alt werden und wächst entsprechend langsam.

Blütezeit: Von Juni bis August

Verwendete Pflanzenteile: Beim Kapernstrauch sind die wirksamen Stoffe in den Knospen (Kapern) und in der Rinde der Wurzeln enthalten. Die Knospen sollten möglichst frisch verwendet werden, da sie recht schnell an Wirkung verlieren.

Inhaltsstoffe: Ätherische Öle, Flavonoide, Glykoside und Pektine

Heilwirkung und Anwendung: Die heilende Wirkung des Kapernstrauchs bei Entzündungen von Haut oder Schleimhaut sowie bei Krampfadern und Hämorrhoiden ist bereits seit langem bekannt. Um diese Eigenschaften zu nutzen, empfiehlt sich eine äußere Anwendung. Dabei wird das Pflanzengut im Verhältnis von 10:100 zwei Wochen in Olivenöl angesetzt. Diese Öltinktur kann dann direkt einmassiert oder über Kompressen aufgebracht werden.

Neben- und Wechselwirkungen, Gegenanzeigen: Sind nicht bekannt.

Karde, wilde (Dipsacus silvester)

Pflanzenfamilie: Kardengewächse

Botanische Schilderung: Die wilde Karde ist eine stattliche Pflanze, deren Stengel mehr als 2 m messen können. Die volkstümliche Bezeichnung Weberdistel trägt die wilde Karde aus zwei Gründen. Einerseits ist die ganze Pflanze (Stengel, Blätter und Blüten) mit spitzen Dornen übersät und wird daher nicht zu Unrecht mit einer Distel verglichen. Andererseits wurden die stacheligen Blütenköpfchen in früheren Zeiten von Webern zum Bürsten und Aufwickeln von Wolle und anderen Stoffen verwendet. Die eiförmigen Blütenköpfchen der wilden Karde sind blau. Die Hüllblätter der einzelnen Blüten, aus denen sich die Köpfchen zusammensetzen, sind allesamt mit langen Dornen versehen. Sie sitzen am oberen Ende des nur dort verzweigten Stengels. Er ist ebenso wie die länglichen, spitz zulaufenden Blätter mit spitzen Dornen versehen. Die wilde Karde ist eine zweijährige Pflanze, die im ersten Jahr lediglich eine Blattrosette entwickelt. Der Stengel mit Blättern und Blüten wächst erst im zweiten Jahr. Die in Mitteleuropa ansässige Pflanze, die gerade in der Nähe des Menschen gut gedeiht, ist in verwilderten Gärten, auf Friedhöfen oder Ödland zu finden.

Blütezeit: Juli und August

Verwendete Pflanzenteile: Sowohl die Wurzel der wilden Karde wie auch ihre Blätter verfügen über heilkräftige Inhaltsstoffe und sind daher aus Sicht der Pflanzenheilkunde bedeutsam.

Inhaltsstoffe: Glykoside, Salze und Tannine

Heilwirkung und Anwendung: Das Pflanzengut der wilden Karde ist in der Lage, die Harnsekretion anzukurbeln, und kann daher beispielsweise im Rahmen einer „Entschlackung“ dazu beitragen, den Organismus zu reinigen. Hierfür wird das Pflanzengut abgekocht (Verhältnis von 3:100). Eine Tasse des so hergestellten Dekokts genügt. Es ist allerdings wichtig, daß diese Tasse vor dem Frühstück getrunken wird.

Neben- und Wechselwirkungen, Gegenanzeigen: Sind nicht bekannt.

Karotte (Daucus carota)

Pflanzenfamilie: Doldenblütler

Botanische Schilderung: Die Karotte ist mit Sicherheit eine der bekanntesten Pflanzen überhaupt. Ihr hoher Gehalt an Vitaminen und Nährstoffen sowie ihre vielfältigen Einsatzmöglichkeiten als Nahrungsmittel haben sicher entscheidend dazu beigetragen, daß die orangeroten Wurzeln dieser auch Möhre oder gelbe Rübe genannten Doldenblütler zu einer echten Berühmtheit unter den Pflanzen geworden sind.

Die Karotte entwickelt erst im zweiten Jahr ihres Lebenszyklus einen nicht selten 1,5 m hohen Stengel, an dessen oberen Ende die weißen Blütendolden stehen. Sie weisen eine Besonderheit auf: Die mittlere Einzelblüte einer jeden Dolde ist unfruchtbar und purpurn gefärbt. Die fransenartigen gefiederten Blätter der Karotte sitzen auf langen Stielen. Im Hochsommer reifen die paarweise miteinander verbundenen Schließfrüchte, die eine stachelige Außenhaut haben.

Neben den landwirtschaftlich angebauten Karotten existiert auch die wilde Form, die mit Ausnahme Nordeuropas an naturbelassenen Stellen häufig zu finden ist.

Blütezeit: Von Mai bis Juli

Verwendete Pflanzenteile: Außer den auch als Nahrungsmittel genutzten Wurzeln sind aus Sicht der Pflanzenheilkunde die Samen der Karotte ebenfalls von Bedeutung. Ein Ausflug auf heimische Felder ist also sinnvoll (Juli-September), auch wenn Karotten natürlich das ganze Jahr über beim Gemüsehändler zu haben sind.

Inhaltsstoffe: Karotin (Vitamin A)

Heilwirkung und Anwendung: Die Karotte verfügt aufgrund der Vielfalt von Inhaltsstoffen über ein ausgesprochen breites Wirkungsspektrum. Das Provitamin A (die Karotinoide und hier insbesondere der Nährstoff beta-Karotin) sowie verschiedene Mineralstoffe schützen den Organismus vor Infektionen und regen den Stoffwechsel an. Karotten haben außerdem einen belebenden Einfluß auf die Haut und gelten darüber hinaus bei Kindern als geeignetes, weil schonendes Arzneimittel bei Magen- und Verdauungsstörungen (ohne jede Nebenwirkung!). Dazu können die Karotten zu Saft oder Brei verarbeitet werden.

Gekochte Karotten haben durch den Kochvorgang bereits einen Teil der Wirkstoffe verloren. Der Karottenbrei eignet sich auch zu einer äußerlichen Anwendung bei Entzündungen oder Ausschlägen (in Tüchern eingewickelt auf die Haut legen).

Die Samen der Karotte beleben die Verdauung und den Appetit. Der Aufguß der Samen (Verhältnis 5:100) sollte nach den Mahlzeiten getrunken werden. Jeweils eine Tasse reicht aus.

Neben- und Wechselwirkungen, Gegenanzeigen: Sind nicht bekannt.

Katzenminze (Nepeta cataria)

Pflanzenfamilie: Lippenblütler

Botanische Schilderung: Die Katzenminze ist aufgrund eines recht originellen Umstands zu ihrem Namen gekommen. Denn es ist bekannt, daß Katzen diese Pflanze fressen, wenn sie unter nervösen Störungen oder Schlaflosigkeit leiden. Aufgrund ihrer weißlichen Behaarung hat es den Anschein, als wäre die Katzenminze in Ehren ergraut. Die gestielten Blätter dieser Heilpflanze haben eine ausgeprägte Randzähnung, die an Sägeblätter erinnert. An den Enden der im oberen Bereich verzweigten Stengel befinden sich die zu sogenannten Scheinähren zusammengefaßten Blüten. An den einzelnen Blüten fällt auf, daß diese über eine längliche trichterförmige Krone verfügen, die sich an ihrer Spitze in zwei Lappen teilt. Die Zugehörigkeit zur Pflanzenfamilie der Lippenblütler wird vor dem Hintergrund dieser besonderen Blütenform verständlich. Mit Ausnahme des Nordens von Europa ist die Katzenminze häufig an Wegrändern und auf Wiesen zu finden und gedeiht auch in Höhenlagen auf steinigen Böden.

Blütezeit: Von Juni bis August

Verwendete Pflanzenteile: Heilwirksame Stoffe sind bei der Katzenminze lediglich in den blühenden Sproßspitzen nachgewiesen worden.

Inhaltsstoffe: Ätherische Öle

Heilwirkung und Anwendung: Obwohl Heilmittel, die sich für Tiere eignen, nicht immer auch für den Menschen zu empfehlen sind, trifft dies im Fall der Katzenminze zu. Sie verfügt über ein Wirkungsspektrum, das dem des Baldrians ähnelt. Folglich kann diese Heilpflanze als Beruhigungsmittel eingesetzt werden und verfügt darüber hinaus über krampflösende Wirkstoffe, die besonders bei Krämpfen im Magen-Darm-Bereich empfohlen werden. Auch bei besonders heftigen Menstruationsblutungen kann die Katzenminze zu einer Normalisierung beitragen. Hierfür kann der erhältliche Ausgangsstoff in Wein angesetzt werden (Verhältnis 5:100 für eine knappe Woche). Täglich zwei Gläschen dieser Weintinktur genügen, um das Potential dieser Heilpflanze freizusetzen.

Neben- und Wechselwirkungen, Gegenanzeigen: Sind nicht bekannt.

Katzenpfötchen (Antennaria dioica)

Pflanzenfamilie: Korbblütler

Botanische Schilderung: Der Name dieser Heilpflanze ist in Anlehnung an die flaumartige Haarkrone der Blüten des Katzenpfötchens entstanden. Die kleinen weißen Puderquasten sitzen auf etwa 20 cm hohen Stengeln. Diese praktisch in ganz Europa verbreitete, mehrjährige Pflanze bildet sowohl weibliche wie auch männliche Exemplare heran, die sich schon durch ihre Färbung unterscheiden lassen. Die männlichen Blüten sind weißgelb, während die dünneren weiblichen Blüten rötlich sind. Auch die Blätter des Katzenpfötchens sind mit einer pelzigen Behaarung versehen. Die grundständigen Blätter wachsen kranzförmig um den Stengel herum, während die oberen Stengelblätter sich förmlich an den Stengel schmiegen und sehr viel schmaler sind als die ovalen Grundblätter.

Blütezeit: Von Mai bis August

Verwendete Pflanzenteile: Es sollten lediglich die frischen Sproßspitzen gesammelt werden, die man im Sommer erntet.

Inhaltsstoffe: Alkaloide, Glykoside, Karotin und Urolsäure

Heilwirkung und Anwendung: Das Katzenpfötchen enthält sogenannte Flavonoide, deren auswurffördernde und entzündungshemmende Eigenschaft als medizinisch nachgewiesen gilt. Wegen dieser Wirkweise eignet sich das Katzenpfötchen als Arzneimitteldroge bei Entzündungen der Atemwege, Husten und asthmatischen Beschwerden. Hierfür kann sowohl eine innere wie auch die äußere Anwendung des Katzenpfötchens empfohlen werden. Dabei sollte das Pflanzengut gekocht und anschließend im Verhältnis von 4:100 in Wasser verdünnt werden. Dieses Arzneimittel kann sowohl gegurgelt, wie auch tässchenweise eingenommen werden.

Neben- und Wechselwirkungen, Gegenanzeigen: Sind nicht bekannt.

Kiefer (Pinus sylvestris)

Pflanzenfamilie: Kiefergewächse

Botanische Schilderung: Als Nadelbaum verliert die bis zu dreißig Meter hohe Kiefer ihre Nadeln auch im Winter nicht. Die Krone der Kiefer ist in der Regel licht und unregelmäßig. Im Gegensatz zu anderen Kiefernarten erreichen die Nadeln der gemeinen Kiefer eine Länge von nicht mehr als 5 cm. Als zweihäusiger Baum entwickelt die gemeine Kiefer sowohl männliche als auch weibliche Blüten. Bei den männlichen Blüten handelt es sich um kleine Zapfen, die sich in großer Anzahl im unteren Bereich des Baumes entwickeln. Ihr Blütenstaub kann regelrecht Wolken bilden, die sich dem Wind anvertrauen. Die weiblichen Zapfen hingegen befinden sich im oberen Kronenbereich und wachsen in sogenannten Büscheln. Die gemeine Kiefer ist mit Ausnahme des hohen Nordens in Europa weitverbreitet und bevorzugt sandige Böden.

Blütezeit: Mai

Verwendete Pflanzenteile: Die jungen Zweige und insbesondere die Knospen verfügen über Inhaltsstoffe, die die gemeine Kiefer zu einer Heilpflanze machen.

Inhaltsstoffe: Ätherische Öle (enthalten Caren, Cymol, Phellandren, Pinen u. a.)

Heilwirkung und Anwendung: Aufgrund ihrer balsamischen und auswurffördernden Qualitäten gilt die gemeine Kiefer bei Erkrankungen der Atemwege als besonders geeignet. In der Volksheilkunde ist sie deswegen sogar bei Lungenentzündungen eingesetzt worden. Darüber hinaus wirkt die Kiefer auch harntreibend und wird daher bei rheumatischen Beschwerden empfohlen. Diese Heilwirkungen entfalten sich am besten, wenn die zerkleinerten Knospen im Verhältnis von 4:100 aufgegossen werden. Hiervon sollte man täglich zwei Tassen zu sich nehmen. Außerdem eignen sich die Knospen und auch die Nadeln als belebender Badezusatz (eine Handvoll genügt).

Neben- und Wechselwirkungen, Gegenanzeigen: Gelegentlich treten Reizungen von Haut und/oder Schleimhäuten auf.

Klatschmohn (Papaver rhoeas)

Pflanzenfamilie: Mohngewächse

Botanische Schilderung: Der Klatschmohn gehört ebenso zu den Mohngewächsen wie der Schlafmohn, aus dem das Opium gewonnen wird. Allerdings wird der Klatschmohn als weitgehend ungefährlich eingestuft, wenngleich – wie bei allen anderen Heilpflanzen auch – zur Vorsicht und Absprache mit dem Arzt und/oder Heilpraktiker geraten wird.

Der Blütenstengel des einjährigen Klatschmohns kann bis zu 70 cm hoch werden und ist auffallend stark behaart. Er wächst aus einer bodenständigen Blattrosette, die wie auch die randgezähnten Stengelblätter ebenfalls behaart sind. Das sicherste Kennzeichen für den Klatschmohn sind seine großen roten Blüten, die an den Stengelenden sitzen. Die zahlreichen Samen befinden sich in den ovalen Fruchtkapseln, die wie auch die Blüten von beträchtlicher Größe sind. Der botanische Augenschmaus ist in ganz Europa verbreitet und auf Wiesen, Wegrändern und Feldern zu finden.

Blütezeit: Von Mai bis Juli

Verwendete Pflanzenteile: Im Gegensatz zum Schlafmohn, bei dem die Samen verwendet werden, sind heilwirksame Stoffe bei dieser Heilpflanze lediglich in den Kronblättern (Blüte) nachgewiesen worden.

Inhaltsstoffe: Anthocyanglykoside und Isochinolinalkaloide

Heilwirkung und Anwendung: Für Kinder und auch ältere Menschen, die unter Nervosität und Schlafstörungen leiden, ist der Klatschmohn ein geeignetes, schonendes Beruhigungsmittel. Die Einnahme von Präparaten auf Klatschmohnbasis sollte jedoch nicht ohne die vorherige Konsultation eines Arztes erfolgen. Üblicherweise wird der pflanzliche Rohstoff aufgegossen (Verhältnis 2:100). Ein Eßlöffel dieses Aufgusses nach dem Abendessen reicht aus, um die sedativen Eigenschaften dieser Heilpflanze wirksam werden zu lassen.

Neben- und Wechselwirkungen, Gegenanzeigen: Sind nicht bekannt.

Klette, große (Arctium lappa)

Pflanzenfamilie: Korbblütler

Botanische Schilderung: Die Redewendung, daß eine Person wie eine Klette an jemandem hängt, kommt natürlich nicht von ungefähr. Die sprichwörtliche Anhänglichkeit der Kletten bezieht sich eigentlich auf deren purpurfarbene Blüten. Sie sind von einer Vielzahl von hakenförmigen Hüllblättern umgeben, die sich leicht in Textilien, Tierfellen oder Haaren verfangen. Der reich verzweigte Stengel der großen Klette kann leicht mannshoch werden und bietet den Häkchen dabei die richtige Höhe für eine Huckepack-Reise auf vorbeikommenden Spaziergängern oder Wildtieren.

Die an den Seiten gewellten Blätter sind zumeist herzförmig und erreichen vor allem im Bodenbereich eine beträchtliche Größe. Die große Klette kommt in ganz Europa vor und ist dabei auch mit sauren Böden zufrieden.

Blütezeit: Von Juli bis September

Verwendete Pflanzenteile: Bei der großen Klette sind sowohl die Blätter als auch die Wurzeln therapeutisch bedeutsam.

Inhaltsstoffe: Ätherisches Öl, Kohlenhydrate und Polyine

Heilwirkung und Anwendung: Die große Klette verbindet harntreibende und reinigende Wirkstoffe in ähnlicher Art und Weise wie der Spargel. Außerdem gilt die Klette als geeignetes Diabetiker-Mittel, zumal sie in der Lage ist, den Zuckergehalt im Blut zu reduzieren. Bereits in der Volksheilkunde wurden mit dieser Heilpflanze Hauterkrankungen wie Akne behandelt. Um die harntreibenden Eigenschaften der großen Klette zu nutzen, empfiehlt sich die Einnahme einer Weintinktur. Hierbei sollten 5 Gramm des Pflanzenguts fünf Tage in Wein angesetzt werden. Zur Behandlung von Akne und anderen Hautkrankheiten sollte eine Abkochung des Pflanzenguts im Verhältnis von 10:100 in Wasser verdünnt werden, um anschließend mittels getränkter Kompressen auf die gestörten Hautpartien einzuwirken.

Neben- und Wechselwirkungen, Gegenanzeigen: Sind nicht bekannt.

Knoblauch (Allium sativum)

Pflanzenfamilie: Liliengewächse

Botanische Schilderung: Der Knoblauch ist ein naher Verwandter der ebenfalls zu den Liliengewächsen gehörenden Küchenzwiebel. Im Unterschied zur Küchenzwiebel teilt sich die Knoblauchzwiebel zum Abschluß ihres Reifeprozesses in einzelne Knollen, die Knoblauchzehen. Ansonsten ähneln sich die beiden Heilpflanzen sehr. Auch beim Knoblauch sitzt die weiße Blütendolde auf der Spitze eines langen, hohlen Stengels. Als ursprünglich aus Asien importierte Kulturpflanze erübrigen sich eventuelle Anmerkungen über das Vorkommen des Knoblauchs.

Blütezeit: Juli und August

Verwendete Pflanzenteile: Vor allem die frischen Knollen des Knoblauchs sind heilwirksam.

Inhaltsstoffe: Alliin und Allicin

Heilwirkung und Anwendung: Die blutdrucksenkende Wirkung des Knoblauchs ist so ausgeprägt, daß mittlerweile verschiedene Präparate auf Knoblauch-Basis angeboten werden. Auch für starke Raucher gibt es Knoblauchmittel, die gegen chronischen Husten und nervöse Magenbeschwerden wirken.

Wer den signifikanten Geruch eines Knoblauchliebhabers nicht scheut, kann unbesorgt auf den frischen Rohstoff der entsprechenden Phytopharmaka zurückgreifen. Für den durchdringenden Geruch sind im Knoblauch enthaltene ätherische Öle verantwortlich, die als Stoffwechselprodukt über den Atem, die Haut und den Schweiß wieder ausgeschieden werden.

Neben- und Wechselwirkungen, Gegenanzeigen: Bei hohen Dosierungen kann es gelegentlich zu Beschwerden im Magen-Darm-Bereich kommen. Der charakteristische Geruch des Knoblauchs ist hingegen eine harmlose Nebenwirkung.

Knoblauchsrauke, gemeine (Alliaria petiolata)

Pflanzenfamilie: Kreuzblütler

Botanische Schilderung: Der Name dieser einjährigen, krautähnlichen Pflanze bezieht sich auf den starken, an Knoblauch erinnernden Geruch. Er entsteht, wenn man die Knoblauchsrauke zerkleinert. Eine enge Verwandtschaft zwischen diesen beiden Heilpflanzen besteht nicht, zumal der Knoblauch ein Liliengewächs ist, während die Knoblauchrauke zu den Kreuzblütlern zählt. Die zumeist herzförmigen Blätter der Knoblauchsrauke weisen eine starke Randzähnung auf und sind mit Ausnahme der grundständigen Blätter kurzstielig. Die etwas unscheinbaren weißen Blüten schließen sich zu Trauben zusammen und werden wegen ihrer reichlichen Nektarbildung von Insekten häufig besucht. Auffallendstes Merkmal der Knoblauchrauke sind die bis zu einem halben Meter langen Schoten, die eine Doppelreihe dunkler Samen enthalten. Sie bevorzugt schattige Plätze wie Wälder und Hecken und gedeiht in der gemäßigten Klimazone Mitteleuropas.

Blütezeit: Von Mai bis Juli

Verwendete Pflanzenteile: Die ganze, mitunter recht stattliche Pflanze kann verwendet werden – möglichst rasch nach dem Ernten, da sie durch das Trocknen an Wirkung einbüßt.

Inhaltsstoffe: Ätherisches Öl, Carotinoide, Glykosid und Saponine

Heilwirkung und Anwendung: Die Knoblauchsrauke spielt schon seit längerem eine Rolle in der Volksheilkunde. Sie wurde in früheren Zeiten zum Desinfizieren von Schnitt-oder Rißwunden verwendet. In der modernen Pflanzenheilkunde hat die Knoblauchsrauke ihren festen Platz in der Behandlung von Atemwegserkrankungen, da sie über auswurffördernde Wirkstoffe verfügt. Hierfür wird die Abkochung im Verhältnis von

3:100 in Wasser verdünnt. Eine Tasse zum Frühstück und eine am Abend sind genug.

Neben- und Wechselwirkungen, Gegenanzeigen: Sind nicht bekannt.

Königskerze (Verbascum thapsus)

Pflanzenfamilie: Braunwurzgewächse

Botanische Schilderung: Die Königskerze, die auch als Marienkerze oder Fackelkraut bekannt ist, trägt ihren Namen nicht zu Unrecht. Denn die unverzweigten, etwa meterhohen Stengel wachsen in der Tat kerzengerade. Am oberen Stengelende sitzen die gelben Blüten, die sich zu Blütentrauben zusammenschließen, womit die Königskerze durchaus auch mit einer flammenden Fackel zu vergleichen ist. Die einzelnen Blüten weisen allesamt fünf rundlich geformte Kronblätter auf. Neben einer bodenständigen Blattrosette hat die Königskerze auch eine recht hohe Anzahl von Stengelblättern, die fleischig wirken und länglich sind. Wie der Stengel sind auch die Blätter von einem dichten Filz überzogen. Diese ausgesprochen schöne Pflanze ist in Mitteleuropa beheimatet und auf offenem Gelände (Wiesen, Felder und Wegränder) zu finden.

Blütezeit: Von Juli bis September

Verwendete Pflanzenteile: Neueste Untersuchungen haben bewiesen, daß die Blätter und die Blüten Stoffe enthalten, die heilwirksame Kräfte auf den menschlichen Organismus ausüben.

Inhaltstoffe: Flavonoide, Pflanzenschleim und Saponine

Heilwirkung und Anwendung: Bei erkältungsbedingtem Husten und grippalen Infekten tragen Aufgüsse der Blüten (Verhältnis 3:100 – zwei Tassen täglich) zu einer Linderung der Beschwerden der Atemwege bei. Hinzu kommt, daß Präparate auf der Basis der Königskerze bei Entzündungen der Nieren und des Darms entzündungshemmende Wirkungen entfalten. Hierbei kann man den identischen Aufguß zu sich nehmen. Die Blätter des Königskrauts eignen sich hingegen zur äußerlichen Anwendung bei Hautentzündungen, anhaltendem Juckreiz und Hämorrhoiden. Hierfür wird eine Abkochung vorgeschlagen (Verhältnis 5:100), die über getränkte Umschläge aufgebracht wird.

Neben- und Wechselwirkungen, Gegenanzeigen: Sind nicht bekannt.

Kopfsalat (Lactuta scolaria)

Pflanzenfamilie: Korbblütler

Botanische Schilderung: Der Kopfsalat gehört zweifellos zu den meist verwendeten Nahrungspflanzen. Seine außerordentliche Beliebtheit verdankt er sowohl seinem guten Geschmack wie auch dem hohen Anteil an Mineralsalzen und Vitaminen (aber nur dann, wenn er nicht „industriell" in Gewächshäusern herangezogen wurde). Den Kopfsalat in seiner hierzulande sehr bekannten Form zu schildern, käme dem Versuch gleich, Eulen nach Athen zu exportieren. Weniger bekannt ist hingegen die Tatsache, daß sich aus der Blattrosette ein bis zu einem Meter hoher Blütenschaft entwickelt, wenn die Pflanze nicht vorher geerntet wird. Die gelben Blüten setzen sich am Ende des Blütenschafts zu einer stattlichen Rispe zusammen. Nach der Blüte reifen die Schließfrüchte, die für das Fortbestehen der Art sorgen. Als überall in Europa verbreitete Nutzpflanze ist der Kopfsalat gelegentlich auch in seiner wilden Form anzutreffen.

Blütezeit: Von Juni bis September

Verwendete Pflanzenteile: Es sind die Blätter (bzw. deren Saft), die neben ihren geschmacklichen Qualitäten auch über heilwirksame Eigenschaften verfügen.

Inhaltsstoffe: Proteine, Salze, Vitamine A,B,C und Zucker

Heilwirkung und Anwendung: Der besonders hohe Anteil an Vitaminen (A,B und C) ist hinreichend bekannt. Außerdem verfügt der Kopfsalat auch über beruhigende, entzündungshemmende Wirkstoffe. So kann der Kopfsalat bei Schlaflosigkeit verwendet werden. Hierfür empfiehlt es sich, frisch gepreßten Saft zu sich zu nehmen. Darüber hinaus regt Kopfsalat die Darmtätigkeit an. Äußerlich angewandt können die Blätter des Kopfsalats entzündete Hautpartien beruhigen und eignen sich zudem, den Heilungsprozeß bei leichten Verbrennungen einzuleiten. Dabei wird der Brei frischer Blätter auf die betroffenen Stellen gelegt.

Neben- und Wechselwirkungen, Gegenanzeigen: Sind nicht bekannt.

Koriander (Coriandrum sativum)

Pflanzenfamilie: Doldenblütler

Botanische Schilderung: Der Koriander ist eine jener Heilpflanzen, die uns vornehmlich in Gewürzregalen begegnen. Dabei handelt es sich um die getrockneten Früchte dieses ursprünglich in Nordafrika beheimateten Doldenblütlers. Die Pflanze selbst ist einjährig und ihre wenig verzweigten Stengel erreichen eine Höhe von ca. einem halben Meter. Die grundständigen Blätter können verschiedene Formen annehmen. Mal sind sie ganz und mal in drei randgezähnte Fiedern unterteilt. Die Blätter, die sich am Stengel befinden, sind hingegen alle gefiedert und in schmale Fransen unterteilt. Die rosa Blüten des Korianders wachsen in Dolden, die sich aus 50 bis 100 einzelnen Blüten zusammensetzen. Aus diesen gehen dann die rundlichen Schließfrüchte des Korianders hervor.

Blütezeit: Mai und Juni

Verwendete Pflanzenteile: Die vornehmlich als Gewürz genutzten Früchte des Korianders verfügen über Inhaltsstoffe, die auch aus Sicht der Pflanzenheilkunde von Interesse sind.

Inhaltsstoffe: Ätherisches Öl, Cumarine und Phenolcarbonsäuren

Heilwirkung und Anwendung: Die wesentlichste Eigenschaft dieser Heilpflanze ist unbestreitbar ihre verdauungsanregende Wirkung. Der Koriander ist aufgrund seiner ausgeprägten Heilwirkung nicht nur dazu geeignet, typischen Verdauungsbeschwerden vorzubeugen, sondern kann auch bei Magenverstimmungen und Krämpfen im Magen-Darm-Trakt eingesetzt werden. Dabei empfiehlt es sich, die Früchte im Verhältnis von 5:100 aufzugießen (täglich eine Tasse reicht aus). Äußerlich angewandt können Korianderfrüchte als Badezusatz einen belebenden, desodorierenden Effekt erzielen.

Neben- und Wechselwirkungen, Gegenanzeigen: Sind nicht bekannt.

Kornblume (Centaurea cyanus)

Pflanzenfamilie: Korbblütler

Botanische Schilderung: Die ca. 60 cm hohe Kornblume gehört der Familie der Korbblütler an. Der Stengel ist auffallend stark behaart und häufig verzweigt. Das bekannteste Merkmal der Kornblume sind die charakteristischen blauen Blüten, die an den Zweigenden sogenannte Köpfchen bilden. Diese Köpfchen bestehen aus einer Vielzahl einzelner Blüten, die allerdings nicht alle die gleiche Form haben. Die Blüten am äußeren Rand des Köpfchens haben eine längliche Krone und sind in dem für die Kornblume so typischen, tiefen Blau gefärbt, während die inneren Blüten viel kleiner und purpurn gefärbt sind.

Die Blätter der Kornblume weisen wie der Stengel eine beträchtliche Behaarung auf, was dazu führen kann, daß von weitem der Eindruck entsteht, als hätten sie eine graugrüne Färbung. Tatsächlich sind die Blätter grün, schlank und länglich geformt. Die bodenständigen Blätter weisen im Gegensatz zu ihren Verwandten in den oberen Etagen eine Fiederung auf. Aufgrund ihres anspruchslosen Charakters ist die Kornblume praktisch überall in Europa anzutreffen. Sie bevorzugt jedoch grasbewachsene Stellen oder auch kultivierte Landstriche wie Getreidefelder.

Blütezeit: Von Juni bis September

Verwendete Pflanzenteile: Für die Pflanzenheilkunde spielt nur das Blütenköpfchen eine Rolle, das im Sommer (ab Juli) geerntet werden kann.

Inhaltsstoffe: Anthocyane und Flavonoide

Heilwirkung und Anwendung: Die heutige Verwendung der Kornblume in der Phytotherapie ist aus ihrem volksheilkundlichen Einsatz als Heilmittel bei geschwollenen Lidern hervorgegangen. Die entzündungshemmenden Qualitäten dieser Heilpflanze werden mittlerweile auch bei Reizungen der Schleimhäute und Darmverstimmungen genutzt. Dabei ist zu unterscheiden, daß bei Entzündungen der Schleimhäute (Lider, Mund und Hals) eine äußere Anwendung in Betracht zu ziehen ist, während Darmentzündungen eine innere Anwendung ratsam erscheinen lassen. Bei der äußeren Anwendung gilt ein Aufguß im Verhältnis von 5:100 als Grundlage für Waschungen und Mundspülungen, während innerlich eingenommen der Aufguß im Verhältnis von 3:100 vorgenommen werden sollte.

Neben- und Wechselwirkungen, Gegenanzeigen: Sind nicht bekannt.

Krausampfer (Rumex crispus)

Pflanzenfamilie: Knöterichgewächse

Botanische Schilderung: Beim Krausampfer handelt es sich um eine mehrjährige Pflanze, die über einen ausgesprochen kräftigen Wurzelstock verfügt. Die knapp meterhohen Stengel sind – wenn überhaupt – nur im oberen Bereich verzweigt. Der in der Volksmedizin schon seit langem eingesetzte Krausampfer verfügt über eine relativ hohe Anzahl länglicher, spitz zulaufender Blätter, deren Ränder gewellt sind. Als zweihäusige Pflanze bildet der Krausampfer sowohl männliche wie auch weibliche Blüten heran. Diese setzen sich zu voneinander getrennten Trauben zusammen. Nach der Blüte entwickeln sich dreikantige Schließfrüchte, die sich zum Zeitpunkt ihrer Reife nach unten öffnen und die Samen freigeben. Die äußerst zähe und widerstandsfähige Pflanze ist praktisch in ganz Europa verbreitet und bevorzugt feuchte Böden.

Blütezeit: Von Juni bis August

Verwendete Pflanzenteile:

Aufgrund des besonders hohen Anteils an Eisen im Wurzelstock wurde der Krausampfer auch in der modernen Pflanzenheilkunde in die Grüne Apotheke aufgenommen.

Inhaltsstoffe: Chrysophansäure, Emodin, Eisen und Phytosterin

Heilwirkung und Anwendung: Patienten, die über Abwehrschwäche klagen und zur Blutarmut neigen, kann mit diesem Heilmittel sehr geholfen werden. Der Krausampfer kann auch in der Rekonvaleszenz nach langen Krankheiten als Aufbaumittel verwendet werden. Dabei wird eine innerliche Anwendung empfohlen, bei der das als Pulver erhältliche Heilmittel unter die Mahlzeiten gemischt wird (1 Gramm täglich genügt).

Neben- und Wechselwirkungen, Gegenanzeigen: Sind nicht bekannt.

Kreuzdorn (Rhamnus catharticus)

Pflanzenfamilie: Kreuzdorngewächse

Botanische Schilderung: Beim Kreuzdorn handelt es sich um einen laubabwerfenden Strauch, der gelegentlich auch die Ausmaße eines kleinen Baumes erreichen kann. Besonders auffallend ist die sehr dunkle schwärzliche Rinde, die zwischen den ebenso dicht belaubten wie dicht verzweigten Ästen hervorleuchtet. Ihre ausgesprochen feine Randzähnung verleiht den ovalen Blättern des Kreuzdorns mit den ebenmäßig verlaufenden Blattadern ein nobles, filigran wirkendes Aussehen. Aus den Blattachseln an den Zweigen wachsen die gelben Blüten in kleinen Gruppen. Hervorzuheben ist dabei die Zweihäusigkeit des Kreuzdorns, der damit sowohl weibliche wie männliche Blüten heranbildet. Im Anschluß an die Blüte entwickeln sich die Steinfrüchte, deren Aussehen jedoch mehr Ähnlichkeit mit Beeren hat. Der Kreuzdorn ist mit wenigen Ausnahmen in ganz Europa verbreitet und fühlt sich in lichten Laubwäldern am wohlsten.

Blütezeit: Juni und Juli

Verwendete Pflanzenteile: Schon aus der Volksheilkunde ist bekannt, daß die Früchte des Kreuzdorns ihrer heilenden Wirkung wegen geschätzt wurden. Und das hat sich auch in Zeiten der modernen Pflanzenheilkunde nicht geändert.

Inhaltsstoffe: Dihydroxyanthracenderivate

Heilwirkung und Anwendung: Beim Kreuzdorn steht ohne Zweifel seine ausleitende und abführende Eigenschaft im Vordergrund. Mit der hohen Konzentration bestimmter Wirkstoffe (Anthrachinonderivate) ist der Kreuzdorn ein starkes Abführmittel, dessen Wirkung so ausgeprägt sein kann, daß Nebenwirkungen und Überreaktionen ausgelöst werden (z. B. Durchfall, Erbrechen oder Darmentzündungen). Nicht zuletzt deswegen sollte die Anwendung dieses „starken" Arzneimittels stets in Absprache mit einem Arzt oder Heilpraktiker erfolgen. Üblicherweise trinkt man den Saft aus den Früchten (täglich ein Gläschen). Über die genaue Dosierung sollte der Gesundheitsberater entscheiden.

Neben- und Wechselwirkungen, Gegenanzeigen: In überhöhter Dosierung können Kreuzdornpräparate Magen-Darm-Beschwerden verursachen.

Kreuzkraut (Senecio vulgaris)

Pflanzenfamilie: Korbblütler

Botanische Schilderung: Das gemeine Kreuzkraut wird aufgrund seiner reichlichen Behaarung auch als Greiskraut oder Baldgreis bezeichnet. Es handelt sich um eine einjährige Pflanze aus der Familie der Korbblütler. Die meistens unverzweigten Stengel werden selten höher als 30 cm. Eine botanische Besonderheit stellt die Tatsache dar, daß die oberen Blätter größer als die unteren sind. Alle Blätter sind gefiedert, von länglicher Form und ebenfalls behaart. Die gelben Blüten wachsen als Köpfchen und setzen sich zu traubenförmigen Blütenständen zusammen. Die äußerst widerstandsfähige Pflanze kommt in ganz Europa vor und genießt als Unkraut einen eher schlechten Ruf.

Blütezeit: Von April bis Juni

Verwendete Pflanzenteile: Der gesamte oberirdische Teil der Pflanze verfügt über Eigenschaften, die eine Aufnahme in die Grüne Apotheke rechtfertigen.

Inhaltsstoffe: Harze, Salze und Senecionin (ein Alkaloid)

Heilwirkung und Anwendung: Beim Kreuzkraut steht die blutungsfördende Wirkung im Vordergrund. Als typisches „Frauenmittel" wird das Kreuzkraut bei Menstruationsstörungen empfohlen. Über Einnahme und Dosierung sollte jedoch der Frauenarzt oder Heilpraktiker entscheiden.

Neben- und Wechselwirkungen, Gegenanzeigen: Auch wenn keine konkreten Nebenwirkungen dokumentiert sind, sollte das Kreuzkraut wegen seiner ausgeprägten Wirkung auf die weiblichen Geschlechtsorgane nur unter der Kontrolle eines Arztes verwendet werden.

Küchenzwiebel (Allium cepa)

Pflanzenfamilie: Liliengewächse

Botanische Schilderung: Die Knolle der Küchenzwiebel ist praktisch in jedem Haushalt zu finden. Nicht weniger bekannt ist wohl auch die Tatsache, daß die Blätter der Zwiebel direkt aus der Knolle wachsen. Keimende Knollen sind ein uns allen vertrauter Anblick. Nur die Blüte der Zwiebel führt ein Schattendasein auf den Gemüsebeeten. Bei weitem nicht alle Liebhaber von Jägerschnitzeln, Zwiebelrostbraten oder Röstkartoffeln wären in der Lage, ihr Aussehen zu beschreiben. Dabei ist die kugelrunde Blüte mitsamt ihrem bis zu 1 m hohen Blütenstengel besonders sehenswert. Genauer betrachtet setzt sich die Blüte aus einer Vielzahl einzelner Blüten zusammen, die eine sogenannte Scheindolde bilden, deren Färbung zwischen weiß und purpur variiert. Der schlanke Stengel, auf dem die Scheindolde thront, ist hohl und verjüngt sich nach oben hin.

Blütezeit: Von Juni bis August

Verwendete Pflanzenteile: Da die Knolle über Heilkräfte der Küchenzwiebel verfügt, erübrigen sich weitere Anmerkungen, zumal sich die heilwirksamen Teile der Pflanze bereits in Ihrer Küche befinden.

Inhaltsstoffe: Alliin, Amine, Flavonoide und Peptide

Heilwirkung und Anwendung: Eine besondere Zubereitung ist bei der Küchenzwiebel nicht notwendig. Der Verzehr roher Zwiebeln ist ein wirksames „Hausmittel" bei Atemwegserkrankungen und Darminfektionen. Hinzu kommt, daß die Zwiebel regulierend auf den Blutdruck einwirkt. Gekochte Zwiebeln hingegen können ausgleichend auf den Darm und die Verdauung Einfluß nehmen. Bei Bienen- oder Wespenstichen kann die Knolle äußerlich angewandt die Schmerzen lindern und der Schwellung Einhalt gebieten, wenn sofort etwas frischer Zwiebelsaft auf den betroffenen Bereich gegeben wird.

Neben- und Wechselwirkungen, Gegenanzeigen: Sind nicht bekannt.

Kümmel (Carum carvi)

Pflanzenfamilie: Doldenblütler

Botanische Schilderung: Der Kümmel ist ein häufig verwendetes Küchengewürz. Kümmelsemmel, Kümmelkäse und Kümmelschnaps sind lediglich Beispiele für sein breites Anwendungsspektrum in unserer heimischen Küche. Da er außerdem vor allem in Mitteleuropa gedeiht, erscheint das Schimpfwort „Kümmeltürke" mehr als fragwürdig. Sind es doch besonders die „Kümmeldeutschen", die die sichelförmigen Früchte des heimischen Doldenblütlers schätzen.

Erst im zweiten Jahr seines Lebenszyklus entwickelt der Kümmel einen etwa halbmeterhohen Stengel, der kaum verzweigt und mit gefiederten, fransenförmigen Blättern versehen ist. Die bodenständigen Grundblätter bilden sich dagegen bereits im ersten Jahr. Die Blütendolden des Kümmels setzen sich aus etwa einem Dutzend kleineren Dolden zusammen, die ihrerseits aus kleinen, weißlichen Blüten bestehen.

Blütezeit: Mai und Juni

Verwendete Pflanzenteile: Die sichelförmigen Früchte des Kümmels (das eigentliche Gewürz) enthalten die für die Pflanzenheilkunde bedeutsamen Wirkstoffe. Die Dolden werden nach der Blütezeit geerntet und getrocknet. Wenn sie braun geworden sind, werden die reifen Früchte daraus entfernt.

Inhaltsstoffe: Ätherisches Öl

Heilwirkung und Anwendung: Es ist eine uralte Weisheit, daß der Kümmel die Verdauung und den Appetit anregt und darüber hinaus ein gutes Mittel gegen Blähungen ist. Aus der Volksheilkunde ist außerdem bekannt, daß der Kümmel die Milchsekretion steigert. Um die verdauungsfördernde Eigenschaft dieser Heilpflanze noch besser nutzen zu können, kann neben dem regelmäßigen Verzehr auch eine Weintinktur angesetzt werden (3 g Kümmel à 100 ml Wein fünf Tage ansetzen). Davon sollte man nach jeder Mahlzeit ein Gläschen zu sich nehmen.

Neben- und Wechselwirkungen, Gegenanzeigen: Sind nicht bekannt.

Kürbis (Cucurbita pepo)

Pflanzenfamilie: Kürbisgewächse

Botanische Schilderung: Die kriechenden und sich gelegentlich emporrankenden Stengel des Kürbis können eine Länge von einigen Metern erreichen. Charakteristisch ist die stachelig wirkende Behaarung der Stengel. Auch die großen ovalen Blätter sind mit Borsten versehen. Sie sitzen auf langen Stielen und weisen eine deutlich sichtbare Aderung auf. Der Kürbis ist eine zweihäusige Pflanze mit getrennt-geschlechtlichen Blüten. Die goldgelben weiblichen Blüten wachsen einzeln. Sie sind wesentlich auffälliger als die männlichen Blüten, die in Büscheln aus den Blattachseln wachsen. Nicht zuletzt aufgrund der vielfach verwendbaren Früchte, die sich als Gemüse, Grundlage für Suppen, Marmelade und sogar Senf nutzen und verarbeiten lassen, hat sich der ursprünglich aus Lateinamerika stammende Kürbis seinen Platz in Europas Gärten gesichert. In Abhängigkeit von Art und Standort können Größe und Form der Kürbisfrüchte stark schwanken.

Blütezeit: Von Juni bis August

Verwendete Pflanzenteile: Aus Sicht der Pflanzenheilkunde ist der Schatz dieser Pflanze im Inneren der Frucht verborgen. Es handelt sich um die zahlreichen Kürbiskerne, die die heilwirksamen Stoffe beinhalten.

Inhaltsstoffe: Aminosäuren (Cucurbitin u.v.a.), fettes Öl, Kalium, Selen und Tocopherole

Heilwirkung und Anwendung: Aus der Volksheilkunde ist bekannt, daß Kürbiskerne als wurmtreibendes Mittel (vor allem bei Bandwürmern) eingesetzt wurden. Das aus den Kürbiskernen gewonnene Öl gilt als appetitanregend, abführend, harntreibend und hat sich bei Prostataleiden bewährt. Es kann außerdem dazu genutzt werden, den Stoffwechsel zu einer rascheren Gangart zu bewegen. Zwei bis drei Teelöffel täglich reichen aus.

Neben- und Wechselwirkungen, Gegenanzeigen: Sind nicht bekannt.

L

Labkraut, echtes (Galium verum)

Pflanzenfamilie: Rötegewächse

Botanische Schilderung: Beim Labkraut handelt es sich um eine mehrjährige Pflanze, die schon in der Volksheilkunde als Arzneimittel und darüber hinaus auch als Pigment- bzw. Farbstofflieferant genutzt wurde. Die Blüten enthalten intensiv gelbe Farbstoffe, während sich aus den Wurzeln ein kräftiges Rot gewinnen läßt. Das etwa meterhohe Labkraut hat atypisch viereckige Stengel, die im Gegensatz zu den runden Stengeln der meisten anderen Pflanzen deutliche Kanten aufweisen. Die schmalen Blätter erinnern eher an Tannennadeln, zumal sie ebenso fest und stachelig wirken. Die leuchtend-gelben Blüten des Labkrauts wachsen in Rispen an den Stengelenden, die aus einer Vielzahl von einzelnen Blüten bestehen. Das Labkraut ist eine ausgesprochen widerstandsfähige Pflanze, die in weiten Teilen Europas zu Hause ist. Da sie direkten Lichteinfall bevorzugt, ist sie vorwiegend auf offenem Gelände zu finden.

Blütezeit: Von Juni bis September

Verwendete Pflanzenteile: Es sind die blühenden Sproßspitzen, die in der Pflanzenheilkunde Verwendung finden.

Inhaltsstoffe: Glykoside, organische Säuren und Tannine

Heilwirkung und Anwendung: Als Heilpflanze kann das Labkraut sowohl innerlich wie auch äußerlich angewandt werden. Als Aufguß getrunken (Verhältnis 4:100 – eine Tasse täglich), wirkt das Arzneimittel beruhigend und krampflösend. Aus der Volksheilkunde ist weiterhin überliefert, daß der Labkraut-Aufguß bei Nierenleiden verläßliche Dienste leistet. Äußerlich angewandt kann der gleiche Aufguß dazu beitragen, Hautentzündungen zu stoppen und den Heilungsprozeß einzuleiten. Dabei wird der Aufguß mittels getränkter Umschläge auf die betroffenen Körperpartien gebracht.

Neben- und Wechselwirkungen, Gegenanzeigen: Sind nicht bekannt.

Lavendel, echter (Lavandula angustifolia)

Pflanzenfamilie: Lippenblütler

Botanische Schilderung: Eine besonders wohlduftende Heilpflanze, die sich aufgrund ihrer olfaktorischen Qualitäten sogar zur Waschmittelwerbung eignet, weil sie die Illusion von Reinheit vermittelt. Der echte Lavendel ist auch eine vorzügliche Heilpflanze. Sie besteht aus dem ca. halbmeterhohen Stengel, schlanken, spitz zulaufenden Blättern und den blauvioletten Blüten-Ähren, die am oberen Stengelende sitzen. Die Blüten-Ähren sind dabei das sicherste Merkmal des Lavendels. Sie bestehen aus einer Vielzahl von aneinander aufgereihten, einzelne Blüten. Da die Stengel meist in großen Gruppen wachsen, kann der Lavendel zu seiner Blütezeit von Juni bis August größere Flächen mit seiner Blütenpracht bedecken. Lavendel wird vorwiegend in Südeuropa landwirtschaftlich kultiviert und auf Feldern angebaut.

Blütezeit: Juli und August

Verwendete Pflanzenteile: Für den heilkundlich orientierten Pflanzensammler sind lediglich die Blüten von Interesse, denn diese enthalten die heilwirksamen Stoffe des Lavendels.

Inhaltsstoffe: Ätherische Öle und Gerbstoffe

Heilwirkung und Anwendung: Wer die hustenlindernden Qualitäten dieser Heilpflanze nutzen möchte, sollte sich gebrauchsfertigen Lavendel-Tee besorgen. Lavendelpräparate zur inneren Anwendung sollten nicht selber hergestellt werden, da diese mitunter Nebenwirkungen hervorrufen können.

Für die äußere Anwendung eignen sich derlei Präparate jedoch hervorragend. Denn der Lavendel verfügt über Inhaltsstoffe, die die Haut reinigen, deren Durchblutung ankurbeln und außerdem das Verheilen von äußeren Wunden beschleunigen. Mundspülungen gegen schlechten Atem sind ebenfalls zu empfehlen. Für die beschriebenen Anwendungen sollte das Pflanzengut eine Woche im Verhältnis von 25:100 in 30 %igem Alkohol angesetzt werden. Anschließend kann diese Tinktur über einen Wattebausch oder mit einem Leintuch auf die betroffenen Hautpartien verteilt werden.

Neben- und Wechselwirkungen, Gegenanzeigen: Sind nicht bekannt.

Lein, echter (Linum usitatissimum)

Pflanzenfamilie: Leingewächse

Botanische Schilderung: Eine Heilpflanze, die vor allem aufgrund ihrer Samen einen festen Platz im Bewußtsein gesundheitsbewußter Müsli-Esser und anderer „Körnerfreunde" gefunden hat. Die Pflanze selbst besteht aus zumeist nur einem etwa meterhohen Stengel, der in der oberen Hälfte verzweigt ist. Die Blätter des Lein sind schmal und länglich. Ihre Oberfläche fühlt sich vollkommen glatt an. Charakteristisch für diese Heilpflanze sind die hellblauen Blüten. Sie bilden an den Stengelenden lockere Dolden, die aus einigen wenigen Blüten bestehen. Die Leinsamen reifen in rundlichen Kapseln heran. Der Lein kommt nur in Nordeuropa nicht vor und ist ansonsten weit verbreitet.

Blütezeit: Von Juni bis August

Verwendete Pflanzenteile: Lediglich die Samen des Leins enthalten heilwirksame Stoffe. Dabei sollten die Kapseln gesammelt werden, kurz bevor sie sich öffnen (August/September). Aus den getrockneten Kapseln können dann die Leinsamen herausgeklopft werden.

Inhaltsstoffe: Glykoside, Leinöl, Pflanzenschleim und Proteine

Heilwirkung und Anwendung: Die Leinsamen verfügen über eine ganze Reihe wertvoller Inhaltsstoffe, die bei der Behandlung unterschiedlicher Beschwerden helfen. Innerlich verwendet, kann dieses Arzneimittel dazu beitragen, Störungen des Magen-Darm-Bereichs zu bekämpfen. Dafür sollten die Leinsamen zerstoßen werden. Anschließend gibt man einen Teelöffel davon in ein Glas Wasser.

Wesentlich bekannter ist die äußere Anwendung, die bei Entzündungen der Haut, Sonnenbrand und Juckreiz üblich ist. Dabei wird eine Abkochung im Verhältnis von 3:100 vorgenommen, die dann mit Umschlägen auf den betroffenen Hautpartien aufgebracht wird. Bei Bronchitis und starkem Husten gelten Breiumschläge als wirksamste Darreichungsform. Dafür wird etwa 50 g Leinsamen-Mehl in einem viertel Liter Wasser gekocht, bis ein Brei entsteht. Dieser wird dann in Tüchern eingepackt und 15 Minuten auf die Brust des Patienten gelegt.

Leinkraut, gemeines (Linaria vulgaris)

Pflanzenfamilie: Rachenblütler

Botanische Schilderung: Das Leinkraut hat einen robusten mehrjährigen Wurzelstock, aus dem sich eine Vielzahl von Stengeln entwickelt, die etwa einen halben Meter hoch werden. Die kerzengerade wachsenden Stengel sind in der Regel unverzweigt. Die schmalen länglichen Blätter des Leinkrauts wirken wie ausgewalzte Tannennadeln. Sie sitzen direkt am Stengel und bevölkern diesen in auffallend großer Anzahl. Aus den Blattachseln im oberen Bereich entwickeln sich die gelben Blüten, die sich zu länglich geformten Trauben zusammensetzen. An der Rückseite der Blütenkronen befinden sich spornartige Verlängerungen, die den Blüten ein bizarres Aussehen verleihen. Die eigenartige Form der Blüten und der traditionelle Einsatz in der Volksheilkunde haben dazu geführt, daß eine Fülle von Bezeichnungen für das Leinkraut bekannt sind. Hundskopfkraut, Löwenmaul, Froschmaul, Lammkraut, wilder Flachs und Göscherl zeugen hiervon. Das Leinkraut gedeiht bei direktem Lichteinfall auf steinigen Böden und ist über weite Teile Nord- und Mitteleuropas verbreitet.

Blütezeit: Von Juli bis September

Verwendete Pflanzenteile: Die heilwirksamen Eigenschaften der blühenden Sproßspitzen sind schon seit Jahrhunderten bekannt und werden auch in der modernen Pflanzenheilkunde hoch geschätzt.

Inhaltsstoffe: Organische Säuren, Pektine und Tannine

Heilwirkung und Anwendung: Der volksheilkundliche Einsatz bei Hämorrhoiden hat auch heute noch Gültigkeit. Der Brei aus den zerstoßenen Sproßspitzen wird auch bei Ekzemen und Hautentzündungen empfohlen. Die Breipackung kann direkt auf die betroffenen Hautpartien aufgelegt werden und sollte im Sinne einer raschen Wirkung mehrfach ausgewechselt werden.

Neben- und Wechselwirkungen, Gegenanzeigen: Sind nicht bekannt.

Liebstöckel (Levisticum officinalis)

Pflanzenfamilie: Doldenblütler

Botanische Schilderung: Der Liebstöckel ist eine krautig wirkende, mehrjährige Pflanze, die über einen großen Wurzelstock verfügt. Er enthält den für diese Heilpflanze typischen gelblichen Saft. Die im Frühjahr aus dem Wurzelstock sprießenden Stengel können mannshoch werden und sind im oberen Drittel verzweigt. Die auffallend großen Blätter sind in einzelne Fiedern aufgeteilt und weisen eine starke unsymmetrische Randzähnung auf. Während die unteren Blätter auf einem langen Stiel sitzen, befinden sich die oberen Blätter direkt an den Stengeln. Da der Liebstöckel zur Familie der Doldenblütler gehört, liegt die Vermutung nahe, daß seine Blüten in Dolden wachsen. Und bei dieser Heilpflanze sind die grellgrünen Blütendolden sogar besonders groß. Weiterhin sind die paarweise wachsenden, miteinander verbundenen Schließfrüchte für diese Heilpflanze charakteristisch. Der Liebstöckel wird fast überall in Europa als Gewürzpflanze kultiviert, kommt aber auch in der verwilderten Form vor.

Blütezeit: Juli und August

Verwendete Pflanzenteile: Heilwirksame Stoffe enthalten beim Liebstöckel der Wurzelstock, die Früchte und auch die Blätter.

Inhaltsstoffe: Ätherische Öle und Cumarinderivate

Heilwirkung und Anwendung: Das Wirkungsspektrum des Liebstöckels gleicht dem des Selleries, mit dem der Liebstöckel auch verwandt ist. Auch bei dieser Heilpflanze regt die Wurzel die Harnsekretion und die Verdauungstätigkeit an. Vorbeugend kann die allgemein reinigende Wirkung des Liebstöckels genutzt werden. Dazu wird die in Stücke geschnittene Wurzel 10 Tage im Verhältnis von 5:100 in Weißwein angesetzt. Ein Glas täglich reicht aus, um den gewünschten Effekt zu erzielen. Es ist ratsam, vor der Anwendung einen Arzt oder Heilpraktiker zu konsultieren.

Neben- und Wechselwirkungen, Gegenanzeigen: Patienten, die unter einer gestörten Nieren- oder Herzfunktion leiden, sollten unbedingt auf andere Heilpflanzen zurückgreifen.

Liguster (Ligustrum vulgare)

Pflanzenfamilie: Ölbaumgewächse

Botanische Schilderung: Der Ligusterstrauch hat die seltene Ehre, daß ein Tier nach ihm benannt ist. Es handelt sich dabei um den Ligusterschwärmer. Ein kleiner Schmetterling, dessen Raupen sich gerne im Schutz der dichten Ligustersträucher verpuppen. Der Liguster selbst besteht aus einem Gewirr dünner, elastischer Zweige. Die kurzstieligen Blätter wachsen in gegenständigen Paaren und sind zumeist oval geformt. An den Enden der jungen Zweige blühen im Frühjahr zu Rispen zusammengefaßte, wohlduftende Blüten, die in ihrer großen Anzahl das Erscheinungsbild des Ligusters prägen und diesen weiß einzufärben scheinen. Im Sommer entwickeln sich runde, schwarze Beeren, die die Samen enthalten. Der anspruchslose Strauch ist in Süd- und Mitteleuropa weit verbreitet und wird gelegentlich auch als Heckenpflanze eingesetzt.

Blütezeit: Von April bis Juni

Verwendete Pflanzenteile: Aus der Sicht der Pflanzenheilkunde sind die Blüten und Blätter von Bedeutung.

Inhaltsstoffe: Glykoside, Tannine und Zucker

Heilwirkung und Anwendung: Die entzündungshemmenden Eigenschaften des Ligusters werden ausschließlich in Form einer äußeren Anwendung genutzt. Es empfiehlt sich, bei Entzündungen der Haut oder Schleimhäute das Pflanzengut im Verhältnis von 5:100 abzukochen und dieses für Waschungen und Mundspülungen zu benutzen.

Neben- und Wechselwirkungen, Gegenanzeigen: Sind nicht bekannt.

Lilie, weiße (Lilium candidum)

Pflanzenfamilie: Liliengewächse

Botanische Schilderung: Die weiße Lilie ist eine aus Kleinasien importierte Zierpflanze, die mittlerweile in den Gärten Südeuropas häufig anzutreffen ist. Wegen ihrer großen weißen Blüten und des oft betäubenden Duftes begegnet man dieser Heilpflanze in unseren Breiten vor allem in Blumenläden. Die weiße Lilie ist eine mehrjährige Pflanze mit einer Blumenzwiebel, die gleich einer Artischocke aus einzelnen Schuppen besteht. Die Blütenstengel, die im Frühjahr aus der Zwiebel sprießen, können über einen Meter hoch werden. An ihrer Spitze bilden sich Blütentrauben, die aus bis zu 20 einzelnen Blüten bestehen können.

In beeindruckender Symmetrie verfügt jede Blüte über 5 Staubbeutel und 5 weiße Perigonblätter, die sich nach außen wölben und so den Blüten ihr charakteristisches Aussehen verleihen.

Blütezeit: Von Mai bis Juli

Verwendete Pflanzenteile: Alle heilwirksamen Stoffe der weißen Lilie sind in der Zwiebel und in den Perigonblättern zu finden, die daher die vermehrte Aufmerksamkeit der Pflanzenheilkunde auf sich ziehen.

Inhaltsstoffe: Glykoside, Pflanzenschleim, Sterine und Tannine

Heilwirkung und Anwendung: Das Pflanzengut dieser Heilpflanze gilt schon lange als wirksames Mittel bei Hautentzündungen und Verbrühungen. Dabei wird der Brei aus der gekochten Zwiebel über Kompressen auf den betroffenen Hautpartien angebracht. Dieses Arzneimittel verdient auch aus kosmetischer Sicht Beachtung, da die Wirkstoffe der Zwiebel einen belebenden Einfluß auf die Haut ausüben.

Neben- und Wechselwirkungen, Gegenanzeigen: Sind nicht bekannt.

Linde, großblättrige (Tilia platyphyllos)

Pflanzenfamilie: Lindengewächse

Botanische Schilderung:

Die Linde ist ein etwa 20 m hoher Laubbaum, dessen Wurzeln ein weit verzweigtes Netzwerk bilden. Die rundlichen Blätter sitzen auf langen und zumeist behaarten Stielen. Sie weisen eine sehr feine Randzähnung auf und verjüngen sich am Blattende zu einer langgezogenen Spitze. Auffallend ist weiterhin, daß die Blattunterseiten mit weißlichen Haarbüscheln versehen sind. Die Blüten der Linde sitzen in kleinen Gruppen von etwa fünf Exemplaren auf langen Blütenstielen. Charakteristisch ist das sogenannte Hochblatt, das mit dem Blütenstiel verwachsen ist. Aufgrund seiner länglichen Form, die sich deutlich von den restlichen Blättern abhebt, ähnelt das Hochblatt (jeweils eines pro Blütenstiel) einem Flügel. Die Kronblätter der Lindenblüte sind gelb und im Gegensatz zu den zahlreichen Staubbeuteln eher unauffällig. Nach der Blüte entwickeln sich kleine Nüsse, die einen Samen enthalten. Die Linde wächst in europäischen Mischwäldern und wird auch oft als Alleebaum angepflanzt.

Blütezeit: Juni und Juli

Verwendete Pflanzenteile: Es sind die Lindenblüten, deren vielfältige Heilkräfte die Linde zu einer besonders wertvollen Heilpflanze machen.

Inhaltsstoffe: Flavonoide, Gerbstoffe und Pflanzenschleim

Heilwirkung und Anwendung: Die Lindenblüten verfügen über zahlreiche ausgeprägte Heilwirkungen, was dazu geführt hat, daß Lindenblütentee heutzutage praktisch „an jeder Ecke" erhältlich ist. Aufgüsse der Lindenblüten wirken beruhigend, hustenlindernd, blutdrucksenkend, schweiß- und harntreibend sowie schmerzstillend. Mit diesem breiten Wirkungsspektrum eignen sich die Lindenblüten hervorragend bei Erkältungen und grippalen Infekten. Auch bei Schlafstörungen und Rheuma wird häufig Lindenblütentee empfohlen, der im Verhältnis von 2:100 aufgegossen wird. Zwei Tassen täglich bringen seine Heilkräfte zum Tragen.

Neben- und Wechselwirkungen, Gegenanzeigen: Sind nicht bekannt.

Löwenzahn (Taraxacum officinale)

Pflanzenfamilie: Korbblütler

Botanische Schilderung: Der Löwenzahn, der sich im Volksmund als „Pusteblume" einen Namen gemacht hat, gehört sicher zu den bekanntesten Heilpflanzen. Er spielt schon seit Jahrhunderten eine wichtige Rolle in der Volksheilkunde und stellt weiterhin eine optische Bereicherung für die Wiesen, Felder und Wegränder dar, auf denen er sich gerne ansiedelt. Obwohl sich der Löwenzahn einer außerordentlichen Bekanntheit erfreut, hat sich die Tatsache, daß es sich um eine mehrjährige Pflanze handelt, keineswegs im gleichen Maße im Bewußtsein der Bevölkerung verankert. Und so erleben engagierte Hobbygärtner, die den Löwenzahn zum Unkraut brandmarken und abschneiden im darauffolgenden Frühjahr des öfteren unliebsame Aha-Erlebnisse.

Die hohlen, blattlosen Stengel des Löwenzahns erreichen eine Höhe von etwa 30 cm. Die bodenständigen Blätter wachsen direkt aus der Pfahlwurzel und bilden eine Rosette um den Stengel. Sie sind von länglicher Form und ebenso grob wie unregelmäßig gezähnt. Die gelben Blüten sind zu einem Köpfchen am Ende des Stengels zusammengefaßt. Nach der Blüte entwickeln sich daraus die kleinen Schließfrüchte. Sie verfügen über einen Stiel, an dessen Ende eine weißliche Haarkrone steht, mit dessen Hilfe die Samen neuen Standorten entgegensegeln.

Blütezeit: Von April bis August

Verwendete Pflanzenteile: Im Gegensatz zum weit verbreiteten Irrglauben, daß die Blätter von besonderer Heilkraft wären, ist der Wurzelstock der eigentliche Schatz des Löwenzahns.

Inhaltsstoffe: Carotine, Flavonoide, Phytosterole, Sesquiterpenlactone und Triterpen

Heilwirkung und Anwendung: Präparate auf Löwenzahnbasis haben eine reinigende Wirkung auf den menschlichen Organismus. Außerdem wirkt Löwenzahn anregend auf die Funktion von Leber, Nieren und Darm. Seine galletreibenden Eigenschaften machen den Löwenzahn zu einem wertvollen Arzneimittel bei Gelbsucht. Die ausgeprägten Heilkräfte des Löwenzahns entfalten sich am besten, wenn man den frisch gepreßten Saft des Wurzelstocks zu sich nimmt (nicht mehr als fünf Eßlöffel täglich). Es besteht auch die Möglichkeit, eine im Verhältnis von 4:100 hergestellte Abkochung – auf drei Tassen verteilt – täglich zu trinken.

Neben- und Wechselwirkungen, Gegenanzeigen: Bei empfindlichen Patienten können Löwenzahnpräparate Magenbeschwerden verursachen. Außerdem enthält der Löwenzahn ein starkes Allergen, das Ekzeme hervorrufen kann.

Lorbeerbaum (Laurus nobilis)

Pflanzenfamilie: Lorbeergewächse

Botanische Schilderung: Der Lorbeerbaum kann in sehr verschiedener Gestalt auftreten. In direkter Abhängigkeit zu verschiedenen Umwelteinflüssen kann die Größe dieser Gewürz- und Heilpflanze zwischen einem kaum meterhohen Busch und einem über 10 m hohen Baum schwanken. Wenn es also darum geht, einen Lorbeerbaum zu bestimmen, liefert die Größe der Pflanze keine verläßlichen Hinweise. Dazu eignen sich schon eher die Blätter, die der immergrüne Lorbeerbaum nicht abwirft. Da er vor allem im Mittelmeerraum zu finden ist, hat er sich nicht mit allzu harten Wintern herumzuplagen. Die recht großen, sattgrünen Blätter des Lorbeerbaumes zeichnet eine ledrig wirkende Oberfläche aus. Nimmt man eines dieser Blätter und hält es gegen das Licht, sieht man transparente Pünktchen, durch das Licht schimmert, als hätte Mutter Natur das Blattwerk mit einer Nähnadel bearbeitet. Tatsächlich handelt es sich um Drüsen, die das für den Lorbeerbaum typische ätherische Öl beinhalten. Wie viele andere Bäume auch verfügt der Lorbeerbaum sowohl über weibliche wie auch über männliche Blüten. Sie lassen sich leicht unterscheiden, zumal die weiblichen Blüten aus einem Fruchtknoten bestehen, während die männlichen etwa 10 Staubbeutel haben. Charakteristisch für den Lorbeerbaum ist weiterhin die schwarze Steinfrucht, die im Herbst reift.

Blütezeit: Von Juni bis August

Verwendete Pflanzenteile: Die Blätter mit den ätherischen Ölen und die Früchte sind aus heilkundlicher Sicht von Bedeutung.

Inhaltsstoffe: Ätherische Öle, Harze und Tannine

Heilwirkung und Anwendung: Lorbeerblätter eignen sich zur geschmacklichen Abrundung vieler Speisen. Das Pflanzengut des Lorbeerbaumes kann sowohl innerlich wie äußerlich angewandt werden. Klagt der Patient über eine träge Verdauung und mangelnden Appetit, empfiehlt es sich, das Pflanzengut im Verhältnis von 1:100 aufzugießen und eine Tasse davon täglich zu sich zu nehmen. Äußerlich angewandt eignen sich Präparate auf Lorbeer-Basis zur Behandlung von Stauchungen und rheumatischen Beschwerden. Dafür wird das Pflanzengut im Verhältnis von 20:100 in Weizenkeim- oder Olivenöl eine knappe Woche angesetzt. Anschließend können die betroffenen Partien mit einem getränkten Tuch eingerieben werden. Die belebende Wirkung der Lorbeerblätter kann auch genutzt werden, indem man eine Handvoll des Pflanzenguts als Badezusatz verwendet.

Neben- und Wechselwirkungen, Gegenanzeigen: Sind nicht bekannt.

Lungenkraut, echtes (Pulmonaria officinalis)

Pflanzenfamilie: Rauhblattgewächse

Botanische Schilderung: Das Lungenkraut kann als Heilpflanze auf eine bewegte Vergangenheit zurückblicken. Seine über Jahrhunderte andauernde Anwesenheit in der Grünen Apotheke hat dazu geführt, daß der Volksmund eine Vielzahl von Namen für das Lungenkraut ersann. Schlotterhose, Frauenmilchkraut und Backkraut geben hiervon ein beredtes Bild ab. Daß die Pflanze mittlerweile als Lungenkraut bekannt ist, hat mit den hellen Flecken zu tun, die sich auf der Oberfläche der Blätter zeigen und diese damit wie eine Lunge aussehen lassen.

Die Pflanze selbst ist mehrjährig, von krautiger Erscheinung und kaum höher als 30 cm. Aus einer Rosette bodenständiger Blätter entwickelt sich der Stengel, der gerade und unverzweigt ist. An den Stengelenden sitzen die blauvioletten Blüten, die sich zu lockeren Trauben verbinden. Das Lungenkraut ist vor allem in Mitteleuropa verbreitet und bevorzugt die Gegenwart von Laubbäumen. Mit seiner Vorliebe für Hochlagen kann man es bis 1 500 m über Meereshöhe finden.

Blütezeit: Von Mai bis Juli

Verwendete Pflanzenteile: Als heilwirksam gelten die gepunkteten Blätter und die blühenden Sproßspitzen.

Inhaltsstoffe: Allantoin, Flavonoide, Gerbstoffe, Pflanzenschleim und Salze

Heilwirkung und Anwendung: Schon in der Antike wurde das Lungenkraut als Arzneimittel bei Erkrankungen der Lunge verwendet. Aufgrund der Ähnlichkeit der Blätter nahm man an, daß diese demzufolge bei Lungenkrankheiten helfen müßten. In der Tat gilt das Lungenkraut auch in der heutigen Pflanzenheilkunde als ausgezeichnetes Hustenmittel. Es wurden Inhaltsstoffe nachgewiesen, die in der Lage sind, den Schleim zu lösen und für dessen Abtransport zu sorgen.

Hierfür können drei Eßlöffel des aus den Blättern gewonnenen Safts oder auch ein Aufguß (Verhältnis 5:100 – zwei Tassen täglich) zu sich genommen werden.

Neben- und Wechselwirkungen, Gegenanzeigen: Sind nicht bekannt.

M

Madesüß (Filipendula ulmaria)

Pflanzenfamilie: Rosengewächse

Botanische Schilderung: Die Madesüß zählt zu den Rosengewächsen und ist eine mehrjährige Pflanze, deren Stengel mehr als einen Meter hoch werden können. Die zahlreichen, großen Blätter sind gefiedert und verleihen dieser Heilpflanze ein buschiges Aussehen. Die Stengel wachsen auffallend gerade und verzweigen sich nur im oberen Bereich. Die wohlriechenden Blüten der Madesüß schließen sich an den Stengelenden zu großen, weißlichen Rispen zusammen. Es handelt sich also bei der Madesüß um eine Pflanze, bei der die Evolution schon seit längerem auf die Fortpflanzung durch bestäubende Insekten setzt, denn die Blütenrispen buhlen ganz unverhohlen um deren Aufmerksamkeit. Verbreitet ist die Madesüß in weiten Teilen Nord- und Mitteleuropas, wobei sie feuchte Böden bevorzugt.

Blütezeit: Von Juni bis August

Verwendete Pflanzenteile: Als heilwirksam gelten sowohl der verholzte Wurzelstock, der im Herbst ausgegraben wird, wie auch die blühenden Sproßspitzen, die ab Juni geerntet werden.

Inhaltsstoffe: Ätherisches Öl, Flavonoide, Gerbstoffe und Phenolglykoside

Heilwirkung und Anwendung: Schon aus der Volksheilkunde ist überliefert, daß diese Heilpflanze gegen Beschwerden hilft, die mit einem Flüssigkeitsstau im Körper in Verbindung zu bringen sind (z. B. Wasser und Harnsäure). Denn die Madesüß besitzt Eigenschaften, die die Produktion von Schweiß und Harn stimulieren. Da die reinigende, ausleitende Wirkung dieser Heilpflanze mittlerweile als nachgewiesen gilt, ist sie ein wertvolles Mitglied der Grünen Apotheke. Das aufgegossene Pflanzengut (Verhältnis von 3:100) kann dazu beitragen, rheumatische Beschwerden, die Bildung von Nierensteinen, Fettleibigkeit oder Wassersucht zu unterbinden. Für Rheumatiker empfiehlt sich darüber hinaus auch die äußerliche Anwendung des Aufgusses, der als Grundlage für Heilbäder oder getränkte Verbände bei geschwollenen Gliedmaßen verwendet wird.

Neben- und Wechselwirkungen, Gegenanzeigen: Die ätherischen Öle des Madesüß enthalten Salicylate. Wer gegen diese empfindlich ist, sollte auf andere Heilpflanzen zurückgreifen.

Majoran (Origanum majorana)

Pflanzenfamilie: Lippenblütler

Botanische Schilderung: Als beliebte Gewürzpflanze wird der ursprünglich in Asien beheimatete Majoran auch in Europa schon seit langer Zeit angebaut. Die mehrjährige Pflanze aus der Familie der Lippenblütler wird etwa einen halben Meter hoch und erscheint buschig, zumal die einzelnen Stengel reich verzweigt sind. Die ovalen Blätter stehen auf kurzen Stielen gegenständig an den Stengeln und erscheinen aufgrund ihrer reichlichen Behaarung graugrün. Die zu Ähren zusammengefaßten Blüten schwanken in ihrer Färbung zwischen weiß und rot. Die Rispen stehen ihrerseits auf Stielen, die aus Blattachseln im oberen Bereich der Pflanze wachsen. Die einzelnen Blüten verfügen über einen röhrenförmigen Kelch und enden in lippenförmig geteilten Kronblättern.

Die gelbbraunen Schließfrüchte entwickeln sich nach der Blüte in dem röhrenförmigen Kelch.

Seines guten Geschmacks wegen wird der Majoran auch bei der Produktion industriell hergestellter Lebensmittel eingesetzt.

Blütezeit: Von Juli bis September

Verwendete Pflanzenteile: Beim Majoran sind die blühenden Sproßspitzen aus Sicht der Pflanzenheilkunde von Interesse.

Inhaltsstoffe: Ätherisches Öl, Flavonoide, Gerbstoffe, Phenole und Phenylglykoside

Heilwirkung und Anwendung: Unter den zahlreichen Gewürzen, die über heilkräftige Inhaltsstoffe verfügen, kommt dem Majoran besondere Bedeutung zu. Er verfügt über ein breites

Wirkungsspektrum und kann zum Beispiel zur Regulierung der Verdauung, als Beruhigungsmittel und bei Erkältungen eingesetzt werden. Hierfür wird der pflanzliche Rohstoff im Verhältnis von 2:100 aufgegossen. Zwei Tassen dieses Aufgusses reichen aus. Äußerlich angewandt, können mit Präparaten auf Majoranbasis neuralgische Gesichtsschmerzen und rheumatische Beschwerden therapiert werden. Dabei sollte ein etwas kräftigerer Aufguß (5:100) zum Einreiben der betroffenen Partien hergestellt werden.

Neben- und Wechselwirkungen, Gegenanzeigen: Präparate auf Majoranbasis sind nicht geeignet, über einen längeren Zeitraum hinweg eingenommen zu werden. Säuglinge und Kleinkinder sollten mit anderen Heilpflanzen behandelt werden.

Malve, wilde (Malva sylvestris)

Pflanzenfamilie: Malvengewächse

Botanische Schilderung: Die Malve gehört zu jenen Heilpflanzen, die sowohl über aromatische wie auch über heilwirksame Inhaltsstoffe verfügen und sich daher als Grundstoff für Tees oder Bonbons eignen. Die Malve selbst kann mehrere Jahre alt werden und entwickelt dabei eine kräftige Pfahlwurzel. Die einzelnen Stengel erreichen eine Länge von etwa 80 cm. Da sie mitunter liegend wachsen, wechselt die Höhe der Stengel entsprechend ihres Wachstums. Besonders auffallend sind die sternförmigen, violetten Blüten der Malve, die sich vor dem Hintergrund der dunkelgrünen Blätter noch deutlicher abheben. Doch auch die Blätter verfügen über ein hohes Maß an Aussagekraft, da sie sich in fünf (selten drei) Lappen aufteilen, reich behaart sind und ihre Randzähnung stark ausgeprägt ist. Sie erinnern dabei an Sägeblätter. Diese schöne Heilpflanze ist in ganz Europa verbreitet und bevorzugt trockene Böden.

Blütezeit: Von Juni bis September

Verwendete Pflanzenteile: Für die Ernte kommen sowohl die Blüten wie auch die Blätter in Frage, da diese die heilwirksamen Stoffe beinhalten.

Inhaltsstoffe: Pflanzenschleim

Heilwirkung und Anwendung: Den guten Geschmack der Malve haben die meisten von uns im Verlauf einer Erkältungskrankheit kennengelernt, wenn Malventee gereicht wurde. Bei Erkältungsbeschwerden kommt der Malve in der Tat besondere Beachtung zu, da sie nicht nur entzündungshemmend und auswurffördernd wirkt, sondern auch als Schmerzmittel geeignet ist. Weiterhin wird zu einer äußerlichen Anwendung bei Zahnschmerzen und Entzündungen der Mundschleimhäute geraten, wobei der Aufguß im Verhältnis von 5:100 als Spül- bzw. Gurgelwasser genutzt wird. Andernfalls wird der Aufguß des Pflanzenguts eingenommen (2 Tassen pro Tag).

Neben- und Wechselwirkungen, Gegenanzeigen: Sind nicht bekannt.

Mandelbaum (Prunus dulcis)

Pflanzenfamilie: Rosengewächse

Botanische Schilderung: Der Mandelbaum stammt wohl ursprünglich aus Asien, wird aber seit Urzeiten im Mittelmeerraum kultiviert. Er erreicht eine Höhe von maximal 10 m. Seine spitz zulaufenden, länglichen Blätter verfügen über Drüsen an ihrem gezähnten Blattrand, in denen ätherisches Öl produziert wird. Sie haben eine glänzende Oberfläche und stehen auf kurzen Stielen. Die weißrosa Blüten entwickeln sich vor den Blättern. Sie sind relativ groß, verfügen über fünf symmetrisch angeordnete Kronblätter und wachsen direkt aus den Zweigen. Blühende Mandelbäume sind ein herrlicher Anblick, dessen Schönheit sich selbst hartgesottene Stadtmenschen kaum zu entziehen vermögen. Die Steinfrüchte haben eine grüne, stark behaarte Schale, die zum Zeitpunkt ihrer Reife vertrocknet und die eigentlichen Mandeln freigibt. Je nach Art und Züchtung können die Mandeln süß oder bitter schmecken.

Blütezeit: Von Februar bis April

Verwendete Pflanzenteile: Die Mandeln sind nicht nur für die Hersteller von Studentenfutter von Bedeutung, sondern verfügen auch über Inhaltsstoffe, deren Heilkraft als erwiesen gilt.

Inhaltsstoffe: Proteine, Salze, Vitamine und Zucker

Hirtentäschelkraut

Johanniskraut

Schwarzer Holunder

Ingwer
(siehe Traditionelle Chinesische Medizin)

Echte Kamille

Kiefer

Königskerze

Kalmus

Kürbis

Echtes Labkraut

Echter Lein

Löwenzahn

Echter Lavendel

Liebstöckel

Echtes Lungenkraut

Heilwirkung und Anwendung: Die Produktion des heilwirksamen Mandelöls sollte man unbedingt den Fachleuten überlassen. Denn die bitteren Varietäten unterscheiden sich nicht im geringsten von den süßen, sind aber aufgrund ihres mitunter recht hohen Blausäuregehalts gefährlich. Innerlich angewandt, hat Mandelöl einen regulierenden Einfluß auf die Darmfunktion und wird bei Verstopfungen oder auch bei Blähungen eingesetzt (ein bis zwei Teelöffel täglich). Als Bestandteil verschiedener Hautpräparate hat das Mandelöl eine entzündungshemmende, erfrischende Wirkung auf die empfindsame Hülle des Menschen.

Neben- und Wechselwirkungen, Gegenanzeigen: Bei professionell hergestelltem Mandelöl sind keine Nebenwirkungen bekannt.

Margerite (Leucanthemum vulgare)

Pflanzenfamilie: Korbblütler

Botanische Schilderung: Die Margerite ist eine der bekanntesten Blumen, die auf unseren Sommerwiesen blühen. Sie verfügt über einen kompakten Wurzelstock, aus dem im Herbst eine oder mehrere Blattrosetten wachsen, die im darauffolgenden Frühjahr den bis zu 1m hohen Stengel hervorbringen. Das auffallendste Charakteristikum dieser der Familie der edlen Chrysanthemen zugehörigen Pflanze sind sicher ihre Blüten. Die gelben Köpfchen werden von einer Vielzahl weißer Deckblätter eingerahmt. Die wunderschöne Margerite schmückt europäische Wiesen und Felder in den Monaten Mai bis Juli. Wegen ihres attraktiven Aussehens wird die Margerite auch als Zierpflanze kultiviert. Die zumeist länglichen Blätter dieser Heilpflanze sind an ihren Rändern stark eingeschnitten, so daß der Eindruck entsteht, als wären diese gezackt. Blätter an der unteren Stengelhälfte verfügen über einen langen Stiel, während die oberen direkt am Stengel sitzen und diesen umfassen.

Blütezeit: Von Mai bis Juli

Verwendete Pflanzenteile: Als Pflanzengut werden bei der Margerite lediglich die Blütenköpfchen angesehen, die am oberen Stengelende abgezwickt werden sollten.

Inhaltsstoffe: Ätherische Öle, Harze und Tannine

Heilwirkung und Anwendung: Präparate auf Margeriten-Basis eignen sich einerseits zur Behandlung von Menstruationsbeschwerden und Krämpfen, wobei das Pflanzengut im Verhältnis von 3:100 aufgegossen wird. Zwei Tassen davon reichen aus, um den gewünschten Effekt zu erzielen. Äußerlich angewandt, kann sie den Heilungsprozeß entzündeter Schleimhäute und kleinerer Wunden sowie von Abschürfungen der äußeren Haut beschleunigen. Dazu wird ein etwas stärkerer Aufguß mit einem Verhältnis von 5:100 erstellt, der für Waschungen oder Mundspülungen benutzt werden kann.

Neben- und Wechselwirkungen, Gegenanzeigen: Sind nicht bekannt.

Mariendistel (Silybum marianum)

Pflanzenfamilie: Korbblütler

Botanische Schilderung: Die zweijährige Mariendistel macht der Familie Distel alle Ehre. Denn es handelt sich um eine ausgesprochen dornige Pflanze, die selbst von ausgehungerten Pflanzenfressern verschont wird. Im ersten Jahr entwickelt sich lediglich eine bodenständige Blattrosette, aus der dann im zweiten Jahr der etwa meterhohe Stengel wächst. Die dornenbesetzten Blätter der Mariendistel erreichen eine beträchtliche Länge (30 cm). Die Stengelblätter sind sitzend, während die Blätter der bodenständigen Rosette über Stiele verfügen. An den Stengelenden blühen die roten Blütenköpfchen, die ebenfalls von einem Dornenharnisch umgeben sind. Die ursprünglich aus Südeuropa stammende Pflanze ist mittlerweile auch in Mitteleuropa verbreitet. Sie bevorzugt trockene, steinige Böden und ist daher auf Geröllhalden und Ödland anzutreffen.

Blütezeit: Mai und Juni

Verwendete Pflanzenteile: Die Samen, die sich in Schließfrüchten entwickeln, verfügen über wertvolle Substanzen.

Inhaltsstoffe: Silymarin

Heilwirkung und Anwendung: Die Samen der Mariendistel haben einen ausgesprochen günstigen Einfluß auf die Leber.

Sie können daher bei Gelbsucht, Leberzirrhose und Verdauungsbeschwerden, die auf Fehlfunktionen der Leber beruhen, eingesetzt werden. Hierfür empfiehlt sich eine Abkochung des pflanzlichen Rohstoffs im Verhältnis von 3:100. Zwei Tassen reichen aus, um die Heilkräfte der Mariendistel wirksam werden zu lassen.

Neben- und Wechselwirkungen, Gegenanzeigen: Sind nicht bekannt.

Meerrettich (Armoracia rusticana)

Pflanzenfamilie: Kreuzblütler

Botanische Schilderung: Dem herausragenden Geschmack seiner Pfahlwurzel hat es der Meerrettich zu verdanken, daß er vor allem aus der „Radieschen-Perspektive" bekannt geworden ist. Daher ist es gut möglich, daß selbst glühende Verehrer von Radi oder Kren an einer Meerrettichpflanze vorbeigehen, ohne diese zu erkennen. Dabei hätte auch der zumeist knapp meterhohe Stengel mit seinen weißlichen Blüten ein höheres Maß an Aufmerksamkeit verdient. Die Blätter des Meerrettich sind, abhängig von ihrer Lage am Stengel, von höchst unterschiedlicher Form. Am Boden sitzende (grundständige) Blätter stechen besonders durch ihre auffallende Länge hervor. Seitlich gezähnt und spitz zulaufend können sie bis zu einem halben Meter lang werden. In mittlerer Lage am Stengel sind die Blätter wesentlich kleiner, gefiedert und erinnern in ihrer Gestalt an Eichenlaub. An der Spitze des Stengels verlieren die Blätter noch einmal deutlich an Länge und sind nicht mehr gefiedert, sondern einfach und schlank. In unseren Breiten wird der Meerrettich landwirtschaftlich angebaut.

Blütezeit: Juni und Juli

Verwendete Pflanzenteile: Da die Wurzel die heilwirksamen Stoffe beherbergt, wird man beim Gemüsehändler fündig.

Inhaltsstoffe: Senfölglykoside

Heilwirkung und Anwendung: Die Anwendung dieser Heilpflanze ist denkbar einfach, zumal bereits der maßvolle Einsatz von Meerrettich die Verdauung reguliert und als Beigabe zu vielen Salaten schon seines guten Geschmacks wegen zu empfehlen ist. Die Wirkungspalette des Meerrettich umfaßt weiterhin antiseptische, antirheumatische und den Kreislauf belebende Substanzen, die auch eine äußere Behandlung mit dieser Heilpflanze ratsam erscheinen lassen. Dabei sollten die betroffenen Bereiche zunächst verbunden bzw. abgedeckt und anschließend mit Meerrettich-Mus bestrichen werden. Weil es beim direkten Kontakt mit der Haut zu allergischen Reaktionen kommen kann, sollte die äußerliche Anwendung dieser Heilpflanze in Absprache mit dem Heilpraktiker und/oder Arzt erfolgen.

Neben- und Wechselwirkungen, Gegenanzeigen: In überhöhter Dosierung können Präparate auf Meerrettich-Basis Magenbeschwerden verursachen. Außerdem sind Fälle von allergischen Reaktionen bekannt geworden. Babys und Kleinkinder sollten mit anderen Heilpflanzen behandelt werden.

Melisse (Melissa officinalis)

Pflanzenfamilie: Lippenblütler

Botanische Schilderung: Nicht zuletzt aufgrund der tatkräftigen Mithilfe einer gewissen Klosterdame und der guten Ergebnisse bei der Behandlung von nervösen Beschwerden und Kopfschmerzen wurde die Melisse zu einer regelrechten Berühmtheit unter den Heilpflanzen.

Aus dem kräftigen Wurzelstock der Melisse entwickelt sich eine stattliche Anzahl von Stengeln, die bis zu 1 m Höhe erreichen können. Die zahlreichen Blätter sind allesamt gestielt und randgezähnt. Obwohl die Größe der Blätter von unten nach oben abnimmt, sind diese trotz ihrer unterschiedlichen Größe durchweg oval und bauchig geformt. Die glockenförmigen Blüten der Melisse wachsen aus den Achseln der oberen Blätter. Ursprünglich in Südeuropa beheimatet, wird die Melisse heute als gängige Gartenpflanze in ganz Europa angebaut.

Blütezeit: Juni und Juli

Verwendete Pflanzenteile: Unter Berücksichtigung heilkundlicher Aspekte sind die blühenden Sproßspitzen sowie die Blätter für Sammler und Züchter von Bedeutung.

Inhaltsstoffe: Ätherische Öle, Bitter- und Gerbstoffe sowie Flavonoide

Heilwirkung und Anwendung: Neben der beruhigenden Wirkung bei nervösen Störungen zeichnet sich die Melisse infolge ihrer krampflösenden Wirkstoffe als Schmerzmittel aus. Insbesondere bei Migräne, Menstruationsbeschwerden und Neuralgien haben sich diese Eigenschaften bewährt. Äußerlich angewandt kann die Melisse auch Rheuma-Kranken eine Linderung der Schmerzen verschaffen. Neben den handelsüblichen Präparaten kann zur innerlichen Einnahme auch ein Aufguß des Pflanzenguts zubereitet werden (Verhältnis von 1:100). Bei rheumatischen und neuralgischen Beschwerden ist die äußere Anwendung zu empfehlen. Das Pflanzengut wird im Verhältnis von 20:100 in Alkohol angesetzt (1 Woche). Anschließend kann diese Tinktur direkt auf betroffenen Körperpartien einmassiert werden.

Neben- und Wechselwirkungen, Gegenanzeigen: Sind nicht bekannt.

Meisterwurz (Peucedanum ostruthium)

Pflanzenfamilie: Doldenblütler

Botanische Schilderung: Bei der Meisterwurz handelt es sich um einen in ganz Europa verbreiteten Doldenblütler, der über einen kräftigen, mehrjährigen Wurzelstock verfügt. Die hohlen Stengel sind nur im oberen Bereich verzweigt und erreichen eine Höhe von etwa 1 m. Schon die heilige Hildegard von Bingen wußte um die Heilkräfte der Meisterwurz, die in ihren Werken erstmalig beschrieben wurde.

Die Blätter der Meisterwurz können sehr verschieden aussehen. Zumeist sind sie in drei kleinere Blättchen aufgeteilt, die mit einer auffallenden, sägeblattartigen Randzähnung versehen sind. Die rosa Blütendolden setzen sich ihrerseits aus einer größeren Anzahl kleinerer Dolden zusammen. Die Meisterwurz ist zwar in Europa weit verbreitet, jedoch nur in Hochlagen zu finden. In den Alpenländern wird sie gelegentlich auch in Gärten angepflanzt.

Blütezeit: Juli und August

Verwendete Pflanzenteile: Alle wesentlichen Inhaltsstoffe, derentwegen die Meisterwurz den Ruf einer Heilpflanze genießt, sind im Wurzelstock zu finden.

Inhaltsstoffe: Ätherisches Öl, Cumarinderivate und Tannine

Heilwirkung und Anwendung: Die Meisterwurz wirkt generell anregend auf den Flüssigkeitshaushalt des Organismus. Eigenschaften wie die Anregung von Appetit, Schweißabsonderung und Verdauung stehen daher im Vordergrund. Hierfür wird empfohlen, die fein geschnittenen Wurzelstücke im Verhältnis von 3:100 abzukochen. Außerdem gelten Meisterwurz-Aufgüsse als gute Heilmittel bei Rheuma oder Gicht. In der Volksheilkunde wurde die Meisterwurz als sogenanntes Universalmittel angesehen. Insbesondere bei ansteckenden Krankheiten wurde sie als göttliches Mittel verehrt.

Neben- und Wechselwirkungen, Gegenanzeigen: Sind nicht bekannt.

Milzfarn (Ceterarch officinarum)

Pflanzenfamilie: Streifenfarne

Botanische Schilderung: Schon der Name dieser Heilpflanze läßt Rückschlüsse auf ihren Einsatzbereich in der Pflanzenheilkunde zu. Der Milzfarn ist ein zierlicher Farn, der kaum höher als 15 cm wird. Der kleine Wurzelstock bringt zahlreiche Wedel hervor. Bei den Farnwedeln handelt es sich um die Blätter dieser urtümlichen Pflanzen. Sie sind zu einzelnen Lappen ausgebuchtet. An der Unterseite der Blätter und des Blattstengels befinden sich bräunliche Schuppen, die Sorus heißen. In diesen reifen die Sporen, was gleichzeitig erklärt, warum der Milzfarn keine Blüten hat. Pflanzen, die sich über Sporen fortpflanzen (wie Pilze, Flechten und Farne) bilden allesamt keine Blüten heran. Den Milzfarn findet man hauptsächlich im südlichen Europa. Dort ist er auf steinigen, felsigen Böden durchaus häufig anzutreffen.

Blütezeit: Als Farn bildet diese Pflanze keine Blüten heran.

Verwendete Pflanzenteile: Als Sammelgut sind in der Pflanzenheilkunde der Wurzelstock und die Wedel von Bedeutung, wobei die Wedel in den Sommermonaten geerntet werden, während der Wurzelstock im Herbst ausgegraben wird.

Inhaltsstoffe: Aminosäuren, Flavonoide und Tannine

Heilwirkung und Anwendung: In der Volksheilkunde wurde die Wurzel des Milzfarns dazu eingesetzt, von Husten gestreßte Atemwege zu beruhigen. Diese sedative, hustenstillende Wirkung wird auch in der modernen Pflanzenheilkunde genutzt. Außerdem üben Präparate auf Milzfarnbasis entzündungshemmenden Einfluß auf den Urogenitaltrakt aus. Für beide Fälle ist die innere Anwendung zu empfehlen, wobei eine Abkochung des Pflanzenguts im Verhältnis von 4:100 vorgenommen werden sollte. Davon reichen zwei kleine Tassen pro Tag aus.

Neben- und Wechselwirkungen, Gegenanzeigen: Sind nicht bekannt.

Mispel, deutsche (Mespilus germanica)

Pflanzenfamilie: Rosengewächse

Botanische Schilderung: Bei der deutschen Mispel handelt es sich um einen ursprünglich in Kleinasien beheimateten Baum, der wegen seiner Kleinwüchsigkeit zumeist mehr an einen Strauch erinnert. Charakteristisch für die deutsche Mispel ist die sogenannte Scheinfrucht, die auch als Apfelfrucht bekannt ist. Ein evolutionärer Scherzartikel, der tatsächlich aus dem umgewandelten Blütenboden und dem Kelch besteht und die eigentliche nußartige Frucht ummantelt.

Junge Zweige von Mespilus germanica zeichnen sich durch eine weiße, filzige Behaarung aus, die sie im zweiten Jahr verlieren und sich dann schwarz verfärben. Die spitz zulaufenden Blätter sind an ihrer Unterseite ebenfalls mit einer auffallend klebrigen Behaarung versehen.

Blütezeit: Juni und Juli

Verwendete Pflanzenteile: Als heilwirksam sieht man sowohl die Apfelfrüchte als auch die Blätter der deutschen Mispel an. Da die unreifen Früchte als ungenießbar gelten, sollten diese nicht vor Oktober geerntet werden, während die Blätter bereits ab Mai gepflückt werden können.

Inhaltsstoffe: Harze, organische Säuren und Tannine

Heilwirkung und Anwendung: Den Scheinfrüchten von Mespilus germanica wird eine harntreibende und somit reinigende Wirkung zugeschrieben. Eingenommen werden können die Früchte als Brei oder Abkochung (15 Minuten) im Verhältnis von 1:20. Äußerlich angewandt, eignen sich die Scheinfrüchte, Entzündungen der Haut entgegenzuwirken. Hierbei kann der Brei direkt aufgetragen werden. Auch die Blätter zeichnen sich durch ihre entzündungshemmende Eigenschaft aus. Sie werden daher als Gurgelwasser bei Entzündungen in Mund und Rachen sowie bei Zahnfleischbeschwerden empfohlen.

Neben- und Wechselwirkungen, Gegenanzeigen: Sind nicht bekannt.

Mistel (Viscum album)

Pflanzenfamilie: Mistelgewächse

Botanische Schilderung: In Bezug auf ihre Lebensweise und ihre Fortpflanzung gehört die Mistel mit Sicherheit zu den interessantesten Pflanzen überhaupt. Obwohl vielerorts die Überzeugung vorherrscht, daß es sich um eine parasitär lebende Pflanze handeln würde, ist diese Ansicht nicht unumstritten. Die Hypothese, daß es sich in der Beziehung zwischen Mistel und Wirtsbaum um eine Symbiose (Lebensgemeinschaft zum Vorteil beider beteiligter Parteien) handelt, ist bis zum heutigen Tage nicht widerlegt. Einerseits ist zwar unbestreitbar, daß die Mistel ihren Wirtsbäumen Nährstoffe entzieht. Doch andererseits gibt es auch Stimmen, die behaupten, daß die immergrüne Mistel als Ausgleich dafür im Winter bestimmte Substanzen an ihre Wirtspflanze abgeben würde.

Die Gestalt der Mistel läßt sich am ehesten mit einem rundlichen Busch vergleichen. Ihre eiförmigen, lederartigen Blätter durchlaufen einen zweijährigen Lebenszyklus. Bezüglich der Arterhaltung bedient sich die Mistel eines ebenso ungewöhnlichen wie seltenen Tricks. Die Mistel entwickelt nach ihrer Blüte Beeren, die von bestimmten Vogelarten hoch geschätzt werden, obwohl die im schleimigen Fruchtfleisch verborgenen Samen hart und unverdaulich sind. So landen die Samen mit dem Vogelkot zumeist wiederum auf Zweigen oder Ästen zukünftiger Wirtsbäume, wo die bald auskeimenden Wurzeln sich ins Holz bohren und festklammern. Die Mistel ist in weiten Teilen Europas verbreitet und in der Auswahl ihrer Wirtsbäume nicht besonders wählerisch, wenngleich ein besonders häufiges Vorkommen auf Obst- und Nadelbäumen festzustellen ist.

Blütezeit: Februar

Verwendete Pflanzenteile: Als heilwirksam gelten bei der Mistel jüngere Zweige und die Blätter.

Inhaltsstoffe: Glykoproteine, Polypeptide und Proteine

Heilwirkung und Anwendung: Die Mistel verfügt über ein ausgesprochen breites Wirkungsspektrum und wird bei Frauenkrankheiten (Menstruationsstörungen, Gebärmutterblutungen), Durchblutungs- und Verdauungsstörungen sowie bei Erschöpfungszuständen und Gelbsucht verwendet. Neueste Forschungsergebnisse belegen weiterhin, daß die Mistel über krebsfeindliche Inhaltsstoffe (aber nicht krebsheilende) verfügt, die das sprunghafte Anwachsen von Krebszellenpopulationen behindern. Es gibt eine Vielzahl von Präparaten auf Mistelbasis.

Neben- und Wechselwirkungen, Gegenanzeigen: Besonders eißweißempfindliche Patienten sollten auf andere Heilpflanzen zurückgreifen. Mögliche Nebenwirkungen einer Misteltherapie sind: Kopfschmerzen, Fieber, Kreislaufstörungen und Allergien. Werden Injektionen verabreicht, kann es zu lokalen Entzündungen kommen.

Moschusschafgarbe (Achillea moschata)

Pflanzenfamilie: Korbblütler

Botanische Schilderung: Die Moschusschafgarbe ist die alpine Variante der in Europa weit verbreiteten gemeinen Schafgarbe. Als Folge der Anpassung an Höhenlagen zwischen 1 300 und 3 000 m wird die Moschusschafgarbe kaum höher als 20 cm und ist mit ihren feinen Wurzeln auf karge, felsige Böden spezialisiert. Unter den vielen Heilpflanzen, die bei der Herstellung von Kräuterschnäpsen und Likören eine Rolle spielen, kommt der Moschusschafgarbe besondere Bedeutung zu. Die enthaltenen Bitterstoffe wirken anregend auf die Magensekretion und haben außerdem einen ausgeprägten Geschmack.

Die Pflanze selbst ähnelt in ihrem Wuchs ihrer Verwandten aus dem Flachland. So bilden die kleinen, weißen Blüten ebenfalls Dolden und die allerdings etwas kompakteren Blätter sind ebenfalls gefiedert. Charakteristisch für die Moschusschafgarbe ist der starke Geruch, den Drüsen aus den Blattoberflächen verströmen.

Blütezeit: Juli und August

Verwendete Pflanzenteile: Als Pflanzengut werden bei Achillea moschata sowohl die Blätter wie auch die blühenden Sproßspitzen verwendet, die in den Sommermonaten geerntet werden.

Inhaltsstoffe: Ätherische Öle und Bitterstoffe

Heilwirkung und Anwendung: Aufgrund der Bitterstoffe, die das Pflanzengut dieser Pflanze enthält, wird die Moschusschafgarbe bei Appetitlosigkeit und Verdauungsstörungen empfohlen. Der angenehm aromatische Geschmack dieser Heilpflanze hat dazu geführt, daß Achillea moschata auch anderen Phytopharmaka (pflanzliche Arzneimittel) beigemischt wird, um einen besseren Geschmack zu erzielen. Die Moschusschafgarbe kann sowohl als Tee wie auch als Weintinktur oder als Elixier auf Alkoholbasis eingenommen werden. Vorschläge zur äußerlichen Anwendung sind nicht bekannt.

Neben- und Wechselwirkungen, Gegenanzeigen: Sind nicht bekannt.

Myrte (Myrtus communis)

Pflanzenfamilie: Myrtengewächse

Botanische Schilderung: Die Myrte enthält ätherische Öle, die ihr den typischen, angenehmen Geruch verleihen. Auch die heilkundlichen Aspekte dieser vor allem im Mittelmeerraum verbreiteten Pflanze sind schon seit langem bekannt.

Die Pflanze selbst erscheint zumeist als Strauch, kann aber auch ausnahmsweise die Ausmaße eines kleinen Baumes erreichen. Ihre länglichen, spitz zulaufenden Blätter sitzen direkt an den Zweigen. Wie bei anderen immergrünen Pflanzen wirkt die Oberfläche der Blätter ledrig.

Darüber hinaus enthalten die Blätter Drüsen, in denen das ätherische Öl produziert und gespeichert wird. Die relativ großen weißen Blüten wachsen einzeln aus den Blattachseln und zeichnen sich in erster Linie durch die langen Staubbeutel aus, die in großer Anzahl aus den rundlichen Kronblättern herausragen. Charakteristisch für die Myrte sind weiterhin die schwarzen Beeren, die die Samen enthalten.

Blütezeit: Juli und August

Verwendete Pflanzenteile: Heilwirksame Stoffe sind bei der Myrte lediglich in den Blättern vorhanden.

Inhaltsstoffe: Äterische Öle, Harze und Tannine

Heilwirkung und Anwendung: Ihre balsamische und adstringierende (zusammenziehende) Wirkung prädestiniert die Myrte zur Behandlung von Husten bzw. Durchfall. Hierfür sollte das Pflanzengut im Verhältnis von 3:100 aufgegossen werden. Täglich zwei Tassen dieses Ausgusses reichen aus, um den therapeutischen Zweck zu erfüllen. Außerdem ist auch eine äußerliche Anwendung bei Entzündungen oder Reizungen der Schleimhäute und des Intimbereichs bekannt, bei der dieser Aufguß für Spülungen bzw. Waschungen benutzt werden kann.

Neben- und Wechselwirkungen, Gegenanzeigen: Sind nicht bekannt.

N

Nachtkerze (Oenothera biennis)

Pflanzenfamilie: Nachtkerzengewächse

Botanische Schilderung: Die Nachtkerze ist eine mehr als meterhohe, zweijährige Pflanze, die ursprünglich in Nordamerika zu Hause ist. Seit etwa 300 Jahren ist sie auch in Europa heimisch geworden. Zu ihrer raschen Verbreitung hat sicher beigetragen, daß sie nicht sehr wählerisch ist, was die Bodenqualität betrifft. So ist die Nachtkerze, die mittlerweile auch zu einer häufigen Zierpflanze in unseren Gärten geworden ist, auf Wiesen, Wegrändern und Ödland gleichermaßen anzutreffen. Im ersten Jahr ihres Zyklus bildet sich lediglich eine bodenständige Blattrosette, aus der sich dann im zweiten Jahr der Stengel entwickelt. Die länglichen Stengelblätter verfügen über keinen Stiel. Sie sitzen in gegenständiger Anordnung direkt am Stengel. Aus den Achseln der oberen Stengelblätter wachsen im Frühsommer die gelben Blüten der Nachtkerze, die der Pflanze ihr attraktives Äußeres verleihen.

Blütezeit: Juni und Juli

Verwendete Pflanzenteile: Heilwirksame Stoffe sind lediglich in den blühenden Sproßspitzen nachgewiesen worden.

Inhaltsstoffe: Harze, Pflanzenschleim, Phytosterin und Tannine

Heilwirkung und Anwendung: Ihrer krampflösenden, beruhigenden Eigenschaften wegen ist die Nachtkerze ein ausgezeichnetes Hustenmittel. Handelsüblich angebotene Präparate auf Nachtkerzenbasis (Nachtkerzenöl) machen sich diesen Umstand zunutze. Es besteht allerdings auch die Möglichkeit, den pflanzlichen Rohstoff aufzugießen (Verhältnis 3:100). Zwei kleine Tassen täglich reichen aus, um die hustenlindernden Eigenschaften der Nachtkerze zur Entfaltung zu bringen.

Neben- und Wechselwirkungen, Gegenanzeigen: Sind nicht bekannt.

O

Odermennig, gewöhnlicher (Agrimonia eupatoria)

Pflanzenfamilie: Rosengewächse

Botanische Schilderung: Beim gewöhnlichen Odermennig handelt es sich um eine mehrjährige Pflanze, deren schlanker aufrechter Wuchs den Volksmund zu bildreichen Namensgebungen angeregt hat. Bezeichnungen wie Odermännchen, Haldenmännle und Petermännchen weisen deutlich darauf hin, daß der Odermennig oberflächlich betrachtet einer menschlichen Gestalt ähnelt. Der zumeist kerzengerade Stengel kann eine Höhe von bis zu 80 cm erreichen. Die Blätter befinden sich in wechselständiger Anordnung an der unteren Hälfte des Stengels und erinnern dabei an einen Kranz, der den Stengel umschließt. Die gelblichen Blüten wachsen direkt vom Stengel und stehen auf der Speisekarte nektarsuchender Insekten ganz oben. Die Spezialisierung auf die Bestäubung durch Insekten hat den Odermennig zu einer in ganz Europa verbreiteten Pflanze auf Wiesen und Wegrändern werden lassen.

Blütezeit: Von Juni bis August

Verwendete Pflanzenteile: Beim Odermennig werden die blühenden Sproßspitzen gesammelt und anschließend getrocknet.

Inhaltsstoffe: Flavonoide und Gerbstoffe

Heilwirkung und Anwendung: Die Volksheilkunde empfiehlt den Einsatz von Odermennig bei Leberleiden und Gelenkrheumatismus. Außerdem wird auf die gute Eignung dieser Heilpflanze hingewiesen, wenn entzündete Schleimhäute äußerlich behandelt werden sollen. Spülungen und Gurgeln mit entsprechend verdünntem Odermennig können bei Bindehautenzündungen oder Schwellungen im Rachenbereich zu einer raschen Linderung der Beschwerden führen. Bei Prellungen und kleineren Stoßwunden können getränkte Umschläge verwendet werden. Das Pflanzengut des Odermennig sollte in einem Verhältnis von 2:100 in Wasser verdünnt werden. Täglich zwei Tassen von dieser Verdünnung sollten ausreichen, um die Funktion von Leber und Darm anzukurbeln.

Neben- und Wechselwirkungen, Gegenanzeigen: Sind nicht bekannt.

Olivenbaum (Olea europaea)

Pflanzenfamilie: Ölbaumgewächse

Botanische Schilderung: Der Olivenbaum ist eine typische Pflanze des Mittelmeerraumes. Die knorrig und gedrungen wirkenden Bäume werden selten höher als zehn Meter, wachsen ausgesprochen langsam und können sehr alt werden. Ein Lebensalter von zweihundert Jahren ist dabei keine Seltenheit. Die länglichen Blätter des immergrünen Olivenbaumes sind dunkelgrün und verfügen über eine an Leder erinnernde Oberfläche. Die etwas unscheinbaren Blütentrauben wachsen aus den Achseln der Blätter an jungen Zweigen. Der bekannteste Botschafter des Olivenbaumes ist die Steinfrucht, die aufgrund ihres hohen Gehalts an ätherischen Ölen ein ausgezeichnetes Speiseöl liefert, das sich in unseren Breiten einer großen Beliebtheit erfreut. Je nach Art können die Oliven schwarz, grün oder auch rötlich gefärbt sein.

Blütezeit: April und Mai

Verwendete Pflanzenteile: Sowohl das kalt gepresste Olivenöl wie auch die Blätter eignen sich aus Sicht der Pflanzenheilkunde für therapeutische Zwecke.

Inhaltsstoffe: Flavonoide, Linolsäure, Ölsäure, Palmitinsäure und Terpene

Heilwirkung und Anwendung: Kalt gepresstes Olivenöl ist nicht nur ein hervorragendes Speiseöl, das vielfältige Einsatzmöglichkeiten bietet. Es ist darüber hinaus erwiesen, daß kalt gepresstes Olivenöl eine abführende Wirkung auf den Organismus ausübt und auch gegen Hämorrhoiden angewandt werden kann. Dazu sollte man morgens nach dem Aufstehen einen Teelöffel zu sich nehmen. Die Blätter des Olivenbaums hingegen haben fiebersenkende Eigenschaften und üben einen regulierenden Einfluß auf den Blutdruck aus. Wer unter Bluthochdruck leidet, kann diesen Aspekt des Wirkungsspektrums des Olivenbaums nutzen, indem er die Blätter im Verhältnis von 5:100 aufgießt und von diesem Aufguß täglich zwei Tassen einnimmt. Untersuchungen haben unlängst bestätigt, daß Olivenöl als fester Bestandteil der sogenannten mediterranen Kost Herz und Gefäße schützen kann. So gibt es zum Beispiel auf Kreta die wenigsten Herzinfarkte; und da wird bekanntlich in Ruhe gegessen und reichlich Olivenöl verwendet.

Neben- und Wechselwirkungen, Gegenanzeigen: Sind nicht bekannt.

In Ausnahmefällen kann es zu allergischen Hautreaktionen oder Gallenkoliken kommen.

P

Passionsblume (Passiflora incarnata)

Pflanzenfamilie: Passionsblumengewächse

Botanische Schilderung: Die aus Südamerika stammende Passionsblume ist eine Kletterpflanze. Aus den am Boden entlangkriechenden Wurzeln sprießen die Stengel, die so zahlreich sein können, daß die Passionsblume manchmal mit einem Busch verwechselt wird. Die Stengel (oder Lianen) können einige Meter lang werden und verfügen über Haftranken, mit denen die Pflanze sich festhält. Die gefiederten Blätter stehen auf langen Blattstielen in wechselständiger Anordnung an den Stengeln. Die auffallend großen Blüten sind von zehn weißlichgrünen Kronblättern umgeben. In ihrer Mitte befindet sich ein sogenannter Strahlenkranz aus blauroten Fäden. Die Staubbeutel stehen auf einem Stiel und verleihen den Blüten ein eigentümliches Aussehen. Die Früchte der Passionsblume haben in etwa die Größe und Form eines Hühnereis. In ihrem süßlichen Fruchtfleisch sind zahlreiche Samen verborgen.

Blütezeit: Dezember und Januar

Verwendete Pflanzenteile: Die Stengel mit den Blättern, den Blüten und den Früchten enthalten die heilkundlich bedeutsamen Substanzen.

Inhaltsstoffe: Ätherisches Öl, Alkaloide, Cumarinderivate, Flavonoide und Maltol

Heilwirkung und Anwendung: Aufgüsse des Pflanzenguts der Passionsblume wirken beruhigend. Sie helfen bei Schlafstörungen, nervösen Angstzuständen und werden auch bei Depressionen empfohlen. Die Zubereitungen werden im Verhältnis von 2:100 vorgenommen. 2 bis 3 Tassen gelten als angebracht. Wenn Schlaflosigkeit behandelt werden soll, trinkt man den Aufguß vor dem Zubettgehen.

Neben- und Wechselwirkungen, Gegenanzeigen: Sind nicht bekannt.

Pestwurz (Petasites hybridus)

Pflanzenfamilie: Pestwurz

Botanische Schilderung: Im Volksmund verwendete Bezeichnungen wie Huflattich oder Hutpflanze geben bereits erste Aufschlüsse über eine Besonderheit dieser Heilpflanze. Denn die Pestwurz zeichnet sich durch die Größe ihrer Blätter aus, die im Verhältnis zur restlichen etwa halbmeterhohen Pflanze gigantische Ausmaße erreichen und eine Breite von 70 cm haben können. Sie sitzen auf langen Blattstilen, sind randgezähnt und verfügen an ihrer Unterseite über eine üppige Behaarung. Auch die rosaroten Blüten der Pestwurz sind recht auffällig. Sie bilden Blütentrauben an den Stengelenden, die aus zahlreichen einzelnen Köpfchen bestehen. Da die hierzulande weit verbreitete Pestwurz feuchte Böden liebt, ist sie häufig in der Nähe von Gewässern oder auf feuchten Wiesen anzutreffen.

Blütezeit: März und April

Verwendete Pflanzenteile: Die Blütenköpfchen, die riesigen Blätter und auch der mehrjährige Wurzelstock verfügen über Wirkstoffe, die die Pestwurz in den Stand einer Heilpflanze erheben.

Inhaltsstoffe: Flavonoide, Furanopetasin, Gerbstoffe, Pyrrolizidinalkaloide, Sesquiterpenalkohole und Triterpensaponine

Heilwirkung und Anwendung: Aus dem Wirkungsspektrum der Pestwurz sind folgende Eigenschaften von besonderer Bedeutung. Einerseits gilt diese Heilpflanze als wirksames Beruhigungsmittel (Nervosität, Schlaflosigkeit, Husten etc.) und außerdem wirkt sie regulierend auf den Blutdruck, was besonders bei der Behandlung von Bluthochdruck zum Tragen kommt. Hinzu kommt, daß diese Heilpflanze als geeignetes Heilmittel und Prophylaxe bei Migräne gilt. Die Pestwurz entfaltet die beschriebenen Heilwirkungen am effektivsten, wenn der pflanzliche Rohstoff abgekocht wird (Verhältnis 5:100). Von dieser Abkochung sollte man nach dem Mittag- und Abendessen jeweils eine kleine Tasse zu sich nehmen.

Neben- und Wechselwirkungen, Gegenanzeigen: Während der Schwangerschaft und der Stillzeit sollte auf andere Heilpflanzen zurückgegriffen werden.

Petersilie (Petroselinum crispum)

Pflanzenfamilie: Doldenblütler

Botanische Schilderung: Die Petersilie kann getrost als eine der bekanntesten Gemüsepflanzen überhaupt bezeichnet werden. Ursprünglich im vorderen Orient beheimatet, wird sie schon seit langer Zeit in Europa kultiviert. Die Petersilie ist eine zweijährige Pflanze aus der Familie der Doldenblütler, die über eine robuste Pfahlwurzel verfügt, aus welcher im ersten Jahr einige Blätter wachsen. Erst im zweiten Jahr des Lebenszyklus der Petersilie erhebt sich der bis zu 1 m hohe Blütenstengel, an dessen oberen Ende die gelbgrünen Blütendolden stehen. Die randgezähnten, gefiederten Blätter, die die Aromastoffe beinhalten, derentwegen die Petersilie als Gewürzpflanze geschätzt wird, sitzen auf Stengeln. Sie sind oval geformt und dunkelgrün gefärbt.

Blütezeit: Mai und Juni

Verwendete Pflanzenteile: Es wurden sowohl in der kräftigen Pfahlwurzel wie auch in den Blättern heilwirksame Stoffe nachgewiesen.

Inhaltsstoffe: Ätherisches Öl, fettes Öl, Flavonglykoside, Flavonoide, Furanocumarine, Polyine und Triterpene

Heilwirkung und Anwendung: Obwohl die Petersilie eine im höchsten Maße geschätzte Gewürzpflanze ist, hat sie als Heilpflanze lange Zeit ein Schattendasein gefristet. Und das völlig zu Unrecht, denn neben einem relativ hohen Anteil an Vitamin C und ätherischen Ölen enthält die Petersilie Wirkstoffe, die sie zu einem guten Arzneimittel bei Appetitlosigkeit machen. Darüber hinaus haben wissenschaftliche Untersuchungen ergeben, daß die Petersilie den Flüssigkeitshaushalt anregt, zumal sie die Ausscheidung von Harn und Schweiß beschleunigt. Wenn man sich diese Qualitäten der Petersilie zunutze machen will, wird zur Einnahme von Präparaten auf der Basis der Petersilienwurzel geraten. Zehn Teelöffel des aus der Wurzel gewonnenen Safts reichen dabei aus. Bei Insektenstichen kann die Petersilie äußerlich angewandt werden, um die Schmerzen zu lindern. Hierfür werden die betroffenen Körperpartien mit zerriebenen Blättern behandelt.

Neben- und Wechselwirkungen, Gegenanzeigen: In überhöhter Dosierung kann das im ätherischen Öl vorhandene Apiol Nebenwirkungen wie Herzrhythmusstörungen, Schädigungen der Leber und allergische Reaktionen von Haut und Schleimhäuten verursachen. Schwangere und Patienten, die unter Nierenerkrankungen leiden, sollten auf andere Heilpflanzen zurückgreifen.

Pfefferminze (Mentha piperita)

Pflanzenfamilie: Lippenblütler

Botanische Schilderung: Die geschmacklichen Qualitäten dieser Heilpflanze vorzustellen, käme dem Versuch gleich, die Geschichte des Lutschbonbons zu skizzieren. Pfefferminz-Bonbons, Pfefferminztee und Pefferminzöl sind nur einige der uns wohl vertrauten Botschafter dieses Evergreens aus dem Kräutergarten. Die eigentliche Pflanze wird zwar in vielen mitteleuropäischen Gärten kultiviert, ist allerdings nicht ganz so bekannt wie ihre Inhaltsstoffe. Die Pfefferminze ist eine krautig wirkende, mehrjährige Pflanze, deren Stengel etwa einen halben Meter hoch wird. Charakteristisch sind die in Ähren zusammengefaßten, violett-rosa Blüten, die im Hochsommer die Stengel der Pfefferminze zieren. Die gegenständigen (paarweise auf gegenüber liegenden Seiten des Stengels befindlichen) Blätter sind dunkelgrün, randgezähnt und verfügen über rötliche Blattadern an der Unterseite. Für den typischen Geruch der Pfefferminze sind ätherische Öle verantwortlich, die diese Heilpflanze enthält.

Blütezeit: Von Juni bis August

Verwendete Pflanzenteile: Die Blätter und die Blüten der Pfefferminze gelten als heilwirksam und werden daher gesammelt.

Inhaltsstoffe: Ätherisches Öl, Flavonoide und Gerbstoffe

Heilwirkung und Anwendung: Die erfrischende und verdauungsfördernde Wirkung der Pfefferminze kann man sich durchaus auch mit herkömmlichen Tees zunutze machen. Handelsübliche Pfefferminzöle eignen sich außerdem zur äußerlichen Anwendung bei Husten oder starkem Juckreiz. Es besteht natürlich auch die Möglichkeit, das Pflanzengut im Verhältnis von 5:100 aufzugießen. Der Infus kann über Kompressen aufgebracht oder für Waschungen benutzt werden.

Neben- und Wechselwirkungen, Gegenanzeigen: Präparate auf Pfefferminz-Basis können bei besonders empfindlichen Patienten Magenbeschwerden verursachen.

Pflaume (Prunus domestica)

Pflanzenfamilie: Rosengewächse

Botanische Schilderung: In unseren Breiten gehört die Pflaume (oder Zwetschge) sicher zu den bekanntesten Obstsorten. Die verschiedenen Möglichkeiten der Verarbeitung der violetten Steinfrüchte des Pflaumbaums vom Pflaumenmus bis hin zum Zwetschgendatschi haben sicher dazu beigetragen, daß sich die Pflaume so hoher Beliebtheit erfreut.

Der Pflaumbaum selbst ist eng mit Kirsche und Pfirsich verwandt. Als typischer Obstbaum wird er kaum höher als 10 m und sieht in seiner reichen Verzweigung mitunter eher wie ein großer Strauch aus. Die runzlige Rinde ist dunkel gefärbt und macht einen knorrigen Eindruck. Die ovalen Blätter stehen auf langen Stielen entlang der Zweige. Der Blattrand weist eine feine Zähnung auf und an ihrer Unterseite sind die Blätter leicht behaart. Die weißen Blüten wachsen zumeist paarweise an den Knospen vorjähriger Triebe. Die rötlich-violette Steinfrucht zu beschreiben, käme dem Versuch gleich, Wespen von frischem Zwetschgendatschi fernzuhalten.

Der Pflaumbaum wird in weiten Teilen Europas als Gartenbaum gezüchtet. Obwohl er ursprünglich aus Asien stammt, allerdings schon vor mehr als 2000 Jahren von Alexander dem Großen nach Europa gebracht wurde, findet man den Pflaumbaum auch in seiner verwilderten Form vor.

Blütezeit: April und Mai

Verwendete Pflanzenteile: Die Früchte und die Rinde des Pflaumbaums sind aus Sicht der modernen Pflanzenheilkunde von Interesse.

Inhaltsstoffe: Bitterstoffe, organische Säuren, Pektine, Tannine und Vitamine (Früchte)

Heilwirkung und Anwendung: Die abführende Wirkung getrockneter Pflaumen hat fast sprichwörtliche Bekanntheit. Es sind Wirkstoffe in den Früchten enthalten, die die Darmtätigkeit anregen und darüber hinaus auch Toxine absorbieren (bzw. binden). Wer auf dieses besonders schonende Arzneimittel zurückgreifen möchte, sollte die Früchte (getrocknet und entkernt) kochen und anschließend einnehmen. Je nach Geschmack kann der Abkochung eine Süßholzwurzel beigegeben werden.

Neben der Heilwirkung der Früchte kann auch die Rinde verwendet werden. Sie gilt als wirksames Fiebermittel. Empfohlen wird eine Abkochung im Verhältnis von 4:100, von der man täglich eine Tasse zu sich nehmen sollte.

Neben- und Wechselwirkungen, Gegenanzeigen: Überreichlicher Genuß von Pflaumen kann Durchfall verursachen.

Q

Quecke, gemeine (Agropyron repens)

Pflanzenfamilie: Süßgräser

Botanische Schilderung: Die Quecke ist eine eher unscheinbare Pflanze, die zur Familie der Süßgräser gehört. Auffallend sind die dünnen Stengel, die aus knotigen Verdickungen im Wurzelstock wachsen. Der Wurzelstock selbst kann eine Länge von mehreren Metern erreichen und ähnelt in seinem Wachstum den Stengeln, die sich in Knoten und den Abschnitten zwischen diesen (Internodien) unterteilen. Die Blüten der Quecke wachsen auf Ähren und die zweigeteilten Blätter trennen sich in eine sogenannte Blattscheide und eine vom Stengel abknickende Blattspreite, die sich zur Spitze hin verjüngt. Die Quecke ist in ganz Europa verbreitet und wächst in Gärten oder auf Wiesen und Feldern.

Blütezeit: Juni und Juli

Verwendete Pflanzenteile: Der Wurzelstock der Quecke wird ausgegraben, gereinigt und anschließend getrocknet.

Inhaltsstoffe: Pflanzenschleim, Salze und Zucker

Heilwirkung und Anwendung: Die reinigende, harntreibende Wirkung der Quecke ist in der Volksheilkunde schon seit Jahrtausenden bekannt. Sie eignet sich daher besonders gut, den Flüssigkeitshaushalt des Körpers anzukurbeln und wird daher bei arthritischen und rheumatischen Beschwerden verabreicht. Darüber hinaus kann die Quecke auch bei Entzündungen im Magen-Darm-Bereich eingesetzt werden. Der Wurzelstock sollte dafür in Wasser abgekocht werden. Die Abkochung wird nach 1 bis 2 Minuten abgegossen und anschließend im Verhältnis von 4:100 in Wasser verdünnt. Zwei bis drei Tassen am Tag sind angebracht.

Neben- und Wechselwirkungen, Gegenanzeigen: Sind nicht bekannt.

Quendelseide (Cuscuta epithymum)

Pflanzenfamilie: Seidengewächse

Botanische Schilderung: Die Quendel ist eine parasitär lebende Pflanze, die sich mit Hilfe von Haftorganen an ihren Wirtspflanzen festhält und mit ihren dünnen gelbroten Stengeln an diesen nach oben windet. Als Parasit, der die benötigten Nährstoffe dem Wirt entnimmt, benötigt die Quendel keine Chlorophyll-Fabriken und hat deshalb keine Blätter. Ein guter Beweis dafür, wie nüchtern und sachlich die Evolution vorgeht. Die weißlichen Blüten sitzen direkt an den fadenförmigen, gewundenen Stengeln. Sie bilden kugelförmige Knäuel. Die Überlebensstrategie der Quendel hat sich als höchst wirksam erwiesen, und so ist die Quendel in Mitteleuropa sehr häufig anzutreffen, wird aber als recht unauffällige Pflanze häufig übersehen.

Blütezeit: Von Mai bis September

Verwendete Pflanzenteile: Die Pflanzenheilkunde nutzt die gesamt Pflanze.

Inhaltsstoffe: Enzyme, Glykoside und Harze

Heilwirkung und Anwendung: Die volksheilkundliche Verwendung der Quendel läßt sich weit zurückverfolgen. Ihre anregende Wirkung auf die Funktionen von Leber und Galle wird schon seit langer Zeit genutzt. Da sie auch den Magen-Darm-Trakt stimuliert, kann sie in der Behandlung von Stoffwechselstörungen verwendet werden. Hierfür empfiehlt sich ein Aufguß des Pflanzenguts, der im Verhältnis von 3:100 vorgenommen werden sollte. Eine kleine Tasse reicht aus, um die stimulierenden Eigenschaften wirksam werden zu lassen. Der gleiche Aufguß eignet sich äußerlich angewandt zur Behandlung von Hautreizungen und Sonnenbränden, wenn er mit Hilfe getränkter Kompressen auf die in Mitleidenschaft gezogenen Hautpartien gebracht wird.

Neben- und Wechselwirkungen, Gegenanzeigen: Sind nicht bekannt.

Quitte (Cydonia oblonga)

Pflanzenfamilie: Rosengewächse

Botanische Schilderung: Die Quitte ist ein kleiner Obstbaum, der schon vor langer Zeit von Asien nach Europa gebracht wurde und hier vor allem in den gemäßigten Klimazonen Mitteleuropas zu finden ist. Die ovalen Blätter der Quitte stehen auf recht kurzen Stengeln und verfügen an ihrer Unterseite über eine auffallend dichte Behaarung. Doch das sicherste Merkmal der Quitte sind neben ihren Früchten die großen rosa Blüten, die einzeln auf kurzen Stielen an den Zweigen wachsen. Die schmackhaften gelben Früchte der Quitte haben in etwa die Form von Birnen. Sie eignen sich sowohl für den Obstkorb wie auch zur Herstellung von Marmelade.

Blütezeit: Mai und Juni

Verwendete Pflanzenteile: Bei der Quitte kommen für die Pflanzenheilkunde die Früchte, die darin enthaltenen Samen und die Blätter in Betracht.

Inhaltsstoffe: Pektine, Pflanzenschleim, Tannine und Zucker

Heilwirkung und Anwendung: Der regelmäßige Verzehr von Quittenfrüchten ist besonders zu empfehlen, wenn es gilt, die Verdauung zu regulieren und Entzündungen im Magen-Darm-Trakt zu unterbinden. Die entzündungshemmenden Einflüsse der Quitten lassen sich auch im Mund- und Rachenbereich anwenden, wobei die Früchte im Verhältnis von 10:100 abgekocht werden. Das Dekokt kann dann für Mundspülungen eingesetzt werden.

Die in den Früchten enthaltenen Samen sollte man nicht essen. Sie gelten als ungenießbar, aber entfalten – äußerlich angewandt – einen heilwirksamen Einfluß auf die Haut. Wenn man unter einer spröden, trockenen Haut leidet, können mit dem Dekokt (Verhältnis 10:100) der Samen getränkte Kompressen eine Besserung bewirken.

Neben- und Wechselwirkungen, Gegenanzeigen: Sind nicht bekannt.

R

Reiherschnabel (Erodium cicutarium)

Pflanzenfamilie: Storchschnabelgewächse

Botanische Schilderung: Der Reiherschnabel ist eine krautartige, etwa halbmeterhohe Pflanze, deren Stengel sowohl am Boden entlangkriechen wie auch gerade nach oben wachsen können. Besonders auffällig ist die durchgehend starke Behaarung des Reiherschnabels, die mit Ausnahme der Blüten und der Blätter die ganze Pflanze überzieht. Die gefiederten Blätter sind randgezähnt und die einzelnen, spitz zulaufenden Fiedern haben eine länglich-ovale Form. Der Reiherschnabel blüht relativ früh (ab Mai). Die Blüten sitzen auf langen Stielen, die aus den Achseln oberer Blätter wachsen. Sie bilden Dolden, die nur selten aus mehr als zehn einzelnen violetten Blüten bestehen. Der Reiherschnabel gehört zur Familie der Storchschnabelgewächse. Der Name ist im Zusammenhang mit den länglichen Schließfrüchten entstanden, die einem Vogelschnabel gleichen. Der Reiherschnabel stellt keine besonderen Ansprüche an Bodenqualität oder klimatische Bedingungen. Das hat dazu beigetragen, daß diese mehrjährige Heilpflanze überall in Europa verbreitet ist.

Blütezeit: Mai und Juni

Verwendete Pflanzenteile: Der gesamte oberirdische Teil der Pflanze beinhaltet heilwirksame Stoffe.

Inhaltsstoffe: Fette, organische Säuren und Tannine

Heilwirkung und Anwendung: Wegen seiner adstringierenden (zusammenziehenden) Wirkung eignet sich diese Heilpflanze besonders, Darmentzündungen zu behandeln. Sollten diese von Durchfall begleitet werden, so spricht das für die Verwendung des Reiherschnabels, der außerdem auch bei überstarken Menstruationsblutungen eingesetzt werden kann. Die Heilwirkung des Reiherschnabels entfaltet sich am besten, wenn das Pflanzengut im Verhältnis von 5:100 aufgegossen wird. Zwei Tassen dieses Aufgusses sind ausreichend.

Neben- und Wechselwirkungen, Gegenanzeigen: Sind nicht bekannt.

Ringelblume (Calendula officinalis)

Pflanzenfamilie: Korbblütler

Botanische Schilderung: Die Ringelblume ist eine jener zahlreichen Heilpflanzen, die auch in der Homöopathie Verwendung finden. Die großen, rotorange-gelben Büten der Ringelblume sind ebenso schön wie auffällig und können damit getrost als eine zarte Versuchung für bestäubende Insekten bezeichnet werden. Die prächtige „Zurschaustellung" der (endständigen) Blüten verdanken diese dem bis zu 1 m hohen, verästelten Stengel. Sowohl der Stengel wie auch die länglichen, seitlich gezähnten Blätter sind behaart und verfügen über eine Vielzahl kleiner schwarzer Drüsen. Die Ringelblume ist in weiten Teilen Europas ansässig und gedeiht ebenso in Gärten wie auf Wiesen oder steinigem Untergrund.

Blütezeit: Von Juni bis Oktober

Verwendete Pflanzenteile: Bei dieser Heilpflanze werden die Blätter, die blühenden Sproßspitzen und die Blüten gesammelt.

Inhaltsstoffe: Ätherisches Öl, Carotinoide, Glykoside und Pflanzenschleim

Heilwirkung und Anwendung: Die besondere Eignung der Ringelblume, Entzündungen der Haut zu heilen, hat dazu geführt, daß verschiedene Salben auf Ringelblumen-Basis angeboten werden. Vergleichbare Behandlungsergebnisse lassen sich erzielen, wenn das Pflanzengut im Verhältnis von 5:100 abgekocht wird. Abschließend können getränkte Umschläge auf die betroffenen Hautpartien gelegt werden. Innerlich angewandt wird der Ringelblume ein regulierender Einfluß auf die Regelblutung nachgesagt. Dabei wird das Pflanzengut im Verhältnis von 1:100 als Tee aufgegossen. Außerdem besteht die Möglichkeit, eine Handvoll Pflanzengut als Badezusatz zu nutzen, um trockene Haut zu beleben.

Neben- und Wechselwirkungen, Gegenanzeigen: Sind nicht bekannt.

Röhrenkassie (Cassia fistula)

Pflanzenfamilie: Caesalpinienartige Gewächse

Botanische Schilderung: Die Röhrenkassie ist ein schlanker, gerade wachsender Baum, der im tropischen Afrika zu Hause ist. Typisch ist die besonders hohe Anzahl von Ästen, die vom Stamm wachsen. Die gefiederten Blätter sind oval geformt und stehen auf kurzen Stielen. Entlang der gut sichtbaren Aderung sind sie leicht behaart. Die gelben Blüten wachsen in hängenden Trauben, wobei die einzelnen Blüten allesamt fünf unterschiedlich große Kronblätter haben. Das typische Kennzeichen der Röhrenkassie sind die etwa 50 cm langen Hülsenfrüchte, in deren Fruchtfleisch sich bis zu 100 Samen befinden. Die Hülsenfrüchte haben dem Baum auch seinen Namen gegeben.

Blütezeit: April und Mai

Verwendete Pflanzenteile: Die in den Hülsenfrüchten eingebetteten Samen sind für die Pflanzenheilkunde von Bedeutung.

Inhaltsstoffe: Cassia-Emodin, Chrysophansäure, Harze, organische Säuren, Pektine und Tannine

Heilwirkung und Anwendung: Präparate auf der Basis der Röhrenkassie werden seit jeher wegen ihrer regulierenden Wirkung auf den Darm geschätzt. Sie helfen bei Darmentzündungen und können aufgrund ihrer guten Verträglichkeit auch als Aufbaumittel nach langen Krankheiten eingesetzt werden. Falls verfügbar, kann das Fruchtfleisch verzehrt werden (etwa 20 g pro Tag). Andernfalls wird zu einer Abkochung des pflanzlichen Rohstoffs geraten (Verhältnis 10:100), von der man täglich bis zu fünf Tassen zu sich nehmen kann.

Neben- und Wechselwirkungen, Gegenanzeigen: Sind nicht bekannt.

Rosmarin (Rosmarinus officinalis)

Pflanzenfamilie: Lippenblütler

Botanische Schilderung: Der Rosmarin ist ein immergrüner Strauch, dessen Größe stark schwankt. Neben Sträuchern, die eine Höhe von 2,5 m erreichen, gibt es andere Exemplare, die kaum 20 cm messen. Mehr Aussagekraft als die Größe bieten da schon die Blätter, die lederartig sind und an ihrer Unterseite eine dichte Behaarung aufweisen. Sie sind äußerst schmal und erinnern in ihrer Form ein wenig an Tannennadeln. Typisch ist außerdem der nach unten gebogene Rand der Rosmarinblätter. Im oberen Bereich junger Zweige wachsen die Blüten aus den Blattachseln. Als Lippenblütler hat der Rosmarin röhrenförmige Blüten, deren hellblaue Kronen sich in zwei Lippen teilen.

Wilder Rosmarin ist ausschließlich in den Mittelmeerländern verbreitet. Doch wegen seiner hochgeschätzten aromatischen Eigenschaften, die den Rosmarin zu einer wertvollen Gewürzpflanze machen, wird er mittlerweile auch in Mitteleuropa angebaut.

Blütezeit: Von März bis Mai

Verwendete Pflanzenteile: Die jungen Zweige mit den Blüten und den Blättern sind aufgrund der enthaltenen Substanzen aus Sicht der Pflanzenheilkunde von Bedeutung.

Inhaltsstoffe: Ätherisches Öl und Gerbstoffe

Heilwirkung und Anwendung: Rosmarin wird sowohl zur äußerlichen wie auch zur innerlichen Verwendung empfohlen. Zur Einnahme eignen sich im Handel erhältliche Rosmarintinkturen. Sie wirken schmerzstillend, krampflösend und regen die Verdauung an. Auch bei Menstruationsbeschwerden können Rosmarinpräparate eingenommen werden. Zur äußerlichen Anwendung eignen sich Rosmarinaufgüsse wegen ihrer antiseptischen Eigenschaften bei rheumatischen Beschwerden und zur Hautreingung. Hierfür wird der pflanzliche Rohstoff im Verhältnis von 5:100 aufgegossen. Anschließend können Waschungen mit dem Teeauszug durchgeführt werden.

Neben- und Wechselwirkungen, Gegenanzeigen: Sind nicht bekannt.

Roßkastanie (Aesculus hippocastanum)

Pflanzenfamilie: Roßkastaniengewächse

Botanische Schilderung: Die Roßkastanie ist ein in Europa weit verbreiteter Laubbaum, dessen Kastanien-Frucht insbesondere auf Kinder eine anziehende Wirkung ausübt. Die braunen Samen der Kastanie platzen im Herbst aus ihrer stacheligen Schale. Neben den Früchten der Roßkastanien haben es auch die Blüten zu einer beträchtlichen Berühmtheit gebracht. Gerade für Biergartenbesucher besitzen die zu Rispen zusammengefaßten, weißen Blüten im Frühjahr eine Signalfunktion, sich im Schatten der schönen Bäume eine Maß Bier zu gönnen. Schlußendlich dürfen auch die Blätter nicht fehlen, wenn es heißt, die Charakteristika dieses Baumes zu nennen. Die gefingerten Blätter der Roßkastanie haben schon Generationen von Kindern zu einem kleinen Umweg eingeladen. Es steigt der Grad der Anziehungskraft des herbstlichen Laubes mit der Haufengröße, zu der es sich gerne zusammenrottet. Die „Attraktivität" der Roßkastanie läßt sich schon daran ablesen, daß sie ein regelrechter Evergreen in Europas Gärten und Parkanlagen geworden ist. Darüber hinaus macht die Roßkastanie auch als Heilpflanze eine gute Figur.

Blütezeit: Mai

Verwendete Pflanzenteile: Zur Herstellung entsprechender Arzneimittel werden die Samen (Kastanien) und die Rinde junger Äste verwendet.

Inhaltsstoffe: Aescin und Flavonoide

Heilwirkung und Anwendung: In der Volksheilkunde wurde überliefert, daß sich die Kastanie zur Behandlung von Hämorrhoiden anböte. Auch bei Krampfadern und Venenentzündungen kann die zusammenziehende Wirkung der Roßkastanie dazu beitragen, die Beschwerden zu lindern.

Es ist jedoch wichtig, daß das Pflanzengut nur äußerlich angewandt werden sollte. Dazu ist es erforderlich, die Droge im Verhältnis von 6:100 in Wasser abzukochen. Das Dekokt kann dann sowohl als Badezusatz wie auch in Form von getränkten Umschlägen eingesetzt werden.

Neben- und Wechselwirkungen, Gegenanzeigen: Präparate auf Roßkastanien-Basis können erhebliche Magenbeschwerden verursachen.

S

Salbei, echter (Salvia officinalis)

Pflanzenfamilie: Lippenblütler

Botanische Schilderung: „Was braucht ein Mensch zu sterben, wenn Salbei in seinem Garten wächst ..." heißt es in einem römischen Aphorismus. In der Tat, im Altertum und noch weit ins Mittelalter hinein galt Salbeikraut als Wundermittel, das „fast alle Krankheiten heilt".

Der hierzulande vorwiegend als Gewürzpflanze bekannte Salbei ist im mediterranen Südeuropa beheimatet. Er wächst als relativ kleiner Strauch (kaum höher als 1 m), der nur im unteren Bereich verholzt ist. Als immergrüne Pflanze legt der Salbei sein Blattkleid auch im Winter nicht ab. Die länglichen gestielten Blätter stehen gegenständig (gegenüberliegend auf selber Höhe) an den Stengeln. Sie haben eine runzelig wirkende, behaarte Oberfläche und sind an ihren Rändern unregelmäßig gezähnt. Besonders auffällig sind die violetten Blüten des Salbeis, die die Pflanze in großer Anzahl förmlich übersäen. Sie wachsen in sogenannten Quirlen, die sich aus maximal fünf einzelnen Blüten zusammensetzen. Ihre röhrenähnlichen Kronen bestehen aus einer dreigeteilten Unterlippe und einer einfachen Oberlippe, was die Zugehörigkeit des Salbeis zur Pflanzenfamilie der Lippenblütler erklärt.

Blütezeit: Juni und Juli

Verwendete Pflanzenteile: Als heilwirksam gelten sowohl die Blätter wie auch die blühenden Sproßspitzen.

Inhaltsstoffe: Ätherisches Öl, Bitterstoffe, Flavonoide, Gerbstoffe und Triterpene

Heilwirkung und Anwendung: Salbeitee (Aufgüsse) ist überall erhältlich und bedarf aufgrund seiner guten Verträglichkeit keiner weiteren Dosierungsvorschrift. Vor allem bei Asthma und Husten erweist sich der Salbei als geeignetes Arzneimittel, zumal er über auswurffördernde Stoffe verfügt. Ferner übt der

Salbei eine regulierende Wirkung auf die Verdauung aus (Verstopfung) und ist darüber hinaus in der Lage, den Blutzuckerspiegel zu senken.

Neben- und Wechselwirkungen, Gegenanzeigen: Das ätherische Öl sollte man während einer Schwangerschaft nicht verwenden.

Sanddorn (Hippophae rhamnoides)

Pflanzenfamilie:

Ölweidengewächse

Botanische Schilderung:

Der Sanddorn ist ein stark verästelter Strauch, der hauptsächlich im Alpenraum zu finden ist. Diese Heilpflanze aus der Familie der Ölweidengewächse ist an Ästen und Zweigen mit Dornen besetzt und hat eine Vorliebe für trockene Böden. Daher der Name Sanddorn. Weiterhin typisch für den Sanddorn sind die orangeroten Beerenfrüchte, die sich aus den Fruchtknoten bilden. Tatsächlich handelt es sich im engeren Sinne gar nicht um Beeren, sondern um sogenannte Scheinfrüchte. Sie ummanteln die eigentliche Frucht, eine Nuß. Die Äste und Zweige des Sanddorns sind im Herbst förmlich übersät von den stiellos wachsenden Scheinfrüchten. Im Sinne eines dezenten Farbarrangements hat „Mutter Natur" dafür gesorgt, daß das Graugrün der schmalen, länglichen Blätter vorzüglich mit den orangeroten Beeren korrespondiert.

Blütezeit: April

Verwendete Pflanzenteile: Es sind die Beeren des Sanddorns, die trotz anderslautender Gerüchte verträglich, schmackhaft und heilsam sind.

Inhaltsstoffe: Organische Säuren, Pflanzenschleim und Vitamin C

Heilwirkung und Anwendung: Die Scheinfrüchte sind reich an Vitamin C und eignen sich gut zur Marmeladenherstellung. Außerdem wird Präparaten auf Sanddorn-Basis bescheinigt, daß diese gegen Durchfall und Darmentzündungen wirken. Dafür empfiehlt es sich, 25 Gramm des frischen Breis aus dem Pflanzengut zu sich zu nehmen. Die äußere Anwendung des

Sanddorns wird empfohlen, wenn Entzündungen der Mundschleimhäute oder angegriffenes Zahnfleisch behandelt werden sollen. Hierzu wird das im Verhältnis von 5:100 aufgegossene Pflanzengut zum Gurgeln verwendet.

Neben- und Wechselwirkungen, Gegenanzeigen: Sind nicht bekannt.

Sauerampfer (Rumex acetosa)

Pflanzenfamilie: Knöterichgewächse

Botanische Schilderung: Der Sauerampfer gehört zu den Knöterichgewächsen. Es handelt sich um eine mehrjährige Pflanze, aus deren robuster Wurzel ein circa meterhoher Stengel wächst. Die Blätter teilen sich in zwei Sorten. Einerseits eine bodenständige Blattrosette und andererseits die Stengelblätter, die keinen Stiel haben und mit ihrer Blattscheide den Stengel umfassen. Die roten Blüten wachsen auf einer länglichen Rispe. Der Sauerampfer kommt in ganz Europa vor und bevorzugt offenes Gelände.

Blütezeit: Von Juni bis August

Verwendete Pflanzenteile: Mit Ausnahme der Wurzel wird die gesamte Pflanze in der modernen Pflanzenheilkunde benutzt.

Inhaltsstoffe: Antrachinone und Oxalat

Heilwirkung und Anwendung: Obwohl die harntreibende Wirkung des Sauerampfers erwiesen ist, wird der Sauerampfer nur selten innerlich eingesetzt. Als sparsam verwendete Salatbeigabe sind die frischen Blätter des Sauerampfers durchaus empfehlenswert. Die äußere Anwendung bei Entzündungen des Zahnfleisches und der Mundschleimhaut ist hingegen recht gebräuchlich. Hierfür wird die zerkleinerte Pflanze im Verhältnis von 5:100 abgekocht. Dieses Dekokt kann dann als Gurgelwasser benutzt werden.

Neben- und Wechselwirkungen, Gegenanzeigen: Bei Leberleiden sollte eine andere Heilpflanze verwendet werden. Die enthaltenen Oxalate können außerdem Magenbeschwerden verursachen. Es ist daher eine sparsame Verwendung des Sauerampfers zu empfehlen.

Schafgarbe, gemeine (Achillea millefolium)

Pflanzenfamilie: Korbblütler

Botanische Schilderung: Die Schafgarbe ist eine bis zu 60 cm hohe, buschige Pflanze, die sich neben ihrem holzigen, mitunter weit verzweigten Wurzelstock durch die weißen Blüten auszeichnet, die an der Spitze der frischen Sprossen sitzen und keinen Hehl aus der Zugehörigkeit der Schafgarbe zur Familie der Korbblütler machen. Die einzelnen Blüten bilden Dolden, der die Schafgarbe ihr charakteristisches Erscheinungsbild verdankt. Als besonders widerstandsfähige Pflanze kommt Achillea millefolium praktisch in ganz Europa vor und bevorzugt dabei freie Flächen wie Wiesen und Wegränder. Die Blätter sitzen wechselständig (abwechselnd je ein Blatt links oder rechts) am Stengel und wirken aufgrund ihrer länglichen gefiederten (mehrfach eingeschnittenen und dabei an einzelne Federn erinnernden) Form eher unscheinbar.

Blütezeit: Von Juni bis Oktober

Verwendete Pflanzenteile: Von therapeutischer Bedeutung sind lediglich die blühenden Sproßspitzen der gemeinen Schafgarbe, die in den Sommermonaten geerntet werden können.

Inhaltsstoffe: Ätherisches Öl und Flavonoide

Heilwirkung und Anwendung: Die gemeine Schafgarbe verfügt über ein besonders vielfältiges Wirkungsspektrum. So eignet sie sich aufgrund ihrer sedativen (beruhigenden) Wirkstoffe zur Behandlung von nervösen Erschöpfungszuständen und Schlaflosigkeit. Gleichzeitig wird der therapeutische Einsatz von Achillea millefolium zur Anregung einer trägen Verdauung ebenso empfohlen wie zur Behandlung von Magen- und Bauchschmerzen.

Die gebräuchlichste Form der Einnahme des Pflanzenguts ist der Tee. Bisweilen wird auch eine Weintinktur im Verhältnis von 4:100 empfohlen. Äußerlich angewandt wird Achillea millefolium, wenn kleine Wunden oder Entzündungen behandelt werden sollen (Kompressen). Bei Entzündungen der Mundschleimhaut oder des Rachenbereichs kann mit dem Tee (bzw. der Tinktur) auch gegurgelt werden.

Neben- und Wechselwirkungen, Gegenanzeigen: Sind nicht bekannt.

Schlangenknöterich (Polygonum bistorta)

Pflanzenfamilie: Knöterichgewächse

Botanische Schilderung: Der Schlangenknöterich kann wie sein enger Verwandter, der Vogelknöterich, als Heilpflanze auf eine bewegte Vergangenheit zurückblicken. Der Name dieser Pflanze stammt dennoch nicht aus dem Rezeptbuch eines mittelalterlichen Wunderheilers, sondern bezieht sich auf die waagerecht wachsende, gewundene Wurzel, die einer Schlange ähnelt. Die unverzweigten Stengel des Schlangenknöterich werden etwa einen halben Meter hoch. Bei den Blättern sticht der eklatante Größenunterschied zwischen den großen bodenständigen Blättern und den eher unscheinbaren kleinen Stengelblättern ins Auge. Nur die länglich-ovale Form beider Blattformen macht deutlich, daß sie zur selben Pflanze gehören. Die rosa Blütenähren des Schlangenknöterich stehen an den Stengelenden und können getrost als Charakteristikum dieser Pflanze bezeichnet werden. In Mittel- und Nordeuropa ist der Schlangenknöterich weit verbreitet und insbesondere auf feuchten Wiesen zu finden.

Blütezeit: Von Juni bis August

Verwendete Pflanzenteile: Neben den Blättern ist es vor allem der Wurzelstock, der als Grundlage für naturheilkundliche Präparate genutzt wird.

Inhaltsstoffe: Pflanzenstärke und Tannine

Heilwirkung und Anwendung: Das aus dem Wurzelstock dieser Heilpflanze gewonnene Pulver ist aufgrund seiner zusammenziehenden (adstringierenden) Eigenschaft ein bewährtes Arzneimittel bei entzündlichen Beschwerden des Magen-Darm-Trakts. Hierfür sollte man das Pulver ohne weitere Zubereitung zu sich nehmen (2 Gramm in Marmelade oder anderen Trägerstoffen zweimal täglich). Das Schlangenknöterich-Pulver eignet sich ebenfalls zur Behandlung entzündeter Mundschleimhäute, wobei ein Aufguß im Verhältnis von 5:100 vorgenommen werden sollte. Es ist darauf zu achten, daß das Wasser nicht kocht, da sonst die Wirkstoffe verlorengehen. Der Aufguß sollte darüber hinaus lange ziehen (1 Stunde) und kann anschließend für Mundspülungen verwendet werden.

Neben- und Wechselwirkungen, Gegenanzeigen: Sind nicht bekannt.

Schlüsselblume (Primula veris)

Pflanzenfamilie: Primelgewächse

Botanische Schilderung: Die Schlüsselblume ist eine der bekanntesten wild wachsenden Blumen in unseren Breiten. Als typischer Frühlingsbote blüht sie von April bis Mai. Ihre leuchtendgelben Blüten können dabei ganze Wiesen übersäen. Die Blätter dieser mehrjährigen Pflanze bilden eine bodenständige Rosette. Die recht großen Blätter haben eine länglich-ovale Form und eine rundliche abgestumpfte Spitze. Die Oberfläche der Blätter ist runzlig und ihr Rand zumeist gewellt. Aus der Blattrosette wachsen die Blütenstengel, an deren oberem Ende bis zu einem Dutzend einzelner Blüten sitzen. Die für die Schlüsselblume so typischen gelben Blüten haben einen röhrenartigen Kelch, in dem nach dem Abblühen die Fruchtkapseln reifen. Sie enthalten eine Vielzahl kleiner schwarzer Samen. Aus der Schlüsselblume sind die verschiedenen Formen der als Zierpflanze bekannten Primeln gezüchtet, die vielerorts als Zimmerpflanzen gehalten werden. Verbreitet ist die Schlüsselblume praktisch in ganz Europa und mit Ausnahme eines hohen Bedarfs an Sonnenlicht stellt sie wenig Ansprüche an ihren Standort.

Blütezeit: April und Mai

Verwendete Pflanzenteile: Es sind sowohl im mehrjährigen Wurzelstock wie auch in den Blüten heilwirksame Stoffe nachgewiesen worden.

Inhaltsstoffe: Triterpensaponine

Heilwirkung und Anwendung: Zunächst ist es wichtig zu betonen, daß die Blüten und der Wurzelstock unterschiedliche Stoffe enthalten und insofern auch in verschiedenen Bereichen zur Anwendung kommen. Die Blüten werden in erster Linie als Beruhigungsmittel eingesetzt und haben sich bei Schlaflosigkeit, Nervosität und Überaktivität bewährt. Sie entfalten ihre sedativen Eigenschaften am besten, wenn sie aufgegossen werden (Verhältnis 2:100). Mehr als eine Tasse pro Tag sollte man davon nicht zu sich nehmen. Der Wurzelstock der Schlüsselblume hingegen gilt als gutes Arzneimittel gegen Erkältungsbeschwerden. Auch hier wird zu einem Aufguß geraten (Verhältnis 2:100), von dem man täglich zwei kleine Tassen trinken sollte. Darüber hinaus kann der Wurzelstock auch äußerlich angewandt werden, um Gelenkschmerzen, Stauchungen und rheumatische Beschwerden zu behandeln. Dabei wird eine kräftigere Abkochung (Verhältnis 10:100) mittels Waschungen oder getränkter Kompressen auf die betroffenen Körperpartien gebracht.

Neben- und Wechselwirkungen, Gegenanzeigen: Es sind Fälle von Magenbeschwerden und Übelkeit dokumentiert worden, die von einer überhöhten Dosierung herrühren.

Schwarzpappel (Populus nigra)

Pflanzenfamilie: Weidengewächse

Botanische Schilderung: Die Schwarzpappel ist ein Laubbaum, der normalerweise etwa 20 m hoch wird, in Einzelfällen aber auch eine Höhe von mehr als 30 m erreichen kann. An der Silhouette der Schwarzpappel fällt besonders die breite, scheinbar nach oben strebende Krone auf. Die weißgraue Rinde erinnert ein wenig an die der Birke. Die Blätter stehen in wechselständiger Anordnung auf recht langen Stielen an den Zweigen. Sie sind keilförmig und haben eine längliche Blattspitze. Wie bei einigen anderen Bäumen auch bilden sich die Blüten vor den Blättern. Die Schwarzpappel hat sowohl weibliche wie auch männliche Blüten, wobei die Anzahl der männlichen Blüten die der weiblichen um ein Mehrfaches übertrifft. Die Unterscheidung ist recht einfach, da die weiblichen Blüten im Gegensatz zu den männlichen an ihrer Basis von einem gefäßartigen Kelch umgeben sind. Mit Ausnahme der kalten Regionen Nordeuropas ist die Schwarzpappel überall in Europa verbreitet und wird gelegentlich auch als Zierpflanze kultiviert. Aufgrund ihrer Vorliebe für feuchte Böden gedeiht sie am besten in der Nähe von Flüssen und Bächen.

Blütezeit: Von Juni bis August

Verwendete Pflanzenteile: Es sind die Knospen dieses schönen Baumes, die die Schwarzpappel aufgrund ihrer Wirkung als Heilpflanze ausweisen.

Inhaltsstoffe: Ätherische Öle, Salizin und Tannine

Heilwirkung und Anwendung: Die Knospen haben eine so ausgeprägt gute Wirkung bei Hämorrhoiden, daß verschiedene Salben die Wirkstoffe der Schwarzpappel enthalten. Die gleichermaßen zusammenziehende und entzündungshemmende Eigenschaft dieser Heilpflanze kann auch in Form einer Abkochung (Verhältnis 5:100) genutzt werden. Mittels getränkter Umschläge können die Wirkstoffe dann zur Entfaltung gebracht werden.

Neben- und Wechselwirkungen, Gegenanzeigen: Sind nicht bekannt.

Sellerie (Apium gravolens)

Pflanzenfamilie: Doldenblütler

Botanische Schilderung: Der Sellerie ist eine zweijährige Pflanze aus der Familie der Doldenblütler. Die weißen Blüten bilden Dolden und sitzen auf einem mitunter meterhohen Stengel, der sich im zweiten Jahr bildet. Im ersten Jahr seines Lebenszyklus wachsen aus der Wurzel einige langstielige Blätter, die randgezähnt und gefiedert sind. Der Sellerie bildet außerdem paarweise miteinander verbundene Schließfrüchte heran.

Diese Heil- und Gemüsepflanze wächst praktisch in ganz Europa, sowohl in der wilden wie auch in der kultivierten Form. Dabei bevorzugt die wilde Form feuchte Stellen in der Nähe von Gewässern.

Blütezeit: Von Juli bis September

Verwendete Pflanzenteile: Als Pflanzengut werden die Wurzeln und die Früchte des Sellerie angesehen.

Inhaltsstoffe: Ätherisches Öl, Flavonoide und Furanocumarine

Heilwirkung und Anwendung: Der Sellerie ist in seinem Wirkungsspektrum mit anderen pflanzlichen „Reinigungsmitteln" wie dem Spargel oder der großen Klette zu vergleichen. Seine reinigenden und Stoffwechselprozesse fördernden Eigenschaften sind geeignet, wenn die Verdauung angekurbelt werden soll oder eine harntreibende Wirkung beabsichtigt ist (z. B. bei Erkrankungen des rheumatischen Formenkreises). Insbesondere die Früchte des Selleries gelten als ausgezeichnetes Mittel gegen Blähungen. Diese Heilpflanze sollte innerlich angewandt werden. Hierfür wird eine Abkochung im Verhältnis von 3:100 in Wasser verdünnt. Eine Tasse davon nach den Mahlzeiten erscheint angebracht.

Neben- und Wechselwirkungen, Gegenanzeigen: Sellerie kann starke allergische Reaktionen auslösen und die enthaltenen Furanocumarine verursachen gelegentlich Photodermatosen.

Senf, weißer (Sinapis alba)

Pflanzenfamilie: Kreuzblütler

Botanische Schilderung: Senf ist eine einjährige Pflanze, die etwa einen halben Meter hoch wird. Die Stengel sind lediglich im oberen Bereich verzweigt und unten relativ stark behaart. Die gefiederten Blätter stehen auf langen Blattstielen wechselständig an den Stengeln. Auffallend ist der deutliche Größenunterschied der einzelnen Fiedern, denn die Endfieder ist stets größer als die seitlichen. Die gelben Blüten bilden Trugdolden. Nach der Blüte entwickeln sich die Schoten, die von einer borstigen Behaarung überzogen sind. In diesen befinden sich die Samen, aus denen der eigentliche Senf erzeugt wird. In seiner wilden Form ist der eigentliche Senf in weiten Teilen Europas verbreitet und vor allem auf feuchten Böden in der Nähe von Wasserläufen zu finden.

Blütezeit: Von Juni bis August

Verwendete Pflanzenteile: Die Samen des Senfs eignen sich nicht nur zu Herstellung des bekannten Nahrungsmittels, sondern verfügen auch über heilwirksame Inhaltsstoffe.

Inhaltsstoffe: Eiweiß, fettes Öl, Pflanzenschleim und Senföl

Heilwirkung und Anwendung: Man kann die Samen des weißen Senfs wegen ihrer abführenden Wirkung bei Verdauungsstörungen benutzen. Allerdings kommt es bei wiederholter Verwendung zu entzündlichen Prozessen des Verdauungsapparates.

Es ist daher im Grunde nicht ratsam, auf den Senf zurückzugreifen.

Neben- und Wechselwirkungen, Gegenanzeigen: Babys, Kleinkinder und Patienten, die unter Nierenerkrankungen leiden, sollten mit anderen Heilpflanzen behandelt werden. Außerdem sollten Senfpräparate nicht länger als eine Woche eingenommen werden.

Silberweide (Salix alba)

Pflanzenfamilie: Weidengewächse

Botanische Schilderung: Bei der Silberweide handelt es sich um einen ca. 20 m hohen Laubbaum mit ausladender Krone, robustem Stamm und elastischen Zweigen. Die länglichen Blätter stehen auf kurzen Stielen an Ästen und Zweigen. Neben ihrer glänzenden Oberfläche fällt weiterhin die sehr feine Randzähnung auf. Wie bei fast allen anderen Laubbäumen auch handelt es sich bei der Silberweide um eine zweihäusige Pflanze mit männlichen und weiblichen Blüten. Unterscheiden lassen sich männliche und weibliche Kätzchen an ihrer Größe. Denn die männlichen Blütenkätzchen sind länger als die weiblichen. Nach der Blüte entwickeln sich die Fruchtkapseln, die zu ihrer Reife eine Vielzahl von behaarten Samen freigeben. Die Weide ist in ganz Europa verbreitet und vor allem in der Nähe von Gewässern, an Fluß- und Seeufern zu finden.

Blütezeit: Von Juni bis August

Verwendete Pflanzenteile: Die biegsamen jungen Zweige eignen sich nicht nur für die Herstellung geflochtener Körbe, sondern enthalten darüber hinaus höchst wirksame Heilstoffe, die der Silberweide einen Platz in der Grünen Apotheke sichern.

Inhaltsstoffe: Gerbstoffe, Salicin und Salicinderivate

Heilwirkung und Anwendung: Das Pulver aus der Rinde der Silberweide (nicht mehr als 4 Gramm täglich in Wasser verdünnt) wird bei rheumatischen Beschwerden, bei Gicht, Grippe und Fieber zur Einnahme empfohlen. Insbesondere zur Behandlung von Rheuma empfiehlt sich eine gleichzeitige äußerliche Anwendung, bei der das Pulver im Verhältnis 5: 100 für Waschungen oder als Badezusatz genutzt wird.

Neben- und Wechselwirkungen, Gegenanzeigen: Sind nicht bekannt.

Sonnenblume (Helianthus annuus)

Pflanzenfamilie: Korbblütler

Botanische Schilderung: Die Sonnenblume stammt eigentlich aus Südamerika, wurde aber bereits zu Beginn des 17. Jahrhunderts nach Europa gebracht, wo sie seitdem einen regelrechten Siegeszug angetreten hat. Mittlerweile wird die Sonnenblume fast überall in Europa im großen Stil landwirtschaftlich angebaut. Aber die Sonnenblume kann natürlich nicht nur als Nutzpflanze angesehen werden, sondern genießt auch als Zierpflanze einen besonders hohen Stellenwert. Und so erheben sich auch aus zahllosen Gärten und Beeten im Sommer die bis zu 3 m hohen Stengel, um die großen orangegelben Blüten zur Schau zu stellen. Die Blüten bestehen aus den Köpfchen und den gelben Hüllblättern. Die Köpfchen können sich aus mehreren tausend einzelnen Blüten zusammensetzen. Im Spätsommer entwickeln sich dann aus den Blütenköpfchen die schwarzgrauen Schließfrüchte, die Sonnenblumenkerne.

Blütezeit: Von Juli bis September

Verwendete Pflanzenteile: Bei der Sonnenblume gelten die blühenden Sproßspitzen und insbesondere die Kerne als heilwirksam.

Inhaltsstoffe: Betain, Flavonoide, Karotinoide, Linosäure, Phytosterin und Xantophyll

Heilwirkung und Anwendung: Sonnenblumenkerne haben einen festen Platz in unserer Nahrungsmittelindustrie. Ob Sonnenblumenöl oder Sonnenblumenbrot – die Sonnenblume ist für die meisten von uns ein natürlicher Bestandteil des alltäglichen Speiseplans. In der modernen Pflanzenheilkunde wird das Pflanzengut aufgegossen. Wenn nervöse Kopfschmerzen oder Erkältungsbeschwerden behandelt werden sollen, wird dazu geraten, die Kerne zu rösten und anschließend aufzugießen (Verhältnis 5:100). Die Sproßspitzen hingegen kurbeln beim gleichen Vorgang Harnproduktion und Verdauung an (Verhältnis 3:100). Von beiden Aufgüssen reichen täglich jeweils zwei Tassen aus.

Neben- und Wechselwirkungen, Gegenanzeigen: Sind nicht bekannt.

Sonnenhut, roter (Echinacea angustifolia)

Pflanzenfamilie: Korbblütler

Botanische Schilderung: Obwohl der rote Sonnenhut eigentlich aus dem Süden der Vereinigten Staaten stammt, ist er auch in unseren Breiten als Heilpflanze sehr bekannt. Es handelt sich um eine mehrjährige Pflanze aus der Familie der Korbblütler. Aus dem kräftigen, zylindrisch geformten Wurzelstock entwickelt sich im Frühjahr eine grundständige Blattrosette, die aus zahlreichen gestielten Blättern besteht. Übersetzt man den lateinischen Namen angustifolia, hat man bereits einen Hinweis auf die Form dieser Blätter. Denn das bedeutet länglich-lanzettlich. Die roten attraktiven Blüten stehen auf langen Blütenstengeln. Sie bilden einzelne Köpfchen.

Blütezeit: Von Mai bis September

Verwendete Pflanzenteile: Der bis zu 20 cm lange Wurzelstock enthält die heilwirksamen Substanzen.

Inhaltsstoffe: Alkamide, Cynarin, Echinacosid und Polyine

Heilwirkung und Anwendung: Die erste Verwendung des roten Sonnenhuts geht auf die Indianer Nordamerikas zurück. Sie verwendeten die Heilpflanze bei Hauterkrankungen, äußerlichen Blutungen und sogar bei Schlangenbissen. Die in der modernen Pflanzenheilkunde verwendeten Alkoholtinkturen

Heilwirkung und Anwendung: Als fleischfressende Pflanze umgibt den Sonnentau ein mystisches Flair. Aus der nüchterneren Sicht der Pflanzenheilkunde verdient der Sonnentau vor allem wegen seiner Heilwirkung Beachtung. Die Heilpflanze hat hustenlindernde und auswurffördernde Eigenschaften, die z.B. bei Bronchitis, Keuchhusten und erkältungsbedingtem Husten zum Tragen kommen. Am besten läßt sich die Heilkraft des Sonnentaus nutzen, wenn das Pflanzengut im Verhältnis von 2:100 aufgegossen wird. Hiervon genügt täglich eine Tasse.

Neben- und Wechselwirkungen, Gegenanzeigen: Sind nicht bekannt.

Spargel (Asparagus officinalis)

Pflanzenfamilie: Spargelgewächse

Botanische Schilderung: Praktisch jeder hat schon einmal Turione gegessen. Das heißt nicht, daß den Lesern der Verzehr exotischer Insekten unterstellt wird. Als Turione werden die jungen, eßbaren Triebe des Spargels bezeichnet, die nach dem Winter aus dem Wurzelstock sprießen. Turione, die nicht geerntet werden, können zu stattlichen Stauden heranwachsen. Selbst im Mittelmeerraum, wo wilder Spargel recht häufig anzutreffen ist, muß man schon ein wenig suchen, um eine der bis zu 2 m hohen Spargelstauden zu finden. Zur richtigen Jahreszeit (Sommer) wird man dabei erstaunt feststellen, daß der Spargel rötliche Beerenfrüchte entwickelt, die jeweils einen Samen enthalten. In unseren Breiten wird man zumeist vergeblich nach wildem Spargel fahnden und daher auf die kultivierte Form zurückgreifen. Er hat die harntreibende Wirkung des wilden Spargels jedoch nicht verloren.

Blütezeit: Mai und Juni

Verwendete Pflanzenteile: Als heilwirksam gilt die Wurzel des wilden Spargels.

Inhaltsstoffe: Saponine

Heilwirkung und Anwendung: Schon der regelmäßige Verzehr von Gemüsespargel hat einen deutlichen Einfluß auf den Flüssigkeitshaushalt des menschlichen Körpers. Die harntreibende und entschlackende Wirkung des Spargels ist auch decken ähnliche Bereiche ab. So wird der rote Sonnenhut bei Hautentzündungen, Akne und kleineren Wunden empfohlen. Kosmetisch gilt die Verwendung des Pflanzenguts bei Schwangerschaftsstreifen als hilfreich.

Neben- und Wechselwirkungen, Gegenanzeigen: Neben seltenen allergischen Reaktionen können Sonnenhut-Präparate Übelkeit und Erbrechen auslösen.

Sonnentau, rundblättriger (Drosera rotundifolia)

Pflanzenfamilie: Sonnentaugewächse

Botanische Schilderung: Der Sonnentau gehört zu den fleischfressenden Pflanzen, was ihn von fast allen Heilpflanzen drastisch unterscheidet. Als Pflanze ist der Sonnentau allerdings nicht in der Lage, seinen Opfern (kleinen Insekten) nachzustellen. Dieser Mißstand hat die Evolution zu einer bemerkenswert cleveren Lösung des Problems inspiriert. Der Sonnentau wurde mit Werkzeugen ausgestattet, die ihn zum perfekten Fallensteller machen.

Die Blätter dieser kleinen, eher unscheinbaren Pflanze sind bodenständig und bilden eine Rosette um den ca. 15 cm hohen Stengel. Am Rand und auf der Oberfläche dieser Blätter findet sich eine Vielzahl von Borsten, die süßlich klebrige Tropfen absondern. Die Opfer des Sonnentaus werden davon angelockt, bleiben hängen und werden langsam verdaut. Die kleinen Blüten des Sonnentaus wachsen in Ähren an den Stengelenden. Der Sonnentau ist in Mittel- und Nordeuropa zu Hause. Allerdings ist er in den vergangenen Jahren zunehmend selten geworden. Daher wird häufig das in seiner Wirkung praktisch identische afrikanische Sonnentaukraut (Drosera ramentacea) verwendet.

Blütezeit: Von Juni bis August

Verwendete Pflanzenteile: Als heilwirksam gilt der gesamte oberirdische Teil der Pflanze, die im Hochsommer an ihrer Basis abgeschnitten wird.

Inhaltsstoffe: Naphtochinonderivate

Großstadtmenschen bis heute größtenteils bekannt geblieben. Wenn der Körper selbst nicht mehr in der Lage ist, genug Wasser auszuscheiden, etwa bei Übergewicht oder Herzschwäche, dann kann die konzentrierte Wirkung der Spargelwurzel dazu beitragen, den Flüssigkeitshaushalt zu stimulieren, indem Überflüssiges ausgeschwemmt wird. Hierbei wird die Abkochung der Wurzel im Verhältnis von 4:100 in Wasser verdünnt. Nach jeder Mahlzeit eine Tasse ist das normale Maß.

Neben- und Wechselwirkungen, Gegenanzeigen: Sind nicht bekannt.

Speierling (Sorbus domestica)

Pflanzenfamilie: Rosengewächse

Botanische Schilderung: Beim Speierling handelt es sich um einen nicht sehr großen Baum (etwa 15 m), der meist kerzengerade wächst und über eine rundliche Krone verfügt. Einzelne Exemplare können mehrere hundert Jahre alt werden. Die Blätter teilen sich in bis zu zwanzig Fiedern, die eine längliche Form und eine feine Randzähnung aufweisen. An den Zweigenden setzen sich die weißen Blüten zu voluminösen Trauben zusammen, die auffällig dicht behaart sind. Die birnenförmigen Früchte des Speierlings sind grünrot. Sie schmecken angenehm süßlich und eignen sich vorzüglich zur Herstellung von Marmelade. Als Liebhaber von trockenen Böden und warmen Standorten ist der Speierling vornehmlich in Südeuropa zu Hause.

Blütezeit: Von Mai bis Juli

Verwendete Pflanzenteile: Die an Birnen erinnernden Früchte verfügen über heilwirksame Eigenschaften.

Inhaltsstoffe: Organische Säuren, Pektine, Sorbitol und Tannine

Heilwirkung und Anwendung: Die zusammenziehende und entzündungshemmende Wirkung der Früchte läßt sich sowohl zur innerlichen wie auch zur äußerlichen Anwendung nutzen. Der Saft aus den frischen Früchten gilt als gutes Mittel gegen Durchfall (ein Glas täglich). Äußerlich angewandt eignet sich der Speierling als Waschwasser der abgekochten Früchte (Verhältnis 5:100) vornehmlich zur Behandlung von Entzündungen und

Unreinheiten der Haut. Auch bei Akne wird diese Heilpflanze empfohlen.

Neben- und Wechselwirkungen, Gegenanzeigen: Sind nicht bekannt.

Spitzwegerich (Plantago lanceolata)

Pflanzenfamilie: Wegerichgewächse

Botanische Schilderung: Wie der Name bereits andeutet, unterscheidet sich der Spitzwegerich von dem Breitwegerich durch die Form seiner Blätter. Aus dem mehrjährigen Wurzelstock wachsen die länglichen, spitz zulaufenden Blätter in Form einer Rosette. Die Blüten stehen wie beim Breitwegerich am Ende eines blattlosen Stengels und setzen sich zu einer bräunlichen Ähre zusammen. Ein weiteres Unterscheidungsmerkmal der beiden Wegerichgewächse besteht in der Tatsache, daß die Blütenähre des Spitzwegerichs wesentlich kürzer ist. Verbreitet ist der Spitzwegerich in ganz Europa, wo er ausgesprochen häufig vorkommt.

Blütezeit: Von Mai bis September

Verwendete Pflanzenteile: Obwohl gelegentlich auch Wurzeln und Samen als heilwirksam beschrieben werden, liegt das Hauptaugenmerk der modernen Pflanzenheilkunde auf den Blättern des Spitzwegerichs.

Inhaltsstoffe: Flavonoide, Gerbstoffe, Kieselsäure, Iridoidglykoside, Pflanzenschleim, Tannine und Vitamin C

Heilwirkung und Anwendung: Als uralte Heilpflanze läßt sich die Geschichte der Verwendung des Spitzwegerichs weit zurückverfolgen. Schon Pfarrer Kneipp lobte die wundheilende Wirkung der Blätter. Heutzutage wird der Spitzwegerich vor allem in der Behandlung von Atemwegserkrankungen eingesetzt. Hierbei wird ein Aufguß der zerkleinerten Blätter empfohlen. Das Verhältnis ist 5:100 bei zwei Tassen täglich. Der frisch gepreßte Saft der Blätter eignet sich außerdem zur Behandlung von Verdauungsstörungen. Die von Pfarrer Kneipp empfohlene äußerliche Anwendung ist mittlerweile aus der Mode gekommen. Dennoch können frische Blätter zur Wundheilung beitragen, wenn sie unter Verbänden auf die betroffenen Stellen gelegt werden.

Neben- und Wechselwirkungen, Gegenanzeigen: Sind nicht bekannt.

Springkraut, großes (Impatiens noli tangere)

Pflanzenfamilie: Balsaminengewächse

Botanische Schilderung: Das Springkraut trägt seinen Namen aufgrund einer botanischen Besonderheit, die zwar nicht einzigartig ist, aber unter den hier erwähnten Heilpflanzen doch ihresgleichen sucht. Das Springkraut bildet Samenkapseln heran, die im Reifezustand unter solch hoher Spannung stehen, daß sie bei der kleinsten Berührung förmlich explodieren und die enthaltenen Samen dabei herausschleudern. Diese höchst originelle Form der Arterhaltung ist so eindrucksvoll, daß der Volksmund und die wissenschaftliche Bezeichnung einer Meinung sind. Wenn man die lateinische Bezeichnung „Impatiens noli tangere“ (Ungeduld, die nicht berührt werden will) mit dem umgangssprachlichen Ausdruck „Rührmichnichtan“ vergleicht, läßt sich diese Parallele leicht nachvollziehen.

Das Springkraut selbst verfügt neben seinen arterhaltenden Knallfröschen über einen etwa halbmeterhohen, schlanken Stengel. Die gestielten Blätter stehen wechselständig und haben eine wellig wirkende Randzähnung. Aus den Blattachseln oberer Blätter wachsen im Frühsommer die gelben, trichterförmigen Blüten, die in ihrem Aussehen an gerollte Papiertüten erinnern. Diese Heilpflanze mit Dynamit in den Kapseln ist überall in Europa zu finden und gedeiht gut im Schatten von Wäldern.

Blütezeit: Von Juli bis September

Verwendete Pflanzenteile: Es wird die gesamte Pflanze (mit Ausnahme der Wurzeln) im Frühsommer geerntet.

Inhaltsstoffe: Bitterstoffe, Glykoside und Tannine

Heilwirkung und Anwendung: Rührmichnichtan war schon in der Volksheilkunde ein bewährtes Arzneimittel gegen Hämorrhoiden. Aber auch Entzündungen oder offene Wunden können mit dem äußerlich anzuwendenden Pflanzengut gereinigt und behandelt werden. Dazu wird eine im Verhältnis von 5:100 abgekochte Verdünnung des Pflanzenguts mit Hilfe von Waschungen oder getränkter Verbände auf die betreffenden Körperpartien gebracht.

Neben- und Wechselwirkungen, Gegenanzeigen: Bei überhöhter Dosierung wirkt das Springkraut stark abführend und löst Brechreiz aus.

Stechpalme (Ilex aquifolium)

Pflanzenfamilie: Stechpalmengewächse

Botanische Schilderung: Bei der Stechpalme handelt es sich um einen immergrünen kleinen Baum (selten höher als 10 m), dessen dornenbesetzte Blätter unschwer als Namensgeber zu entlarven sind. Um Mißverständnissen zuvorzukommen, sei hier noch erwähnt, daß die Stechpalme nicht etwa zur Familie der Palmen gehört, sondern als Stechpalmengewächs (zu denen auch die Mate zählt) einzuordnen ist. Die Stechpalme ist vor allem in Südeuropa verbreitet, wo sie mancherorts im Sinne weihnachtlicher Traditionen den Tannenbaum ersetzt. Die Blätter stehen wechselständig an den Zweigen, verfügen über eine glänzende, ledrig wirkende Oberfläche und spitze Dornen an den Blatträndern. Aus den Blattachseln entwickeln sich im Hochsommer weiße Blütendolden, die sich in weibliche und männliche Blüten aufteilen. Aus diesen entwickeln sich dann im Herbst die roten Beerenfrüchte, die an rote Johannisbeeren erinnern. Von ihrem Verzehr ist jedoch abzuraten, da die Beeren der Stechpalme Übelkeit auslösen können. Vor dem Hintergrund der dunkelgrünen Blätter sind die Beeren zumindest ein optischer Genuß, der dazu beigetragen haben mag, daß die Stechpalme zum Weihnachtsbaum des Südens wurde.

Blütezeit: Mai und Juni

Verwendete Pflanzenteile: Als heilwirksam gelten die Rinde und die Blätter der Stechpalme. Da die Pflanze in unseren Breiten nicht vorkommt, sind Präparate auf Stechpalmen-Basis nicht so leicht zu bekommen.

Inhaltsstoffe: Ilizin, Pektine und Tannine

Heilwirkung und Anwendung: Das Pflanzengut dieser Heilpflanze hat eine breite Wirkstoffpalette. So werden der Stechpalme einerseits fiebersenkende Eigenschaften zugeschrieben, während andererseits feststeht, daß die Stechpalme auch gegen arthritische und andere rheumatische Beschwerden hilft. Dabei wird eine innere Anwendung empfohlen, wofür das

Pflanzengut im Verhältnis von 5:100 abgekocht werden sollte. Um den gewünschten therapeutischen Effekt zu erzielen, genügen täglich zwei Tassen nach den Mahlzeiten.

Neben- und Wechselwirkungen, Gegenanzeigen: Vom Verzehr der Früchte ist abzuraten, da diese Übelkeit und Erbrechen auslösen.

Steinklee, echter (Melilotus officinalis)

Pflanzenfamilie: Schmetterlingsblütler

Botanische Schilderung: Auch wenn viele Leser meinen, diese Heilpflanze nicht zu kennen, werden dennoch die meisten dem Steinklee bereits begegnet sein. Er ist nämlich eine weit verbreitete und anspruchslose Pflanze, die sogar an Straßenrändern gedeiht. Der Steinklee ist jedoch eine recht stattliche Pflanze, deren einzelne Stengel über 1 m hoch werden können. Damit unterscheidet er sich deutlich von seinem sehr viel bekannteren Namensvetter, dem Sauerklee (der mit den vier Blättern). Trotz des ähnlichen Namens sind die beiden Heilpflanzen nicht sonderlich eng verwandt. Der Steinklee erscheint als buschiges Kraut, während der Sauerklee lediglich seine auffallenden Blätter und Blüten vorzuweisen hat und wegen des fehlenden Stengels selten länger als ein menschlicher Finger wird.

Auch die Blüten der beiden Heilpflanzen unterscheiden sich deutlich. Statt der einzelnen, weißen Blüten der Sauerklees, entwickeln sich beim Steinklee gelbe Blütentrauben, die aus etwa 50 separaten Blüten bestehen. Nach vierblättrigen Pflanzen wird man beim Steinklee ebenfalls vergeblich suchen, zumal diese beim Steinklee in drei längliche Fiedern geteilt sind und sich auch in ihrer Form deutlich von den herzförmigen Blättern des Sauerklees abheben.

Blütezeit: Von Juni bis August

Verwendete Pflanzenteile: Beim Steinklee sind es die blühenden Sproßspitzen, die wegen ihrer Heilwirksamkeit die vermehrte Aufmerksamkeit des Pflanzensammlers verdienen.

Inhaltsstoffe: Cumarinderivate und Flavonoide

Heilwirkung und Anwendung: Als Heilpflanze hat der Steinklee bereits eine lange Geschichte, zumal er schon in der

Volksheilkunde als Beruhigungsmittel eingesetzt wurde. Darüber hinaus verfügt der Steinklee über Inhaltsstoffe, die ihn zum geeigneten Arzneimittel machen, wenn Entzündungen und Schwellungen der Haut oder Schleimhaut, Schlafstörungen, Kopfschmerzen oder Neuralgien behandelt werden sollen. Nur bei entzündeten Augenlidern oder für Spülungen der Mundschleimhaut sollte das Arzneimittel äußerlich angewandt werden. Hierzu sollte das Pflanzengut im Verhältnis von 3:100 aufgegossen werden. Andernfalls wird der gleiche Aufguß mit zwei Tassen pro Tag eingenommen.

Neben- und Wechselwirkungen, Gegenanzeigen: Bei überhöhter Dosierung kann es zu Kopfschmerzen kommen.

Stiefmütterchen, wildes (Viola tricolor)

Pflanzenfamilie: Veilchengewächse

Botanische Schilderung: Das wilde Stiefmütterchen stammt aus der Familie der Veilchengewächse. Sein hübsches Aussehen hat den Volksmund zu bildreichen Beschreibungen wie Schöngesicht, Mädchenauge und Liebgsichtli inspiriert. Die ca. 30 cm hohen Stengel sind vor allem im oberen Bereich verzweigt und mit kurzen Haaren besetzt. Die Blätter unterscheiden sich deutlich in ihrer Form. Während die Blätter im unteren Bereich eiförmig sind, haben jene im oberen Bereich eine schmale, längliche Form. Die Blüten des wilden Stiefmütterchens stehen einzeln auf langen Stielen, die aus den Achseln der oberen Blätter wachsen. Die Krone der Blüten besteht aus fünf rundlichen Blättern, deren Farbe von gelb über blau-violett bis zu weiß-rosa schwanken kann. Das hübsche Stiefmütterchen ist in Europa weit verbreitet und bevorzugt offenes Gelände auf Äckern, Wiesen und Wegrändern.

Blütezeit: Von Mai bis August

Verwendete Pflanzenteile: Im gesamten oberirdischen Teil der Pflanze sind Wirkstoffe gefunden worden, die das Stiefmütterchen als Heilpflanze ausweisen.

Inhaltsstoffe: Carotinoide, Flavonoide, Glucosylflavone und Phenolcarbonsäuren

Heilwirkung und Anwendung: Bei Erkältungen und grippalen Infekten wird das Stiefmütterchen empfohlen, um Beschwerden im Bereich der Atemwege entgegenzuwirken. Die innerliche Einnahme dieser Heilpflanze (Aufguß im Verhältnis von 5:100, eine Tasse nach dem Aufstehen) wirkt außerdem harntreibend und reinigend auf den menschlichen Organismus. Noch bekannter ist die äußerliche Anwendung, bei der ein Aufguß im weiten Bereich der Hauterkrankungen eingesetzt werden kann. Klinische Untersuchungen haben unlängst bewiesen, daß das Stiefmütterchen bei Akne, Ekzemen und auch beim Milchschorf der Kleinkinder gute Heilungserfolge bewirkt.

Neben- und Wechselwirkungen, Gegenanzeigen: Sind nicht bekannt.

Stieleiche (Quercus robur)

Pflanzenfamilie: Buchengewächse

Botanische Schilderung: Die Eiche gehört zweifellos zu den eindrucksvollsten und schönsten europäischen Laubbäumen. Schon allein ihre Höhe von 30 und mehr Metern läßt sie die meisten anderen Bäume überragen. Auch ihr solider, kräftiger Wuchs und das hohe Alter haben zu verschiedenen Legenden und Metaphern beigetragen, die sich mit der Eiche verbinden.

Darüber hinaus verfügt die Stileiche über mehrere Charakteristika, die dieser Pflanze einen hohen „Wiedererkennungswert" verleihen. Die eigentümlich geformten Blätter zum Beispiel, die so stark eingeschnitten sind, daß die im Grunde eiförmigen Blätter in Lappen auslaufen. Auch die Eicheln, bei denen es sich aus botanischer Sicht um Schließfrüchte handelt, haben eine unverwechselbare Form. Mit den Fruchtbechern, in denen die kegelförmigen Eicheln wie Frühstückseier sitzen, aus denen sie zur Reife schließlich herausplumpsen, sind Verwechslungen praktisch auszuschließen. Als zweihäusiger Laubbaum verfügt die Eiche sowohl über weibliche wie auch über männliche Blüten. Die weiblichen Blüten sitzen wie die männlichen auf Stielen, bilden aber im Gegensatz zu diesen keine Kätzchen, sondern bestehen aus eher unauffälligen Hüllblättern, unter denen sich die Fruchtknoten verbergen. Besonders in Mitteleuropa ist die Eiche häufig in Mischwäldern anzutreffen. Reine Eichenwälder sind aufgrund der Abholzung sehr selten geworden und nur noch in geschützen Gebieten erhalten geblieben.

Blütezeit: Mai

Verwendete Pflanzenteile: Unter heilkundlichen Aspekten wird vor allem die Rinde der Stieleiche genutzt, die man von den jungen Zweigen schneidet, solange sie noch nicht verkorkt oder gerissen ist.

Inhaltsstoffe: Gerbstoffe

Heilwirkung und Anwendung: Die Rinde der Stieleiche ist reich an heilwirksamen Inhaltsstoffen, die sich sowohl zur innerlichen wie auch zur äußerlichen Anwendung eignen. Im Vordergrund steht die entzündungshemmende Wirkung der Stieleiche, die sich im Rahmen einer inneren Anwendung bei Darmentzündungen oder Durchfall empfiehlt. Hierzu wird die Rinde abgekocht (Verhältnis 3:100). Zwei Tässchen dieser Abkochung genügen aus therapeutischer Sicht. Die identische Abkochung kann auch äußerlich angewandt werden und eignet sich bei Entzündungen von Haut und Schleimhäuten (als Waschung bzw. Spülung), bei Fußpilz und Ekzemen.

Neben- und Wechselwirkungen, Gegenanzeigen: Sind nicht bekannt.

Strohblume, italienische (Helichrysum italicum)

Pflanzenfamilie: Körbchenblütler

Botanische Schilderung: Trotz ihres „krautigen" Erscheinungsbildes handelt es sich bei der italienischen Strohblume um einen kleinen, etwa halbmeterhohen Strauch, der reich verzweigt ist und aufgrund seiner dichten Behaarung graugrün aussieht. Die gelben Blütentrauben, die sich ab Juni an Stengelenden bilden, ziehen die vorbeifliegenden Insekten an. Die wechselständigen Blätter der italienischen Strohblume sind länglich und ausnehmend schmal (kaum breiter als ein Millimeter). Da sie in der Länge einige Zentimeter messen, erinnern sie eher an Fransen als an Blätter.

Wie ihr Name vermuten läßt, kommt die italienische Strohblume im Mittelmeerraum vor.

Blütezeit: Von Juni bis August

Verwendete Pflanzenteile: Die blühenden Sproßspitzen eignen sich nicht nur für die Herstellung langlebiger Trockenblumen, sondern beinhalten darüber hinaus die wirksamen Stoffe. Eine jener für die Natur so typischen Übereinstimmungen des praktischen und des ästhetischen Nutzens.

Inhaltsstoffe: Ätherische Öle, Flavonoide und Kaffeesäure

Heilwirkung und Anwendung: Die in dieser Heilpflanze enthaltenen ätherischen Öle lassen eine Therapie mit der Strohblume ratsam erscheinen, wenn Atemwegserkrankungen wie Asthma und Husten (insbesondere Keuchhusten) behandelt werden sollen. Hierzu wird das Pflanzengut im Verhältnis von 5:100 abgekocht. Täglich zwei Tassen davon genügen. Die äußerliche Anwendung wird bei Hautallergien, Ekzemen oder Sonnenbränden empfohlen. Dabei wird dieselbe Abkochung über getränkte Umschläge auf die Haut gebracht. Sie kann auch als Badezusatz verwendet werden, um spröde, gestreßte Haut zu beleben.

Neben- und Wechselwirkungen, Gegenanzeigen: Sind nicht bekannt.

Süßkirsche (Prunus avium)

Pflanzenfamilie: Rosengewächse

Botanische Schilderung: Verglichen mit anderen Obstbäumen handelt es sich bei der Süßkirsche um einen relativ großen Baum, der nicht selten eine Höhe von 20 m erreicht. Die nach unten hängenden Blätter sitzen auf langen Stielen. Sie sind oval geformt und haben eine feine Randzähnung. Die Blüten der Süßkirsche sind ebenso attraktiv wie bekannt. Sie bilden Dolden an den jungen Zweigen, die aus einigen wenigen Exemplaren bestehen. Die einzelnen Blüten haben eine beträchtliche Größe und werden von den leuchtend weißen Kronblättern bestimmt. Die runden Früchte der Süßkirsche ummanteln einen Kern und können in ihrer Farbe in verschiedenen Rottönen varieren. Die Süßkirsche ist in Mittel- und Südeuropa häufig anzutreffen und wächst gern in der Gesellschaft anderer Bäume.

Blütezeit: März und April

Verwendete Pflanzenteile: Die Stiele, auf denen die kugeligen Steinfrüchte sitzen, verfügen über Inhaltsstoffe, die die Süßkirsche in den Stand einer Heilpflanze erheben.

Inhaltsstoffe: Polyphenol und Salze

Heilwirkung und Anwendung: Die Fruchtstiele der Süßkirsche haben eine ausgeprägt harntreibende Wirkung und sind daher in der Lage, den Anteil von Harnsäure im Blut zu reduzieren. Ihre Eigenschaft macht sie weiterhin bei Gicht zu einem wertvollen Arzneimittel. Hierfür wird der pflanzliche Rohstoff im Verhältnis von 3:100 abgekocht. Zwei Tassen dieser Abkochung gelten pro Tag als angebrachtes Maß.

Neben- und Wechselwirkungen, Gegenanzeigen: Sind nicht bekannt.

T

Taubnessel, weiße (Lamium album)

Pflanzenfamilie: Lippenblütler

Botanische Schilderung: In ihrem Äußeren ähnelt die weiße Taubnessel ihrer nahen Verwandten, der Brennessel. Wesentliche Unterschiede sind, daß die Stengel der Taubnessel kleiner sind (etwa 40 cm) und außerdem die Blätter zwar auch behaart sind, aber nicht über die Flüssigkeit verfügen, welche bei der Brennessel für das Brennen zuständig ist. Davon abgesehen gleichen die Blätter denen der Brennessel sehr. Sie verfügen über eine unregelmäßige Randzähnung, stehen auf kurzen Stielen und sind von ovaler, spitz zulaufender Form. Aus den Blattachseln im oberen Bereich der Stengel wachsen die weißgelben Blüten, deren Krone sich in zwei Lippen teilen. Mit Ausnahme des Mittelmeerraumes kommt die Taubnessel in Europa häufig vor.

Blütezeit: Von Mai bis August

Verwendete Pflanzenteile: Als heilwirksam gelten die blühenden Sproßspitzen der Taubnessel.

Inhaltsstoffe: Flavonoide, Gerbstoffe, Iridoidglykoside, Pflanzenschleim, Phenolcarbonsäuren und Triterpensaponine

Heilwirkung und Anwendung: Aus der Volksheilkunde ist bekannt, daß die Taubnessel bei Blutungen, Hämorrhoiden, Entbindungen und Tuberkulose eingesetzt wurde. In der modernen Pflanzenheilkunde werden Präparate auf der Basis der Taubnessel vor allem bei Menstruationsbeschwerden empfohlen. Über Dosierung und Anwendung sollte jedoch der Frauenarzt entscheiden. Äußerlich angewandt, hilft die Taubnessel bei Hautentzündungen und quälendem Juckreiz. Hierfür kann ein Aufguß der blühenden Sproßspitzen (5:100) als Waschwasser benutzt werden.

Neben- und Wechselwirkungen, Gegenanzeigen: Sind nicht bekannt.

Tausendguldenkraut (Centaurium erythraea)

Pflanzenfamilie: Enziangewächse

Botanische Schilderung: Das Tausendguldenkraut entstammt der Familie der Enziangewächse. Der inflationäre Name dieser Heilpflanze spiegelt den Wert wieder, welcher dem Tausendguldenkraut schon in der Volksheilkunde zukam. Bezeichnungen wie Fieberkraut oder Gottesgnadenkraut sind ebenfalls heilkundlichen Ursprungs. Mit Ausnahme der rosa Blütendolden wirkt das Tausendguldenkraut eher unscheinbar. Der viereckige Stengel wird selten höher als 30 cm und ist nur im oberen Bereich verzweigt. Die eiförmigen Blätter sitzen in gegenüberliegenden Paaren direkt am Stengel. Die dichten Blütentrauben thronen am Ende des Stengels und locken auf diese Weise eine Vielzahl bestäubender Insekten in ihre rosa Gemächer. Das Tausendguldenkraut ist in Europa weit verbreitet und häufig in Lichtungen oder am Wegesrand anzutreffen.

Blütezeit: Von Juni bis August

Verwendete Pflanzenteile: Für die heilkundliche Verwendung ist der gesamte oberirdische Teil der Pflanze bedeutsam, der abgeschnitten und nicht ausgerissen werden sollte, da die Wurzel sonst nicht mehr austreibt.

Inhaltsstoffe: Bitterstoffe, organische Säuren, Triterpene und Xanthone

Heilwirkung und Anwendung: Die verschiedenen Wirkstoffe, die im Tausendguldenkraut enthalten sind, verleihen dieser Heilpflanze ein ausgesprochen breites Wirkungsspektrum. Das Pflanzengut verfügt ebenso über fiebersenkende und entzündungshemmende wie auch über verdauungsfördernde, reinigende Eigenschaften. Hierbei kann eine Weintinktur hergestellt werden, wobei das Pflanzengut fünf Tage im Verhältnis von 5:100 in Wein angesetzt wird. Zwei Gläser nach den Mahlzeiten sollten täglich eingenommen werden.

Neben- und Wechselwirkungen, Gegenanzeigen: Patienten, die unter Magengeschwüren leiden, sollten auf eine andere Heilpflanze zurückgreifen.

Thymian (Thymus vulgaris)

Pflanzenfamilie: Lippenblütler

Botanische Schilderung: Beim Thymian handelt es sich um einen sehr kleinen Strauch (selten höher als 30 cm), der ursprünglich aus dem Mittelmeerraum stammt, mittlerweile aber fast überall in Europa angebaut wird. Das hängt sicher damit zusammen, daß der Thymian eine sehr beliebte Gewürzpflanze ist, deren aromatische Qualitäten hoch im Kurs stehen. Die Stengel des Thymians sind reich verzweigt und haben aufgrund ihrer dichten Behaarung eine weißliche Färbung. Die Blätter schwanken in ihrer Form, sind jedoch meist schmal und länglich, können aber im oberen Bereich der Stengel gelegentlich die Form einer Raute annehmen. Die roten Blüten stehen in Ähren an den Stengelenden. Als typischer Vertreter der Lippenblütler teilen sich die einzelnen Blüten in eine Ober- und eine Unterlippe.

Blütezeit: Mai und Juni

Verwendete Pflanzenteile: In den blühenden Sproßspitzen des Thymians sind eine Reihe von Stoffen nachgewiesen worden, die den kleinen Strauch als Heilpflanze ausweisen.

Inhaltsstoffe: Ätherisches Öl (enthält Carvacrol, Thymol und andere Stoffe)

Heilwirkung und Anwendung: Heilmittel auf der Basis des Thymians werden in erster Linie bei Erkrankungen der Atemwege empfohlen. Mit seinen hustenlindernden, balsamischen Eigenschaften eignet sich Thymian daher für die Behandlung von Asthma, Keuchhusten und Halsentzündungen. Darüber hinaus kann der Thymian auch bei Blähungen und Verdauungsstörungen verwendet werden. In beiden Fällen wird zur innerlichen Anwendung geraten, bei der die blühenden Sproßspitzen im Verhältnis von 2:100 aufgegossen werden. Zwei Tassen dieses Aufgusses reichen aus, um die Heilwirkung zu erzielen. Je nach Geschmack können die Aufgüsse mit Honig gesüsst werden. Bei Wunden und Verletzungen der äußeren Haut (und der Mundschleimhaut) besteht ferner die Möglichkeit, den Thymian äußerlich zu verwenden. Hierbei wird ein stärkerer Aufguß (Verhältnis 5:100) für Waschungen verwendet.

Neben- und Wechselwirkungen, Gegenanzeigen: Sind nicht bekannt.

V

Vanille (Vanilla planifolia)

Pflanzenfamilie: Orchideengewächse

Botanische Schilderung: Die ursprünglich aus Lateinamerika stammende Vanille gehört zu den Orchideengewächsen. Ihre kräftigen, dunkelgrünen Stengel können eine Länge von 15 m erreichen. Aus knotenartigen Verdickungen wachsen die Blätter und gleichzeitig sogenannte Adventivwurzeln, die der kletternden Pflanze Halt geben und außerdem in der Lage sind, Wasser aufzunehmen. Die fleischigen Blätter sind zumeist oval geformt. Sie stehen wechselständig an den Stengeln. Die zu Trauben zusammengefaßten Blüten wachsen aus den Achseln der Blätter. Die einzelnen gelbgrünen Blüten werden stets von sechs Hüllblättern umgeben. Nach ihrer Blüte entwickelt die Vanille längliche Schoten, die eine Vielzahl kleiner schwarzer Samen enthalten.

Blütezeit: November und Dezember

Verwendete Pflanzenteile: Die Schoten der Vanille sind nicht nur ein aromatisches, wohlschmeckendes Gewürz, sondern enthalten auch Substanzen, die aus Sicht der Pflanzenheilkunde von Bedeutung sind.

Inhaltsstoffe: Harze und Pflanzenschleim, Tannine und Vanillin

Heilwirkung und Anwendung: Neben ihren aromatischen, allgemein anregenden Eigenschaften besitzen die Vanilleschoten auch konkrete Heilwirkungen, die erst in jüngster Zeit Gegenstand wissenschaftlicher Untersuchungen waren. Diese haben bewiesen, daß das Pflanzengut appetitanregend wirkt und die Funktionen von Magen und Darm unterstützen. Zur Einnahme werden Alkoholtinkturen empfohlen. Täglich 20 Tropfen dieser Tinktur genügen, gleichwohl Nebenwirkungen aufgrund höherer Dosierungen nicht bekannt sind.

Neben- und Wechselwirkungen, Gegenanzeigen: Sind nicht bekannt.

Veilchen (Viola odorata)

Pflanzenfamilie: Veilchengewächse

Botanische Schilderung: Beim Veilchen handelt es sich um eine mehrjährige Pflanze, aus deren Wurzelstock kriechende Ausläufer keimen, die an knotenartigen Verdickungen neue Wurzeln austreiben. Auch die Blätter wachsen direkt aus dem Wurzelstock und bilden eine bodenständige Rosette. Sie sind herzförmig, verfügen über eine wellig wirkende Randzähnung und weisen einen tiefen Einschnitt am Blattgrund auf. Die stark duftenden Blüten stehen einzeln auf langen Stengeln. Ihre violette Farbe ist derart prägnant, daß sie der Volksmund zu seinen bildreichen Beschreibungen heranzieht (jemandem ein Veilchen schlagen). Jede einzelne Blütenkrone besteht aus fünf ovalen Kronblättern. Zu finden ist das Veilchen an Waldrändern und in Gebüschen und Hecken in Mittel- und Südeuropa.

Blütezeit: März und April

Verwendete Pflanzenteile: Die attraktiven Blüten des Veilchens sind nicht nur ein Augenschmaus, sondern verfügen auch über Inhaltsstoffe, die das Veilchen zur Heilpflanze erheben.

Inhaltsstoffe: Alkaloide, Flavonoide und Saponine

Heilwirkung und Anwendung: Aufgrund der ätherischen Öle spielte das Veilchen eine nicht unbedeutende Rolle in der Parfumindustrie. Unter heilkundlichen Aspekten werden die Veilchenblüten bei Atemwegserkrankungen eingesetzt. Bei asthmatischen Beschwerden und bei Keuchhusten können Aufgüsse der Veilchenblüten (3:100, zwei Tassen täglich) wegen ihrer erweichenden und auswurffördernden Eigenschaften die Beschwerden lindern. Äußerlich angewandt eignet sich der Brei gekochter Blüten zur Behandlung von Hautausschlägen und leichteren Verbrennungen. Dabei wird die gekochte Droge in Kompressen eingewickelt und auf die betroffenen Stellen gelegt.

Neben- und Wechselwirkungen, Gegenanzeigen: Sind nicht bekannt.

Veronika (Veronica officinalis)

Pflanzenfamilie: Rachenblütler

Botanische Schilderung: Aufgrund der Tatsache, daß diese Pflanze über Jahrhunderte hinweg eine bedeutende Rolle in der Volksheilkunde spielte und zeitweilig sogar als Wundermittel galt, existiert eine Vielzahl verschiedener Bezeichnungen wie Ehrenpreis, Männertreu, Allerweltsheil, Wundheilkraut und Heil aller Welt. Die Pflanze selbst ist mehrjährig und entwickelt etwa halbmeterhohe, stark behaarte Stengel. Die gegenständig angeordneten Blätter sind randgezähnt, ebenfalls behaart und zumeist von ovaler Form. Die Blüten bilden Trauben an den oberen Stengelenden. Ihre Farbe schwankt zwischen hellblau und lila. In Nord- und Mitteleuropa ist die Veronika eine häufig vorkommende Pflanze auf Wiesen und Weiden.

Blütezeit: Mai und Juni

Verwendete Pflanzenteile: Der gesamte oberirdische Teil der Pflanze hat Heilkräfte.

Inhaltsstoffe: Flavonoide und Iridoidglykoside

Heilwirkung und Anwendung: Bis ins letzte Jahrhundert galt die Veronika als eine Art „Allheilmittel", die bei Husten, Rheuma, Harnwegserkrankungen, Gelbsucht und anderen Krankheiten verwendet wurde. In der modernen Pflanzenheilkunde hingegen wird die appetitanregende und verdauungsfördernde Wirkung betont. Als stärkender Kräutertee im Verhältnis 2:100 aufgegossen, kann diese Heilpflanze darüber hinaus bei erkältungsbedingtem Husten eingenommen werden.

Neben- und Wechselwirkungen, Gegenanzeigen: Sind nicht bekannt.

Vogelknöterich (Polygonum aviculare)

Pflanzenfamilie: Knöterichgewächse

Botanische Schilderung: Der Vogelknöterich ist eine ausgesprochen zähe Pflanze, die praktisch überall gedeiht und somit natürlich auch auf Feldern und Äckern wächst. Ein Umstand, der erklären mag, warum der Vogelknöterich weithin als Unkraut angesehen wird. Vor dem Hintergrund der Tatsache, daß die heilwirksamen Qualitäten dieser Pflanze schon seit der Antike genutzt werden, wirkt diese Fehleinschätzung besonders eigenartig.

Wahrscheinlich hat auch das Erscheinungsbild des Vögelknöterichs dazu beigetragen, daß man den Vogelknöterich zu einem ungebetenen Gast in von Menschenhand angelegten Kulturlandschaften erklärt hat. Die am Boden entlangkriechenden Stengel sind stark verzweigt und wachsen in großer Anzahl aus den Wurzeln. Die kleinen Blätter sind schmal und spitz zulaufend. Aus ihren Achseln wachsen die ebenfalls kleinen Blüten, deren grüne Farbe dafür sorgt, daß sie im dichten Blattwerk kaum auszumachen sind. Nach der Blüte entwickeln sich Schließfrüchte, die in ihrer Form an Birnen erinnern.

Blütezeit: Von Mai bis Juli

Verwendete Pflanzenteile: Mit Ausnahme der Wurzeln birgt die ganze (oberirdische) Pflanze wertvolle Inhaltsstoffe.

Inhaltsstoffe: Cumarine, Flavonoide, Gerbstoffe, Kieselsäure, Pflanzenschleim und Phenolcarbonsäuren

Heilwirkung und Anwendung: Aus der Volksheilkunde ist bekannt, daß diese Heilpflanze früher zur Unterstützung der Narbenbildung bei äußeren Wunden verwendet wurde. In der modernen Pflanzenheilkunde kommt eine äußerliche Anwendung nur noch in der Behandlung von Entzündungen der Haut oder Schleimhäute in Betracht. Hierbei wird ein Aufguß (Verhältnis 10:100) über getränkte Umschläge benutzt (bzw. Gurgelwasser). Eine innerliche Anwendung wird empfohlen, wenn Entzündungen von Darm oder Blase vorliegen. Präparate auf der Basis des Vogelknöterichs eignen sich besonders, wenn starken Durchfällen Einhalt geboten werden soll. Auch hier wird der pflanzliche Rohstoff aufgegossen (jedoch im Verhältnis von 5:100). Täglich zwei Tässchen reichen aus.

Neben- und Wechselwirkungen, Gegenanzeigen: Sind nicht bekannt.

W

Wacholder, gemeiner (Juniperus communis)

Pflanzenfamilie: Zypressengewächse

Botanische Schilderung: Da der Wacholder zu den Zypressengewächsen zählt, haben seine Blätter die Form von Nadeln, die überdies ausgesprochen spitz sind. Diese Nadeln tragen auf ihrer Oberseite einen breiten, weißen Streifen, was den graugrünen Gesamteindruck erklärt. Verfügt der zu bestimmende Strauch weiterhin über runde, schwarzblaue Beerenfrüchte, sind sie untrügerische Anzeichen dafür, daß man es mit einem Wacholder zu tun hat. Zur Erhärtung dieser Annahme kann man noch versuchen, die rotbraune Rinde in Streifen vom Stamm zu ziehen. Gelingt dies, sollten damit die letzten Zweifel beseitigt sein. Die Früchte des Wacholders enthalten einen intensiven Farbstoff, der sich zum Färben von Textilien eignet oder auch zur Herstellung von Tinte eingesetzt werden kann.

Der Stamm und die Äste des Wacholderstrauchs sind zumeist stark verzweigt. Verbreitet ist der Wacholder praktisch in ganz Europa. Zu finden ist er dabei auf Plätzen, die viel Sonne bieten.

Blütezeit: April und Mai

Verwendete Pflanzenteile: Als Pflanzengut kommen beim gemeinen Wacholder die Früchte und die Blätter in Frage.

Inhaltsstoffe: Ätherisches Öl, Flavonglykoside, Gerbstoffe und Zucker

Heilwirkung und Anwendung: Aufgrund seiner harntreibenden Inhaltsstoffe wurde der Wacholder bereits in der Volksheilkunde gegen rheumatische Beschwerden eingesetzt. Auch die moderne Pflanzenheilkunde bedient sich dieser Wirkung. Außerdem beruhigen Präparate auf Wacholderbasis die Atemwege, wenn diese von Halsschmerzen und Husten geplagt werden. In beiden Fällen wird eine innere Anwendung vorgeschlagen, wobei es sich bewährt hat, das Pflanzengut 10 Tage in Weißwein anzusetzen (Verhältnis von 1:5). Vor jeder Mahlzeit sollte man ein kleines Glas davon zu sich nehmen. Darüber hinaus kann das Pflanzengut auch als belebender Badezusatz verwendet werden (eine Handvoll).

Neben- und Wechselwirkungen, Gegenanzeigen: Wenn das ätherische Öl über einen längeren Zeitraum hinweg in überhöhter Dosierung eingenommen wird, kann es zu Schädigungen der Nieren kommen. Während der Schwangerschaft sollten andere Heilpflanzen verwendet werden.

Waldengelwurz (Angelica sylvestris)

Pflanzenfamilie: Doldenblütler

Botanische Schilderung: Die Waldengelwurz kann leicht mit der echten Engelwurz verwechselt werden. Eine Verwechselung mit der echten Engelwurz, die praktisch dasselbe Wirkungsspektrum aufweist, fällt im Grund nicht weiter ins Gewicht. Viel gefährlicher ist es, die Waldengelwurz mit dem Schierling zu verwechseln, denn dieser ist hochgiftig. Die Pflanze selbst kann über zwei Meter hoch werden. Die Blätter der Waldengelwurz bieten eine gute Möglichkeit der Unterscheidung. Zwar sind sie ebenso gefiedert wie die Blätter der echten Engelwurz, doch ihre Randzähnung ist feiner und weniger tief. Die kleinen weißen Blüten stehen in Dolden an den oberen Stengelenden. Nach der Blüte wachsen die paarweise miteinander verbundenen Schließfrüchte, an denen sich die beiden Pflanzen am besten unterscheiden lassen. Vor allem die deutlich ausgeprägten Längsrippen und der membranähnliche Flügel am Rand der Samen sind hier zu nennen. Aufgrund der Verwechselungsgefahr mit dem giftigen Schierling sollte man fertige Präparate verwenden, wenn man sich die Heilwirkungen der Waldengelwurz zunutze machen möchte.

Blütezeit: Juli und August

Verwendete Pflanzenteile: Wie bei der echten Engelwurz sind es die Wurzeln und die Früchte, die über heilwirksame Eigenschaften verfügen.

Inhaltsstoffe: Ätherisches Öl, Harze und Tannine

Heilwirkung und Anwendung: In der Anwendung entspricht die Waldengelwurz der echten Engelwurz (siehe dazu **echte Engelwurz**).

Neben- und Wechselwirkungen, Gegenanzeigen: Arzneimittel auf Engelwurz-Basis sollten immer in Absprache mit dem Arzt verwendet werden, da die stimulierende Wirkung bei überhöhter Dosierung ins Gegenteil umschlägt und Depressionen und Magenverstimmungen hervorrufen kann.

Walderdbeere (Fragaria vesca)

Pflanzenfamilie: Rosengewächse

Botanische Schilderung: Die Walderdbeere ist annähernd ebenso bekannt wie ihre kultivierte Form, die überall in Europa angebaut wird. Die Bezeichnung „Erdbeere" legt weiterhin die Vermutung nahe, daß es sich nicht um einen Strauch oder gar Baum handelt. Wer Erdbeeren sucht, der sollte sich im Erdgeschoß umsehen, denn die Stengel der Walderdbeere messen selten mehr als 20 cm. Der kräftige Wurzelstock entwickelt zunächst eine Blattrosette und dann bis zu 25 einzelne Stengel, an deren oberen Enden die Blüten sitzen. Charkteristisch für die Blüten der Walderdbeere sind die weißen Kronblätter, die die gelben Staubbeutel ins rechte Licht rücken und vorbeifliegenden Insekten ein opulentes Mahl suggerieren. Auf den langen Blattstielen sitzen jeweils drei ovale, randgezähnte Blätter. Die Beeren entwickeln sich im Sommer und sind ebenso in Wäldern wie auf Wiesen zu finden.

Blütezeit: Von Juni bis August

Verwendete Pflanzenteile: Aus Sicht der Pflanzenheilkunde sind nicht etwa die Beerenfrüchte, sondern die Blätter und der Wurzelstock bedeutsam.

Inhaltsstoffe: Pflanzenschleim, Tannine, Triterpenalkohole, Vitamine A,B und C sowie Zucker

Heilwirkung und Anwendung: Arneimittel auf Basis der Walderdbeere haben eine wasserableitende, reinigende Wirkung, die ihren Einsatz bei arthritischen und rheumatischen Beschwerden sowie bei Gicht ratsam erscheinen lassen. Dabei wird das Pflanzengut im Verhältnis von 3:100 abgekocht (zwei

Tassen täglich genügen). Darüber hinaus eignen sich Blätter der Walderdbeere zur äußerlichen (kosmetischen) Anwendung als Badezusatz bei trockener, empfindlicher Haut.

Neben- und Wechselwirkungen, Gegenanzeigen: Sind nicht bekannt.

Waldmeister (Asperula odorata)

Pflanzenfamilie: Rötegewächse

Botanische Schilderung: Der Waldmeister ist eine jener Heilpflanzen, die vor allem aufgrund ihrer aromatischen Inhaltsstoffe bekannt geworden sind. Sein möglicher Einsatz reicht vom Wackelpudding bis zum Kräuterlikör. Die getrocknete Pflanze wird auch als Duftstoff genutzt und in sogenannten Duftsäckchen angeboten. Diese sollen nicht nur für einen guten Geruch im Wäscheschrank sorgen, sondern darüber hinaus auch Motten abwehren.

Die intensiv grünen, spitz zulaufenden Blätter des Waldmeisters wachsen in charakteristischer Anordnung um den Stengel und bilden in Gruppen von 6 bis 8 Blättern kreisförmige Quirle. Auch die weißen Blüten, die in sogenannten Trugdolden am äußersten Ende des Stengels wachsen, verleihen dem Waldmeister ein unverwechselbares Äußeres. Seine Vorliebe für schattige Standorte läßt den in ganz Mitteleuropa verbreiteten Waldmeister zu Füßen von Laubwäldern besonders gut gedeihen.

Blütezeit: Von Mai bis Juni

Verwendete Pflanzenteile: Als therapeutisch relevant gilt die gesamte oberirdische Pflanze des Waldmeisters, der eine Hand breit über dem Boden abgeschnitten werden sollte, um die Pflanze nicht zu zerstören.

Inhaltsstoffe: Cumarine, Iridoide und Phenolcarbonsäuren

Heilwirkung und Anwendung: Die aromatischen Inhaltsstoffe des Waldmeisters sind bereits eingangs erwähnt worden. Neben seinem geschmacklichen Wert kommt diesem Heilmittel auch in der Behandlung von Verdauungsstörungen erhebliche Bedeutung zu. Dabei sollte das Pflanzengut als Tee im Verhältnis von 3:100 aufgebrüht werden.

Neben- und Wechselwirkungen, Gegenanzeigen: Sind nicht bekannt.

Walnußbaum (Juglans regia)

Pflanzenfamilie: Walnußgewächse

Botanische Schilderung: Da der Walnußbaum eine in unseren Breiten häufige Pflanze ist, wird es wohl kaum jemanden geben, der dieser schönen Baumsorte noch nie begegnet ist. Hinzu kommt, daß die von einer harten Schale umgebenen Früchte des Walnußbaumes sehr gut schmecken. Die Beliebtheit der Walnüsse zu beschreiben, würde den Rahmen dieses Lexikons sprengen. Dennoch sei hier erwähnt, daß es mehrere Nußknacker bis in die Design-Abteilung des Museum- of-modern-art in New York gebracht haben und selbst Größen der klassischen Musik sich mit Nußknacker-Suiten (Tschaikowsky) als Knabberfreunde geoutet haben.

Der Walnußbaum selbst zeichnet sich durch seinen geraden Wuchs und die buschige Krone aus. Die auffallend großen, gestielten Blätter sind von ovaler Form und sitzen wechselständig an den Zweigen. Walnußbäume sind zweigeschlechtlich, d.h. sie haben sowohl weibliche wie auch männliche Blüten, die sich leicht voneinander unterscheiden lassen. Denn die weiblichen Blüten wachsen als einzelne Fruchtknoten, während die männlichen Trauben bilden, die sich aus einer Vielzahl einzelner Blüten zusammensetzen. Die eigentlichen Nüsse sind nicht nur von der harten Schale umgeben, sondern haben auch eine grünliche, fleischige Schale, die sich schwärzlich verfärbt, nachdem die reifen Nüsse vom Baum gefallen sind.

Blütezeit: Mai

Verwendete Pflanzenteile: Als heilsam gelten beim Walnußbaum die Blätter, die von Juni–September gesammelt werden können. Den Blattstiel sollte man nicht verwenden.

Inhaltsstoffe: Gerbstoffe und Juglon

Heilwirkung und Anwendung: Die Walnüsse haben neben ihrem Nährwert auch kosmetische Bedeutung. Denn das aus den Früchten gewonnene Walnußöl eignet sich besonders gut, trockene Haut mit Feuchtigkeit zu versorgen. Das Öl kann unverdünnt auf die Haut aufgetragen werden und hinterläßt dabei einen angenehmen Duft. Präparate auf Walnußbasis werden aus den Blättern hergestellt und wirken sowohl verdauungsfördernd wie auch allgemein reinigend. Darüber hinaus zeigen aktuelle Forschungsergebnisse, daß Walnußblätter überdies einen regulierenden Einfluß auf den Blutdruck ausüben (Bluthochdruck). Es ist zu einer inneren Anwendung zu raten, wenn man sich diese Aspekte zu Nutze machen möchte. Hierbei sollte das Pflanzengut im Verhältnis von 5:100 in Rotwein angesetzt werden (ca. 8 Tage). Zwei Gläschen pro Tag reichen aus. Wenn Hautentzündungen (Rötungen, Ekzeme etc.) behandelt werden sollen, ist auch eine äußerliche Anwendung in Betracht zu ziehen, bei der eine Abkochung im Verhältnis von 5:100 vorgenommen wird. Anschließend können Waschungen oder getränkte Umschläge die Beschwerden lindern.

Neben- und Wechselwirkungen, Gegenanzeigen: Sind nicht bekannt.

Wasserhanf (Eupatorium cannabinum)

Pflanzenfamilie: Korbblüter

Botanische Schilderung: Wie der Name dieser Pflanze bereits andeutet, bevorzugt der Wasserhanf feuchte Böden und ist aus diesem Grunde an Flüssen oder in Hochmooren und Sümpfen zu finden. Seine rotbraunen Stengel werden etwa mannshoch und wachsen in großer Anzahl aus dem mehrjährigen Wurzelstock. Die randgezähnten Blätter des Wasserhanfs sind fingerförmig geschnitten und teilen sich dabei in drei, manchmal auch fünf verschiedene Ausläufer. Im unteren Bereich gibt es auch ungeschnittene, einzelne Blätter. Als Mitglied der Pflanzenfamilie der Korbblütler bilden die Blüten des Wasserhanfs rosa Blütendolden, die an den Stengelenden sitzen und sich aus einer Vielzahl von Einzelblüten zusammensetzen. Mit Ausnahme seiner Vorliebe für feuchte Böden ist der Wasserhanf eine recht anspruchslose, widerstandsfähige Pflanze, die fast überall in Europa zu finden ist.

Blütezeit: Juli und August

Verwendete Pflanzenteile: Die heilwirksamen Stoffe des Wasserhanfs sind im Wurzelstock und den Blättern enthalten, denen daher die vermehrte Aufmerksamkeit in der Pflanzenheilkunde gilt.

Inhaltsstoffe: Flavonoide und Terpen

Heilwirkung und Anwendung: Aus der Volksheilkunde ist bekannt, daß der Wasserhanf verwendet wurde, um die Verdauung zu stimulieren. In der modernen Pflanzenheilkunde wird diese Heilpflanze als Schmerzmittel vor allem als ausschwemmendes Mittel eingesetzt, da der Wasserhanf die Harnbildung anregt.

Gerade dann, wenn zu viel Wasser im Gewebe gespeichert wird, kann der Wasserhanf dazu beitragen, den Feuchtigkeitshaushalt zu regulieren. Dazu sollte das Pflanzengut (die Blätter) aufgegossen werden (Verhältnis 3:100). Mittags und abends eine Tasse gelten als angezeigtes Maß. Wenn die schmerzstillenden Eigenschaften genutzt werden sollen, können Wurzelstücke abgekocht werden (Verhältnis 5:100). Eine kleine Tasse davon nach dem Aufstehen reicht aus, um den therapeutischen Zweck zu erfüllen.

Neben- und Wechselwirkungen, Gegenanzeigen: Sind nicht bekannt.

Wasserschlauch, großer (Utricularia vulgaris)

Pflanzenfamilie: Wasserschlauchgewächse

Botanische Schilderung: Neben dem Sonnentau gehört der große Wasserschlauch zu den wenigen fleischfressenden Pflanzen, die in Europa verbreitet sind. Als typische Wasserpflanze kommt diese seltene Pflanze ohne Wurzeln aus. Mit Ausnahme der oberen Stengelenden, auf denen sich die gelben Blüten befinden, lebt der Wasserschlauch unter der Wasseroberfläche. Die gefiederten Blätter haben sich zu Fransen zurückgebildet, an denen sich sogenannte Fangbläschen befinden. Im Inneren befinden sich feine Haare, in denen sich Insekten und andere Kleintiere verfangen. Über diese Häarchen nimmt der Wasserschlauch auch die Nährstoffe seiner zersetzten Opfer auf. Der Wasserschlauch ist relativ selten, doch überall in Europa vorkommend. Er bevorzugt stehende Gewässer.

Blütezeit: Juli und August

Verwendete Pflanzenteile: Für die Pflanzenheilkunde ist die gesamte Pflanze bedeutsam.

Inhaltsstoffe: Cumarine, Flavonoide und Zyanide

Heilwirkung und Anwendung: Neben seinen harntreibenden Eigenschaften werden beim Wasserschlauch auch die entzündungshemmenden und krämpflösenden Heilkräfte hervorgehoben. Zur innerlichen Anwendung eignet sich ein Aufguß im Verhältnis von 2:100. Man sollte nur im Notfall auf den Wasserschlauch zurückgreifen, da er mittlerweile zu den gefährdeten Arten gezählt werden muß.

Neben- und Wechselwirkungen, Gegenanzeigen: Sind nicht bekannt.

Wegrauke (Sisymbrium officinalis)

Pflanzenfamilie: Kreuzblütler

Botanische Schilderung: Die Wegrauke ist eng mit dem Senf verwandt und gehört wie dieser zur Pflanzenfamilie der Kreuzblütler. Aus der Pfahlwurzel entwickelt sich ein einfacher, nur im oberen Bereich verzweigter Stengel, der etwas höher als ein halber Meter wird. Die Blätter sind gefiedert und aufgrund ihrer starken Randzähnung bizarr geformt. Sie erwecken den Eindruck, als hätten Rehe oder andere Pflanzenfresser an ihnen geknabbert. Die winzigen gelben Blüten setzen sich an den Stengelenden zu einem traubenartigen Blütenstand zusammen. Im Anschluß an die Blüte entwickeln sich schmale spitze Schoten, die etwa 15 Samen enthalten. Die Wegrauke kommt in ganz Europa vor und bevorzugt naturbelassene Standorte.

Blütezeit: April bis Juni

Verwendete Pflanzenteile: Mit Ausnahme der Wurzeln und der Samen kann die ganze Pflanze verwendet werden.

Inhaltsstoffe: Gerbstoffe und Schwefelverbindungen

Heilwirkung und Anwendung: Bei der Wegrauke steht eindeutig die entzündunghemmende Wirkung im Vordergrund. Besonders im Hals- und Rachenbereich kommt diese Eigenschaft zum Tragen. So können Halsentzündungen, Husten und chronische Entzündungen der Atemwege mit der Wegrauke behandelt werden. Interessant ist außerdem, daß diese Heilpflanze auch für starke Raucher empfohlen wird, zumal diese des öfteren über chronische Rachenentzündungen und verschleimte Rachenwege klagen. Die Wegrauke entfaltet ihre Wirkstoffe am besten, wenn sie im Verhältnis von 5:100 aufgegossen wird. Aufgrund der enthaltenen Gerbstoffe und Schwefelverbindungen empfiehlt es sich, den Aufguß mit Honig zu süßen. Eine Tasse pro Tag genügt vollkommen.

Neben- und Wechselwirkungen, Gegenanzeigen: Sind nicht bekannt.

Wegwarte (Cichorium intybus)

Pflanzenfamilie: Korbblütler

Botanische Schilderung: Die Wegwarte ist eine mehrjährige Pflanze aus der Familie der Korbblütler. Da sie besonders gern an Hecken oder Wegrändern wächst, bedarf es keiner besonders ausgeprägten Vorstellungsgabe, sich auszumalen, wie die Wegwarte zu ihrem Namen gekommen ist. Der stark verzweigte Stengel kann einen Meter hoch werden und ist mit struppigen Haaren versehen. Die bodenständigen Blätter sprießen bereits im Herbst und formen sich zu einer Rosette, aus der sich im darauffolgenden Frühjahr der Stengel entwickelt. Die direkt am Stengel sitzenden oberen Blätter sind deutlich kleiner als die bodenständige Blattrosette, haben dabei jedoch dieselbe seitlich gezackte, längliche Form. Die Blüten der Wegwarte bilden Köpfchen, die in verschiedenen Blautönen leuchten und ein gutes Kennzeichen dieser Pflanze darstellen. Als weit verbreitete Pflanze ist die Wegwarte praktisch in ganz Europa anzutreffen.

Blütezeit: Juli und August

Verwendete Pflanzenteile: Die Blätter der Wegwarte eignen sich als Salatbestandteil, und aus den Wurzeln wurde früher ein Kaffee-Ersatz hergestellt. Beide Teile der Pflanze eignen sich nicht nur als Nahrungsmittel, sondern verfügen auch über die heilwirksamen Stoffe.

Inhaltsstoffe: Aminosäuren, Bitterstoffe, Glykoside, Inulin und Salze

Heilwirkung und Anwendung: Der regelmäßige Verzehr von Blättern der Wegwarte gilt auch in der modernen Pflanzenheilkunde als sinnvolle Ergänzung. Denn mit ihren harntreibenden und verdauungsfördernden Eigenschaften kann die Wegwarte dazu beitragen, den Organismus zu reinigen und überschüssige Flüssigkeit auszuschwemmen. Statt des Salats kann das Pflanzengut auch abgegossen werden (Verhältnis 3:100, zwei bis drei Tassen).

Neben- und Wechselwirkungen, Gegenanzeigen: Sind nicht bekannt.

Weidenröschen, schmalblättriges (Epilobium angustifolium)

Pflanzenfamilie: Nachtkerzengewächse

Botanische Schilderung: Das Weidenröschen gehört zur Familie der Nachtkerzengewächse. Aus der Wurzel dieser mehrjährigen Pflanze entwickelt sich der mehr als meterhohe Stengel, der nur im oberen Bereich gelegentlich verzweigt ist. Trotz seines hohen Verbreitungsgrades in Nord- und Mitteleuropa sind die heilwirksamen Eigenschaften des Weidenröschens weitgehend unbekannt.

Die schmalen, länglichen Blätter können in unterschiedlicher Anordnung wachsen (wechsel- oder gegenständig). Die rötlichen Blüten stehen in Trauben an den Stengelenden. Das Weidenröschen entwickelt nach seiner Blüte längliche Fruchtkapseln, die nach ihrer Öffnung den Blick auf die Samen freigeben. Sie verfügen über eine Haarkrone, die den Samen befähigt, sich vom Wind zu neuen Standorten treiben zu lassen.

Blütezeit: Juli und August

Verwendete Pflanzenteile: Heilwirksame Eigenschaften haben beim Weidenröschen die Wurzeln und die Blüten, denen daher das vermehrte Interesse der Pflanzenheilkunde zukommt.

Inhaltsstoffe: Flavonoide und Sterole

Heilwirkung und Anwendung: Seine entzündungshemmenden Eigenschaften entfaltet das Weidenröschen vor allem bei Entzündungen im Darmbereich. Wenn diese von Durchfall begleitet werden, ist das Weidenröschen das Mittel der Wahl. Hierfür sollten Wurzelstücke abgekocht werden (Verhältnis von 3:100). Von dieser Abkochung genügen zwei Tassen, um die Heilkräfte wirksam werden zu lassen. Bei Entzündungen von Haut oder Schleimhaut kann diese Heilpflanze auch äußerlich eingesetzt werden. Eine im Verhältnis von 5:100 hergestellte Abkochung kann dabei für Waschungen oder Mundspülungen verwendet werden.

Neben- und Wechselwirkungen, Gegenanzeigen: Sind nicht bekannt.

Weinrebe (Vitis vinifera)

Pflanzenfamilie: Weinrebengewächse

Botanische Schilderung: Bei der Weinrebe handelt es sich um eine kletternde Pflanze, deren holzige Äste eine Länge von bis zu 30 m erreichen. Die Früchte der Weinrebe – die Trauben – können als Obst verzehrt, zu Wein, Weinbrand oder Weinessig verarbeitet werden. Sie spielen mit ihren vielfältigen Verwendungsmöglichkeiten schon seit langer Zeit eine herausragende Rolle unter den Nutz- und Nahrungspflanzen. Als Folge davon wird die Weinrebe heutzutage in allen wärmeren Gebieten Europas angebaut.

Ihre wechselständigen Blätter teilen sich in drei bis fünf Lappen, die sich durch unterschiedlich tiefe Einschnitte voneinander abheben. Der Blütenstand besteht aus Rispen, die auf Stielen sitzen und den Blättern gegenüberstehen. Die fünf Kronblätter der einzelnen Blüten sind an ihrer Spitze miteinander verwachsen. Nach der Blüte entwickeln sich die rundlichen Trauben, deren Farbe je nach Art gelblich- grün, rötlich-blau oder fast schwarz sein kann. Im saftigen Fruchtfleisch der Trauben sind die Samen verborgen. Es wurden auch kernlose Weinsorten gezüchtet.

Blütezeit: Juni und Juli

Verwendete Pflanzenteile: Unter heilkundlichen Aspekten sind neben den Trauben vor allem die Blätter besonders wertvoll.

Inhaltsstoffe: Flavonoide, organische Säuren und Tannine

Heilwirkung und Anwendung: Die Trauben, die man frisch, getrocknet oder als Saft zu sich nehmen kann, wirken stoffwechselanregend, blutbildend und stärken die Abwehrkräfte. Die Blätter hingegen eignen sich zur Behandlung von Kreislaufbeschwerden. Hierfür wird eine Abkochung im Verhältnis von 5:100 empfohlen, von der man täglich zwei Tassen trinken sollte.

Neben- und Wechselwirkungen, Gegenanzeigen: Sind nicht bekannt.

Weißdorn (Crataegus monogyna)

Pflanzenfamilie: Rosengewächse

Botanische Schilderung: Der in Mitteleuropa beheimatete Weißdorn ist ein Busch, der Waldränder oder Hecken bevorzugt und dabei auch in Höhenlagen von über 1000 m zu finden ist. Unter besonders günstigen Umständen kann der Weißdorn allerdings gelegentlich eine so beträchtliche Größe erreichen, daß man eher von einem Baum sprechen müßte. Seine jüngeren Zweige sind mit Dornen besetzt. Charakteristisch für den Weißdorn sind seine Blätter, die man als oval oder eiförmig beschreiben könnte, wenn sie sich nicht zur Blattspitze hin in drei oder fünf Lappen aufteilen würden. Die weißen Blütenrispen stehen kerzengerade an den Zweigenden und scheinen dabei vorbeifliegende Insekten wie Fluglotsen einzuweisen, um sie auf das „Treibstoffdepot" aufmerksam zu machen. Im Hochsommer entwickeln sich dann die braunroten Früchte des Weißdorns, bei denen es sich um sogenannte Scheinfrüchte handelt, die die eigentliche Frucht (eine kleine Nuß) umhüllt.

Blütezeit: Mai und Juni

Verwendete Pflanzenteile: Beim Weißdorn werden aus den Früchten, den Blütenrispen und der Rinde junger Zweige Arzneimittel hergestellt.

Inhaltsstoffe: Amine, Catechine, Falvonoide, Procyanidine und Triterpensäure

Heilwirkung und Anwendung: Insbesondere die Blüten des Weißdorns verfügen aufgrund der enthaltenen Crataegussäure über Wirkstoffe, die in der Lage sind, den Blutdruck zu senken und die Gefäße zu erweitern. Diese Eigenschaften machen den Weißdorn zu einem hochgeschätzten Arzneimittel bei Bluthochdruck, Nervosität oder Schlaflosigkeit. Seine beruhigende Wirkung kann auch bei Kopfschmerzen (Migräne) genutzt werden. Die Blüten entfalten ihre Wirkstoffe am besten, wenn sie im Verhältnis von 2:100 aufgegossen werden. Eine Tasse pro Tag genügt.

Wenn Entzündungen der Mundschleimhäute behandelt werden sollen, ist eine äußerliche Anwendung zu empfehlen, bei der mit der Abkochung des Pflanzenguts (Abkochung im Verhältnis 2:100) gegurgelt wird.

Neben- und Wechselwirkungen, Gegenanzeigen: Sind nicht bekannt.

Weißtanne (Abies alba)

Pflanzenfamilie: Kieferngewächse

Botanische Schilderung: Als Nadelbaum kann die immergrüne Weißtanne, die sich durch ihren „kerzengeraden“ Wuchs auszeichnet, eine Höhe von bis zu 40 m erreichen. Neben der beträchtlichen Höhe und der Vorliebe für kühle Böden gilt auch der horizontale Wuchs der Äste als charakteristisch. Ein weiteres signifikantes Kennzeichen dieses Nadelbaumes sind die weißen Streifen an der Unterseite der Nadeln.

Als Früchte sind die weiblichen Zapfen anzusehen, die nach der Reife den enthaltenen Samen freigeben. Die Weißtanne kann als typischer Waldbaum betrachtet werden und ist in weiten Teilen Europas in kühlen Höhen bis zu 2000 m anzutreffen.

Blütezeit: Mai

Verwendete Pflanzenteile: Als Pflanzengut werden sowohl die jungen Zweige mit Nadeln wie auch die Triebe benutzt.

Inhaltsstoffe: Ätherische Öle, Harze und Tannine

Heilwirkung und Anwendung: Die Triebe der Weißtanne eignen sich zur Behandlung von Atemwegserkrankungen wie Katarrhe und Husten, während die jungen Zweige bei rheumatischen Beschwerden und Entzündungen der Harnwege zu guten Behandlungsergebnissen führen. In beiden Fällen sollte das Pflanzengut abgekocht und anschließend im Verhältnis von 2:100 in Wasser verdünnt werden.

Äußerlich angewandt eignen sich die Triebe und jungen Zweige aufgrund ihrer desodorierenden und belebenden Wirkung als Badezusatz. Dabei können ruhig drei bis vier Eßlöffel des Pflanzenguts verwendet werden. Es gibt auch verschiedene Schaumbad-Präparate, die die Wirkstoffe der Weißtanne enthalten.

Neben- und Wechselwirkungen, Gegenanzeigen: Sind nicht bekannt.

Wermut (Artemisia absinthium)

Pflanzenfamilie: Korbblütler

Botanische Schilderung: Die bis zu 2 m hohe Pflanze ist mehrjährig und gehört zu den Korbblütlern. Aus dem robusten Wurzelstock entwickeln sich die bodenständige Blattrosette und kräftige, zumeist stark verzweigte Stengel. Die ganze Pflanze ist von einer dichten Behaarung überzogen, der sie ihr weißliches Aussehen verdankt. Die mehrfach gefiederten Blätter sind schmal und länglich. An den Stengelenden sitzen die kleinen, eher unauffälligen gelben Blütenköpfchen. Die widerstandsfähige Pflanze ist praktisch in ganz Europa verbreitet und auf nährstoffreichen Böden bis in alpine Höhenanlagen anzutreffen.

Blütezeit: Von Juli bis September

Verwendete Pflanzenteile: Aus Sicht der Pflanzenheilkunde sind die Blätter und die blühenden Sproßspitzen von besonderem Wert.

Inhaltsstoffe: Ätherische Öle (enthält Thujon) und Bitterstoffe (Absinthin u. a.)

Heilwirkung und Anwendung: Entgegen der weit verbreiteten Ansicht, daß der Wermut giftig wäre, handelt es sich um eine sehr wirksame Heilpflanze. Das zweifellos giftige Thujon, dem der Wermut seinen schlechten Ruf verdankt, ist nur in hohen Dosen wirksam. Es ist daher davon abzuraten, regelmäßig Absinth zu trinken, da dieser in der Tat gesundheitsschädigende Wirkungen hervorruft. Entsprechend zubereitet regt der Wermut die Verdauung an und weckt den Appetit. Man sollte jedoch nur fachmännisch hergestellte Präparate verwenden.

Neben- und Wechselwirkungen, Gegenanzeigen: Das ätherische Öl ist nicht zur Einnahme geeignet. Ansonsten sind keine Nebenwirkungen bekannt.

Wiesenschaumkraut (Cardamine pratensis)

Pflanzenfamilie: Kreuzblütler

Botanische Schilderung: Das Wiesenschaumkraut ist eng verwandt mit der viel bekannteren Brunnenkresse. Beide Heilpflanzen gehören der Familie der Kreuzblütler an. Der unverzweigte Stengel des Wiesenschaumkrauts erreicht eine Höhe von etwa einem halben Meter. Am Boden umfassen langstielige Grundblätter den Stengel, die direkt aus dem Wurzelstock wachsen und mehrfach gefiedert sind. Die Blätter am Stengel sind wesentlich kleiner und haben nur einen ganz kurzen Stiel. Am Stengelende wachsen die Blüten, deren Farbe zwischen Weißrosa und Violett wechselt. Sie bilden locker gruppierte Dolden, die aus etwa 20 einzelnen Blüten bestehen. Das Wiesenschaumkraut ist in ganz Europa verbreitet und gedeiht gut auf Wiesen und Weiden.

Blütezeit: Von April bis Juni

Verwendete Pflanzenteile: Mit Ausnahme der Wurzel wird der gesamte oberirdische Teil der Pflanze gesammelt, zumal die ganze Pflanze reich an mineralischen Inhaltsstoffen ist.

Inhaltsstoffe: Mineralsalze (Eisen, Kalium und Magnesium) und organische Schwefelverbindungen

Heilwirkung und Anwendung: Das Wiesenschaumkraut ist nicht nur verwandt mit der Brunnenkresse, es verfügt auch über ein ähnliches Wirkungsspektrum. Durch die enthaltenen Mineralstoffe wie Jod und Eisen eignet sich diese Heilpflanze zur Behandlung von Blutarmut (Anämie) und erschöpfungsbedingten Schwächezuständen. Die allgemein kräftigende Wirkung des Wiesenschaumkrautes kann in Form eines Saftes genutzt werden. Dabei gilt ein Glas nach dem Aufstehen als ausreichend. In der Volksheilkunde wird außerdem eine äußere Anwendung bei rheumatischen Beschwerden empfohlen.

Neben- und Wechselwirkungen, Gegenanzeigen: Sind nicht bekannt.

Wundklee (Anthyllis vulneraria)

Pflanzenfamilie: Schmetterlingsblütler

Botanische Schilderung: Beim Wundklee ist der Name Programm. Die hervorragende Eignung dieser Heilpflanze bei äußeren Wunden und Verletzungen ist schon seit der Antike bekannt. Aus botanischer Sicht sind es vor allem die Blüten, die dem Wundklee ein unverwechselbares Aussehen verleihen. In der Blütezeit (Juni bis August) können die gelbroten Blüten in ihrer Vielzahl ganze Wiesen oder trockene Hänge übersäen. Die Stengel des Wundklees haben die Eigenschaft, erst flach und parallel zum Boden zu wachsen, um dann plötzlich doch in die Höhe zu streben. Die Blätter des Wundklees sind gefiedert, wobei die Endfieder meist deutlich größer ist als die anderen Fiedern. Bodenständige Blätter haben sich mitunter bis auf die Endfieder zurückentwickelt und sehen darum ganz anders aus als die gefiederten Stengelblätter.

Blütezeit: Mai und Juni

Verwendete Pflanzenteile: Als heilwirksam werden die Blüten und die Blätter des Wundklees angesehen.

Inhaltsstoffe: Pflanzenschleim, Saponine und Tannine

Heilwirkung und Anwendung: Bei Schürf- und Schnittwunden, bei Prellungen und Verstauchungen und auch bei Sonnenbrand kann diese Heilpflanze zu guten Behandlungsergebnissen führen. Der Wundklee verfügt über Wirkstoffe, die Blutungen stoppen, Wunden reinigen und den Heilungsprozeß stimulieren. Hierbei sollte eine Abkochung des Pflanzenguts im Verhältnis von 5:100 verdünnt werden. Anschließend können mit dem Dekokt getränkte Umschläge auf die betroffenen Partien gelegt werden.

Neben- und Wechselwirkungen, Gegenanzeigen: Sind nicht bekannt.

Y

Ysop (Hyssopus officinalis)

Pflanzenfamilie: Lippenblütler

Botanische Schilderung: Der Ysop gehört wie sein naher Verwandter, der Lavendel, zur Familie der Lippenblütler. Und es ist nicht nur bloße Verwandtschaft, die diese beiden Heilpflanzen miteinander verbindet. Denn auch äußerlich betrachtet weisen der Ysop und der Lavendel einige Ähnlichkeiten auf. Die große Anzahl von einzelnen Stengeln, die sich aus dem Wurzelstock dieser mehrjährigen Pflanze entwickeln und die verholzte Basis sind hier zu nennen. Insgesamt wirkt der Ysop wie ein wilder Vorfahre des Lavendels. So hat der Ysop viel mehr Blätter, was den krautigen Gesamteindruck dieser Heilpflanze unterstreicht. Allerdings sind diese ebenfalls schmalen und spitz zulaufenden Blätter kleiner als beim Lavendel. Die Blüten verbindet die bläuliche Färbung.

Während jedoch der Lavendel über Blütenähren an den Stengelenden verfügt, wachsen diese beim Ysop in Büscheln aus den Blattachseln oberer Blätter. Was sein Verbreitungsgebiet betrifft, hält es der Ysop wiederum ganz ähnlich wie der Lavendel. Beide bevorzugen trockene Böden mit viel Sonne im südlichen Europa.

Blütezeit: Juli und August

Verwendete Pflanzenteile: Die blühenden Sproßspitzen, die ab dem Frühsommer zu finden sind, beinhalten die heilwirksamen Stoffe des Ysops. Man sollte darauf achten, die Stengel so abzuschneiden, daß die verholzte Basis der Pflanze erhalten bleibt, da sich daraus dann im folgenden Frühjahr neue Stengel entwickeln.

Inhaltsstoffe: Ätherisches Öl, Flavonglykoside und Gerbstoffe

Heilwirkung und Anwendung: Aus der Volksheilkunde ist vor allem die äußerliche Anwendung des Ysops überliefert. Zum Reinigen von Wunden und dem Einleiten von Heilungsprozessen wurde dieses Arzneimittel gerne benutzt. In der modernen Pflanzenheilkunde wird hingegen das Aufgießen eines Kräutertees empfohlen (Verhältnis 2:100), der sich gegen Asthma und starken Husten als hilfreich erwiesen hat und überdies die Verdauung ankurbelt. Am Rande sei hier noch erwähnt, daß der Ysop seines guten Dufts wegen in der Parfumindustrie gelegentlich eingesetzt wird.

Neben- und Wechselwirkungen, Gegenanzeigen: Überhöhte Dosierung kann Krämpfe zur Folge haben.

Z

Zaubernuß (Hamamelis virginiana)

Pflanzenfamilie: Hamamelisgewächse

Botanische Schilderung: Die Zaubernuß stammt ursprünglich aus Nordamerika und ähnelt der in unseren Breiten ansässigen Haselnuß. Für einen Strauch von der Größe der Zaubernuß (bis zu 4 m) hat diese Pflanze auffallend dünne Zweige. Die kurzgestielten, ovalen Blätter stehen in wechselständiger Anordnung an den Zweigen. An den deutlich hervortretenden Blattadern läßt sich eine feine Behaarung ausmachen. Die grüngelben Blüten wachsen in Büscheln von den Zweigen. Der ungewöhnliche Zeitpunkt der Blüte – mitten im Winter – hat dazu geführt, daß die Zaubernuß als Zierpflanze auch in Südeuropa angebaut wird. Die Zaubernuß ähnelt der Haselnuß nicht nur in ihrer Gestalt. Sie entwickelt Fruchtkapseln, die zwei Nüsse enthalten, welche unbedenklich gegessen werden können.

Blütezeit: Mai und Juni

Verwendete Pflanzenteile: Bei der Zaubernuß verfügen die Blätter über die heilkundlich bedeutsamen Substanzen.

Inhaltsstoffe: Ätherisches Öl, Gallussäure, Hamamelin, Phytosterin und Saponine.

Heilwirkung und Anwendung: Salben und Tinkturen, die aus den Blättern der Zaubernuß hergestellt werden, eignen sich ausschließlich zur äußerlichen Verwendung. Ihr Wirkungsbereich umfaßt Hautentzündungen, Hämorrhoiden, Insektenstiche, leichte Verbrennungen und geschwollene Füsse.

Neben- und Wechselwirkungen, Gegenanzeigen: Sind nicht bekannt.

Melisse

Mädesüß

Mistel

Mariendistel

Pestwurz

Mönchspfeffer
(siehe Stillen)

Odermennig

Roßkastanie

Pomeranze (*siehe Aromatherapie*)

Rosmarin

Petersilie

Pfefferminze

Ringelblume

Schlüsselblume

Salbei

Gemeine Schafgarbe

Sanddorn

Ziest (Stachys officinalis)

Pflanzenfamilie: Lippenblütler

Botanische Schilderung: Beim Ziest handelt es sich um eine mehrjährige Pflanze, deren etwa halbmeterhohe vierkantige Stengel mit einer flauschigen Behaarung überzogen sind. Die grundständigen Blätter stehen auf langen Stielen, sind herzförmig und weisen eine grobe Randzähnung auf. Im Gegensatz dazu sind die Stengelblätter eher länglich und die Blattstiele wesentlich kürzer. Besonders auffällig sind die ebenfalls behaarten purpurfarbenen Blüten, die an den oberen Stengelenden sogenannte Scheinquirle bilden. Der Ziest ist in ganz Europa verbreitet, wächst gern im Halbschatten lichter Wälder und ist in Höhenlagen bis zu 1500 m anzutreffen.

Blütezeit: Von Juni bis August

Verwendete Pflanzenteile: Die länglichen Stengelblätter und die auffälligen Blüten gelten als heilwirksam.

Inhaltsstoffe: Bitterstoffe, Glykoside, Saponine und Tannine

Heilwirkung und Anwendung: Obwohl in manchen Kräutersammlungen auch die innere Anwendung des Ziests vorgeschlagen wird, ist von dieser eher abzuraten, da sie sehr stark abführend wirkt und die Einnahme gelegentlich auch Brechreiz hervorruft. Äußerlich angewandt ist der Ziest ein gutes Wundmittel, das sich zur Reinigung von Verletzungen der äußeren Haut eignet. Hierfür wird der pflanzliche Rohstoff im Verhältnis von 10:100 abgekocht und für Waschungen benutzt.

Neben- und Wechselwirkungen, Gegenanzeigen: Sind nicht bekannt.

Zimtbaum (Cinnamomum ceylanicum)

Pflanzenfamilie: Lorbeergewächse

Botanische Schilderung: Obwohl Zimt auch in unseren Breiten ein durchaus gebräuchliches Küchengewürz ist, wissen viele nicht, daß Zimt ein immergüner Baum ist, der ursprünglich aus Ceylon stammt. Heutzutage wird er auch in Südamerika angebaut. Seine ovalen Blätter sitzen auf kurzen Stielen und weisen eine deutlich sichtbare Aderung auf. Aus den Blattachseln wachsen die weißen Blütenrispen. Im Anschluß an die Blüte entwickelt der Zimtbaum kleine eiförmige Beeren, die dunkelviolett gefärbt sind.

Verwendete Pflanzenteile: Die Rinde der Äste wird in Streifen heruntergeschnitten und getrocknet. Diese Streifen werden nicht nur als Küchengewürz genutzt, sondern sie verfügen auch über Substanzen, derentwegen der Zimtbaum als anerkannte Heilpflanze gilt.

Blütezeit: Dezember und Januar

Inhaltsstoffe: Ätherisches Öl, Pektine und Tannine

Heilwirkung und Anwendung: Tinkturen auf der Basis der Zimtbaumrinde haben sich besonders in der Behandlung von entzündetem Zahnfleisch bewährt. Hierfür werden einige Tropfen der Tinktur in einem Glas Wasser aufgelöst, mit dem man anschließend den Mund ausspült. Darüber hinaus wird der Zimtrinde eine blutstillende Wirkung nachgesagt.

Neben- und Wechselwirkungen, Gegenanzeigen: Präparate auf Zimtbasis können gelegentlich allergische Reaktionen von Haut oder Schleimhäuten hervorrufen. Außerdem sollten in der Schwangerschaft andere Heilpflanzen verwendet werden.

Zitronenbaum (Citrus limon)

Pflanzenfamilie: Rautengwächse

Botanische Schilderung: Der Zitronenbaum wurde ursprünglich aus Asien nach Europa gebracht und ist heute eine in Südeuropa vielfach angebaute Kulturpflanze. Der Anbau von Zitronen ist für manche Gegenden in Italien oder Spanien sogar zu einem Charakteristikum geworden. Die eigentlichen Zitronenbäume sind gedrungen und selten höher als 5 m. Die ovalen Blätter des Zitronenbaumes glänzen hellgrün und enthalten ätherische Öle, die für den typischen Zitronenduft verantwortlich sind. Die Blüten stehen zumeist auf kleinen Stengeln und changieren in der Farbe zwischen Rot und Weiß. Aus diesen entwickeln sich dann die Zitronen.

Blütezeit: April und Mai

Verwendete Pflanzenteile: Da die Früchte alle aus Sicht der Pflanzenheilkunde wertvollen Stoffe beinhalten, sollten sich Pflanzenliebhaber aus unseren Breiten bei ihrem Obsthändler auf die Pirsch begeben.

Inhaltsstoffe: Ätherisches Öl, Cumarin, Flavonoide, Vtamine C, B und P sowie Zitronensäure und Zucker

Heilwirkung und Anwendung: Neben den vielfältigen Verwendungsmöglichkeiten der Zitrone in der Küche wissen viele Verbraucher heutzutage auch über den hohen Vitamingehalt dieser Früchte Bescheid. Der antiseptische Saft der Zitrone kann auch genutzt werden, um Wunden zu desinfizieren. Außerdem haben Forschungsergebnisse bewiesen, daß hohe Dosen des Zitronensaftes bei rheumatischen und arthritischen Beschwerden helfen können. Zitronensaft ist unbedenklich und kann unverdünnt genossen werden (sauer macht lustig).

Neben- und Wechselwirkungen, Gegenanzeigen: Sind nicht bekannt.

Zitronenstrauch (Lippia triphylla)

Pflanzenfamilie: Eisenkrautgewächse

Botanische Schilderung: Der Zitronenstrauch ist ursprünglich in Südamerika beheimatet und wurde im Lauf des 18. Jahrhunderts nach Europa importiert. Wie der Name schon sagt, handelt es sich bei dieser Heilplflanze um einen zierlich wirkenden Strauch, der selten höher als 2 m wird. Die Äste wirken lang und dünn. Dic Blätter des Zitronenstrauchs, die dieser im Herbst abwirft, sind kurzstielig und sitzen in sogenannten Quirlen (zu dritt oder viert in derselben Höhe) am Stengel. Sie sind ebenso schlank wie spitz zulaufend und leuchten in einem kräftigen hellen Grünton. Typisch für die Blätter dieser Heilpflanze ist der zitronenartige Geruch, der entsteht, wenn die Blätter zerrieben werden, die sich darüber hinaus noch durch eine rauhe Oberfläche und eine deutliche Aderung auf der Blattunterseite hervortun. Die Blüten wachsen in Rispen an den Spitzen junger Zweige. Diese Rispen erinnern in ihrem Wuchs vage an Pyramiden bzw. gleichschenklige Dreiecke. Um Verwechslungen mit dem Zitronenbaum vorzubeugen, sei hier noch erwähnt, daß es sich bei den Früchten des Zitronenstrauchs um kleine Nüsse handelt, die allerdings von europäischen Vertretern dieser Gattung selten hervorgebracht werden.

Blütezeit: August und September

Verwendete Pflanzenteile: Gesammelt und geerntet werden beim Zitronenstrauch die blühenden Sproßspitzen und die Blätter. Sie sind reich an ätherischen Ölen.

Inhaltsstoffe: Ätherisches Öl

Heilwirkung und Anwendung: Die aromatischen Inhaltsstoffe des Zitronenstrauchs haben ihn für die Likörindustrie ebenso interessant werden lassen wie für die Kosmetikbranche. Als Heilpflanze ist der Zitronenstrauch ein vielfach verwendetes Arzneimittel bei Verdauungsstörungen und Krämpfen. Dabei ist eine innere Anwendung des im Verhältnis von 3:100 aufgegossenen Sammelguts zu empfehlen. Täglich eine Tasse davon reicht aus.

Neben- und Wechselwirkungen, Gegenanzeigen: Sind nicht bekannt.

Zypresse, italienische (Cupressus sempervirens)

Pflanzenfamilie: Zypressengewächse

Botanische Schilderung: Die Zypresse ist ein immergrüner Nadelbaum, der typisch für das Mittelmeergebiet ist. Der hohe Bekanntheitsgrad der Zypresse steht sicher im Zusammenhang mit ihrem schlanken, kerzengeraden Wuchs, der ein wesentliches Charakteristikum dieses Nadelbaums darstellt.

Bei den Nadeln der Zypresse handelt es sich eigentlich mehr um übereinander liegende Schuppen, die sich durch ihre intensiv dunkelgrüne Färbung auszeichnen. Bei den etwas unscheinbaren Blüten unterscheidet man zwischen weiblichen und männlichen Exemplaren.

Die kugeligen Beerenzapfen der Zypresse öffnen sich zu ihrer Reife und überlassen dem Wind ihre geflügelten Samen, die den Fortbestand dieser schönen Pflanze sichern.

Wie eingangs erwähnt, sind Zypressen rund um das Mittelmeer anzutreffen. Sie erreichen normalerweise ein Höhe von gut 20 m. Einzelne Exemplare können allerdings sehr viel größer werden (40 m) und dabei ein biblisches Alter (200 Jahre) erreichen.

Blütezeit: Von April bis Mai

Verwendete Pflanzenteile: Als heilwirksam gelten bei der Zypresse die Beerenzapfen und die Spitzen der jungen Zweige.

Inhaltsstoffe: Ätherisches Öl, Katechin, Terpen und Tannine

Heilwirkung und Anwendung: In den Nadeln enthaltene ätherische Öle, die auch für den angenehmen Duft der Zypresse verantwortlich zeichnen, bieten sich für den therapeutischen Einsatz an. Wenn als Folge einer Erkältung Fieber und Husten auftreten, empfiehlt es sich, das Pflanzengut im Verhältnis von 3:100 abzukochen. Täglich drei Eßlöffel dieses Dekokts reichen aus. Die Beerenzapfen der Zypresse haben darüber hinaus eine gefäßverengende Wirkung auf den Organismus und eignen sich daher zur Behandlung bei fiebrigem Durchfall. Dabei wird das Pflanzengut aufgegossen (Verhältnis 3:100 – ein kleines Gläschen täglich).

Neben- und Wechselwirkungen, Gegenanzeigen: Sind nicht bekannt.

Beschwerden von A bis Z und ihre pflanzlichen Heilmittel

Hinweis: Zur leichteren Nutzung des Lexikons, sprich aus Gründen der besseren Übersicht und des schnelleren Zugriffs wurde darauf verzichtet, gesonderte Verzeichnisse anzulegen. Alle Krankheiten und die entsprechenden pflanzlichen Heilmittel erscheinen hier in alphabetischer Reihenfolge. Wenn ein Stichwort, dem ein eigener Eintrag gewidmet wurde, an einer anderen Stelle auftaucht, so ist es deutlich sichtbar hervorgehoben. Die exakte Anwendung der Heilpflanzen wird in den ausführlichen Beschreibungen aufgezeigt.

In der Beschreibung der pharmakologischen Wirkweisen von Heilpflanzen werden häufig folgende Ausdrücke verwendet:

- Adstringierend: Blutungsstillend durch das Zusammenziehen und Verengen von Körpergewebe
- Analgetisch: Schmerzstillend, ohne Beeinträchtigung des Bewußtseins
- Anästhetisch: Führt Schmerzfreiheit und Empfindungslosigkeit herbei
- Antidotisch: Neutralisierend gegen Gifte und toxische Substanzen
- Antiphlogistisch: Entzündungshemmend
- Antipyretisch: Fiebersenkend
- Antiseptisch: Keimtötend bzw. keimhemmend
- Antipasmodisch: Krampflösend und -verhindernd
- Antitussiv: Hustenstillend
- Aphrodisch: Libidoanregend
- Demulgierend: Schleimhautreizungen lindernd
- Diaphoretisch: Schweißtreibend
- Digestiv: Verdauungsfördernd
- Dioretisch: Entwässernd bzw. harntreibend
- Emetisch: Brechreizanregend
- Emollientisch: Weichmachend und beruhigend
- Expektorantisch: Schleimlösend und hustenlindernd
- Hämostatisch: Blutstillend

- Karminativ: Blähungsmindernd
- Laxativ: Abführend
- Refrigierend: Kühlung herbeiführend bzw. hitze- und fiebersenkend
- Sedierend: Erregung und Nervosität vermindernd
- Stimulierend: Den Stoffwechsel antreibend
- Stomachisch: Verdauungsfördernd
- Tonisierend: Belebend und Gewebe neubildend

Abwehrschwäche

Jeder Mensch ist ein Leben lang einer wahren Flut von Krankheitserregern mit unterschiedlichen gesundheitsschädigenden Anfeindungen ausgesetzt. Ohne die körpereigene Abwehr wäre er jedem Virus und jeder noch so winzigen Bakterie schutzlos ausgeliefert. Statt jedoch klein beizugeben, startet der Organismus bei jedem Fremdkontakt ein Überlebenskonzept von genialer Präzision, das jeden Computer mit Abertausenden von Programmen weit hinter sich läßt. Von den unablässigen körpereigenen Abwehrstrategien ist anfänglich nichts zu bemerken. Der Organismus nimmt sein eingespieltes Aufräumungsprogramm zügig wahr und beendet es, noch bevor sich erkennbare gesundheitliche Schäden oder Einbußen des Wohlbefindens einstellen. Geraten die Abwehrkräfte dagegen aus unterschiedlichen Gründen in Verzug, schaltet der Organismus auf ein entsprechendes Notstandsprogramm um. Er signalisiert dann mit erhöhter Temperatur, Fieber, Abgeschlagenheit und Stimmungsschwankungen, Entzündungen, Appetiteinbußen, Erbrechen und Übelkeit, mit Verdauungsstörungen und Kopfschmerzen, daß unbedingt Schonung und Bettruhe erforderlich sind, um das komplexe Abwehrsystem nicht vollends außer Kraft zu setzen.

Es ist wichtig, daß deutliche Abweichungen vom normalen Wohlbefinden als Aufforderung der Körperabwehr verstanden und angenommen werden wollen, um eine Schadensbegrenzung zu erreichen. Geschieht das in angepaßter Weise durch Ruhe und sanfte medizinische Unterstützung, findet die körpereigene Abwehr in den meisten Fällen zu ihrer natürlichen Balance zurück. Daraufhin schwinden nicht nur die Symptome der körperlichen oder geistig-seelischen Betriebsstörung, sondern es tritt eine grundlegende Besserung ein. Im Gegensatz zur Hochschulmedizin halten Ganzheitsmedizin und Naturheilkunde in den meisten Fällen nichts von der Symptomunterdrückung mit der „chemischen Keule“, weil diese die körperliche Abwehr als natürliche Signale des Organismus fortwischt.

Biologische Heilverfahren und die Nutzung pflanzlicher Heilweisen können anfänglich die Abwehrreaktionen deutlich, aber zumeist nur kurzfristig verschlimmern. Die Ganzheitsmedizin versteht eine derartige Entwicklung als erwünschte Aktivierung des Abwehrsystems und als positive Beeinflussung der natürlichen Selbstheilungskräfte. Bei schweren Erkrankungen verschließt sich die Naturheilkunde keineswegs der gezielten Symptomunterdrückung durch entsprechende Medikamente oder operative Eingriffe. In diesen Fällen genießt die Linderung der Beschwerden absoluten Vorrang. Hat sich das Befinden hernach stabilisiert, sollte die Wirkung der Heilpflanzen weitgehend ausgeschöpft werden, um die Heilung im wahrsten Sinne des Wortes fortschreiten zu lassen. Unser Abwehrsystem reagiert wie ein hochsensibler Seismograph auf jede Abweichung oder Erschütterung der psycho-physischen Balance und ist damit der zuverlässigste Verbündete unserer ganzheitlichen Gesundheit. Wer die Warnsignale aufnimmt und möglichst von Kindesbeinen an daran gewöhnt wird, auf den eigenen Körper zu hören, kann mit diesem Selbstverständnis vielen Krankheiten rechtzeitig begegnen und vor allen Dingen gesund alt werden. Viele pflanzliche Drogen helfen dabei, das Abwehrsystem förmlich auszupolstern:

Bockshornklee

Besonders in der Rekonvaleszenz nach langen Krankheiten kann der Bockshornklee als Aufguß dazu beitragen, die Abwehrkräfte des Körpers zu stärken.

Brennessel

Aufgrund ihres reichen Gehalts an Proteinen, Mineralsalzen und Vitaminen gilt die Brennessel (in Form von Tee oder frisch gepreßtem Saft) als geeignetes Vorsorgemittel gegen Abwehrschwäche.

Hagebutte

Besonders im Winter (bei erhöhtem Vitaminbedarf) trägt der Hagebuttensaft zur allgemeinen Stärkung der Abwehrkräfte bei.

Sanddorn

Um die Widerstandskraft gegen Infektionskrankheiten zu erhöhen, wird der vitaminreiche Saft (Vitamin C) aus den Beeren des Sanddorns empfohlen.

Schafgarbe, gemeine

Zu frischem Schafgarbensaft wird vor allem aufgrund seiner blutbildenden Eigenschaften bei Abwehrschwäche geraten.

Tausendguldenkraut

Ein Aufguß des Tausendguldenkrauts kann im Umfeld der Abwehrschwäche getrunken werden, um Erkrankungen des Magens vorzubeugen, die sich nachteilig auf die Abwehrkräfte des gesamten Organismus auswirken.

Wacholder, gemeiner

Wegen seiner allgemein kräftigenden Wirkung wird der Wacholder (Saft der Beeren) insbesondere zur Stärkung kränkelnder Kinder empfohlen.

Weinrebe

Dieser „Alleskönner" unter den Heilpflanzen (Aufguß der Blätter und/oder Blüten bzw. Verzehr frischer Trauben) erhöht die Abwehrbereitschaft des Körpers gegen eine Vielzahl von Erkrankungen.

Weizen

Weizenkeimöl enthält eine Vielzahl von Vitaminen (A, verschiedene B-Vitamine, D und E) und hilft dem Organismus dabei, einen intakten Schutz gegen Infektionen aufzubauen.

Alkoholkopfschmerz

Noch immer sind die Stoffe, die Katerkopfschmerzen auslösen („Katermoleküle"), unbekannt. Unter dringendem Tatverdacht stehen derzeit chemische höherwertige Alkohole und Methanol. Wissenschaftler stellten fest, daß weniger die Menge des alkoholischen Getränkes, sondern vielmehr seine Art ausschlaggebend dafür ist, ob sich ein Kater einstellt. Nach einer britischen Studie nimmt der Alkoholkopfschmerz in der Reihenfolge Brandy, Rotwein, Weißwein, Gin und Wodka ab. Den mildesten Kater löst reines Äthanol aus. Wer zu tief ins falsche Glas geschaut hat und am Morgen danach jämmerlich leidet, dem helfen leider nur an den Symptomen orientierte Maßnahmen. Zur Linderung der Kopfschmerzen, die häufig mit Übelkeit, Magenverstimmung, Brechreiz und Schwindel einhergehen, soll ein sauer-salziges Katerfrühstück und dazu reichliches Trinken von Mineralwasser, Obst- und Gemüsesäften nützlich sein. Im übrigen wirkt Ingwer gegen Brechreiz, und kostenlos zu haben sind frische Luft und ein Erholungsschlaf. Aus der Grünen Apotheke helfen folgende Substanzen.

Chinarinde

Eine im Verhältnis von 1:100 hergestellte Abkochung der Chinarinde (ein Gläschen) hilft der Leber, den Alkohol abzubauen.

Majoran

Ein Aufguß aus den Sproßspitzen des Majorans hat sich bei verschiedensten Formen von Kopfschmerzen bewährt. Der Hinweis, diesen auch bei „Katerkopfschmerzen" zu verwenden, stammt aus der Volksheilkunde des nahen Ostens.

Paprika

Die Empfehlung, Paprika bei alkoholbedingtem Kopfschmerz zu sich zu nehmen, stammt aus der Volksheilkunde. Das reichliche Angebot an Vitamin C und Beta-Carotin dürfte hierfür sprechen.

Allergien

Allergien nehmen hierzulande kräftig zu, das weiß bereits jedes Kind. Und keineswegs ist es immer so einfach wie bei der Erdbeere, einen Zusammenhang zwischen Ursache und Wirkung herzustellen. Es gibt heute praktisch nichts, was nicht zum Allergen werden könnte.

Wer denkt schon an die neue Kissenfüllung, wenn urplötzlich ein Schnupfen auftritt? In den meisten Fällen ist die Ursache einer allergischen Reaktion ein tierisches oder pflanzliches Produkt wie Blütenpollen, Federn, Hühnereiweiß, Hunde- und Katzenhaare, Nahrungsmittel wie Erdbeeren, Nüsse und Tomaten. In diesen Fällen ist die Reaktion noch einigermaßen zu verstehen. Der Körper stellt fest, da stammt etwas von einem anderen Organismus, also will er es kurzerhand loswerden. Doch so einfach ist das nicht: Der Körper reagiert unter Umständen nicht minder heftig auf Farben und Chemikalien, Kunststoffe und Medikamente, Kosmetika und Konservierungsmittel oder auch auf Sonne und Kälte sowie auf Streß, Ärger, Angst und Ekel.

Im Gegensatz zur Schulmedizin nimmt die Naturheilkunde gegenüber den Allergien eine völlig andere Stellung ein. Sie spricht bei Allergien von Panikreaktionen. Der Körper wird mit der einen oder anderen Sache nicht mehr fertig und schlägt deshalb blind um sich. Es heißt, daß bei jedem Allergiker eine unbewältigte Störung vorliegen soll. Eventuell hat er zu viel Harnsäure im Blut, der Körper beherbergt unentdeckte Infekte, die Nieren sind nicht in Ordnung oder das Lymphsystem arbeitet nicht normal. In den meisten Fällen ist es aber um die Abwehrsituation des Immunsystems nicht zum besten bestellt. Bei der Behandlung von Allergien kann es nicht darum gehen, ein unbequemes Symptom zu beseitigen, sondern die Wurzel des Übels zu erkennen und entsprechend zu handeln.

Allergische Reaktionen zeigen sich vorwiegend an der Haut, den Luftwegen und Bronchien, den Augen und der Nase sowie den Verdauungswegen. Die häufigsten allergischen Reaktionen sind Ekzeme, Heuschnupfen, Nesselfieber und Asthma. Die Bereitschaft zur allergischen Erkrankung kann erblich bedingt, aber auch in späteren Lebensjahren erworben sein. Bis heute sind die ursächlichen Zusammenhänge der Allergie noch nicht restlos geklärt.

Gibt es einen Schutz vor Allergien? Sie ließen sich verhüten, wenn man ganz exakt ergründen könnte, wodurch sie ausgelöst werden. Diesen Ursachen oder Stoffen könnten die Betroffenen dann aus dem Wege gehen. Nur ist das Aufspüren der Ursache vielfach eine komplizierte und aufwendige Detektivarbeit.

In einem allergisch reagierenden Körperbereich weist das Gewebe eine bestimmte Substanz verstärkt auf. Es handelt sich um das Gewebshormon Histamin. Deshalb sollen Medikamente (wie Antihistamine) die allergischen Überreaktionen mildern. Allergien, die durch Pollen hervorgerufen werden, versucht man mit Hilfe einer Desensibilisierung zu begegnen. Der Patient wird einige Wochen lang mit den in Frage kommenden auslösenden Stoffen in ansteigender Dosierung geimpft. Unter den allergischen Erkrankungen ist das Asthma besonders schwerwiegend. Die Verzweigungen der Bronchien sind durch Verkrampfung verengt. Sie sondern darüber hinaus viel Schleim ab und dadurch ist das Atmen erschwert. Asthmaanfälle, die beängstigende Ausmaße annehmen können, dauern zuweilen Stunden oder Tage an.

Heuschnupfen ist eine der häufigsten allergischen Reaktionen. Er tritt jahreszeitlich bedingt im Frühjahr verstärkt auf. Damit Gefährdete sich darauf einstellen können, veröffentlichen Tageszeitungen die Ergebnisse der örtlichen Pollenwarndienste.

Nesselfieber ist eine allergische Hauterkrankung, die sich durch blasse, erhabene Flecken oder Blasen auf der Haut mit Juckreiz bemerkbar macht. Die befallenen Bezirke sind manchmal klein, sie können aber auch als große flächenartige Quaddeln auftreten.

Weit verbreitet ist das Ekzem als Ausdruck einer allergischen Reaktion bei Säuglingen und Kleinkindern. Bei Überempfindlichkeit gegen bestimmte Nahrungsmittel zeigt die Haut rauhe, rote Flecken, die heftig jucken und sehr hartnäckig sein können.

Die Überreaktion des Organismus wird medizinisch als Idiosynkrasie bezeichnet. Diese kann bedrohliche Auswirkungen haben, wenn sie sich gegen bestimmte Arzneimittel richtet (Penicillin und andere Antibiotika sowie Schmerztabletten). Allergische Erkrankungen, die durch Nahrungsmittel ausgelöst werden, führen in den meisten Fällen zu Magen- und Verdauungsstörungen.

Um die Auslöser in der Nahrung zu ermitteln, hilft unter anderem die Anwendung einer Auswahldiät. Nicht selten handelt es sich dabei um Eiweißsubstanzen, die in Milch, Eiern, Nüssen, Getreide und anderen Nahrungsmitteln enthalten sind. Ist der Verursacher (oder mehrere) ausfindig gemacht worden, muß der Allergiker den betreffenden Stoff oder die Substanz nach Möglichkeit meiden. Tröstlich ist: Kinder verlieren ihre Überempfindlichkeit der ersten Lebensmonate und -jahre manchmal mit zunehmendem Alter.

Bärlapp
Das Sporenpulver des Bärlapps verschafft eine rasche Linderung bei Hautreizungen.

Brombeerstrauch
Eine Abkochung aus den Blättern des Brombeerbuschs wird bei Allergien aufgrund ihrer entzündungshemmenden Eigenschaften zur äußerlichen Anwendung empfohlen.

Königskerze
Königskerzentee gilt als hervorragendes Arzneimittel bei entzündlichen und allergischen Prozessen der Haut. Seine schmerzlindernde Wirkung ist nachgewiesen.

Mariendistel
Aus der Volksheilkunde ist bekannt, daß der Aufguß aus den Samen äußerlich angewandt über getränkte Kompressen in Mitleidenschaft gezogene Hautpartien beruhigt.

Nußbaum
Als Badezusatz können die Blätter und die getrockneten Schalen Linderung verschaffen.

Schwarzpappel
Die entzündungshemmenden Eigenschaften der Schwarzpappel kommen zum Tragen, wenn eine Abkochung der Knospen über getränkte Kompressen aufgebracht wird.

Senf
Das Mehl aus den Samen entfaltet seine heilende Wirkung mittels getränkter Ableitungsumschläge am besten.

Stiefmütterchen
Als bekannt schmerzstillende Heilpflanze kann das Stiefmütterchen dazu beitragen, den Heilungsprozess bei Hautausschlägen einzuleiten (Aufguß über getränkte Verbände).

Veilchen
Veilchentee hatte schon bei Pfarrer Kneipp einen hohen Stellenwert. Allergischen Prozessen im Bereich der Augen kann durch Waschungen Einhalt geboten werden.

Wacholder, gemeiner
Wacholderöl oder der Brei aus den zerdrückten Früchten ist ebenfalls geeignet, den Heilungsprozess bei allergischen Beschwerden einzuleiten.

Weinrebe
Die Blätter der Weinrebe eignen sich für Waschungen, bei Geschwüren, Ekzemen und Hautausschlägen. Dem ausfließen-

den Saft frisch beschnittener Reben wird eine ähnliche Wirkung nachgesagt.

Weizen
Weizenkeimöl gilt nicht zuletzt aufgrund seines hohen Vitamin-E Anteils als empfehlenswert, wenn allergische Beschwerden der Haut therapiert werden sollen.

Anämie

Es gibt zwei verschiedene Arten der Anämie, die auch als Blutarmut bezeichnet wird. Es handelt sich um die Eisenmangel- und die gefährliche perniziöse Anämie. Blutarmut ist die Folge eines Mangels an roten Blutkörperchen, die entweder in zu geringem Maße im Knochenmark gebildet werden, vorzeitig zerfallen oder durch sichtbare und verborgene Blutungen verloren gehen. Wie erkennt man eine Anämie?

Blasse Haut und Schleimhäute, Appetitmangel, rasches Ermüden, Nachlassen der Vitalität, Herzklopfen und allgemeine Schwäche sind Hinweise. Bei der perniziösen Anämie, die auch die Nerven des Rückenmarks in Mitleidenschaft ziehen kann, stellt sich außerdem ein taubes und prickelndes Gefühl in Armen und Beinen ein. Häufig ist die Zunge wund und angegriffen. Eisenmangelanämien beruhen auf der Minderversorgung mit dem Spurenelement Eisen, das vielfach vom Organismus nicht odnungsgemäß verwertet werden kann. Eisen ist für die Bildung des roten Blutfarbstoffs (= Hämoglobin) unentbehrlich. Hämoglobin sorgt für den zügigen Sauerstofftransport von den Lungen in 60 bis 100 Billionen Körperzellen.

Alant
Alanttee gilt als blutreinigendes und blutbildendes Heilmittel.

Brennessel
Die Brennessel gilt als eines der besten Blutreinigungsmittel und kann als Aufguß oder Salatbeigabe (junge Blätter) zur Blutbildung beitragen.

Johanniskraut
Der Aufguß aus den Blüten des Johanniskrauts gilt als besonders gutes Frauenmittel und kann während der Schwangerschaft die Blutbildung unterstützen.

Kalmus

Neben seiner bekannt guten Wirkung auf den Stoffwechsel (Gallen- und Harnsekretion) gilt der Kalmus auch bei Blutarmut als angezeigtes Arzneimittel.

Quecke, gemeine

Die Wurzel der Quecke galt schon in der Volksheilkunde als empfehlenswertes Heilmittel bei Blutarmut. Auch die moderne Pflanzenheilkunde empfiehlt den Einsatz der Quecke (als Aufguß).

Tausendguldenkraut

Tausendguldenkrauttee reguliert die Leber- und Gallenfunktion und hat deshalb eine positive Wirkung bei Blutarmut.

Weinrebe

Der Verzehr frischer Trauben oder deren Saft wird bei Blutarmut inbesondere stillenden Müttern sowie Kindern und Jugendlichen empfohlen.

Appetitstörungen

Im Zeichen kalorienträchtiger Wohlstandsnahrung und der unaufhörlichen Auseinandersetzung mit überflüssigen Pfunden, Rettungsringen und ungezählten Diätprogrammen, nimmt sich das Phänomen Appetitstörung eher seltsam aus. Dabei wird vergessen, daß Seniorinnen und Senioren, Kleinkinder und Rekonvaleszenten zur großen Gruppe derjenigen gehören können, die wenig Lust verspüren, zu essen. Damit die viel zu geringe Versorgung mit essentiellen Nährstoffen nicht krankhafte Folgeerscheinungen nach sich zieht, hilft den Betroffenen neben der Ermunterung zur Nahrungsaufnahme auch eine begleitende Behandlung mit nebenwirkungsarmen Pflanzenwirkstoffen. Bei fieberhaften Erkrankungen stoppt Appetitlosigkeit das Bedürfnis nach fester Nahrung. Diese Reaktion bewirkt, daß sich der kranke Organismus auf die Heilung konzentriert und seine Kraft nicht der Verdauung zur Verfügung stellt. In erster Linie benötigt der Organismus Flüssigkeit und greift, was die Energieanlieferung betrifft, auf seine körpereigenen Reserven zurück. Deshalb sollten besorgte Mütter dem fiebernden Kind keinesfalls Nahrung aufzwingen. Der Appetit meldet sich von selber wieder, wenn der Organismus Kraft für Erholung braucht. Appetitanregende Mittel sind Substanzen, die bei der Berührung mit der

Mund-, Magen- und Darmschleimhaut die Speichel- und Magensaftproduktion sowie die Darmsekretion anregen. Dazu zählen Gewürze und zahlreiche pflanzliche Heilmittel.

Basilikum

Basilikum gilt aufgrund seiner magenstärkenden Wirkung als appetitanregendes Arzneimittel.

Bockshornklee

Das Pulver aus den Samen des Bockshornklees gilt wegen seiner verdauungsfördernden Eigenschaften auch als appetitanregend.

Dill

Dillsamen eilt schon seit der Antike der Ruf voraus, verlorengegangenen Appetit wieder anzuregen.

Holunder

Holundersaft hat einen allgemein regulierenden Einfluß auf den Stoffwechsel und ist somit auch in der Lage, Appetitstörungen zu bekämpfen.

Johannisbeere

Die appetitanregende Wirkung frischer Johannisbeeren (schwarz und rot) gilt als nachgewiesen, zumal deren Verzehr die Speichelproduktion anregt.

Knoblauch

Die Wunderknolle kann aufgrund ihrer aromatischen, darmregulierenden Wirkung auch dazu beitragen, Appetitstörungen zu beheben.

Kümmel

Eine Abkochung von Kümmel in der Dosierung von ein bis zwei kleinen Tassen vor (oder nach) den Mahlzeiten hat sich zur Appetitanregung bewährt.

Lavendel

Die aromatischen Blüten des Lavendels (als Aufguß im Verhältnis von 3:100) haben eine belebende Wirkung, die sich auch bei Appetitstörungen positiv auswirkt.

Löwenzahn

Zur inneren Anwendung, das heißt zur Reinigung des Organismus, wirkt der Löwenzahnsaft auf Leber-, Nieren- und Darmfunktion anregend (bis zu 3 EL am Tag) und fördert somit den Appetit.

Pflaumenbaum
Die appetitanregenden Eigenschaften getrockneter Pflaumen waren in der Volksheilkunde bekannt. Das gilt auch für die moderne Pflanzenheilkunde.

Tausendguldenkraut
Ein Aufguß aus den blühenden Sproßspitzen des Tausendguldenkrauts (Verhältnis 1:100) wirkt appetitanregend und verdauungsfördernd.

Wacholder, gemeiner
Wacholdertee regt die Stoffwechselfunktionen an und kann somit dazu beitragen, den Appetit zu verbessern.

Aromatherapie

Immer mehr Menschen schwören auf diese Naturheilweise. Die Düfte der ätherischen Öle von Pflanzen entspannen und kräftigen, sie stimmen positiv und können Beklemmungen mildern, Depressionen beheben oder die mentale Konzentration fördern. Eine Anzahl der Öle wirkt auch physisch, das heißt, sie haben antibakterielle oder entzündungshemmende Eigenschaften. Die Aromaöle können direkt und in geringen Mengen auf die Haut gegeben werden, zum Beispiel bei Kopfschmerzen und Migräne. Auch bei Erkrankungen der Atemwege ist die Verwendung in sogenannten Duftlampen empfehlenswert. Außerdem bietet sich an, die Aromaöle zur Inhalation oder im Badezusatz zu verwenden. Allergiker sollten die Aromatherapie ebenso vorsichtig anwenden wie Schwangere und in Zweifelsfällen den Arzt zu Rate ziehen.

Die 10 wichtigsten essentiellen aromatischen Öle:

Eukalyptus:
Antiseptisch, gut bei Magenschmerzen, allergischem Schnupfen, Akne, Ekzemen und anderen schmerzhaften Hautstörungen

Geranium:
Mild zusammenziehend, bei Schnittverletzungen, Abszessen, Fußpilz, Schutz vor Insektenstichen, Quetschungen, Streß

Jasmin:
Antidepressiv, wirksam bei Verstimmungen und als Aphrodisiakum

Kamille:

Beruhigend bei Magenschmerzen, Halsentzündungen, Allergien, Akne und Ekzemen

Lavendel:

Mild schmerzlindernd bei Kopf- und anderen Schmerzen, Wunden, Quetschungen, Insektenstichen, Schwellungen und Schlaflosigkeit

Majoran:

Schmerzlindernd bei Menstruationsbeschwerden, Kopfweh, Schlaflosigkeit, Durchblutungsstörungen und Kältegefühl, Pilzinfektionen und Akne

Pomeranze:

Mild beruhigend bei Schlaflosigkeit, Angstzuständen, Nervosität, Rückenbeschwerden und prämenstruellen Spannungen

Rose:

Antiseptisch wirksam bei Abszessen, geschwollenen Augen, Krampfadern und Schlaflosigkeit

Rosmarin:

Mild stimulierend bei körperlicher und geistiger Ermüdung, Vergeßlichkeit, Atemproblemen, auch Asthma, Rheumabeschwerden und schmerzender Muskulatur

Sandelholz:

Antiseptisch und anregend. Wirkt bei trockener, aufgesprungener Haut, Akne, Nervosität und gilt als ein wirksames Aphrodisiakum.

Asthma (allergisch und chronisch)

Erschwertes Ausatmen und trockener Husten, der nicht selten von quälenden Erstickungsanfällen begleitet wird, versetzen die Betroffenen in Angst und Panik. Zwischen den zumeist in der Nacht auftretenden Hustenattacken fühlen sich manche relativ wohl und gesund. Alle Asthmatiker haben überempfindliche Bronchien. Sie reagieren auf unterschiedliche Reize wie kalte Luft, Staubpartikel und Zigarettenrauch. Die Ausgangslage ist folgende:

1. In den Bronchien angelegte „Empfänger" für diese Reize sind gehäuft vorhanden und von hoher Sensibilität.
2. Als Antwort auf bestimmte Reize setzt die Schleimhaut Überträgerstoffe frei.
3. Diese sind für Symptome wie Muskelverkrampfung, Schleimhautschwellung und verdickten Schleim verantwortlich.
4. Daraufhin verengen sich die Bronchien, und die Atmung ist mehr oder minder stark behindert.

Einige der Empfänger können auf Tierhaare, Pflanzen- und Blütenpollen, Staubpartikel oder Substanzen aus der Nahrung überschießend reagieren. In diesem Fall liegt allergisch bedingtes Asthma vor. Wird dieses festgestellt, heißt das für den Betroffenen, die auslösenden Stoffe zu meiden. Zuweilen bedeutet der Befund sogar das Aus im Beruf (Bäcker, Chemiearbeiter, Gärtner, Friseur, Tierpfleger). Neben dem allergischen Asthma gibt es das chronische Bronchialasthma. Häufig treten die Anfälle ganz plötzlich nach einer Grippe oder Lungenentzündung auf. Die Betroffenen müssen bestimmte Reizstoffe meiden. Im Falle von Zigarettenrauch ist für die Betroffenen ein Kneipenbesuch tabu. Außerdem gibt es das Schmerzmittel-Asthma. In diesem Fall können ganz bestimmte Bestandteile von Medikamenten den Zellstoffwechsel derart verändern, daß allergieauslösende Überträgerstoffe in den Schleimhautzellen entstehen.

Fenchel
Die hustenlindernde Wirkung des Fenchels wird als Tee genutzt. Er kann nach Belieben getrunken werden, da Nebenwirkungen nicht bekannt sind.

Holunder
Holunderblütentee bzw. der Saft aus den Beeren, die überall erhältlich sind, werden bei Atemnot und rheumatischen Beschwerden empfohlen.

Thymian
Die blühenden Sproßspitzen wirken hustenlindernd und im Verhältnis von 2:100 aufgegossen, entfalten sie ihre heilwirksamen Eigenschaften auf die Atemwege.

Wacholder
Zur Linderung von Hustenattacken wird seit eh und je Wacholder als Aufguß angewandt (Verhältnis 3:100 – 2 Tassen pro Tag)

Atemwegserkrankungen

Die wesentlichen Atemwegserkrankungen Asthma, chronische Bronchitis und Lungen-Emphysem werden unter dem Oberbegriff „chronische obstruktive Atemwegserkrankungen" zusammengefaßt. Was ist ein Emphysem? Als Folge einer chronischen Bronchitis kann sich eine Überblähung der Lunge ausbilden. Es werden Lungenbläschen zerstört und daraufhin entstehen große Blasen. Durch den verminderten Gasaustausch (Sauerstoff hinein, Kohlendioxid hinaus) verringert sich das Leistungsvermögen. Jede kleine Anstrengung nimmt dem Betroffenen die Luft. Die chronisch obstruktiven Atemwegserkrankungen stellen wegen ihrer großen Verbreitung ein medizinisches wie volkswirtschaftliches Problem dar. Je früher die Erkrankung erkannt wird und die Therapie einsetzt, um so eher besteht die Chance einer Linderung. Asthma und Bronchitis im Kindesalter erfordern eine besonders einfühlsame Behandlung. Der Anstieg beider Krankheitsbilder erfordert rechtzeitige und umfassende Heilmaßnahmen in reiner Luft und kindgerechter Umgebung sowie gezielte Schulung von Eltern und Kindern im Umgang mit den Heilmitteln.

Gänseblümchen

Als äußerliche Anwendung werden Aufgüsse des Gänseblümchens (Verhältnis 5:100) im Rachenbereich zu Mundspülungen und zum Gurgeln genutzt. Die Inhaltsstoffe wirken entzündungshemmend auf gereizte Schleimhäute.

Holunder

Wie eine „Allzweckwaffe" wirken täglich zwei bis drei Tassen Holundertee (Verhältnis 3:100) auf die erkrankten Atemwege.

Huflattich

Bei quälenden Beschwerden im Bereich der Atemwege wirkt Huflattich als Aufguß (Verhältnis 3:100) ausgleichend und entzündungshemmend.

Knoblauch

Rachenkatarrh ist mit Knoblauch gut in den Griff zu bekommen. Wer den Geruch nicht scheut und tolerante Familienmitglieder hat, sollte täglich 10 Gramm zerkleinerte Zehen zu sich nehmen.

Küchenzwiebel

Rohe Zwiebeln sind seit Jahrtausenden ein beliebtes Heilmittel bei Erkrankungen der Atemwege.

Schafgarbe

Zum Abschwellen entzündeter Schleimhäute werden die blühenden Sproßspitzen für Spülungen, Waschungen und zum Gurgeln erfolgreich genutzt (als Aufguß im Verhältnis von 10:100).

Spitzwegerich

Schon in der Volksheilkunde war die ausgeprägt gute Wirkung des Spitzwegerich bei Husten, entzündeten Atemwegen und auch bei Asthma bekannt.

Vogelknöterich

Bei entzündeten Schleimhäuten der Atemwege ist der Vogelknöterich ein bewährtes Naturheilmittel. Seine Heilkraft wirkt am besten beim Gurgeln (Aufguß im Verhältnis von 6:100).

Arthritis

Bei diesem Krankheitsbild handelt es sich um entzündliche Veränderungen an den Gelenken, die sowohl eines oder auch mehrere Gelenke einbeziehen und Schmerzen auslösen. Die rheumatoide Arthritis ist mehr als nur eine Erkrankung der Gelenke, sondern des ganzen Körpers, insbesondere des Bindegewebes. Das Leiden verläuft immer chronisch und in Schüben mit beschwerdefreien Unterbrechungen. Die Ursache der Arthritis ist unbekannt. Sie entwickelt sich allmählich und macht durch Müdigkeit, Leistungsabfall, mäßigen Appetit und Gewichtsverlust auf sich aufmerksam. Frühsymptome sind auch Schmerzen, Schwellungen und Steifheit in einem oder mehreren Gelenken. Meistens sind die Hand- und Fußgelenke betroffen. Das Behandlungskonzept der rheumatoiden Arthritis umfaßt heute Medikamente, Physiotherapie und operative Eingriffe. Bei der medikamentösen Therapie unterscheidet man zwischen der Einnahme von Arzneimitteln, die in den Entzündungsprozeß direkt eingreifen und schmerzlindernd wirken sowie solchen, die den Krankheitsverlauf längerfristig günstig beeinflussen, indem sie sein Fortschreiten hinauszögern.

Bärlapp

Da das Bärlapp-Pulver die Harnausscheidung stimuliert, hat seine regelmäßige Einnahme auch eine Linderung arthritischer Beschwerden zur Folge.

Quecke
Wegen ihrer blutreinigenden und ableitenden Eigenschaften hat sich die Quecke auch im entzündlichen rheumatischen Geschehen bewährt. Hierfür wird der pflanzliche Rohstoff im Verhältnis von 5:100 abgekocht. Von diesem Dekokt können täglich mehrere Tassen getrunken werden.

Stiefmütterchen
Das Stiefmütterchen war schon in der Volksheilkunde für seine blutreinigende und harntreibende Wirkung bekannt. Nachdem es lange in Vergessenheit geraten war, spielt es jetzt wieder in der modernen Pflanzenheilkunde eine wichtige Rolle in der Behandlung von Arthritis. Hierfür wird ein Aufguß im Verhältnis von 5:100 empfohlen (täglich eine Tasse).

Weißtanne
Zur inneren Anwendung bei Arthritis werden die jungen Zweige und Triebe der Weißtanne im Verhältnis 2:100 aufgegossen und mehrmals täglich als Tee getrunken. Ferner eignet sich der pflanzliche Rohstoff als Badezusatz (eine Handvoll genügt) und wirkt auf die schmerzenden Gelenke wohltuend ein.

Weizen
Der Brei aus Weizenkörnern gilt als Stoffwechsel-Beschleuniger von besonderer Güte und ist somit auch bei Arthritis als „Langzeitmaßnahme" zu empfehlen. Dabei werden die Weizenkörner (500 g täglich) etwa drei Stunden in Wasser gekocht, bis eine dickflüssige Masse entstanden ist.

Arthrose

Im Gegensatz zur Arthritis ist die Arthrose eine chronische Gelenkerkrankung, die auf altersbedingtem Abbau des Gelenkgewebes beruht. Schwere Arbeit, das Tragen von Lasten oder auch Verletzungen können die Entwicklung des Gelenkverschleißes fördern. Ebenso spielt Übergewicht eine nicht zu unterschätzende Rolle. Sehr ungünstig wirken einseitige Belastungen auf die Gelenke, wie eine erhebliche X-Beinstellung oder der Beckenschiefstand durch die Verkürzung eines Beines auf das Hüftgelenk. Im Röntgenbild lassen sich solche Gelenkveränderungen bereits nachweisen, bevor es zu Beschwerden kommt. Die degenerative Arthrose wird im Hinblick auf die Veränderungen auch als Osteo-Arthrose bezeichnet. Vermutlich haben 80% aller Menschen, die das fünfzigste Lebensjahr überschritten haben, degenerative Veränderungen ihrer Gelenke. Gewöhnlich sind die Knie, die Fußknöchel, Hüfte und Wirbelkörper betroffen. Frühsymptome sind leichte Steifheit und Schmerzen in den Gelenken oder ihrer Umgebung. Die Behandlung umfaßt physiotherapeutische Maßnahmen, die Einnahme bestimmter Schmerzmittel, und zuweilen werden Injektionen in die betroffenen Gelenke gegeben. Auch sind chirurgische Eingriffe vielfach unvermeidlich. Bei schwerer Schädigung der Hüften oder Kniegelenke werden diese durch Prothesen ersetzt.

Beinwell
Auflagen des warmen Wurzelbreis dieser Heilpflanzen können bei chronischen Gelenkbeschwerden dazu beitragen, die Beschwerden zu lindern.

Bockshornklee
Aus der Volksheilkunde stammt die Empfehlung, Breiumschläge aus dem Samenpulver des Bockshornklees in der Behandlung von Gelenkschmerzen anzuwenden.

Ringelblume
Ringelblumensalbe wird neben weiteren Anwendungsbereichen auch bei chronischer Arthrose eingesetzt.

Augen

Jucken, Brennen, schmerzhafte Rötungen der Lidränder und Bindehaut, verstärkter Tränenfluß und plötzlich auftretende Lichtempfindlichkeit, unerklärliche Kopfschmerzen, hängende Augenlider, Verschlechterung der Sehfähigkeit und zahlreiche weitere Beschwerden können auf eine Erkrankung der Augen hinweisen. Bei plötzlichem Nachlassen der Sehkraft und auch einem Doppeltsehen sowie dem Aufblitzen von Regenbogenfarben um Lichtquellen sollte unverzüglich ein Augenarzt (Ophthalmologe) zu Rate gezogen werden, sonst könnten die Augen bleibenden Schaden nehmen. Leichtere Augenentzündungen bzw. Bindehautrötungen bieten sich für eine Behandlung mit Heilpflanzen in Form von Aufgüssen und Abkochungen als Augenbäder an. Achtung: Verschlimmert oder verzögert diese Behandlung das Beschwerdebild, ist unbedingt ärztlicher Rat erforderlich. Bindehautentzündungen entstehen keineswegs nur durch Zug oder Reizung aufgrund eingedrungener Fremdkörper, sondern durch gefährliche Krankheitserreger. Unsachgemäße Behandlung führt zu unnötigen Komplikationen, sogar zu Sehschäden und schlimmstenfalls zur Erblindung.

Augentrost

Augentrost hilft dabei, die Augenlider und den gesamten Augenbereich von Schwellungen zu befreien. Getränkte Kompressen (Aufguß im Verhältnis 2:100) sollten mindestens 15 Minuten lang auf die Augenlider gelegt werden.

Breitwegerich

Bei Augenentzündungen können Umschläge mit einem Aufguß der Blätter (Verhältnis 5:100) getränkt und anschließend aufgelegt werden, um die Beschwerden zu lindern.

Dill

Zerstoßener Dillsamen, der in warmes Olivenöl gegeben wird, ist mit einem sauberen Tuch auf die Augen zu legen.

Eibisch

Ein Brei aus fein geschabten Eibischwurzeln dient bei Augenentzündungen der Heilung und stillt den Schmerz.

Himbeerstrauch

Nach alten Kräuterbüchern stellt man aus zerriebenen Blüten des Himbeerstrauchs – mit etwas Honig vermischt – eine wirksame Salbe gegen Augenentzündungen her.

Quitte

Ebenso aus alten Kräuterbüchern stammt der Hinweis, Quittenkerne in Wasser aufzusetzen, bis sich diese zu einem Brei auflösen. Er gilt als eines der besten Mittel bei entzündeten, geröteten und überanstrengten Augen. Der Brei wird mit Hilfe eines Umschlags auf die Augen gegeben.

Spitzwegerich

Von dem verdünnten Saft des Spitzwegerich werden geringe Mengen in das entzündete Auge getropft. Spitzwegerich wirkt kühlend und nimmt die Schmerzen.

Ausfluß

Unnatürlich starker weiß gefärbter Ausfluß aus der Scheide kann unterschiedliche Ursachen haben. In Zweifelsfällen sollte vom Arzt abgeklärt werden, ob er harmloser oder ernsterer Natur ist. Zum Beispiel zeigt gelblicher Ausfluß, daß die weiblichen Geschlechtsorgane entzündet sind. Eine ernstere Erkrankung kann vorliegen, wenn außerhalb der monatlichen Regel blutiger Ausfluß auftritt. In diesen Fällen muß eine Untersuchung beim Frauenarzt abklären, was zu tun ist.

Wenn einwandfrei feststeht, daß der weiße Ausfluß keinen ernsteren Hintergrund hat, können folgende pflanzliche Heilmittel eingesetzt werden:

Bärlapp

Bei Erkrankungen im Genitalbereich der Frau kann Bärlapptee (1 Teelöffel Sporenpulver auf 100 ml warmes und auf keinen Fall kochendes Wasser) dazu beitragen, den Heilungsprozeß einzuleiten.

Frauenmantel

Die Abkochung der Blätter des Frauenmantels (Verhältnis 10:100) wird zu Waschungen im Intimbereich genutzt. Auch können getränkte Kompressen aufgelegt werden, wenn die Haut durch Ausfluß gerötet, gereizt und entzündet ist.

Hirtentäschelkraut

Durch die Einnahme von gepresstem Saft aus frischem Hirtentäschelkraut können sowohl übermäßig starke als auch länger andauernde Regelblutungen nebenwirkungsfrei eingedämmt werden.

Salbei

Spülungen mit Salbeitee sind für alle Schleimhäute des Körpers und auch als Waschung für den Vaginalbereich bestens geeignet.

Taubnessel, weiße

Die antike Volksmedizin nutzte bereits seit eh und je die weiße Taubnessel bei allen Erkrankungen der Frau. Zwei bis drei Tassen Tee vom blühenden Kraut ungesüßt getrunken, empfehlen sich bei Weißfluß und zu schwachen oder gar ausbleibenden Regelblutungen.

Vogelknöterich

Zur äußeren Anwendung wird der oberirdische Teil der Pflanze mittels eines Aufgusses (Verhältnis 6:100) über getränkte Kompressen auf die durch Ausfluß gereizten Flächen im Vaginalbereich gelegt.

Basedowsche Krankheit

Bei anhaltend bedrückendem Streß, während der Pubertät und in den Wechseljahren der Frau kann die Schilddrüse zu einer Überfunktion neigen. Diese Entgleisung zeigt sich durch Unruhe, Schlafstörungen, Ängstlichkeit und Schwitzen. In schweren Fällen kommt es zu beschleunigtem Puls, feuchter Haut und einer Vergrößerung der Schilddrüse. Diese bleibt aber im Gegensatz zu einer herkömmlichen Kropferkrankung weich. Außerdem deuten Heißhunger und Abmagerung, hervortretende Augäpfel, Haarausfall und Durchfall, zuweilen auch Menstruationsstörungen auf die Basedowsche Krankheit hin. Achtung: In fortgeschrittenem Stadium und ohne entsprechende Behandlung kann sie den Herzmuskel in Mitleidenschaft ziehen.

Mistel

Aus der Fülle der Heilwirkungen ist die Normalisierung der Drüsentätigkeit ein wichtiges Charakteristikum der Mistel. Sie kann die Schilddrüse auf sanfte Weise zu einer ausgeglicheneren Gangart bewegen. Hierbei empfiehlt sich ein Aufguß frischer Blätter im Verhältnis von 5:100 zur innerlichen Einnahme. Die Behandlung sollte jedoch vorher mit dem Arzt besprochen werden.

Teemischung

Eine Mischung aus Fieberklee, Blasentang und Hopfen hilft bei den typischen Symptomen der Basedowschen Krankheit.

Bauchschmerzen

Neben Kopfschmerzen zählen sie zu den häufigsten Beschwerden des Alltags, denn der Bauchraum beherbergt die großen Hohlorgane des Organismus wie Magen, Darm, Gallenblase und Geschlechtsorgane, die von glatter Muskulatur umgeben sind. Kommt es zu Verkrampfungen der Eingeweidemuskulatur entstehen Schmerzen oder auch Koliken (Krämpfe). Außerdem sind es Enzündungen, die Schmerzen verursachen. Menstrutionsbeschwerden und Erkrankungen der Geschlechtsorgane sind die Ursache quälender Leibschmerzen bei Frauen. Treten Bauchschmerzen in Verbindung mit Brechreiz, anhaltendem Aufstoßen sowie deutlichen Beeinträchtigungen des Allgemeinbefindens auf und halten diese über einen längeren Zeitraum an, muß von ernsteren Ursachen ausgegangen werden. In solchen Fällen ist ärztliche Hilfe geboten. Alltägliche Beeinträchtigungen können mit sanften Heilkräutern behandelt werden.

Anis

Anis wirkt verdauungsfördernd und blähungstreibend. Im Verhältnis von 1:100 aufgegossen, sind die vorwiegend als Gewürz bekannten Früchte des Anis ein gutes Gegenmittel.

Holunder

Holunderwein aus vollreifen Beeren ist ein bewährtes Mittel bei Bauchgrimmen und Koliken.

Johanniskraut

Das Johanniskrautöl kann – 10 bis 15 Tropfen auf einen halben Teelöffel Wasser (keinen Zucker!) – bei Leibschmerzen, Koliken und Darmentzündung eingenommen werden.

Kümmel

Der Kümmel ist ein bewährtes Mittel bei Verdauungsstörungen, die Leibschmerzen hervorrufen. Er lindert Krämpfe und Blähungen (Abkochung im Verhältnis 3:100 – zwei Tassen täglich).

Lein

Zur allgemeinen Regulierung der Darmfunktion und Beseitigung von schmerzhaften Krämpfen wird ein Teelöffel zerstoßenen Leinsamens auf ein Glas Wasser gegeben.

Schafgarbe

Die blühenden Sproßspitzen werden als Aufguß im Verhältnis 5:100 bei Leibschmerzen getrunken. Zwei- bis dreimal täglich eine Tasse.

Tausendguldenkraut

Im Verhältnis von 1:100 aufgegossen, hilft Tausendguldenkraut bei Darmbeschwerden und Leibschmerzen, die auf Verstopfung beruhen. Eine Tasse nach den Mahlzeiten reicht aus.

Weizen

Weizenkörner in Wasser aufgekocht, ergeben Weizenschleim. Eine kleine Schale davon kann bei Magen- und Darmerkrankungen, Blähungen und Magenverstimmungen sehr hilfreich sein.

Blähungen

Es drückt, klemmt und rumort mehr oder weniger heftig in den Därmen und bläht den Leib unangenehm auf. Ein kräftiger Wind kann Erleichterung verschaffen und den Genuß von Zwiebeln, Kohl, Hülsenfrüchten und Rohkost vergessen lassen. Dabei muß aber unmißverständlich erklärt werden: die häufigste Ursache für Blähungen ist durchaus nicht das Essen und Trinken, sondern schlicht verschluckte Luft! Diese entweicht normalerweise nach dem Essen und Trinken beim Aufstoßen aus dem Magen. Viele Menschen können aber in Folge innerer Verkrampfung und durch den starken Verschluß des Mageneingangs nicht mehr aufstoßen, so daß die Luft gezwungen wird, durch den Darm zu entweichen. Wer sich beim Essen Muße gönnt und auf kohlensäurehaltige Getränke weitgehend verzichtet, kann das drückende Übel meiden.

Blähungen entstehen auch, wenn der Verdauungstrakt in Folge Enzymmangels das Nahrungsangebot nicht mehr ordnungsgemäß zerlegen kann oder zu wenig Galle produziert wird, um das Nahrungsfett zu spalten. Ist die Gallenblase verstopft, so daß deren Flüssigkeit nicht in den Verdauungstrakt gelangt, kann das Nahrungsfett nicht verwertet werden. Es geht dann, begleitet von übelriechenden Blähungen, mit dem fettglänzenden Stuhl ab. In diesem Fall müssen Leber und Bauchspeicheldrüse unbedingt behandelt werden!

Erst an letzter Stelle sind bestimmte Nahrungsmittel und Getränke für die verstärkte Entwicklung von Blähungen verantwortlich zu machen. Es handelt sich um Gärungsprozesse im Darmtrakt, die zu Gasentwicklung führen. Diese machen laut

Expertenaussagen lediglich ein Drittel der Blähungen aus, sorgen jedoch für das höchst unangenehme Empfinden der Völle und verursachen sogar Beschwerden, die mit einer Gallenkolik oder Angina-pectoris-Anfällen verwechselt werden können. Der Schmerz zieht sogar bis zum Hals-Nacken-Bereich hinauf und strahlt bis in die Arme aus. Um Blähungen wirksam zu begegnen, ist in erster Linie viel Bewegung notwendig, um den trägen, erschlafften oder auch verkrampften Bauchmuskeln eine natürliche Massage anzubieten. Ballaststoffe aus Vollkornprodukten, Gemüse, Salat und Obst bringen den Darm in Schwung. Außerdem sollte man pro Tag zwei Liter Flüssigkeit zu sich nehmen. Bei besonders heftigen Blähungen sind Heilkräuter hilfreich sowie warme Bauchwickel, ein heißes Bad oder auch ein warmer Einlauf.

Anis

Eine der herausragendsten Heilwirkungen von Anis ist die Hemmung von quälenden Blähungen (Aufguß 1:100 – zwei Tassen täglich).

Dill

Dillspitzen treiben die Blähungen förmlich aus dem Körper (Aufguß 3:100 – eine Tasse täglich).

Fenchel

Frischpflanzensaft von Fenchel hat sich bei der Behandlung von Blähungen, die mit Übersäuerung und Durchfall einhergehen, besonders bewährt.

Kalmus

Bei Blähungen und Verstopfung helfen Präparate auf Kalmusbasis (Aufguß des zerkleinerten Wurzelstocks im Verhältnis 3:100 – eine Tasse täglich). Wenn kein Durchfall vorliegt, sollte der Tee gezuckert und mit der Schale einer nicht gespritzten Zitrone verfeinert werden.

Karotte

Bei Gärungprozessen und Blähungen kann der Brei gekochter Karotten im Darm Ordnung schaffen. Karottensaft, mit der gleichen Menge warmen Wassers verdünnt, hilft ebenfalls.

Knoblauch

Das Allheilmittel Knoblauch kann auch bei Blähungen und Gärungen im Magen-Darm-Bereich zum Mittel der Wahl werden. Hierfür werden 20 Gramm in 100 ml 10 Tage lang in Wein angesetzt. Von dieser Tinktur 15 Tropfen auf ein Zuckerstück träufeln und dreimal täglich einnehmen.

Kümmel
Krampflösend und blähungsfördernd wirkt eine Abkochung von Kümmel im Verhältnis 3:100. Man nimmt täglich eine Tasse nach jeder Mahlzeit zu sich.

Majoran
Majoran ist ein vorzügliches Gegenmittel bei Verkrampfungen und Blähungen im Darm. Ein Aufguß im Verhältnis von 2:100 hilft besonders bei Kindern.

Melisse
Die „windtreibende" Melisse entfaltet ihre Wirkung als Tee im Verhältnis 1:100 aufgegossen. Eine Tasse nach den Mahlzeiten ist angebracht.

Petersilie
Auch eines der bekanntesten Gewürze wirkt seit Menschengedenken windtreibend (frische Petersilie im Verhältnis von 5:100 abgekocht – zweimal täglich eine Tasse nach den Mahlzeiten).

Sellerie
Die getrockneten Sellerie-Wurzeln können bei Blähungen unbedenklich angewandt werden (Aufguß im Verhältnis von 3:100 – zwei Tassen täglich).

Thymian
Bei Blähungen empfiehlt es sich, die blühenden Sproßspitzen des Thymians aufzugießen (Verhältnis 2:100) und zwei Tassen täglich mit Honig gesüßt zu sich zu nehmen.

Blutdruck (Hoch- und Niederdruck)

Blutdruckerhöhung (Hypertonie) muß als Folge eines verstärkten Strömungswiderstandes im Kreislaufsystem verstanden werden, wenn die Blutgefäße verengt sind. Ein gesteigertes Herzminutenvolumen, z.B. bei sportlicher Anstrengung, verursacht nur eine vorübergehende Blutdruckerhöhung, ist aber nicht gefährlich. Auch seelische Belastungen aller Art spiegeln sich im Blutdruck wider. Unruhe, Angst und Ärger stimulieren die Aktivität des sympathischen Nervensystems. Hierdurch kommt es zu einer Beschleunigung des Herzschlags, sprich einer Kontraktion der arteriolen Muskulatur, die eine Blutdruckerhöhung verursacht. Ein heftiger Streit kann den Blutdruck bis auf 240 mmHg systolisch und 130 mmHg diastolisch treiben (die Normalwerte sind bei 120/80 mmHg angesiedelt). Solche situationsbedingten „Ausrutscher“ des Blutdrucks sind in der Regel nicht behandlungsbedürftig. Bei etwa 90% diagnostizierter Blutdruckerhöhungen läßt sich keine Ursache feststellen, und es wird von einer essentiellen Hypertonie gesprochen. Erhöhter Blutdruck zählt zu den Schrittmachern der Arteriosklerose, die mit weiteren Risikofaktoren das Herzkreislaufsystem schädigen und schlimmstenfalls im Infarkt enden. Die Wände der großen und winzig kleinen Blutgefäße reagieren auf eine Drucksteigerung mit Verdickung und vorgezogener Verkalkung. Diese Entwicklung verringert den Gefäßdurchmesser und schränkt den Blutdurchfluß ein. Das sauerstoffhungrige Gehirn, das Herz und die Nieren können mit der Zeit ernsthaft geschädigt werden. Daraus ergeben sich eine Steigerung der Pumpleistung des Herzens, noch höherer Blutdruck und eine fortschreitende Verschlimmerung der Situation. Diese hat vielfach eine Herzschwäche, Nierenfunktionsstörungen, eine Verstopfung von Herzkranzgefäßen (Infarkt), aber auch einen Schlaganfall im Gefolge.

Im Gegensatz dazu ist der niedrige Blutdruck (Hypotonie) nicht lebensbedohlich, sondern nur unangenehm. Er kann unter anderem vorübergehend bei Erschöpfungszuständen, fieberhaften Erkrankungen und Operationen absinken oder auch permanent vorhanden sein. In solchen Fällen ist die Störung erblich bedingt. Schwächezustände werden häufig zu Unrecht als Zeichen von niedrigem Blutdruck gewertet, während es sich in Wirklichkeit um einen Mangel an Zucker im Blut (Hypoglykämie) handelt. Es gibt einige Möglichkeiten, der Hypotonie mit Pflanzenwirkstoffen auf sanfte Weise zu begegnen.

Blutdruck, erhöhter:

Bärlauch

Die Pflanze mit blutdrucksenkender Wirkung kann man mühelos Salaten untermischen. Außerdem werden Tinkturen angeboten.

Berberitze
Die Berberitze (Wurzeln und Blätter) ist ein ausgezeichnetes Mittel zur Blutdrucksenkung. Im Verhältnis von 2:100 abgekocht, sollten zwei Tassen täglich getrunken werden.

Knoblauch
Die blutdrucksenkende Wirkung des Knoblauchs ist anhand aktueller Studien bewiesen. Es nützt jedoch nichts, Zehe um Zehe blindlings zu verspeisen! Die Menge der heilsamen Inhaltsstoffe muß stimmen (hierfür werden 20 Gramm in 100 ml Wein 10 Tage lang angesetzt). Von dieser Tinktur 15 Tropfen auf einem Zuckerstück dreimal täglich einnehmen.

Schafgarbe
Ein Aufguß der blühenden Sproßspitzen der Schafgarbe (Verhältnis 4:100 – zwei Tassen täglich) kann ebenfalls dazu beitragen, den Blutdruck zu normalisieren.

Blutdruck, niedriger:
Mistel
Wissenschaftliche Untersuchungen haben bestätigt, daß die Mistel einen regulierenden Einfluß auf den Blutdruck hat. Mistelsaft wird heutzutage fast überall angeboten (3-5 Teelöffel täglich genügen).

Rosmarin
Aufgüsse aus den Blättern des Rosmarins (Verhältnis 2:100 – zwei Tassen täglich) beleben den Blutdruck, indem sie die Funktion von Herz, Leber und Galle anregen.

Blutreinigung

Der vielgerühmte Vorgang einer Blutreinigung kommt im Zuge der natürlichen Heilverfahren immer mehr zur Geltung. Seit eh und je ist die Blutreinigung in jahreszeitlich bedingte Kuren eingebunden. Sie wird beispielsweise im Frühling mit Hilfe von Fasten-, Reis- und Safttagen durchgeführt und kann durch Saunagänge aktiv unterstützt werden. Die Blutreinigung ist nach heutigem Verständnis nichts anderes als die Beschleunigung des Stoffwechselgeschehens. Sie regt die Körperausscheidungen über die Haut, den Urin und den Stuhlgang an. Folgende Heilpflanzen helfen dabei:

Brennessel

Unter den Blutreinigungsmitteln gilt der Brennesselsaft als besonders wirkungsvoll. Bei Niedergeschlagenheit und Übermüdung werden deswegen regelrechte Frühjahrskuren auf der Basis des Brennesselsafts empfohlen. Auch Brennesseltee ist gebräuchlich.

Gänseblümchen

Die blutreinigende Wirkung des Gänseblümchens kann zum Beispiel durch die Verwendung der frischen Blütenköpfchen in Salaten genutzt werden. Als Hausmittel hat sich diese Anwendung über Generationen hinweg bewährt.

Himbeerstrauch

Ein Aufguß aus den Blättern des Himbeerstrauchs (Verhältnis 2:100 – zwei Tassen täglich) kann ebenfalls zur Blutreinigung verwendet werden.

Holunder

Der erhältliche Preßsaft aus frischen Holunderbeeren kann wegen seiner anregenden Wirkung auch im Sinne einer Frühjahrskur zur Blutreinigung genutzt werden.

Klette

Mit ihrer harn- und schweißtreibenden Wirkung, die auch in der Behandlung von Leber- und Gallenstörungen zum Tragen kommt, kann die Klette ebenfalls als blutreinigendes Mittel in Form einer Weintinktur empfohlen werden.

Löwenzahn

Die blutreinigende Wirkung des Löwenzahns ist altbekannt und läßt den Einsatz dieser Heilpflanze auch bei Gicht, rheumatischen Beschwerden und Beinträchtigungen der Funktionen von Leber und Darm ratsam erscheinen. Die Wirkung des Löwenzahns entfaltet sich am wirkungsvollsten, wenn man den Preßsaft aus dem Wurzelstock zu sich nimmt (fünf Eßlöffel täglich).

Schlüsselblume

Aufgüsse aus dem zerkleinerten Wurzelstock der Schlüsselblume (Verhältnis 2:100 – zwei kleine Tassen täglich) helfen dabei, Stoffwechselendprodukte auszuleiten, die andernfalls Erkrankungen wie der Gicht oder Beschwerden des rheumatischen Formenkreises Vorschub leisten.

Blutungen

Sie entstehen, wenn ein Blutgefäß durch Schlag oder Stoß beschädigt oder verletzt wird. Dies geschieht durch äußere Einwirkung, aber ebenso durch eine Entzündung oder degenerative Veränderung im Inneren des Körpers. Blutungen sind dann besonders gefährlich, wenn große Gefäße betroffen sind. Doch auch kleinere innere Blutungen, z.B. aus einem Magengeschwür, können höchst gefährlich sein, wenn sie über längere Zeit unentdeckt bleiben. Werden Blutungen aus dem After, der Blase, Mund, Lunge, Nase und Ohren festgestellt, sollte sofort der Arzt unterrichtet werden. Manchmal weist eine solche Blutung auf eine unentdeckte Geschwulstkrankheit hin. Dagegen ist die Regelblutung ganz normal, wenn sie nicht zu stark oder unregelmäßig auftritt. Auch bei geringfügigen Blutungen (Schmierblutungen aus der Scheide), die unvermittelt auftreten, sollte der Arzt umgehend aufgesucht werden.

Brennessel

Obwohl die Brennessel schon sehr lange als Heilpflanze genutzt wird, ist ihre blutstillende Wirkung noch nicht sehr lange bekannt. Vor allem bei inneren Blutungen (überstarke Menstruationsblutungen und Blut im Harn) kann die Einnahme des Preßsaftes aus frischen Brennesseln eine heilsame Wirkung haben.

Frauenmantel

Als hervorragendes Wundkraut eignet sich die in erster Linie als Frauenmittel bekannte Heilpflanze auch zur Behandlung von blutenden Verletzungen der Haut. Abkochungen der Blätter (Verhältnis 5:100) werden dabei für Waschungen oder getränkte Verbände genutzt.

Gänseblümchen

Salben auf der Basis des Gänseblümchens werden vor allem bei leichteren Kopfverletzungen empfohlen.

Schafgarbe

Bei Blutungen von Nieren, Darm und Nase kann man sich die blutstillende Wirkung der Schafgarbe zunutze machen. Hierfür wird der erhältliche Tee verwendet. Kleine Blutungen der Haut können mit Schafgarbentee über getränkte Kompressen gestillt werden.

Spitzwegerich

Die Auflage der frischen Blätter bei Wunden und Verletzungen hat schon Pfarrer Kneipp empfohlen, zumal der Spitzwegerich auch über wundheilende Eigenschaften verfügt.

Stieleiche

Wegen ihrer entzündungshemmenden Wirkung kann bei kleineren Verletzungen die abgekochte Rinde (Verhältnis 3:100) mit Hilfe von Waschungen verwendet werden, um etwaige Entzündungen im Keim zu ersticken.

Darm- und Verdauungsbeschwerden

Verstopfung

Der Darm ist ein langes und in vielfache Schlingen verlegtes Rohr, dessen Wände mit Schleimhautauskleidungen versehen und von Muskelfasern durchzogen sind. Ihre vordringliche Aufgabe ist, für die Beförderung und Bewegung des Darminhalts zu sorgen und gleichzeitig die Durchmischung mit Verdauungssäften zu gewährleisten. An der Innenwand des Dünndarms befinden sich ungezählte kleine Darmzotten. Sie dienen der Oberflächenvergrößerung mit dem Ziel, der Nährstoffaufnahme optimale Bedingungen zu schaffen. Im Anschluß an den Magenpförtner folgt der sogenannte Zwölffingerdarm. Er ist zugleich der Anfang von zwei Dünndarmabschnitten, die in den Leer- und Krummdarm übergehen. Dann folgt der Dickdarm mit dem bekannt-berüchtigten Wurmfortsatz und der Grimmdarm mit weiteren drei Unterabteilungen. Es handelt sich dabei um den ansteigenden, den queren und den absteigenden Teil. Zuletzt mündet der Verdauungstrakt in den Mastdarm und wird vom Afterschließmuskel begrenzt.

Im Zwölffinger- bzw. Dünndarmabschnitt findet die endgültige Aufbereitung der Nahrung, sprich das Zerlegen von Eiweißstoffen, Fettsubstanzen und Kohlenhydraten statt. Verdauungsenzyme und das Hormon Insulin aus der Bauchspeicheldrüse tragen ihren entscheidenden Teil dazu bei. Was diese Verdauungssäfte noch nicht optimal erledigen konnten, wird von ungezählten hilfreichen Bakterien, der sogenannten Darmflora, vollendet. Dieser Vorgang findet in erster Linie im Dickdarm statt. Letztendlich wird hier dem dünnflüssigen Nahrungsgemisch überschüssiges Wasser entzogen, so daß der verbleibende Rest aus unverdaulichen Bestandteilen die natürliche Beschaffenheit des Stuhls aufweist. In der Dickdarmwand befinden sich ungezählte, winzige Muskelfasern. Sie ermöglichen eine zügige Beförderung des Darminhalts. Aber dieser elementare Transport ist außerordentlich störanfällig, und das zeigt sich ganz banal als Verstopfung. Eventuell sind die Muskelfasern erlahmt oder auch krampfartig verspannt, weil Bewegungsarmut und das vielfach sehr geringe Volumen unverdaulicher Bestandteile aus der Wohlstandskost die Darmmuskulatur nicht genügend herausfordert, sondern Ermüdung und Müßiggang bewirken. Neben einer ballaststoffreichen Kost mit reichlich Vollkornprodukten, Gemüse und Obst und unter Verzicht auf Weißmehl- und Zuckerprodukte erhält der ermüdete Darm wieder neue Betätigung. Außerdem werden die Muskelfasern der Darmwand bei regelmäßiger körperlicher Bewegung wieder trainiert und finden durch diese äußerliche Unterstützung zu ihrer biologischen Balance zurück. Mit Hilfe von pflanzlichen Wirkstoffen findet eine natürliche Regulierung der Darmtätigkeit statt. Es wird nicht nur am Symptom der Verstopfung und Darmträgheit herumlaboriert, sondern ursächlich therapiert.

Himbeerstrauch

Frische Himbeeren (oder deren Saft) regen die Darmtätigkeit an und eignen sich daher, Verstopfungen entgegenzuwirken.

Holunder

Wenn Verstopfungen mit Darmentzündungen oder -krämpfen in Verbindung zu bringen sind, gilt das Mus der Holunderbeeren als Mittel der Wahl. Auch mit dem Saft der Beeren kann derlei Beschwerden Einhalt geboten werden.

Knoblauch

Erschweren Darmträgheit und Gärungsprozesse (Blähungen) den regelmäßigen Stuhlgang, kann eine im Handel erhältliche Knoblauchtinktur die Verdauung zu einer rascheren Gangart bewegen. Die Wunderknolle besitzt außerdem die Fähigkeit, das Entstehen von Fäulnisbakterien im Darm zu unterbinden.

Schafgarbe

Die anregende Wirkung der Schafgarbe auf die Aktivität der Darmtätigkeit gilt als gesichert. Aufgüsse der Sproßspitzen

(Verhältnis 2:100 – täglich zwei bis drei Tassen) eignen sich daher bei Verstopfung und Blähungen.

Tausendguldenkraut

Mit ihren gärungshemmenden Eigenschaften kann diese vielseitige Heilpflanze dazu beitragen, die Darmfunktion zu normalisieren. Ein im Handel erhältlicher Tee gilt als wirksamste Verwendungsform. Ein bis zwei Tassen nach den Mahlzeiten reichen aus.

Weinrebe

Frische Weintrauben (oder deren Saft) üben eine regulierende Wirkung auf die Darmtätigkeit aus und sind daher ebenfalls geeignet, Verstopfungen zu vermeiden.

Durchfall

Das häufige und reichliche Entleeren dünnen Stuhls kann ein Symptom für leichtere oder schwerere Darmstörungen sein. Die Liste möglicher Ursachen ist lang. Es kann sich zum Beispiel um überreichliches Essen, eine Nahrungsmittelvergiftung, Infektion, Abführmittelmißbrauch, seelische Spannungen oder auch Klima-, Wetter- und Temperaturveränderungen handeln. Durch falsche, überreichliche Ernährung bedingter Durchfall läßt sich meist dadurch beseitigen, daß keinerlei feste Nahrung, sondern lediglich Flüssigkeit in Form von Tee aufgenommen wird. Etwa zwölf Stunden, nachdem der Durchfall überstanden ist, kann mit Zwieback, fein geriebenem Apfel, in Wasser gekochtem Reis oder Haferschleim begonnen werden. Schwer verdauliche Speisen sind streng zu meiden!

Durchfall bei Säuglingen und Kleinkindern ist besonders gefährlich! Die Ursache ist zumeist eine Darminfektion. Wenn der Stuhl übel riecht, wässrig ist oder Blut und Eiter enthält, wenn außerdem Fieber und Erbrechen auftreten und das Kind einen matten Eindruck macht, sollte unverzüglich der Arzt konsultiert werden. Die größte Gefahr einer Durchfallerkrankung bei Kleinkindern und Säuglingen ist der hohe Flüssigkeitsverlust! Deshalb darf keine Durchfallerkrankung in diesem Lebensabschnitt auf die leichte Schulter genommen werden. Für Erwachsene stehen folgende Präparate auf pflanzlicher Basis bei leichten bis mittelschweren Durchfallerkrankungen zur Verfügung.

Brombeerstrauch

Wenn Säuglinge unter chronischem (blutigem) Durchfall leiden, gilt der Brombeerstrauch als angezeigtes Heilmittel. Hierbei wird zum Brombeerblättertee geraten (Verhältnis 2:100 – ein halbes Fläschchen).

Eibisch

Eibischtee hilft ganz allgemein bei Durchfall. Besonders geeignet ist diese Heilpflanze für die Behandlung von Brechdurchfällen.

Heidelbeere

Den Mischtee aus Blättern und Beeren hat schon Kräuterpfarrer Kneipp bei Durchfällen empfohlen.

Preiselbeere

Preiselbeeren gelten roh oder mit wenig Zucker eingekocht als wirksames und zugleich wohlschmeckendes Mittel gegen Durchfall.

Quitte

Aufgrund ihrer adstringierenden (zusammenziehenden) Wirkung können auch Quittenfrüchte gegen Durchfall eingesetzt werden.

Depressionen (Mißstimmungen)

Hierzulande sind etwa 2,5 Millionen Menschen an einer behandlungsbedürftigen Depression erkrankt. Eine halbe Million denkt öfter an Selbstmord, zwei Drittel von ihnen gelten als akut gefährdet. Der Alltag wird zur Qual und die Lebensqualität ist dauerhaft beeinträchtigt. Die Betroffenen klagen über ständige Müdigkeit, fühlen sich überfordert, haben keinen Appetit und schlafen schlecht. Sie können sich über nichts freuen, das Selbstbewußtsein rutscht mehr und mehr in den Keller, die Betroffenen ziehen sich in ihr Schneckenhaus zurück und geraten dabei in eine selbstgewählte Isolation. Viele Depressive fühlen sich für alles und jedes schuldig. Dies trifft auch dann zu, wenn sie an bestimmten Vorkommnissen und Ereignissen unbeteiligt waren. Der Umgang mit der Depression ist sowohl für die Betroffenen als auch für die Angehörigen und das soziale Umfeld eine große Belastung. Noch immer wird die seelische Erkrankung als „Versagen“, als „Schwäche“ oder „Sich-nicht-zusammenreißen-können“ verstanden. Ängste, Mutlosigkeit, Antriebsschwäche und Einbußen an Lebenswillen mit dem Betroffenen durchzustehen, bedeutet für viele Angehörige eine Überforderung. Daher sollte unbedingt therapeutischer Rat in Anspruch genommen werden. Heutzutage sind fast alle Formen von Depressionen behandelbar und keinesfalls ein unentrinnbares Schicksal mehr. In schweren Fällen wird eine Therapie mit Antidepressiva unverzichtbar sein, aber bei vielen leichten depressiven und nervösen Störungen können Heilpflanzen eine unverzichtbare Hilfe sein.

Die Bezeichnung Depression wird in der Umgangssprache inflationär genutzt. Es heißt nicht mehr „Ich bin traurig, gekränkt, bedrückt oder betrübt“, sondern viel zu häufig „Ich bin depressiv“. Mißerfolge im Beruf, Liebeskummer oder eine Pechsträhne im beruflichen Alltag drücken zwar auf die Stimmung, sind aber noch lange keine Depression im streng medizinischen Sinne. Erst wenn die tiefe Niedergeschlagenheit länger anhält, wenn das Leben monatelang nicht mehr sinnvoll erscheint, sollte eine Depression in Erwägung und der Arzt zu Rate gezogen werden. Bei leichten bis mittelschweren depressiven Verstimmungen sind folgende Heilpflanzen hilfreich.

Johanniskraut

Präparate auf der Basis des Johanniskrauts werden unter anderem auch dazu empfohlen, depressive Mißstimmungen aufzuhellen. Nicht zuletzt daher wird die Heilpflanze auch als „Sonnenschein von innen“ bezeichnet.

Veilchen

Aus der Volksheilkunde stammt die Empfehlung, Aufgüsse von Veilchenblüten (Verhältnis 3:100 – zwei Tassen täglich) bei Depressionen zu verwenden.

Wegwarte

Mitunter sind Depressionen und seelische Niedergeschlagenheit mit Funktionsstörungen von Galle und Leber in Zusammenhang zu bringen. In diesem Fall wird zur Einnahme der Wegwarte geraten. Hierbei ist ein Aufguß der Blätter zu empfehlen (Verhältnis 3:100 – zwei bis drei Tassen täglich).

Diabetes

4,8 Millionen Menschen leiden heute in Deutschland unter der Zuckerkrankheit. 90% von ihnen sind sogenannte Altersdiabetiker und weitere Schätzungen besagen, daß außerdem 1 bis 1,5 Millionen betroffen sind, ohne die geringste Ahnung davon zu haben. Mit einer weiteren Zunahme der Diabetes-Erkrankung muß gerechnet werden, zumal es sich um ein erklärtes Wohlstandsleiden handelt. Ein Altersdiabetes, der heutzutage durchaus nicht nur ab 60 auftritt, kann anhand zahlreicher Risikofaktoren schon frühzeitig erkannt werden. Erste Behandlungsansätze sollten bereits bei leicht erhöhten Blutzuckerwerten und Insulinspiegeln, der sogenannten entgleisten Glukosetoleranz, erfolgen. Die Ursache des Altersdiabetes ist weniger ein Insulinmangel als eine Insulinresistenz der Körperzellen, so daß der Blutzuckerabbau gestört ist. Grundsätzlich sollte jeder Diabetiker eine regelmäßige Blutzuckerselbstkontrolle durchführen. Die eigene Stoffwechsellage selbst einschätzen zu können, Stoffwechselentgleisungen rechtzeitig zu erkennen und gegenzusteuern, gibt Diabetikern ein starkes Gefühl der Sicherheit und Selbstverantwortung. Unabhängig davon sollte die Nahrung auf überwiegend ballaststoffreiche Kost umgestellt (Vollkornprodukte, Obst und Gemüse) sowie ein regelmäßiges Bewegungsprogramm eingehalten werden. Zur Unterstützung der Vorbeugung und Behandlung eignen sich folgende Heilpflanzen:

Heidelbeere

Der in den Blättern des Heidelbeerstrauchs enthaltene Wirkstoff Myrtillin wird als das pflanzliche Insulin bezeichnet. Es setzt die Zuckerausscheidung herab und gilt für Diabetiker als ganz besonders geeignet. Allerdings kann die erwiesene Wirkkraft dieser Heilpflanze die ständige Kontrolle des Blutzuckerspiegels nicht ersetzen, sondern versteht sich als eine Ergänzung der üblichen Maßnahmen. Es stehen verschiedene Präparate zur Verfügung.

Himbeerstrauch

Als Diätkost bei Diabetes genießen die Himbeeren (oder deren Saft) einen besonders guten Ruf.

Johannisbeere, rote

Ungesüßter Johannisbeersaft wird bei Diabetes aufgrund der diätätischen Eigenschaften der Früchte empfohlen.

Klette
Aus Klettenwurzel kann man ein schmackhaftes Gemüse für Zuckerkranke herstellen, das den Zuckerstoffwechsel nicht belastet.

Wacholder
Zur Behandlung von Magen- und Darmerkrankungen bei Diabetikern kann ungesüßter Wacholderbeerentee verwendet werden.

Wegwarte
Das in der Wegwarte enthaltene Inulin ist für Diabetiker nicht nur verträglich, sondern kann auch eine Senkung des Blutzuckerspiegels bewirken. Hierfür empfiehlt sich ein Aufguß des pflanzlichen Rohstoffs im Verhältnis 3:100, von dem täglich zwei bis drei Tassen getrunken werden sollten.

Ekzeme

Krankhafte Veränderungen der obersten Hautschichten, die in der Regel auf einer allergischen Reaktion beruhen, werden unter dem Sammelbegriff Ekzem erfaßt. Es gibt juckende, nässende, schuppende, eitrige und blasenbildende sowie schrundige Ekzeme. Sie können akut wie chronisch oder schubweise auftreten. Sie zeigen sich klein- oder großfleckig, scharf begrenzt oder verwischt, symmetrisch oder asymmetrisch, generalisiert oder auf einzelne Körperflächen beschränkt. Zuweilen überwiegt die eine oder andere Form, manchmal findet man auch mehrere Formen neben- oder durcheinander.

Die Behandlung des Ekzems kann außergewöhnlich schwierig und langwierig sein. Die jeweilige Ursachenfindung kommt nicht selten einer aufwendigen Detektivarbeit gleich. Berufsbedingte Ekzeme nehmen bei Bäckern, Gärtnern und Friseuren sowie Chemiefacharbeitern und anderen Gruppen stetig zu, so daß nicht selten die Aufgabe des Berufs und eine Umschulung notwendig werden. Folgende pflanzliche Arzneimittel greifen bei Ekzemen lindernd ein:

Hauswurz
Die Naturkosmetik verwendet den krautigen Teil der Pflanze als Packung (Brei aus den Blättern) gegen Juckreiz, Entzündun-

gen, Rötungen und bei Furunkeln. Diese Maßnahme sollte täglich so lang als möglich durchgeführt werden.

Kamille

Die Blüten der Kamille wirken bei Entzündungen von Haut und Schleimhäuten lindernd und heilend. Ein im Verhältnis von 10:100 hergestellter Aufguß kann dabei sowohl als Badezusatz wie auch als Kompresse (nicht länger als 15 Minuten) eingesetzt werden.

Klette

Eine Abkochung der zerkleinerten Wurzeln (10:100) hilft bei Akne, Ekzemen und Furunkulose.

Königskerze

Wirkstoffe in den Blättern der Königskerze helfen bei Ekzemen, Furunkel, Fingergeschwüren, Verletzungen und Wunden sowie Juckreiz der Haut. Ein Breiumschlag aus einer Handvoll Blättern in etwas Milch aufgekocht, zu Brei zerkleinert und heiß auf die betroffenen Stellen aufgetragen, wirkt lindernd und beruhigend.

Labkraut

Aus dem frischen Saft der Pflanze läßt sich mit Butter vermengt eine wirksame Salbe gegen verschiedenste Hautkrankheiten herstellen (Ekzeme, Nagelbetteiterungen, Ausschläge und Akne).

Meerrettich

Das Mus aus der frischen Wurzel des Meerrettich kann, in Umschläge verpackt (direkten Hautkontakt vermeiden), zur Linderung der Hautbeschwerden beitragen.

Schafgarbe

Bei Entzündungen der Haut und der äußeren Schleimhäute kann ein Aufguß der blühenden Sproßspitzen (Verhältnis 10:100) den Heilungsprozess über getränkte Kompressen einleiten. Die blühenden Sproßspitzen eignen sich außerdem als belebender Badezusatz (eine Handvoll genügt).

Schwarzpappel

Eine Abkochung aus den Knospen der Schwarzpappel im Verhältnis 5:100 kann aufgrund der adstringierenden und entzündungshemmenden Wirkung dieses Heilmittels als Waschung betroffene Hautpartien beruhigen.

Stiefmütterchen

Äußerlich angewandt eignen sich Aufgüsse des Stiefmütterchens (Verhältnis 6:100) zur unterstützenden Behandlung bei Hautkrankheiten. Dabei werden Waschungen empfohlen.

Stieleiche

Im Verhältnis 3:100 abgekochte Eichenrinde kann mittels getränkter Kompressen durch Hautentzündungen verursachte Beschwerden und juckende Ekzeme lindern.

Entgiftung

Verfahren zur Entgiftung des Organismus haben das Ziel, mit unterschiedlichen Behandlungsverfahren und Substanzen, Toxine (= Gifte) aus dem Körper zu leiten oder zumindest in einer unschädlichen Form zu binden. Pflanzliche Wirkstoffe, die ausschwemmen oder ausleiten, d.h. den Flüssigkeitshaushalt des Organismus aktivieren (Harnsekretion, Schweißbildung, Verdauung), werden zur Entgiftung genutzt.

Gurke

Frische Gurken haben einen reinigenden Einfluß auf den menschlichen Organismus, da sie die Harnsekretion anregen.

Knoblauch

Die Wunderknolle übt einen belebenden Einfluß auf die Funktion des Magen-Darm-Trakts und der Leber aus und kann somit zu einer Entgiftung beitragen.

Spargel

Die harntreibende, entschlackende Wirkung dieser wohlschmeckenden Gemüsepflanze kann zum Zweck einer Entgiftung genutzt werden, indem die zerkleinerte Wurzel abgekocht wird (Verhältnis 4:100). Eine Tasse dieses Dekokts nach jeder Mahlzeit reicht aus.

Erbrechen und Übelkeit

Das plötzliche Entleeren des Magens nach außen gegen den eigenen Willen kann unterschiedliche Ursachen aufweisen. Das Erbrechen erfolgt als Abwehrreaktion des Magens oder beruht auf einer Magenerkrankung. Es kann sich ebenso um eine Anwort auf den überreichlichen Genuß von Alkohol und zu fetter Speisen handeln. Der Brechvorgang kann aber ebenso durch eine gezielte Reizung der hinteren Rachenwand hervorgerufen werden. Außerdem wird das Erbrechen durch eine im Gehirn lokalisierte Zentrale, das Brechzentrum, ausgelöst. Auf diesem Wege kommt das vom Magen unabhängige Erbrechen zustande. Es handelt sich zum Beispiel um die plötzliche Entleerung des Mageninhalts bei ungewohnter Bewegung (Seekrankheit), bei Verletzungen des Gehirns, während der ersten Monate einer Schwangerschaft sowie bei ekelerregenden Gerüchen oder auch Anblicken. Folgende Heilpflanzen haben sich zur Linderung des Brechreizes bewährt.

Baldrian
Der Saft frischer Baldrianwurzeln gilt als wirksames Heilmittel bei nervöser Übelkeit, die mit Erbrechen einhergeht.

Basilikum
Bei Übelkeit und Erbrechen in Folge von Magenkrämpfen oder Lebensmittelvergiftungen gilt ein Aufguß der blühenden Sproßspitzen als angezeigt (Verhältnis 3:100 – eine Tasse bei Bedarf).

Ingwer
Als bewährtes Mittel gegen Übelkeit und Erbrechen (Reisekrankheit) gilt auch der Ingwer. Dabei kann entweder die Wurzel oder Ingwerkonfekt gekaut werden.

Stieleiche
Wenn Darmentzündungen von gelegentlichem Erbrechen begleitet werden, kann der Darm mit einer Weintinktur beruhigt werden (drei Eßlöffel täglich).

Weinrebe
Wenn die Übelkeit auf wiederkehrenden Kreislaufbeschwerden beruht, können Abkochungen der Weinblätter (5:100 – zwei Tassen täglich) das Befinden verbessern.

Erkältungskrankheiten

Mit Verkühlung oder auch Kälte haben Husten, Halsschmerzen, Schnupfen und Grippe nicht immer direkt zu tun. Man kann sich bekanntlich auch ohne nasse und kalte Füße oder

Zugluft erkälten. Die Erkältungskrankheiten haben in den Übergangszeiten von Frühjahr und Herbst Hochkonjunktur, durchaus nicht bei klirrendem Winterfrost. Der Grund hierfür ist die Virusinfektion. Bei naßkaltem Wetter gelangen offenbar besonders viele dieser Übeltäter über die Atemwege in den Organismus. Das trifft aber nur bedingt zu, denn in den Übergangsmonaten ist das menschliche Abwehrsystem meistens überfordert, weil sich der Organismus an Nässe und ungewohnte Temperaturen anpassen muß. Diese momentane Schwäche schenkt den Krankheitserregern die Oberhand und sie überrennen das Abwehrsystem. Sie können solange ihr Unwesen treiben, bis die Abwehr wieder mobilisiert wird und mit alter Kraft zurückschlagen kann. Hernach bleibt der Körper eine Zeitlang immun. Das heißt, mit den gleichen Viren kommt so rasch keine neue Erkältung zustande.

Da Erkältungen Virusinfektionen sind, sollten keineswegs Antibiotika eingesetzt werden. Sie greifen alle Bakterien an und beziehen damit auch die nützlichen und hilfreichen ein, die unser Körper zur Verdauung und Herstellung von Vitaminen benötigt. Es gibt bis zum heutigen Tage wenig Möglichkeiten, den Viren wirkungsvoll zu begegnen. Es sei denn, der Organismus wird in die Lage versetzt, von sich aus mit ihnen fertig zu werden. Das heißt: Die wichtigste Maßnahme heißt: **Abhärten!** Erst dann kann der Körper zum Beispiel auf wetterbedingte Temperaturschwankungen mit Gelassenheit reagieren. Die uralte Regel lautet: Bei Wärme sind kaltes Wasser durch Schwimmen und Duschen oder Kneippkuren, dagegen bei Kälte Wärme und Hitze mit Hilfe warmer Bäder und Saunagängen angesagt. Mutter Natur hat uns ein wirksames Mittel gegen Viren an die Hände gegeben. Es handelt sich um das Fieber. Die meisten Viren gehen bei etwa 40 Grad Körpertemperatur zugrunde. Auch wenn es unverständlich erscheint: Bei banalen Infektionen sollte möglichst nichts unternommen werden, das Fieber zu senken! Die wirksamste Methode ist und bleibt, wenn man sich mit Fieber ins Bett legt und zu schwitzen versucht. Achtung: Bei Herzschwäche ist unbedingt Vorsicht geboten. Es ist völlig falsch, wiederholte Erkältungskrankheiten auf die leichte Schulter zu nehmen. Zwei bis drei Infekte im Verlauf eines Jahres gelten als normal, doch sollten sie völlig auskuriert werden, damit daraus keine verschleppten Infektionen werden, mit denen der Körper aus eigener Kraft nicht fertig werden kann. Häufig sind Unterleibsinfektionen, Harnwegserkrankungen, anhaltende Nieren- und Blasenbeschwerden ein Zeichen dafür, daß harmlose Erkältungskrankheiten nicht auskuriert wurden. Selbst Herzmuskelschäden oder Herzklappenfehler werden mit Virusinfektionen in enge Beziehung gebracht, und bei mancher Krebserkrankung stehen Viren am Anfang des Geschehens. Klagt man mehr als dreimal pro Jahr über Erkältungserkrankungen braucht das Abwehrsystem aktive Hilfe, denn es kann sich eine akute und latente Abwehrschwäche entwickeln. Und wenn ältere Menschen buchstäblich von einer Erkältung in die andere fallen, so sollte der Rat des Arztes eingeholt werden. Es könnte sein, daß die Leber und andere innere Organe angegriffen, vielleicht sogar bereits erkrankt sind. Die typischen Erkältungskrankheiten zeigen sich auf unterschiedliche Art und Weise:

Halsschmerzen

Es beginnt zumeist mit trockenem Kratzen im Hals und dem Empfinden, sich räuspern zu müssen. Die Schleimhaut des Rachens ist gereizt und häufig entzündet. Daraus entstehen Halsschmerzen und Schluckbeschwerden. In der Regel ist auch bei Halsschmerzen eine Virusinfektion im Spiel, und häufig sind die Mandeln mit betroffen. Im Vergleich zur bakteriell hervorgerufenen Angina kommt es nicht zu eitrigen oder weißen Belägen. Erstreckt sich die Entzündung auf die lymphatischen Seitenstränge des Rachens, wird von Seitenstrangangina gesprochen. Sie ist fast immer durch Viren hervorgerufen. Wie bei allen diesen Infektionen gilt: Die Behandlung muß sich darauf einstellen, Beschwerden zu lindern und den Körper darin zu bestärken, den Heilungsprozeß von sich aus zügig vornehmen zu können. Es ist also nutzlos, mit antibiotischen Präparaten oder Lutschtabletten vorzugehen. Ebenso ist auch das übliche Gurgeln mit desinfizierenden Präparaten umstritten, denn die Flüssigkeit gelangt lediglich in die Randbezirke des Entzündungsgeschehens, und der kranke Rachen wird nur unnötig gereizt. Die Naturheilkunde geht anders vor. Wärme fördert die Durchblutung, verstärkt aber die Entzündung, Kälte hemmt die Durchblutung und verringert somit die Entzündung. Deshalb heißt es bei Halsschmerzen, daß die Füße und nicht der Hals warm gehalten werden sollen, während kalte Füße bei geminderter Abwehrkraft und bereits bestehender Erkältung die Virusinfektion im Hals fördern. Ein altes Hausmittel zur Vorbeugung und bei bereits bestehender Erkältung ist ein warmes Fußbad vor dem Schlafengehen. Auch sollten in der kalten Jahreszeit die Schuhe häufig gewechselt werden. Außerdem sind Vorbeugemaßnahmen hilfreich wie sie bei Schnupfen und Husten empfohlen werden. Zigarettenrauch, trockene Raumluft und überhitzte Schlafräume sind Gift bei Virusinfektionen. Folgende pflanzliche Heilmittel stärken den Organismus bei Halsschmerzen und bringen die körpereigenen Abwehrkräfte wieder in Schwung.

Gänseblümchen
Als äußerliche Anwendung werden Aufgüsse des Gänseblümchens (Verhältnis 5:100) im Rachenbereich zu Mundspülungen und zum Gurgeln genutzt. Die Inhaltsstoffe wirken entzündungshemmend auf alle gereizten Schleimhäute.

Holunder
Wie eine „Allzweckwaffe“ wirkt der Holunder als Tee (Verhältnis 3:100) bei zwei bis drei Tassen täglich beruhigend auf die erkrankten Atemwege.

Huflattich
Bei quälenden Beschwerden im Bereich der Atemwege wirkt Huflattich als Aufguß (Verhältnis 3:100) ausgleichend und entzündungshemmend. Diese Heilpflanze sollte auf keinen Fall über einen längeren Zeitraum hinweg eingenommen werden.

Knoblauch
Rachenkatarrh ist mit Knoblauch gut in den Griff zu bekommen. Wer den Geruch nicht scheut und tolerante Familienmitglieder hat, sollte täglich 10 Gramm zerkleinerte Zehen zu sich nehmen.

Küchenzwiebel
Rohe Zwiebeln und deren Preßsaft sind seit Jahrtausenden ein beliebtes Heilmittel bei Erkrankungen der Atemwege.

Schafgarbe
Zum Abschwellen entzündeter Schleimhäute werden die blühenden Sproßspitzen für Spülungen, Waschungen und zum Gurgeln erfolgreich genutzt (als Aufguß im Verhältnis von 10:100).

Spitzwegerich
Schon in der Volksheilkunde war die ausgeprägt gute Wirkung des Spitzwegerich bei Husten, entzündeten Atemwegen und auch bei Asthma bekannt.

Vogelknöterich

Bei entzündeten Schleimhäuten der Atemwege hat sich der Vogelknöterich bewährt. Seine Heilkraft wirkt am besten beim Gurgeln (Aufguß im Verhältnis von 6:100).

Husten

Der Hustenreflex kommt zur Geltung, wenn Staub oder Essensreste, Wasser oder Getränke in die Luftröhre geraten. Auch wenn zuviel Schleim vorhanden ist, versucht der Körper sich mit einem Hustenreiz Luft zu verschaffen. Ein Erkältungshusten, der kaum quält und nicht schmerzt, bedarf eigentlich keiner ärztlichen Behandlung. Er sollte möglichst nach einer Woche verschwunden sein. Wichtig ist bei jedem Husten, daß Reizquellen so weit als möglich ausgeschaltet werden. Es handelt sich dabei um verräucherte, schlecht gelüftete Räume und vor allen Dingen um Lufttrockenheit durch Heizungswärme. Wichtig ist auch, reichlich zu trinken, damit der Körper seinen Flüssigkeitsbedarf decken kann. Die üblichen Hustenmittel zeigen deutlich, daß rezeptfreie Medikamente nicht unbedingt harmloser Natur sind. Zwar enthalten die meisten von ihnen Wirkstoffe, die bei sorgfältiger Verwendung und im akuten Fall keinen Schaden anrichten, aber die sogenannten „Schleimlöser" oder „Reizdämpfer" sind keinesfalls für den Dauergebrauch gemacht. Grundsätzlich gilt: Was den Husten dämpfen soll, bezieht das Nervensystem in seinen Wirkungsbereich ein. Da wird nicht nur das Hustenzentrum leicht gedämpft, sondern der gesamte Organismus einbezogen. Hustenmittel, die Kodein enthalten, können süchtig machen. Der weise Hippokrates verordnete gegen das Husten Veilchentee und die Heilige Hildegard von Bingen erklärte den Rainfarn als wirksame Hilfe. „Wer unter trockenem Husten leidet, der bereite mit feinem Mehl und Rainfarn Suppen und esse diese oft. Damit werden die Trockenheit und die inneren Geschwüre seines Hustens gelöst, und man wird den Schleim los ...". Pfarrer Kneipp schwor bei schwerem Husten auf Essigwasserwaschungen, Rettichsaft und Fasten. Achtung: Falls der Husten nach drei Wochen nicht endgültig verschwunden ist, muß an eine Allergie gedacht werden. Ebenso kann ein nervöses Leiden, eine chronische Bronchitis, sogar eine Rippenfell- oder Lungenentzündung im Spiel sein. Wenn Kinder unaufhörlich husten, muß ein Pseudokrupp oder auch Keuchhusten in Betracht gezogen werden. Bei banalem Husten haben sich folgende Heilpflanzen bewährt.

Andorn, gemeiner

Aufgüsse des blühenden Andorns (Verhältnis 2:100 – zwei bis drei Tassen täglich) haben sich bei erkältungsbedingtem Husten vorzüglich bewährt.

Eibisch

Wegen seiner abschwellenden und auswurffördernden Eigenschaften ist der Eibisch ein fester Bestandteil verschiedener Hustenmittel.

Eukalyptus

Aufgrund seiner besonders guten Wirkung bei Husten und Atemwegserkrankungen gibt es eine Vielzahl von Eukalyptuspräparaten.

Fenchel

Fencheltee wird vor allem bei Säuglingen und Kindern angewandt, wenn sie unter Husten leiden.

Königskerze

Sind grippale Infekte mit Husten verbunden, eignen sich Aufgüsse der Königskerzenblüten zur innerlichen Anwendung (Verhältnis 3:100 – zwei Tassen pro Tag).

Lungenkraut

Die erweichenden Eigenschaften des Lungenkrauts kommen insbesondere bei Halsentzündungen, die mit Husten verbunden sind, zum Tragen. Ein Aufguß des pflanzlichen Rohstoffs (Verhältnis 5:100 – zwei Tassen täglich) löst den Schleim und sorgt für seinen raschen Abtransport.

Pfefferminze

Das ätherische Öl der Pfefferminze (fertige Präparate) kann auf den Brustkorb geträufelt und einmassiert werden, um die vom Husten gestreßten Atemwege zu beruhigen.

Sonnentau

Bei Bronchitis, Keuchhusten und erkältungsbedingten Atemwegsbeschwerden werden Aufgüsse des Sonnentaus (Verhältnis 2:100 – eine Tasse pro Tag) wegen ihrer auswurffördernden, hustenlindernden Eigenschaften empfohlen.

Thymian
Seine ganze Kraft zeigt der Thymian bei Keuchhusten. Da er keine Nebenwirkungen verursacht, ist er ein ideales Kindermittel. Zu seinem Wirkungsbereich gehört auch das Asthma. Thymian, der Krampflöser, wird als blühendes Kraut geerntet und kann – entweder getrocknet oder zu Thymianöl verarbeitet – als Tee oder zur äußeren Anwendung seine unschätzbaren Dienste leisten.

Weißtanne
Abkochungen der jungen Triebe der Weißtanne (2:100) wirken hustenlindernd bei Erkältungen.

Ysop
Bei starkem Husten helfen Aufgüsse (2:100 – zwei bis drei Tassen täglich) der blühenden Sproßspitzen, die Atemwege zu beruhigen.

Schnupfen
Ein Schnupfen kündigt sich dadurch an, daß man ständig das Gefühl hat, sich schneuzen zu müssen. Dabei wirkt alles noch völlig trocken, lediglich die Nasenschleimhaut ist entzündet und angeschwollen. Erst nach einer Weile kommt es zur Schleimabsonderung, der zuerst wässrig, später zähflüssig oder gelb und grün aussieht. Für eine bakterielle Infektion, die zur Virusinfektion hinzukommt, spricht Eiter im Schleim. Schlimmstenfalls greift die Erkältung auf Kiefer- oder Stirnhöhle über. Kinder bekommen bei starkem Schnupfen häufig eine Mittelohr- oder Mandelentzündung (siehe Ohrenschmerzen). Bei jeder Erkältungskrankheit ist die persönliche Hygiene oberstes Gebot. Nach jedem Schneuzen oder Niesen sollten die Hände gewaschen werden. Und: Das Papiertaschentuch ist zur einmaligen Verwendung bestimmt! Türklinken, Telefonmuscheln und auch Münzgeld sind hervorragende Ansteckungsquellen. Bei Schnupfen, dessen Ursache kaum zu erklären ist und der nach zwei bis drei Wochen nicht wieder von selbst verschwindet, muß an eine Allergie gedacht werden. Das alte Sprichwort: Ein Schnupfen dauert mit Behandlung eine Woche und ohne sieben Tage gilt unverändert. Selbst wenn man den Beschwerden mit chemischen Wirkstoffen begegnet, ist der Schnupfen keineswegs zu heilen, geschweige denn zu verkürzen. Handelsübliche Nasentropfen oder Sprays haben lediglich ein leichtes

Abschwellen der Nasenschleimhaut im Gefolge. Diese vorübergehende Linderung wird aber mitunter teuer bezahlt, denn die Heilung kann unter Umständen behindert und sogar verhindert werden. Das bedeutet: Die Entzündung und Schwellung wird nicht von Krankheitserregern verursacht, sondern ist – wie auch das Fieber – ein deutliches Anzeichen dafür, daß sich der Körper zur Wehr setzt. Der häufige Gebrauch von abschwellenden Nasentropfen oder Sprays über mehrere Tage kann die Verdickung der Nasenschleimhaut bewirken und birgt die Gefahr in sich, zu einem medikamentös bedingten Schnupfen zu führen, der in eine chronische Form überwechseln kann. Folgende Heilpflanzen helfen dabei, den Schnupfen auf sanfte Weise zu kurieren.

Fenchel
Mit seinen schleimlösenden Eigenschaften kann Fencheltee gerade im Anfangsstadium eines Schnupfens dazu beitragen, daß dieser nicht allzu stark wird.

Holunder
Aufgüsse von Holunderblüten eignen sich nicht nur zur Behandlung von Erkältungskrankheiten, sondern können auch als Vorsorgemaßnahme in den Zwischenjahreszeiten regelmäßig getrunken werden.

Huflattich
Wegen seiner guten Wirkung auf die Atemwege gilt der Huflattich auch bei Schnupfen als geeignetes Arzneimittel. Hierfür werden Aufgüsse (Verhältnis 5:100 – zwei Tassen täglich) der Blütenköpfchen empfohlen.

Küchenzwiebel
Die schleimlösenden Eigenschaften der Küchenzwiebel sind altbekannt. Schon der Verzehr einer rohen Zwiebel wirkt sich befreiend auf die Atemwege aus.

Majoran
Im Umfeld von Erkältungskrankheiten helfen Aufgüsse der Sproßspitzen dieser Heilpflanze (Verhältnis 2:100 – zwei Tassen täglich) dem Organismus, die körpereigenen Heilkräfte zu mobilisieren.

Schlüsselblume
Der Wurzelstock dieser schönen Frühjahrsblume kann ebenfalls dazu beitragen, Erkältungsbeschwerden möglichst rasch

loszuwerden. Hierfür wird empfohlen, die zerkleinerten Stücke im Verhältnis von 2:100 aufzugießen. Zwei Tassen genügen täglich.

Vogelknöterich

Bei entzündlichen Beeinträchtigungen der Schleimhäute sollte mit Aufgüssen dieser Heilpflanze gegurgelt werden (Verhältnis 10:100).

Erfrierungen

Infolge starker Kälteeinwirkung von längerer Dauer und ohne entsprechende Schutzvorrichtungen kommt es zu Gewebs- und Gefäßveränderungen. Stets ist der Schweregrad einer Erfrierung von der Größe der erfrorenen Körperoberfläche und der Tiefe der Temperatur abhängig. Immer ist der Blutkreislauf in den betroffenen Bezirken in Mitleidenschaft gezogen und es besteht die Gefahr, daß die normale Durchblutung nicht wieder ordnungsgemäß in Gang kommt, so daß ein Dauerschaden zurückbleibt. In besonders schweren Fällen wird die betroffene Körperregion abgestoßen oder bleibt fortan geschädigt. Bei allgemeiner Unterkühlung sollte der Temperaturanstieg des Körperkerns (Brust, Bauch, Hals und Kopf) oberstes Gebot sein. Gesicht und Gliedmaße sind zunächst kalt zu halten. Ist der Betroffene in der Lage zu schlucken, wird vorsichtig und langsam Tee eingeflößt (niemals Alkohol!). Die unterkühlten Körperbereiche sind nicht zu massieren! Statt dessen werden sie in kaltem Wasser, dessen Temperatur allmählich auf 38 bis 40 Grad Celsius erwärmt wird, in den Normalzustand versetzt. Bei schweren Erfrierungen sollte immer ärztlicher Rat eingeholt werden. Bei leichteren Unterkühlungen wie zum Beispiel der Unterkühlung der Füße, Hände und des Gesichts beim Wintersport haben sich folgende Pflanzenpräparate bewährt:

Schafgarbe (Salbe!)

Schafgarben-Salbe gilt als besonders wirksames Arzneimittel zur Behandlung von Erfrierungen.

Weinrebe

Eine Abkochung aus den Blättern der Weinrebe (Verhältnis 8:100) kann mit Hilfe getränkter Kompressen auf die betroffenen Bereiche gegeben werden.

Ermüdung / Erschöpfung

Es handelt sich um Erscheinungen, die ganz normal, aber auch Ausdruck von Erkrankungen sein können. Nach einem anstrengenden Tag und schwerer körperlicher Arbeit oder sportlicher Betätigung sind Erschöpfung und Ermüdung normale Reaktionen. Eine ruhige Nacht schafft in der Regel wieder die gewohnte Fitness. Auch die Erschöpfung der Muskulatur ist normal. Diese ist nur solange zur Leistung bereit, wie notwendiges „Muskelbenzin" in Form von Glukose zur Verfügung gestellt wird. Danach erlahmen die natürlichen Kontraktionen der Muskulatur und im Extremfall reagieren sie mit unkontrolliertem Zittern und Krämpfen. Eine krankhafte Erschöpfung liegt vor, wenn Ruhe- und Erholungspausen den Zustand nicht normalisieren können. Um wichtige Hinweise auf eine mögliche Erkrankung nicht zu übersehen, sollte der Hausarzt befragt werden. Im übrigen: Kinder ermüden sehr viel schneller als Erwachsene, sind aber um so rascher wieder fit. Pflanzenwirkstoffe können bei Ermüdung und Erschöpfung helfen.

Bockshornklee

Wegen seiner kräftigenden, belebenden Wirkung wird der Bockshornklee nach überstandenen Krankheiten genutzt, den Organismus wieder zu kräftigen. Hierfür wird die Einnahme des Samenmehls empfohlen (als Aufguß 1g zweimal täglich)

Enzian, gelber

Mit ihren appetitanregenden Eigenschaften kann diese Heilpflanze bei Erschöpfung mithelfen, zu neuen Kräften zu finden. Ein Glas der erhältlichen Weintinktur genügt täglich.

Heidelbeere

Insbesondere für Kinder, die schlaff und erschöpft wirken, eignet sich der Saft frischer Heidelbeeren wegen seiner kräftigenden Eigenschaften.

Kamille

Bei Abgespanntheit, Übermüdung und Schaflosigkeit hilft die regelmäßige Einnahme von Kamillentee dem Organismus, seine natürliche Balance wiederzufinden.

Sanddorn

Die vitaminreichen Früchte des Sanddorns oder deren Saft helfen bei Schwächezuständen, Müdigkeit, Konzentrationsschwäche und Appetitstörungen. Daher gibt es eine Reihe von Sanddornpräparaten.

Stiefmütterchen

Das breite Wirkungsspektrum des Stiefmütterchens wird in der Volksheilkunde hoch geschätzt. Erschöpfungszustände werden mit Aufgüssen des Pflanzenguts behandelt (Verhältnis 5:100 – eine Tasse nach dem Aufstehen).

Tausendguldenkraut

Bei Schwächezuständen, die mit Blutarmut in Verbindung zu bringen sind, wird zur Einnahme einer Weintinktur auf der Basis des Tausendguldenkrauts geraten. Ein bis zwei Gläser nach den Mahlzeiten gelten als angebracht.

Fieber

Liegt die Körpertemperatur oberhalb der normalen durchschnittlichen Körperwärme von 36,9 Grad Celsius (unter der Achsel gemessen) und 37,4 Grad Celsius (im After gemessen) wird von Fieber gesprochen. Im Bereich von 38 bis 38,5 Grad Celsius spricht man von erhöhter Temperatur und von hohem Fieber zwischen 39 und 40,4 Grad Celsius. Messungen darüber hinaus bedeuten sehr hohes Fieber! Die krankhafte Veränderung macht sich durch Mattigkeit, Atembeschleunigung, Appetitlosigkeit, Pulserhöhung, Glieder- und Kopfschmerzen, zuweilen Erbrechen und Hautausschlag bemerkbar. Auch ohne Fieberthermometer sind die Anzeichen der Temperaturerhöhung erkennbar. Die Haut fühlt sich besonders an Stirn und Nacken heiß, zuweilen auch feucht an. Immer entscheidet die Höhe des Fiebers über Bettlägerigkeit, Arbeitsunfähigkeit oder auch den Schulgang. Fieber hat unterschiedliche Ursachen. Generell handelt es sich um eine von Viren oder Bakterien hervorgerufene Infektion. Wichtig ist nur: Fieber an sich ist ein Symptom, keine eigenständige Erkrankung! Fieber ist Folge und Teil einer elementaren Abwehrreaktion des Organismus, denn manche Erreger sind temperaturabhängig und sterben bei Fieber. Andererseits sorgt der gesteigerte Stoffwechsel für eine erhöhte Produktion der weißen Blutkörperchen (Leukozyten), um mit den Erregern rascher fertig zu werden. Fieber ist ebenso auch Begleiterscheinung allergischer Reaktionen oder entzündlicher rheumatischer Erkrankungen. Es tritt auch infolge von Tumorleiden und nicht selten von Medikamenteneinnahme auf. Fieber sollte keinesfalls im Anfangsstadium einer Erkrankung gesenkt werden. Dem Organismus wird die Eigeninitiative genommen und von einer Einschätzung des Krankheitsbildes abgelenkt. Bei hohem Fieber können ein lauwarmes Bad, Waschungen mit lauwarmem Wasser oder Abreibungen, denen Kräutertinkturen beigegeben werden, das Befinden verbessern. Abreibungen und Waschungen befördern das Blut in die feinen Haargefäße der Körperoberfläche und das auf der Haut verdunstende Wasser bewirkt Kühlung. Wadenwickel sind ein weiteres bewährtes Mittel, um dem Fiebernden Erleichterung zu verschaffen. Über Appetitlosigkeit beim Fiebernden wurde bereits im Zusammenhang mit **Erschöpfung** berichtet. Verlangt der Kranke nach Nahrung, sollten seine Bedürfnisse berücksichtigt und dabei auf eine leichte Kost mit reichlich Vitaminen und Mineralstoffen geachtet werden. Unter Umständen verliert ein Fiebernder bis zu einem halben Kilo Körpergewicht pro Tag. Dabei wird zwar Depotfett des Körpers „verbrannt“, aber in erster Linie Flüssigkeit verbraucht. Stilles Mineralwasser, Tee und frisch gepresste Obst- und Gemüsesäfte bringen die verbrauchte Flüssigkeit auf wohlschmeckende Weise zurück. Bestimmte Fieberarten weisen auf charakteristische Erkrankungen hin, so daß sie dem behandelnden Arzt die Diagnose erleichtern (Malaria, Typhus). Bei alltäglichen Erkrankungen, die mit Fieber einhergehen, können folgende Heilpflanzen Hilfe anbieten.

Enzian, gelber

Der im Enzian enthaltene Wirkstoff Gentiopikrosid begründet den Nutzen dieser Heilpflanze bei Fieber. Seine Wirkung wird vor allem bei Malariaerkrankungen, die von heftigen Fieberattacken begleitet werden, genutzt. Täglich ein zu gleichen Anteilen mit Wasser verdünntes Glas Weintinktur reicht aus.

Esche

Wenn Fieber im Zusammenhang mit Bronchitis oder Lungenentzündung auftritt, wird der Saft frischer Beeren empfohlen. 5-10 Teelöffel genügen pro Tag.

Himbeerstrauch

Der Saft frischer Himbeeren gilt seit jeher als besonders wirksames Mittel gegen Fieber.

Thymian
Thymiantee wird empfohlen, wenn Atemwegserkrankungen von Fieber begleitet werden. Zwei Tassen der im Verhältnis von 2:100 aufgegossenen Sproßspitzen werden als tägliche Dosis verwendet.

Weinrebe
Bei fiebrigen Erkrankungen kann der Saft frischer Trauben aufgrund seines reichhaltigen Angebots an Vitaminen und Mineralstoffen als begleitende Maßnahme getrunken werden.

Frauenkrankheiten

Frauen gelten als Anhänger natürlicher Arzneimittel und es scheint, als ob die Natur ganz besonders für die Frauen Heilkräuter wachsen ließe. Für viele Mittel der Naturmedizin konnte inzwischen auch der wissenschaftliche Nachweis ihrer Wirksamkeit erbracht werden, so daß der Einsatz von Präparaten auf pflanzlicher Basis in der Frauenheilkunde stetig an Bedeutung gewinnt. Viele Heilpflanzen, die bei typischen Frauenleiden genutzt werden, enthalten hormonähnliche Wirkstoffe, sogenannte Phytohormone. Sie können dadurch auf den weiblichen Hormonstoffwechsel regulierend einwirken. So wurden die allerersten Gestagenhormone für die Anti-Baby-Pille aus der Yamswurzel, einer Kartoffelart, isoliert. Der Granatapfel, seit Urzeiten als Symbol für weibliche Fruchtbarkeit verehrt, enthält das größte bekannte Vorkommen an natürlichen Östrogenen. Vor allem für Frauen, die einer Behandlung mit synthetischen Hormonen kritisch gegenüberstehen, können Frauenärztinnen und Frauenärzte eine Reihe von pflanzlichen Präparaten mit nachgewiesener Wirksamkeit empfehlen.

Menstruationsstörungen:
Beinwell
Aufgrund seiner blutstillenden Wirkung wird der Beinwell bei besonders starker Menstruationsblutung empfohlen. Zur innerlichen Anwendung können die blühenden Sproßspitzen im Verhältnis von 2:100 aufgegossen werden. Zwei Tassen täglich reichen aus.

Frauenmantel
Der Frauenmantel gilt schon seit dem Mittelalter als typisches Frauenmittel. Bei den Germanen war er Frigga, der Göttin der

Fruchtbarkeit gewidmet. In der modernen Frauenheilkunde werden dieser Heilpflanze regulierende Eigenschaften auf die Menstruation zugeschrieben. Ein im Verhältnis von 2:100 vorgenommene Abkochung ist gebräuchlich. 1-2 Tassen werden täglich eingenommen.

Hirtentäschelkraut
Die zusammenziehende, blutstillende Wirkung des Hirtentäschelkrauts kann bei überstarken Menstruationsblutungen regulierend eingreifen. Wenn die Regelblutung länger andauert, wird zu einer Weintinktur geraten (zwei Gläschen täglich).

Johanniskraut
Bei Entzündungen der Gebärmutter und Menstruationsbeschwerden wird das zerkleinerte Pflanzengut im Verhältnis 3: 100 aufgegossen (eine Tasse täglich).

Kamille
Aufgrund ihrer besonders schonenden Wirkungsweise gilt die Kamille als besonders geeignet, wenn Erkrankungen bei Frauen und Kindern behandelt werden sollen. Menstruationsbeschwerden, Scheidenentzündungen und Gebärmutterkrämpfe werden mit der Kamille äußerlich behandelt. Hierbei wird ein halbes Kilo Kamilleblüten in 5 Liter Wasser gekocht und anschließend als Badezusatz verwendet.

Schafgarbe
Schon Pfarrer Kneipp hat die regulierende Wirkung der Schafgarbe bei Blutungen betont. Unabhängig davon, ob die Monatsblutung zu gering oder übermäßig stark ist, gilt Schafgarbentee als angezeigtes Arzneimittel.

Taubnessel, weiße
Auch diese Heilpflanze wird bei Menstruationsbeschwerden empfohlen. Zu gleichen Teilen mit dem Frauenmantel und der Schafgarbe vermengt, ergibt sie einen ausgezeichneten Mischtee, der besonders bei ausbleibenden oder zu schwachen Menstruationsblutungen wirkt.

Fußbeschwerden

Zur Behandlung schmerzender, juckender, brennender, schwitzender, geschwollener, entzündeter Füße gibt es zahlreiche Angebote. Auch die Pflanzenheilkunde kann hier ihren Beitrag leisten. Die Füße sollen uns ein Leben lang tragen, werden aber von den meisten Menschen sträflich vernachlässigt. Trotz unaufhörlicher Warnungen kaufen viele Menschen für sich und die Kinder zu kleine und zu enge Schuhe. Dieses schlecht sitzende Schuhwerk drückt und quetscht die Zehen und verschlimmert alle möglichen Fehlstellungen. Besonders häufig wird die Kleinzehe gegen die Nachbarzehe gepresst. Der Zwischenraum wird feucht und bietet ein ideales Umfeld für Pilzinfektionen. Hühneraugen und Schwielen, Blasen und Hornhautverdickungen, Pilzbefall und Fußsohlenwarzen sind keine Seltenheit und verursachen teilweise unerträgliche Schmerzen. Das Anschwellen der Füße kommt bei Ermüdung, in den letzten Monaten der Schwangerschaft und bei einigen Herzerkrankungen gehäuft vor. Sind die Füße auch nach ausgedehnter Nachtruhe nicht abgeschwollen, sollte unbedingt der Arzt befragt werden. Bei alltäglichen Fußbeschwerden durch Überlastung bieten folgende pflanzliche Wirkstoffe Linderung an.

Bockshornklee

Bei Geschwüren und eitrigen Entzündungen an den Füßen helfen Breiumschläge aus dem Samenmehl des Bockshornklees, die mit Hilfe von Kompressen aufgebracht werden.

Eiche

Bei Hautentzündungen und Schweißfüßen wird die abgekochte Rinde der Stieleiche (Verhältnis 5:100) für Waschungen verwendet.

Ringelblume

Die Blüten der Ringelblume eignen sich als Badezusatz (eine Handvoll genügt) bei geschwollenen, schmerzenden Füßen.

Schwarzpappel

Um Hautentzündungen vorzubeugen, können Waschungen und Teilbäder mit der Abkochung (Verhältnis 5:100) aus den Knospen der Schwarzpappel vorgenommen werden.

Wacholder, gemeiner

Frische, zerstoßene Wacholderfrüchte gelten als belebender und reinigender Badezusatz.

Gallenleiden (siehe auch Lebererkrankungen)

Die Gallenblase, ein Hohlorgan von Größe und Form einer Birne, hat die Aufgabe, Gallenflüssigkeit für die Verdauung zu sammeln und einzudicken. Die Flüssigkeit gelangt von der Leber, dem Produktionsort, über einen speziellen Gang in die Galle und wird von dort in den Zwölffingerdarm weitergeleitet. Da der Gallensaft aber auch ohne Zwischenstation in der Gallenblase dorthin gelangen kann, ist es ohne nachhaltige Folgen möglich, das Organ gefahrlos zu entfernen und dabei den Gallenfluß nicht zu behindern.

In der Gallenblase spielen sich akute und chronische Entzündungen ab, und gleichermaßen bilden sich die gefürchteten Gallensteine. Sie entstehen, wenn unterschiedliche in der Gallenflüssigkeit enthaltene Substanzen ausfallen. Hierbei handelt es sich häufig um Cholesterin, das verklumpt und sich in der Gallenblase ansammelt. Gleichzeitig kommt es zu Verdauungsstörungen und entzündlichen Prozessen. Das Ausmaß von Gallensteinen hat eine beachtliche Spannbreite von winzigen Partikeln in Form von sogenanntem Gallengries bis hin zur Größe eines Gänseeies. Man schätzt, daß heutzutage bis zu 10% der Erwachsenen „Steinträger“ sind, aber die wenigsten wissen auch davon, weil keine Beschwerden auftreten. Diese machen sich in der Regel erst bemerkbar, wenn ein größerer Gallenstein den Abflußgang für die Galle verstopft. Verbunden mit Übelkeit, Erbrechen und leichtem Fieber kommt es zu starken Schmerzen, der gefürchteten Gallenkolik. Diese Anfälle wiederholen sich rasch binnen kurzer Abstände, sie können jedoch auch monatelange Pausen einlegen. Häufig tritt eine Gelbsucht auf.

Üppiger Fettverzehr, regelmäßiger Alkohol- und Nikotinkonsum, Bewegungsarmut verbunden mit geringer Sauerstoffzufuhr sowie Medikamentenmißbrauch strapazieren die Leber und damit die Gallenproduktion. Die Grüne Apotheke hält zahlreiche bewährte Wirkstoffe bereit, die ordnend, ausgleichend und vorbeugend in das komplexe Geschehen eingreifen.

Berberitze

Eine Abkochung der Wurzel (im Verhältnis von 3:100 – eine Tasse täglich) fördert die Gallensekretion und hilft auch bei Gelbsucht.

Klette

Die Klette besitzt die Fähigkeit der Gallenstimulierung und wirkt generell auf die Verdauung ein. Ein Aufguß der Wurzeln (Verhältnis 5:100 – eine Tasse) sollte nach dem Aufstehen auf nüchternen Magen getrunken werden.

Knoblauch

Die Wunderknolle kann den gesamten Magen-Darm-Trakt und damit ebenso die Produktion von Gallensaft positiv beeinflussen (hierfür werden 20 Gramm in 100 ml 10 Tage lang in Wein angesetzt – von dieser Tinktur sind 15 Tropfen auf einem Zuckerstück dreimal täglich einzunehmen).

Löwenzahn

Jüngste Untersuchungen bestätigten, daß Löwenzahn eine galletreibende Wirkung besitzt. Vom Frischpflanzensaft (der Wurzel) sollten täglich bis zu vier Eßlöffel eingenommen werden.

Pfefferminze

Die Pfefferminze regt die Magen- und Gallensekretion an. Eine kleine Tasse Pfefferminztee nach den Mahlzeiten (Aufguß im Verhältnis 2:100) reicht aus, um die Heilwirkung voll zur Geltung zu bringen.

Quecke

Entzündungen der Leber, die den Gallensaft produziert, kann die Quecke aufgrund ihrer entzündungshemmenden Eigenschaft hilfreich beeinflussen (am besten als Abkochung der zerriebenen Wurzel im Verhältnis von 5:100 – zwei bis drei Tassen täglich).

Wegwarte

Als reinigendes Heilmittel wirkt die Wegwarte auf die Stabilität der Leberfunktionen ein, und damit wird auch der Gallenfluß verbessert. Hierfür wird ein Aufguß empfohlen (Verhältnis 5:100 – eine kleine Tasse vor den Mahlzeiten).

Gicht (siehe auch Rheuma)

Die Gicht zählt zu den Stoffwechselerkrankungen, die durch kalorienreiche Wohlstandskost gefördert werden. Der Körper ist nicht mehr in der Lage, Harnsäure ordnungsgemäß auszuscheiden. Das klassische Krankheitsbild zeigt sich in einer angeschwollenen, schmerzhaften Großzehe. Die Gicht kann aber viele Gelenke befallen, welche dann gerötet und schmerzhaft geschwollen sind. Der Überschuß an nicht ausgeschiedener Harnsäure lagert sich in verschiedenen Körperbereichen ab. Diese kalkartigen Gichtknötchen können im Ohrläppchen, am Ellenbogen, im Bereich der Fingernägel und in Gelenkknorpeln vorkommen. Charakteristisch für die Gicht ist: Sie verläuft in Schüben und tritt vornehmlich nach dem 45. Lebensjahr bei übergewichtigen Menschen mit unzulänglicher körperlicher Bewegung auf. Zur Vorbeugung empfehlen sich die Reduktion des Körpergewichtes und eine entsprechende Diät, bei der jene Nahrungsmittel gemieden werden, die einen Harnsäureanstieg begünstigen. Es handelt sich um Alkohol, Fleisch und Wurstwaren, insbesondere Innereien. Auf jeden Fall sollte der Fleischverzehr bzw. der Genuß tierischer zugunsten pflanzlicher Eiweißsubstanzen gedrosselt werden. Außerdem greifen folgende Heilpflanzen ordnend ein und regulieren den Stoffwechsel.

Alant

Gegen Gicht und bei verringerter Harnausscheidung ist Alant hilfreich (die zerkleinerte Wurzel wird im Verhältnis von 1:100 abgekocht – zwei bis drei Tassen reichen täglich aus).

Hauhechel

Hauhechel kann Stoffwechselendprodukte und -gifte ausscheiden helfen, die insbesondere gicht- und rheumakranke Patienten belasten. Dabei wird ein Aufguß der zerkleinerten Wurzel (Verhältnis 2:100) empfohlen, von dem man täglich zwei Tassen zu sich nehmen sollte.

Johanniskraut

Johanniskraut vermag aufgrund seiner krampflösenden Wirkung bei Gichtschmerzen ausgleichend zu wirken und hellt gleichzeitig die gedrückte Stimmung auf (dabei wird ein Aufguß im Verhältnis von 2:100 bei täglich einer Tasse empfohlen).

Majoran
Bei Gicht und rheumatischen Beschwerden kann Majoran, äußerlich angewandt, Schmerzen lindern. Dabei empfiehlt es sich, die betroffenen Stellen mit einer im Verhältnis von 5:100 verdünnten Lösung mehrmals täglich einzureiben.

Meerrettich
Zur Schmerzlinderung wird auf die betroffenen Hautbereiche ein Umschlag mit Meerrettichmus etwa 15 Minuten lang aufgelegt.

Quecke
Die Quecke kann bei überhöhter Harnsäure im Blut mit ihrer harntreibenden Wirkung der Gicht vorbeugen (als Abkochung des zerkleinerten Wurzelstocks im Verhältnis von 5:100 – zwei bis drei Tassen täglich).

Schlüsselblume
Wegen ihrer harntreibenden Eigenschaft wird auch die Schlüsselblume bei Rheuma und Gicht gern verwendet (als Aufguß der zerriebenen Wurzel im Verhältnis von 2:100 bei zwei Tasen pro Tag).

Spargel
Das delikate Frühlingsgemüse wirkt stark harntreibend und hat sich deshalb auch bei der Gicht bewährt. Zur Steigerung der Harnabsonderung empfiehlt sich während der Spargelzeit im Rahmen einer Frühjahrskur der Genuß von 500 g Spargel täglich, und gleichzeitig sollte das Kochwasser getrunken werden. Spargelpräparate werden darüber hinaus ganzjährig angeboten.

Stiefmütterchen
Seit Jahrhunderten ist das Stiefmütterchen als harntreibendes und schmerzstillendes Mittel bekannt (Teemischungen im Verhältnis von 6:100 aufgegossen, werden für Waschungen und Bäder zur Linderung der Beschwerden angewandt).

Weißtanne
Eine Abkochung (Verhältnis 5:100) der frischen Triebe wird über eine getränkte Kompresse 15 Minuten auf den schmerzenden Bereich gelegt.

Gelbsucht

Gelbsucht ist keine eigenständige Krankheit, aber ein sehr ernstzunehmendes Symptom. Es tritt mit der Gelbfärbung der Haut, der äußeren Haut des Auges und der Schleimhäute auf und ist vom Grad der Konzentration des Gallenfarbstoffes im Blut abhängig. Eine Gelbsucht hat immer mehrere Ursachen. Weil die Leber Gallenflüssigkeit produziert, tritt Gelbsucht aufgrund einer Leberstörung auf. Eine weitere Ursache kann der Zerfall von roten Blutkörperchen sein, wobei der Farbstoff Bilirubin verstärkt entsteht. Ebenso kann der Abfluß von Gallenflüssigkeit von der Leber zum Zwölffingerdarm stocken oder mit Gallensteinen in enger Beziehung stehen. Gelbsucht bei Säuglingen kann auf „Startschwierigkeiten" der kleinen Leber beruhen. In der Grünen Apotheke gibt es viele wirksame Substanzen, um hilfreich einzugreifen.

Alant

Bei Erkrankungen der Leber wirkt Alant ausgleichend. Die zerkleinerte Wurzel wird im Verhältnis von 1:100 abgekocht – zwei bis drei Tassen reichen täglich aus.

Majoran

Majorantee hilft bei Leberbeschwerden und Gelbsucht. Für Kinder sollte man den für Erwachsene gültigen Aufguß von 2:100 (zwei Tassen täglich) verdünnen.

Nußbaum

Grüne oder getrocknete Blättter werden als Teeaufguß gegen Gelbsucht angewandt.

Odermennig

Die Heilpflanze zählt zu den wirksamsten bei Gelbsucht (am besten in Form einer Teezubereitung im Verhältnis von 2:100 – bei täglich zwei bis drei Tassen).

Tausendguldenkraut

Tausendguldenkraut wirkt auf die natürliche Ordnung von Leber und Galle ein und kann daher Gelbsucht lindern. Am besten als im Verhältnis von 1:100 aufgegossene Teezubereitung der Sproßspitzen – ein Tässchen nach den Mahlzeiten.

Waldmeister

Bei Gelbsucht und Harnsteinbildung wird ein Mischtee mit Enzianwurzel und Wacholderbeeren empfohlen.

Weizen

Aufgrund der geminderten Funktion von Magen und Darm entwickeln sich Erkrankungen der Leber, die zu einer Gelbsucht führen können. Mit Hilfe einer Weizentherapie wird eine umfassende Gesamtheilung eingeleitet. Ein aus Weizenkeimen gewonnener Brei wird dabei über 5-10 Tage regelmäßig gegessen. Die Weizenkeime sollten etwa drei Stunden in Wasser gekocht werden.

Ysop

Diese vielseitige Heilpflanze kann auch bei Gelbsucht verabreicht werden (als Aufguß im Verhältnis von 1:100 – bei zwei Tassen täglich).

Ziest

Ziest hat ein breites Wirkungsspektrum und wird erfahrungsgemäß auch bei Gelbsucht genutzt (als Aufguß im Verhältnis von 3:100 – bei zwei Tassen täglich).

Haare und Nägel

Ein Blick auf das Fell eines Hundes oder einer Katze zeigt dem kundigen Tierliebhaber, wie es um die Gesundheit seines Hausgenossen bestellt ist. Sehr ähnlich verhält es sich mit den Haaren des Menschen. Abgesehen von Pflegefehlern durch Chemikalien läßt sich an der Qualität des Haares ablesen, ob sich der Mensch wohlfühlt oder nicht. Bei manchen Erkrankungen der Schilddrüse werden die Haare dünn und rauh, und die Kopfhaut ist sehr trocken. Im mittleren Lebensalter, besonders nach der Menopause führt die Veränderung des Hormonspiegels bei manchen Frauen zu unerwartetem und erwünschtem Haarwachstum. Gelegentlich kommt es bei einigen Menschen plötzlich zum totalen Verlust der Körperhaare. Das bedeutet neben Kahlköpfigkeit den Verlust der Schamhaare, Wimpern und Augenbrauen. Das Haarschneiden hat keinen Einfluß auf die Wachstumsgeschwindigkeit. Sind die Haarwurzeln gesund, kann man das Wachstum dadurch beschleunigen, daß man die Kopfhaut durch Massage oder Wärme (Sonne) anregt. Bei zu viel Sonne und Chemie (Dauerwellen, Färben) können die Haare trocken und glanzlos werden. Sie benötigen dann unbedingt Erholung und entsprechende Hilfe durch pflanzliche Wirkstoffe.

Ebenso wie die Haare gehören die Finger- und Zehennägel zu den sogenannten Hautanhanggebilden. Die Nägel sind flache Hornplatten. Sie wachsen in gerader Richtung aus dem Nagelbett und ihr Aussehen gibt Aufschluß über den Gesundheitszustand des gesamten Körpers. Aus einem verletzten Nagelbett wächst kein normaler Nagel. Ist die Verletzung leichterer Natur, so wird der Nagel nur deformiert. Unter einem verletzten Nagel erscheinen in der Regel blaurote oder blauschwarze Flecken und häufig fällt der Nagel ab. Ebenso kann ein Nagel nach Scharlach, Typhus, einer ernsten Hautentzündung oder aufgrund eines Abszesses unter der Oberfläche abfallen. Löffelartig geformte Nägel, die im Zentrum eingesunken wirken und erhabene Ränder zeigen, deuten auf eine Blutarmut (Anämie) hin. Ist die Haut trocken, werden oft auch die Nägel brüchig. Sind sie lange Zeit aggressiven Chemiekalien ausgesetzt, verformen sie sich. Die Fingernägel können sowohl durch Bakterien infiziert als auch durch Pilzbefall verunstaltet werden. Und die Schuppenflechte (Psoriasis) kann zahlreiche Ausdrucksformen von Nagelmißbildungen nach sich ziehen. Was Haar und Nägeln helfen kann, gesund zu bleiben oder wieder zu werden, ist in der Folge aufgelistet.

Haare

Brennessel

Eine 5%ige Abkochung aus der Brennesselwurzel wird bei fettendem Haar und Schuppenbildung in die Kopfhaut einmassiert.

Kalmus

Ein Absud der Kalmuswurzel gilt als vorzügliches Haarwaschmittel. Außerdem wird dabei die Kopfhaut gekräftigt.

Klette

Der Saft aus der großen Klette hat sich bei fetten Haaren bewährt, wenn die Kopfhaut damit kräftig eingerieben wird.

Küchenzwiebel

Roher Zwiebelsaft hat sich als Einreibemittel gegen Schuppen, Flechten und bei Haarausfall bewährt.

Nußbaum

Zur natürlichen Farbauffrischung des Haars wird eine Abkochung von 25 Gramm Schale auf 100 ml Wasser und 30

Gramm purem Alkohol hergestellt. Das Haar nach der Wäsche damit einreiben.

Petersilie
Das Dekokt aus der Petersilienwurzel (Verhältnis 10:100) gilt als vorzügliches Haarwuchsmittel zur äußerlichen Anwendung.

Wegwarte
Der frische Pflanzensaft aus der Wegwarte wird in der Volksheilkunde als haarwuchsfördernd empfohlen und soll insbesondere bei Ausfall der Augenbrauen wirksam sein.

Nägel

Arnika
Bei Nagelbettentzündungen und -eiterungen haben sich leichte Aufgüsse (Verhältnis 2:100) bewährt, die äußerlich anzuwenden sind (Waschungen).

Kamille
Das Multitalent kann bei Entzündungen der Fingernägel sowie Vereiterungen verabreicht werden. Ein Aufguß der Blüten im Verhältnis von 20:100 als Waschwasser ist angezeigt.

Küchenzwiebel
Eine uralte Empfehlung besagt: Gut angewärmte Zwiebel lege man zerkleinert auf Nagelbettgeschwüre und Nagelbettvereiterung.

Nußbaum
Man bade eiternde und entzündete Finger- oder Zehennägel in einem Aufguß von Nußblättertee.

Hämorrhoiden (siehe auch Venenleiden)

Erweiterte oder geschwollene Venen im Bereich des unteren Mastdarms werden Hämorrhoiden genannt. Als Ursache kommen vor allen Dingen eine ererbte Veranlagung zu Gefäßwandschwäche, sitzende Beschäftigung, die zu Stauungen des Blutes im betreffenden Bereich führt, und zuweilen auch Krankheiten in Betracht, die zur Verlagerung von Venen im Bauchraum führen (Leberzirrhose). Im Verlauf einer Schwangerschaft entstehen aufgrund hormoneller Einflüsse und eine zunehmende Belastung durch das werdende Kind häufig größere Hämorrhoiden. Der Rückfluß des Blutes ist erschwert. Aus gleichen Gründen kommt es auch vielfach zur Ausbildung von Krampfadern an den Beinen. Da erfahrungsgemäß die Hämorrhoiden nach der Geburt wieder verschwinden, bedürfen diese keiner besonderen Behandlung. Weitere Ursachen für Hämorrhoidenbildung können hartnäckige und langanhaltende Verstopfung, Übergewicht und solche Krankheiten sein, die eine normale Blutzirkulation behindern (Herz- und Leberkrankheiten). Die Behandlung des Krankheitsbildes besteht in der Beseitigung der Ursache. Unterstützend wirken die Reduktion des Übergewichtes, ein entsprechendes Kreislauftraining und das Vermeiden von Verstopfungen durch ballaststoffreiche Kost (Gemüse, Obst, Vollkornprodukte). Zahlreiche pflanzliche Heilmittel können bei Hämorrhoiden Linderung verschaffen.

Berberitze

Die Berberitze wirkt bei blutenden Hämorrhoiden blutstillend (als Abkochung im Verhältnis von 2:100 zur innerlichen Anwendung – zwei Tassen täglich).

Brombeere

Bei Entzündungen im Intimbereich und Hämorrhoiden können Brombeerblätter in Form einer Abkochung im Verhältnis von 5:100 über getränkte Kompressen für Linderung sorgen.

Heidelbeere

Der Brei aus zerdrückten Heidelbeeren wird in ein Leinensäckchen gegeben und auf die schmerzenden Hämorrhoiden gelegt.

Kamille

Bei entzündeten und geröteten, mit Blut gefüllten Schleimhäuten hat sich die Kamille als Aufguß im Verhältnis 10:100 als Waschwasser bewährt.

Königskerze

Die äußerliche Anwendung der Blätter kann bei Hämorrhoiden hilfreich einwirken. Eine Handvoll Blätter wird in Milch aufgekocht, zu Brei zerkleinert und auf die betroffenen Stellen gegeben.

Roßkastanie

Bei leichten hämorrhoidalen Entzündungen wirkt die Roßkastanie in Form von Spülungen und Umschlägen. Hierzu wird eine Abkochung der Samen im Verhältnis von 6:100 verwendet.

Schafgarbe, gemeine

Bei Hämorrhoiden wirkt die Schafgarbe blutstillend und schmerzlindernd. Hierzu werden die blühenden Sproßspitzen im Verhältnis von 10:100 aufgegossen und mehrmals täglich zu Waschungen verwendet.

Stieleiche

Eine Abkochung der Eichenrinde (Verhältnis 3:100 – über getränkte Kompressen) hilft aufgrund ihrer adstringierenden Eigenschaften besonders bei blutenden Hämorrhoiden.

Hautkrankheiten

Für die Haut sind zahlreiche Kräuter gewachsen und die braucht sie auch mehr denn je. Der Kontakt zu anderen Menschen findet über die Haut statt. Mit ihr präsentieren wir uns Tag für Tag, werben wir für Ansehen und Sympathie, verbuchen wir unsere Erfolge – kurz gesagt, wollen wir bei den anderen „gut ankommen". Die Haut ist praktisch unsere persönliche Botschafterin für die Umwelt. Viele Menschen leiden heute unter starkem psychischen Druck, der eine Neurodermitis, eine Psoriasis oder ein chronisches Ekzem mit sich bringen kann. Die Suche nach Wundermitteln in Form von Pillen oder Salben schafft häufig keine Abhilfe. Hat man dann alles ausprobiert, rückt zweifellos die Heilkraft aus der Natur in den Mittelpunkt. Pflanzenwirkstoffe, deren Heilweisen schon von Paracelsus oder Hildegard von Bingen erläutert und gerühmt wurden, stehen heutzutage hoch im Kurs. Es ist vollkommen klar, daß regelmäßige Hautpflege mehr bedeutet als nur die Reinigung mit Wasser und Seife. Doch mit den Cremes und Lösungen, die von außen unserer Haut Nährstoffe anbieten sollen, wird häufig mehr Schaden als Nutzen erzeugt. Bei allen Hautproblemen sollte man sich zuerst an eine Fachkosmetikerin wenden oder den Rat eines Hautarztes einholen. In vielen Familien existieren Hausrezepte, die von Generation zu Generation weitergegeben werden. Die Verabreichung erfolgt in Form von Teemischungen, in denen die einzelnen Heilkräuter ihre entgiftenden, blutreinigenden, stoffwechselanregenden und nierenstimulierenden Funktionen entfalten. Es gibt natürlich auch Pflanzen, die der äußeren Anwendung dienen. Sie sind in Badezusätzen, Salben und Ölen enthalten und können in Form von Umschlägen oder Kompressen auf die Haut gebracht werden. So ist fast für jedes Hautproblem eine Lösung aus der Natur zu finden:

Brombeerstrauch

Bei Entzündungen der Haut und Schleimhäute wirken die Brombeerblätter ausgleichend (als Aufguß im Verhältnis 5:100) über getränkte Kompressen, die auf die entzündeten Hautpartien zu legen sind.

Hafer

Als Abkochung (3:100) aus dem Hafermehl wirkt ein Breiumschlag bei trockener und gereizter Haut. Damit der Brei nicht zu flüssig wird, solange kochen lassen, bis zwei Drittel des ursprünglichen Volumens übrig bleiben.

Hauswurz

Die Naturkosmetik verwendet den krautigen Teil der Pflanze als Packung (der Brei aus den Blättern) gegen Juckreiz, Entzündungen, Rötungen und bei Furunkeln. Diese Maßnahme sollte täglich so lange durchgeführt werden, bis sich das Hautbild bessert.

Kamille

Die Blüten der Kamille wirken bei Entzündungen von Haut und Schleimhäuten lindernd und heilend. Ein im Verhältnis von 10:100 hergestellter Aufguß kann dabei sowohl als Badezusatz wie auch als Kompresse (nicht länger als 15 Minuten) eingesetzt werden.

Klette

Eine Abkochung der zerkleinerten Wurzeln (10:100) hilft bei Akne, Ekzemen und Furunkulose.

Königskerze

Wirkstoffe in den Blättern der Königskerze helfen bei Furunkel, Fingergeschwüren, Verletzungen und Wunden sowie Juckreiz der Haut. Ein Breiumschlag aus einer Handvoll Blättern in etwas Milch aufgekocht, zu Brei zerkleinert und heiß auf die betroffenen Stellen aufgetragen, wirkt lindernd und beruhigend.

Labkraut
Aus dem frischen Saft der Pflanze läßt sich mit Butter vermengt eine höchst wirksame Salbe gegen verschiedenste Hautkrankheiten herstellen (Ekzeme, Nagelbetteiterungen, Ausschläge und Akne).

Meerrettich
Das Mus aus der frischen Wurzel des Meerrettich kann in Form von Umschlägen zur Linderung der Beschwerden beitragen.

Schafgarbe
Bei Entzündungen der Haut und der äußeren Schleimhäute kann ein Aufguß der blühenden Sproßspitzen (Verhältnis 10:100) den Heilungsprozess über getränkte Kompressen einleiten. Die blühenden Sproßspitzen eignen sich außerdem als belebender Badezusatz (eine Handvoll genügt).

Schwarzpappel
Eine Abkochung aus den Knospen der Schwarzpappel im Verhältnis 5:100 kann aufgrund der adstringierenden und entzündungshemmenden Wirkung dieses Heilmittels als Waschung betroffene Hautpartien beruhigen.

Stiefmütterchen
Äußerlich angewandt eignen sich Aufgüsse des Stiefmütterchens (Verhältnis 6:100) zur unterstützenden Behandlung bei Hautkrankheiten. Dabei werden Waschungen empfohlen.

Stieleiche
Im Verhältnis 3:100 abgekochte Eichenrinde kann mittels getränkter Kompressen durch Hautentzündungen verursachte Beschwerden lindern.

Weißtanne
Eine 5%ige Abkochung der frischen Triebe aktiviert den Blutkreislauf und desinfiziert entzündete Hautpartien. Getränkte Kompressen haben sich in der Behandlung bewährt.

Herz und Kreislauf

Pro Jahr sterben in Deutschland ebenso viele Menschen an Herz-Kreislauf-Leiden wie Dresden Einwohner hat. Das sind rund 450 000 Bürgerinnen und Bürger. Somit ist und bleibt die Herz-Kreislauf-Erkrankung mit über 50% die Todesursache Nummer 1. Erst auf den folgenden Plätzen rangieren Depressionen, bösartige Geschwulstleiden sowie Erkrankungen der Atem- und Verdauungsorgane. Mehr und mehr gewinnen Vorbeugung und die gezielte Veränderung eines krankmachenden Lebensstils und Eigenverantwortung an Bedeutung. Der hinlänglich bekannte Satz „du bist so alt wie deine Gefäße" kann mühelos in die viel positivere Aussage „du bist so jung wie deine Gefäße" umgemünzt werden. Die Konsequenz aus diesem Umdenken bedeutet für jeden, funktionstüchtige, anpassungsfähige und elastische Blutgefäße nach Möglichkeit lange zu erhalten und die Gesundheit des Herzmuskels zur persönlichen Herzensangelegenheit zu machen. Für das bedrohliche Ausmaß der Herz-Kreislauf-Leiden gibt es eine Reihe medizinisch fundierter Begründungen. Experten sprechen von ganz bestimmten Risikofaktoren. Zu diesen zählen:

1. Übergewicht
2. Bluthochdruck
3. Bewegungsmangel
4. Mißbrauch von Nikotin, Alkohol und anderen Suchtmitteln
5. Überhöhte Blutfett- und Cholesterinwerte
6. Bedrückender Streß

Durch eine bewußte Korrektur des Lebensstils könnten die Risiken gemindert und sogar bestehende Erkrankungen positiv beeinflußt werden. Natürlich müssen bestimmte persönliche Voraussetzungen wie ererbte Risiken, das Lebensalter, hormonelle Ausfallerscheinungen und geschlechtsspezifische Voraussetzungen mit ins Kalkül gezogen werden. Sie sind als vorgegebene Risiken zu verstehen und bedürfen der besonderen medizinischen Bewertung. Seit Menschengedenken finden im weitläufigen Gefäßsystem des Organismus – vor allem mit zunehmendem Alter – bestimmte Ablagerungen von fetthaltigen und kalkähnlichen Substanzen statt. Diese Gefäßveränderungen werden häufiger bei Männern und vor allen Dingen früher als bei Frauen beobachtet. Es deutet sich aber eine unübersehbare Veränderung bei der Entstehung von Gefäßverengungen (Arteriosklerose) beim weiblichen Geschlecht an. Die Einnahme der Pille, gleichzeitiger Nikotingenuß und berufliche Überlastung neben häuslichen Verpflichtungen sowie eklatante Ernährungsfehler werden zur Begründung herangezogen. Besorgniserregend ist, daß heute mit ansteigender Tendenz bei 15 Prozent der 15 bis 20jährigen Jugendlichen bereits deutliche Gefäßveränderungen festgestellt werden. Das heißt, die Arteriosklerose als Schrittmacher der Herz-Kreislauferkrankungen ist nicht mehr nur als Alterserscheinung zu begreifen, die sich um oder nach der Lebensmitte einstellt! Es lohnt sich deshalb, den eigenen Körper zu kennen und auf folgende Signale zu achten: Zeigen sich Abgeschlagenheit und Ermüdung schon bei geringer körperlicher Belastung? Klopft das Herz zum Zerspringen und zeigt sich Kurzatmigkeit unter alltäglichen körperlichen und seelischen Beanspruchungen? Kommt es zu Schwindel oder wird es beim Bücken schwarz vor den Augen?

Achtung: Bei unklaren Herzbeschwerden sollte unverzüglich ein Arzt konsultiert werden, damit die entsprechende Diagnose Ursachen und Krankheitsbild abklären und die Therapie eingeleitet werden kann.

Eine Selbstbehandlung mit pflanzlichen Wirkstoffen bietet sich an, wenn die Diagnose des Arztes Herzneurose, vegetative Dystonie, funktionelle Herzbeschwerden oder ähnlich lautet. Diese vielfach psychisch bedingten Störungen und Symptome eignen sich für eine Behandlung auf der Basis pflanzlicher Präparate. Zu den effektivsten gehören die herzwirksamen Glycoside. Sie ähneln den Steroiden und stehen damit den Sexualhormonen, Gallensäuren, dem Cholesterin und Vitamin D nahe.

Baldrian
Der Saft aus der frischen Wurzel des Baldrians (nicht mehr als 5 Gramm täglich) wirkt kräftigend auf das Herz und den Kreislauf und gilt allgemein als hervorragendes Stärkungsmittel.

Fingerhut, roter
Diese Heilpflanze ist in erster Linie wegen ihres Giftes bekannt geworden. In entsprechender Dosierung (die Menge macht das Gift) zählt Digitalis zu den wichtigsten herzwirksamen Drogen. Es ist immer notwendig, mit dem Arzt über die Digitalis-Therapie zu sprechen und während der Einnahme eines ver-

schreibungspflichtigen Präparates mit ihm in Verbindung zu bleiben.

Hirtentäschelkraut
5%ige Abkochungen des Hirtentäschelkrautes wirken insbesondere bei geminderter Herztätigkeit, hohem Blutdruck und beschleunigtem Puls.

Mistel
Teezubereitungen aus der Mistel wirken sich belebend auf Stoffwechsel und Kreislauf aus. Ferner wird die Herztätigkeit gekräftigt und der Blutkreislauf normalisiert. Achtung: Die Mistelblätter dürfen nicht mit kochendem Wasser aufgegossen werden, sondern sollten statt dessen im Verhältnis 5:100 für etwa 5 Stunden in kaltem Wasser angesetzt werden.

Rosmarin
„Ich stelle Rosmarin unter die ersten Heilpflanzen als wahren Herzstärker", hat schon der berühmte Sebastian Kneipp geurteilt. Auch in der modernen Pflanzenheilkunde gelten Aufgüsse (Verhältnis 1:100) junger Rosmarinzweige als geeignet, das Herz zu stärken und den Kreislauf damit anzuregen.

Schafgarbe
Das Multitalent Schafgarbe wirkt belebend und kräftigt Herz und Gefäße. Zwei Handvoll Schafgarbe ins Badewasser ergibt eine milde, anregende Wirkung und steigert das Wohlbefinden.

Tausendguldenkraut
Aufgrund seiner blutbildenden Wirkung kann das Tausendguldenkraut dazu beitragen, gestörte Herz-Kreislauffunktionen zu stabilisieren.

Herzschwäche

Das Nachlassen der Herzkraft und die Beeinträchtigung der Herztätigkeit werden Herzinsuffizienz genannt. Das beginnende Versagen der Herzkraft macht sich in leichter Ermüdbarkeit oder auch andauernder Ermüdung sowie Leistungsabfall und Arbeitsunlust bemerkbar. Bei geringen Anstrengungen wie Treppensteigen treten Kurzatmigkeit und Herzklopfen auf. Der Puls, dessen Schlagfrequenz bei jeder Anstrengung zunimmt, geht erst nach auffallend langer Zeit auf den Ruhewert zurück.

Bläulich gefärbte Lippen, nächtliches Wasserlassen, unruhiger Schlaf mit Vermeidung der linken Seitenlage, aber auch Appetitlosigkeit sind frühe Anzeichen der Herzschwäche. Da unser „Lebensmotor" vielfach gesichert ist, kann eine Herzschwäche lange Zeit ausgeglichen werden. Alle Stadien des Verlaufs sind gut beeinflußbar. Zur Vorbeugung und bei leichter Herzschwäche bietet Mutter Natur eine Vielzahl wirksamer Substanzen an.

Andorn

Jüngste Untersuchungen zeigten, daß Andorn in der Behandlung von Herzschwäche und Rhythmusstörungen unbedenklich eingenommen werden kann. Als Aufguß im Verhältnis von einem Teelöffel auf eine Tasse wirkt die Heilpflanze auf die unruhige und nervöse Herztätigtkeit beruhigend ein. Zwei bis drei Tassen am Tag mit etwas Honig gesüßt werden empfohlen.

Johanniskraut

Innerlich angewandt, ist seine blutdrucksenkende Wirkung schon lange bekannt. Bei hohem Blutdruck empfiehlt sich ein Tee im Verhältnis 1 g auf 1 ml Wasser. Die blühenden Sproßspitzen sollen in dieser Form ein- bis zweimal am Tag getrunken werden.

Melisse

Von dieser Heilpflanze sagte die Heilige Hildegard von Bingen: „Wer sie ißet, wird gerne lachen, weil das Herz dadurch freudig wird"... Paracelsus nannte die Melisse „Die beste Pflanze für das Herz" und ihr guter Kenner Matthiolus lobte: „Melisse hat eine trefflich gute Art, das Herz zu sterken und erquicket, insonderheit so es in der Nacht beängstiget wirdt, pochet und die Ruhe störet." Melisse ist in verschiedener Form erhältlich.

Mistel

Sie kann bei altersbedingten Herzschäden, gestörtem Kreislauf und zu hohem sowie zu niedrigem Blutdruck für weitgehende Normalisierung sorgen. Auch Schwindelgefühle, Kopfschmerzen und Ohrensausen, die in Verbindung mit Herzschwäche auftreten, kann die Mistel lindern. Es ist zu beachten, daß die Mistelblätter nicht mit kochendem Wasser aufgegossen werden sollten, sondern statt dessen im Verhältnis 5:100 für etwa 5 Stunden in kaltem Wasser angesetzt werden sollten.

Schlüsselblume

Schlüsselblumentee gilt in der Erfahrungsmedizin und nach Aussagen von Pfarrer Kneipp als ausgezeichnetes herzstärkendes Mittel. Auch bei nervösen Herzbeschwerden können die im Verhältnis 1:100 aufgegossenen Blüten hilfreich einwirken. Zwei Tassen täglich werden empfohlen.

Weißdorn

Den blühenden Sproßspitzen werden schon seit langer Zeit gefäßerweiternde und blutdrucksenkende Eigenschaften nachgesagt. Sie regeln den gesunden Rhythmus des Herzens. Zur Einnahme wird ein Aufguß (1:100) empfohlen, von dem man vor dem Zubettgehen eine Tasse trinken sollte.

Kinder- und Säuglingserkrankungen

Der kindliche Körper muß sich unbedingt mit Krankheitserregern unterschiedlicher Art auseinandersetzen, damit sich die Abwehrkräfte stabilisieren, die später den Erwachsenen gegen bestimmte Bakterien und Viren unempfindlich machen. Deshalb sind Erwachsene beispielsweise gegen Atemwegserkrankungen weniger anfällig als kleine Kinder. Dafür wirken sich die klassischen Kinderkrankheiten wie Masern, Mumps und Windpocken im Erwachsenenalter um ein Vielfaches gefährlicher aus. Alle Eltern machen sich Sorgen, wenn ihr Kind krank ist. Doch man muß deshalb nicht immer Schlimmstes befürchten. Krankheitszeiten sollten als ganz normal angesehen werden und sind durchaus leichter zu bewältigen, wenn man versucht, gelassen zu bleiben und dem Kind mit kühlem Kopf zu helfen. Oberstes Gebot ist: Gehen Sie mit Ihrem Kind immer zum Kinderarzt, wenn Sie sich Sorgen machen; ganz gleich, ob es sich um die körperliche oder seelische Verfassung des Kindes handelt. Und eines ist auch noch wichtig: Kein Kinderarzt nimmt es Ihnen übel, wenn sie sicherheitshalber einmal zu viel zu ihm kommen. Aber manchmal ist das überhaupt nicht nötig. Kleine Kinder sind häufig erkältet und können schnell hohes Fieber haben. Spielt das Kind trotz der Erkältung, ißt und trinkt es normal, so kann man sich mit dem Arztbesuch zunächst etwas Zeit lassen und es mit bewährten Hausmitteln wie fiebersenkenden Wadenwickeln oder Erkältungstees sowie Einreibungen versuchen. Wer möchte schon bei einer Erkrankung seines

Kindes mit schweren Geschützen aus der Retorte der Chemie aufwarten, wenn Mutter Natur ein gleichwertiges und nebenwirkungsarmes Arzneimittel aus ihrem unerschöpflichen Schatz bereithält? Das bedeutet aber keineswegs, daß Antibiotika oder andere klassische Arzneimittel generell durch pflanzliche Wirkstoffe zu ersetzen wären! Die Präparate der klassischen Schulmedizin sind auch aus der Behandlung akuter Kinderkrankheiten nicht wegzudenken. Dennoch hat die Pflanzenheilkunde zahlreiche Alternativen anzubieten, die in heutiger Zeit stetig an Bedeutung gewinnen.

Die Behandlung von Säuglingen und Kleinkindern sollte soweit wie möglich unter der Aufsicht eines Arztes erfolgen. Dem winzigen Patienten steht nur ein sehr begrenztes Mitteilungsinstrumentarium zur Verfügung. Es gibt jedoch Alternativen zur herkömmlichen Schulmedizin, die sich auch für die Erkrankungen unserer Jüngsten anbieten:

Die klassischen Kinderkrankheiten

Keuchhusten

Der Keuchhusten gehört zu den typischen Kinderkrankheiten und kann mit seinen Hustenanfällen im Säuglingsalter zu einer Lebensbedrohung werden. Nach einer Inkubationszeit (dem Zeitraum zwischen Ansteckung und Ausbruch der Krankheit) von ein bis zwei Wochen kann die für Kinder quälende Erkrankung bis zu zwei Monate dauern und erfordert unbedingt ärztliche Behandlung. Eine Schutzimpfung ist für gesunde Säuglinge und Kinder möglich, aber nicht nach erfolgter Keuchhusteninfektion! Die Pflanzenheilkunde bietet folgende Mittel aus der Grünen Apotheke für das Kinderkrankenzimmer an:

Bohnenkraut

In der Volksheilkunde ging man davon aus, daß die Heilkraft des Bohnenkrautes im Bereich der Atemwege, bei Keuchhusten und Asthma gute Dienste leistet. Zwei kleine Tassen des im Verhältnis von 2:100 aufgegossenen Pflanzenguts werden empfohlen (nach Bedarf mit Honig zu süßen). Allerdings kann Bohnenkraut gelegentlich Allergien auslösen.

Efeu

Efeu zählt zu den wirksamen Hustenmitteln. Die Heilpflanze kommt wieder zu unerwarteten Ehren durch das gehäufte Auftreten von Keuchhusten bei Kindern. Die gebräuchlichste Verwendungsart sind Auszüge aus den Blättern, die man als Fertigarznei erwerben kann.

Eukalyptus

Der Eukalyptusbaum liefert ätherisches Öl und ist deshalb für die Behandlung von Erkältungskrankheiten gut geeignet. Die Heilpflanze hat sich ganz besonders bei chronischer Bronchitis, Keuchhusten und Asthma bewährt. Es gibt es gebrauchsfertige Eukalyptuspräparate. Man kann aber auch selber einen Tee aus den Blättern zubereiten (Verhältnis 2:100) und mit etwas Honig gesüßt dem kleinen Patienten anbieten. Zwei Tassen genügen pro Tag.

Fenchel

Schon Sebastian Kneipp hat Fencheltee besonders bei Keuchhusten und Asthma empfohlen. Fencheltee unterstützt als gesunder Durstlöscher mit etwas Honig angereichert den Heilungsprozeß.

Schlüsselblume

Die Abkochungen von Schlüsselblumenwurzeln sind als bewährtes Hustenmittel seit Generationen bekannt. Die Heilkraft der Schlüsselblume wird auch bei Keuchhusten empfohlen; Nebenwirkungen sind bei dieser schonend wirkenden Heilpflanze nicht zu erwarten. An dieser Stelle sei darauf hingewiesen, daß niemand Wurzeln von Schlüsselblumen von den Wiesen ausgraben sollte. Weder der Natur noch der eigenen Gesundheit ist damit ein Dienst zu erweisen! Die pflanzliche Substanz aus den Wurzeln der Schlüsselblume kann man kaufen.

Thymian

Seine ganze Kraft beweist der Thymian bei Keuchhusten. Da er keine Nebenwirkungen erzeugt, ist er ein ideales Kindermittel. Zu seinem Wirkungsbereich gehört im übrigen auch das Asthma. Thymian, der Krampflöser, wird als blühendes Kraut geerntet und kann entweder getrocknet oder zu Thymianöl verarbeitet als Tee oder zur äußeren Anwendung seine unschätzbaren Dienste leisten.

Masern

Bei Kindern zwischen dem zweiten und fünften Lebensjahr tritt diese akute Virusinfektion besonders häufig auf. Die Übertragung erfolgt durch Tröpfcheninfektion, und die Zeit zwischen Ansteckung und Ausbruch der Krankheit (Inkubationszeit) dauert etwa 9 bis 14 Tage. Masern beginnen mit einer schweren Erkältung. Die Nase läuft, die Augen sind entzündet und sehr lichtempfindlich, meistens gesellt sich Kopfweh dazu. Das Fieber steigt langsam an, und erst am dritten Tag zeigen sich kleine weißliche Flecken auf der Mundschleimhaut in Höhe der oberen und unteren Backenzähne. Am vierten oder fünften Tag erscheint der typische Hautausschlag (Exanthem), der häufig hinter den Ohren beginnt und sich rasch über den Körper und das Gesicht ausbreitet. Der Masernausschlag erreicht seinen Höhepunkt zwischen dem dritten und vierten Krankheitstag. Er zeigt sich durch hellrote linsengroße Flecken, die etwa zwei bis fünf Tage in dieser Form erhalten bleiben. Aber noch ein bis zwei Wochen sind die Hauterscheinungen in Form braun-gelblicher Flecken zu sehen. Langsam erlischt mit dem Abklingen des Ausschlages die Ansteckungsfähigkeit. Gegen Masern wird eine Schutzimpfung empfohlen, weil diese Kinderkrankheit häufig mit Komplikationen einhergeht (Bronchitis, Mittelohrentzündung, Lungenentzündung).

Borretsch (siehe Windpocken)

Karotte

Karotten enthalten an erster Stelle Beta-Carotin und weitere Substanzen aus der Familie der Carotinoide. Sie gelten zu bestimmten Teilen als direkte Vorstufe des Vitamins A. Folglich sind Karotten überall dort angezeigt oder bei Krankheiten zu empfehlen, die mit Hilfe von Vitamin A besser ausgeheilt werden können. Dazu zählen in erster Linie alle Augenleiden und – wie die Gesundheitsorganisation WHO bekannt gab – auch Masern. Karottensaft löscht den Durst und schmeckt sehr gut. Man kann für die kleinen Feinschmecker etwas Honig dazu geben. Außerdem schmeckt Karottengemüse mit wenigen Kartoffeln und einem Stich Butter angemacht in der Gesundungsphase nach der Krankheit nicht nur gut, sondern ist außerordentlich gesund.

Windpocken

Zu den weit verbreiteten Kinderkrankheiten, die durch ein spezielles Virus hervorgerufen werden, gehören die Windpocken. Meistens wird der Krankheitsverlauf mit nicht sehr hohem Fieber, Abgeschlagenheit, Unlust und Hautausschlag (Exanthem) eingeleitet. Dieser zeigt sich anfänglich im Gesicht, am Kopf oder am Körper durch leicht gerötete, erhabene Pusteln. Aus deren Mitte schießt ein wasserklares Bläschen auf, das nach einigen Stunden verkrusten kann. Die Windpocken sind in den meisten Fällen nach einer guten Woche überstanden. Die Erkrankung ist jedoch außerordentlich ansteckend, und in der Zeit vor dem Auftreten des Hautausschlages (der Inkubationszeit) können zwei bis drei Wochen vergehen. Es sollte bei Kindern eine Schutzimpfung vorgenommen werden.

Borretsch
Borretsch zählt wegen seiner schweißtreibenden Eigenschaft zu den idealen Erkältungsmitteln. Aus der Erfahrungsheilkunde weiß man, daß Mütter ihren Kindern bei Windpocken, Masern und selbst bei Scharlach Borretschtee zur Linderung einflössten. Die Wirkung dieser Nahrungspflanze ist ausgesprochen mild. Von ihr kann man niemals zuviel bekommen. Nebenwirkungen sind also nicht zu befürchten. Aufgüsse der blühenden Sproßspitzen werden im Verhältnis 2:100 vorgenommen. Hiervon kann man den Jüngsten, je nach Durst und Verlangen, drei bis vier Tassen – mit etwas Honig gesüßt – anbieten.

Bauchschmerzen und Blähungen

Baldrian
Mütter, deren übernervöse Kinder häufig zu Bauchkoliken neigen, können unbesorgt zum Baldrian greifen, den es als Teemischung gibt.

Kamille
Kamillentee wirkt verdauungsfördernd, krampflösend sowie beruhigend und ist auch für die Jüngsten ein hilfreicher Begleiter bei allen Verdauungsstörungen. Deshalb sollte Kamillentee in keiner Hausapotheke fehlen.

Kümmel
Aufgüsse der Kümmelsamen (Verhältnis 4:100) wirken verläßlich gegen Blähungen, stärken den Magen und fördern die Verdauung. Die schonende Wirkungsweise von Kümmel ist schon seit Jahrtausenden bekannt. Daher kann der Kümmeltee auch bei Säuglingen angewandt werden.

Melisse
Besänftigend und ausgleichend wirkt auch die Melisse bei Magen-Darmstörungen. Der Frischpflanzensaft tut auch bei Kindern seine erhoffte Wirkung. Vor der Einnahme sollte mit dem Arzt gesprochen werden.

Mistel
Aus dem breiten Wirkungsspektrum der Mistel ist unter anderem die gute Wirkung bei Verstopfungen, Völlegefühl und Blähungen hervorzuheben. Als besonders schonend hat sich der frische Mistelsaft erwiesen, der im Handel erhältlich ist.

Schafgarbe
Schafgarbentee aus den blühenden Sproßspitzen (4:100) wirkt verdauungsfördernd, vertreibt Blähungen und kann auch bei den Jüngsten Bauchbeschwerden lindern.

Psychische Beeinträchtigungen im Kindesalter

Heute leiden mehr denn je auch Kinder unter Verlustängsten und Einsamkeit. Immer mehr Kinder wachsen durch Trennung und Scheidung der Eltern nicht mehr in der „heilen Familie" auf. In ungezählten Fällen leiden Kinder unter Existenzängsten, Arbeitslosigkeit eines Elternteils und auch Situationen seelischer Grausamkeit in der Familie, die der kindlichen Psyche nachhaltigen Schaden zufügen. Lehrerinnen und Lehrer beklagen die Hyperaktivität und Nervosität ihrer Schutzbefohlenen. Diese können sich kaum auf den Unterricht konzentrieren, geschweige denn 45 Minuten stillsitzen. Aggressivität und Feindseligkeit sind bereits unter Schulkindern an der Tagesordnung. Pädagogen mahnen, daß sie an den Grenzen ihrer Möglichkeiten angekommen sind, denn was da mit Aggressivität beginnt, endet häufig in schierer Brutalität auf den Schulhöfen. Präparate auf pflanzlicher Basis können dazu beitragen, insbesondere in Phasen von Nervosität und Boshaftigkeit, Hilfen anzubieten. Auch Eltern können sich auf diese Weise den Familienfrieden zurückholen, ohne dabei sofort auf rosarote Brillen wie Psychopharmaka, zurückzugreifen. Allerdings wird kein pflanzliches Heilmittel Kränkungen und Gewalt, an denen Kinderseelen zerbrechen können, aus der Welt schaffen.

Bettnässen
Bettnässen ist immer ein Alarmsignal und als Schrei nach Zuwendung zu verstehen. Dauerhaft helfen nur eine einfühlsame Psychotherapie und begleitend folgende Heilpflanzen.

Johanniskraut
Die Fähigkeit dieser Heilpflanze ausgleichend zu wirken und zentral zu beruhigen, kann bei psychovegetativen Störungen

wie dem Bettnässen oder dem nächtlichen Aufschrecken von Kindern hilfreich sein. Vor dem Schlafengehen empfiehlt es sich, dem Kind eine Tasse Johanniskrauttee (1 g auf 100 ml Wasser) mit etwas Honig gesüßt einzuflößen.

Preiselbeere

Preiselbeerblättertee wirkt ausgezeichnet gegen Bettnässen im Kindesalter. Das schonende Arzneimittel sollte im Verhältnis 5:100 zubereitet werden.

Nervosität

Baldrian

Bei nervösen Störungen, Überaktivität und Gereiztheit kann der Saft der frischen Wurzel beruhigend einwirken (nicht mehr als 3 g am Tag). Es werden Tinkturen angeboten, die sich ebenfalls bewährt haben.

Hopfen

Eine Tasse Hopfentee – im Verhältnis 1:100 – hilft überaktiven, nervösen Kindern einzuschlafen und wirkt auch bei wiederkehrenden Angstzuständen.

Melisse

Aus den getrockneten Blättern wird ein Tee zubereitet, der beruhigend und ausgleichend wirkt. Melissentee kann gegen viele Beschwerden angewandt werden, die in Überforderung, Reizüberflutung, Ängsten und Streß ihren Ursprung haben.

Konzentrationsschwäche

Im Zeichen der Leistungsbereitschaft und täglicher Herausforderungen im Arbeitsleben spielt die Konzentrationsfähigkeit eine ganz entscheidende Rolle. Diese gleichmäßige Aufmerksamkeitsleistung ist jedoch von zahlreichen äußerlichen und vor allen Dingen inneren Voraussetzungen abhängig. Wer unter körperlich-seelischer Erschöpfung oder Kopfschmerzen und Migräne leidet sowie seelische Turbulenzen zu bewältigen hat, wird sich kaum über einen längeren Zeitabschnitt konzentrieren können. Auch ist der allgegenwärtige bedrückende Streß ein Wegbereiter der Unaufmerksamkeit. Außerdem können Mobbing, Mutlosigkeit und depressive Stimmungen das Fühlen und Denken derart beherrschen, daß es immer öfter zu Momenten nachlassender Aufmerksamkeit kommen kann, die erhebliche Folgen nach sich ziehen. Eine Reihe pflanzlicher Arzneimittel kann die gestörte Balance wiederherstellen und dem Symptom Konzentrationsschwäche hilfreiche Möglichkeiten entgegensetzen.

Kalmus

Als Badezusatz wirkt die Kalmuswurzel wohltuend und beruhigend bei Überreizung und Konzentrationsschwäche. Dabei werden 500 g getrocknete Wurzeln in 5 l Wasser gekocht, 15 Minuten lang stehen gelassen und anschließend in das Vollbad gegossen.

Kamille

Wenn Erwachsene und Kinder in Folge von Übermüdung, geistiger Abgespanntheit und innerer Unruhe unter Konzentrationsschwäche leiden, können 2-3 Tassen Kamillentee das innere Gleichgewicht wiederherstellen.

Lavendel

Lavendel wirkt hauptsächlich beruhigend auf das zentrale Nervensystem. Er hilft daher bei allen nervösen Störungen wie Ängsten und innerer Unruhe. Ein Aufguß aus den getrockneten Blüten von 1:100 sollte einmal täglich getrunken werden. Zu vermeiden sind größere Mengen und ein längerer Zeitraum der Einnahme. Nebenwirkungsfrei ist dagegen ein Bad mit einer Handvoll Lavendelblüten pro Wanne.

Melisse

Die beruhigende und leicht anregende Wirkung der Melisse kann bei Konzentrationsschwäche aufgrund von Nervosität gute Dienste leisten. Melissengeist ist überall erhältlich.

Rosmarin

Bei nervlicher Überlastung oder bei geistiger und körperlicher Abgespanntheit werden Rosmarinabkochungen als Badezusatz empfohlen. Die Abkochung sollte im Verhältnis 10:100 vorgenommen werden.

Kopfschmerzen

Die Zahlen sind erschreckend: Von etwa 30 Millionen Kopfschmerzkranken haben hierzulande etwa 3 Millionen einen täglichen Dauerkopfschmerz, circa 10 % davon allein durch Medikamente hervorgerufen, die regelmäßig mißbräuchlich eingenommen werden (medikamenteninduzierter Dauerkopfschmerz). 1994 wurden für 1,3 Milliarden DM frei verkäufliche Schmerzmittel verbraucht und für 140 Millionen DM Kopfschmerz- und Migränemittel vom Arzt verordnet. Dadurch wurden Folgekosten aufgrund des Schmerzmittelmißbrauchs von über 170 Millionen DM verursacht, so daß bei insgesamt 17 Fehltagen pro Jahr und Patient ein volkswirtschaftlicher Ausfall an direkten und indirekten Kosten von mehr als 5 Milliarden DM entstand. Die Ursachen für Kopfschmerzen sind so vielfältig, daß niemand sagen kann, woher sie kommen, und eine gründliche Untersuchung dem Arzt vorbehalten bleibt. Kopfschmerzen sind auch keine eigenständige Krankheit, sondern ein wichtiges Signal bzw. Symptom. Die genauen Mechanismen, durch die die Kopfschmerzen ausgelöst werden, sind noch nicht einmal exakt bekannt. Das Hirngewebe selbst ist überraschenderweise schmerzunempfindlich, obgleich das Gehirn Schmerzen genau registriert. Die bekannteste Theorie über das Entstehen von Kopfschmerzen besagt, daß die zuweilen unerträglichen Beschwerden durch Erweiterung, Druck und Zug an solchen Blutgefäßen entstehen, die das Gehirn versorgen bzw. mit Nährstoffen „füttern". Kopfschmerzen, bei denen eine nachvollziehbare äußere Ursache vorliegt, wie etwa Alkoholgenuß am Abend zuvor, sind harmlos. Ständig wiederkehrende Kopfschmerzen, die bereits in der Kindheit und Pubertät auftauchen und in unterschiedlichen Rhythmen (im Wechsel mit längeren schmerzfreien Intervallen) auftreten, sollten medizinisch abgeklärt werden. Es folgt eine Zusammenstellung von Kopfschmerzen, bei denen unbedingt ärztliche Hilfe angezeigt ist:

- Wenn der Kopfschmerz mit Lähmungen, Gefühls- und Sehstörungen, Doppelbildern, Schwindel und/oder Sprachstörungen auftritt.

- Wenn die Kopfschmerzen in der Lebensmitte nach dem 40igsten Lebensjahr auftreten.

- Wenn neben den Kopfschmerzen seelische Veränderungen wie Orientierungsschwierigkeiten, Antriebslosigkeit und Schlafstörungen auftreten und die Merkfähigkeit, insbesondere bei kurzfristig zurückliegenden Begebenheiten, nachlässt.
- Wenn die Kopfschmerzen in den Nacken ausstrahlen und gemeinsam mit einer körperlichen Anstrengung auftreten.
- Wenn die Kopfschmerzen an Häufigkeit und Dauer trotz medikamentöser Behandlung zunehmen.
- Wenn die Kopfschmerzen nach einem Unfall, einer Schädelverletzung oder Gehirnerschütterung auftreten.

Baldrian

Bei Kopfschmerzen, die in Folge von Schlaflosigkeit, Überarbeitung und Nervosität auftreten, ist Baldrian das Mittel der Wahl. Eine überall erhältliche Baldriantinktur ist die wirkungsvollste Anwendungsform und kann unter anderem auf die Schläfen gerieben werden.

Fenchel

Bei unklaren Kopfschmerzen empfiehlt es sich, eine Tasse Fencheltee zu trinken und abzuwarten. Wenn sie von schlechter Verdauung herrühren oder eine Verspannung die Ursache ist, kann sie der Fenchel vermutlich mit Hilfe seiner ätherischen Öle vertreiben.

Roter Wiesenklee bzw. Honigklee

Das blühende Kraut des Honigklees wird in der Volksheilkunde auch gegen Kopfschmerzen verwendet, die durch Blutandrang im Kopf verursacht werden. Empfohlen werden Aufgüsse der Blüten im Verhältnis 8:100, die je nach Geschmack mit Honig gesüßt werden können. 2 Tassen am Tag reichen aus.

Liebstöckel

Die Volksmedizin empfiehlt diese Heilpflanze als wirksames Mittel gegen Migräneattacken. Die in Stücke geschnittene Wurzel wird 10 Tage im Verhältnis von 5:100 in Weißwein angesetzt (ein Gläschen täglich).

Rosmarin

Belebend, durchblutungsfördernd und stoffwechselanregend wirkt sich ein Bad aus, dem eine Rosmarinabkochung beigegeben wird. Die Abkochung sollte im Verhältnis 10:100 vorgenommen werden.

Schlüsselblume

Kopfschmerzen, die in Folge von Verspannungen und Verkrampfungen auftreten, können mit der Schlüsselblume behandelt werden. Hierfür wird ein Aufguß im Verhältnis von 1:100 empfohlen.

Migräne

Allgemein wird in der Literatur die Migräne als eine biologische Erkrankung des Gehirns betrachtet, bei der psychologische bzw. verhaltensabhängige Faktoren einen entscheidenden Einfluß haben. Verschiedene Untersuchungen bei Kindern und Erwachsenen, die unter Migräne leiden, erbrachten spezifische Verhaltensauffälligkeiten, wie Hypersensitivität (gesteigerte Empfindsamkeit), Nervosität und Angst. Klinische Beobachtungen bei Migräne-Kindern zeigten, daß diese im Vergleich zu ihren gesunden Geschwistern offensichtlich von Geburt an hypersensitiv, überaktiv, ehrgeizig und sensibel sind. Erwachsene Migräniker zeigen häufig Lust am Streß, Flucht vor der Langeweile und sind insbesondere Stunden bis Tage vor der Schmerzattacke in einem überdrehten Zustand. Migräniker reagieren auf zahlreiche Reize wesentlich stärker als Gesunde, seien es Gerüche, Lärm, visuelle Reize sowie soziale oder emotionale Situationen. Insgesamt gesehen, weisen neue Befunde darauf hin, daß die Migräne mehr als eine Kopfschmerzerkrankung ist. Typisch für dieses Leiden ist der einseitige, pulsierende und häufig von Augenflimmern und Erbrechen begleitete Anfall. Die Schmerzen treten vorwiegend am Hinterkopf auf, sind morgens am schlimmsten und klingen vielfach tagsüber ab. Leicht beruhigende Mittel sind häufig erfolgreich, das gilt insbesondere für pflanzliche, nebenwirkungsarme Zubereitungen.

Eukalyptus und Pfefferminze

Ein bewährtes Hausmittel ist die Verbindung der ätherischen Öle beider Heilpflanzen. Man kann sie mühelos, ob im Büro oder auf Reisen, in gering dosierter Menge auf die Schläfen und unter die Nase geben.

Johannisbeere, schwarze
Die Blätter der schwarzen Johannisbeere enthalten ätherische Öle, die sich bei der Behandlung von Migräne bewährt haben. Zwei Tassen der im Verhältnis von 5:100 aufgegossenen Blätter sollte man zwischen den Attacken vorbeugend zu sich nehmen.

Lavendel
Lavendelblütentee gilt als krampflösend und wirkt bei Kopfschmerzen, die mit Schwindelgefühlen und Übelkeit einhergehen. Wenn außerdem der für Migräne typische Blutandrang zum Kopf verspürt wird, kann dies als weiterer Hinweis gelten, Lavendelblüten im Verhältnis von 1:100 aufzugießen und pro Tag eine Tasse zu trinken.

Liebstöckel
Die Volksmedizin empfiehlt diese Heilpflanze als wirksames Mittel gegen Migräneattacken. Die in Stücke geschnittene Wurzel wird 10 Tage im Verhältnis von 5:100 in Weißwein angesetzt (ein Gläschen täglich).

Pestwurz
Nach neuesten Erkenntnissen ist die Pestwurz das wirksamste Mittel gegen Migräne. Der Wurzelstock dieser Heilpflanze verfügt über Inhaltsstoffe, die den Blutdruck regulieren, darüber hinaus beruhigend wirken und schmerzlindernden Einfluß auf die Nervenbahnen ausüben. Es gibt fertige Präparate mit den Wirkstoffen der Pestwurz.

Krämpfe

Wenn sie durch einen Stein oder durch eine Entzündung gereizt werden, können Gallenwege oder Harnleiter verkrampfen. Eine Entzündung der Magenschleimhaut kann Magenkrämpfe hervorrufen und nach Überanstrengung und Unterkühlung treten beim Sport Muskelkrämpfe auf. Neben den Muskeln verkrampfen sich auch die Blutgefäße. Ferner sind Krämpfe bekannt, die nur bei bestimmten Tätigkeiten und Bewegungen auftreten, zum Beispiel ein Schreibkrampf aufgrund seelischer Konflikte. In unserer Leistungsgesellschaft sind viele Menschen überlastet und verkrampft. Mehr denn je sind Anregungen zu praktischer Entspannung gefragt. Anderenfalls überträgt sich die unerträgliche Spannung von außen auf das Innenleben des Körpers. Krampflösend wirken folgende pflanzliche Substanzen:

Anis
Bei Magenkrämpfen wird ein Aufguß der Anisfrüchte (Verhältnis 2:100) empfohlen. Täglich eine Tasse reicht aus, um die Heilkräfte der Pflanze wirksam werden zu lassen.

Fenchel
Wegen des hohen Gehalts an ätherischen Ölen wirkt Fenchel gegen alle Bauchschmerzen, die mit Verkrampfungen einhergehen. In fast allen Mischtees zur Krampflinderung ist aus diesem Grunde Fenchel enthalten.

Lein
Bei Magenkrämpfen und -koliken hilft seit Menschengedenken diese Heilpflanze. Hierfür wird ein Teelöffel zerstoßener Leinsamen in einem Glas Wasser verrührt und getrunken.

Linde
Schon Pfarrer Kneipp empfahl die krampfstillende Wirkung des Lindenblütentees, der heute überall erhältlich ist.

Mistel
Die Mistel eignet sich auch bei nervösen Störungen und Krampfanfällen wie dem Krampfhusten. Man kann selber einen Misteltee zubereiten, genauer einen Kaltauszug. Die Mistel wird nicht mit heißem Wasser überbrüht, sondern für fünf Stunden im Verhältnis von 5:100 kalt angesetzt.

Petersilie
Ähnlich wie ihre nahen Verwandten Anis und Fenchel vermag die Petersilie aufgrund ihrer krampfstillenden und blähungstreibenden Wirkung Magenkrämpfen Einhalt zu gebieten. Am besten wirkt der Saft der frischen Wurzel, von dem man 5–10 Teelöffel täglich zu sich nehmen sollte.

Thymian
Die balsamische und hustenlindernde Wirkung des Thymians kommt bei Krampfhusten zum Tragen. Zwei Tassen der im Verhältnis 2:100 aufgegossenen Sproßspitzen reichen pro Tag aus.

Krampfadern (siehe Venenleiden)

Krebs

Ein gesunder, immunstarker Körper ist jederzeit in der Lage, mit bösartigen Erkrankungen fertigzuwerden. Dazu gehört auch der Krebs. Schon in den 30iger Jahren hat der Wiener Arzt Dr. E. Freund festgestellt, daß bestimmte Substanzen im Blut von gesunden Menschen Krebszellen auflösen, während diese Fähigkeit bei Krebserkrankten fehlt. Manche Forscher glauben, daß bei der unglaublich hohen Anzahl von Zellteilungen täglich in jedem Organismus Krebszellen entstehen. Andere behaupten, daß Krebszellen zu jedem Menschenleben gehören. Die körpereigenen Abwehrkräfte halten die Fehler in Grenzen oder beseitigen diese auch unbemerkt, bis sie eines Tages müde werden. Dann kann der Krebs zum Tumor heranwachsen und den ganzen Organismus einbeziehen. Nun kann man mit modernen medizinischen Methoden die Geschwülste wegschneiden, bestrahlen oder mit Chemotherapie buchstäblich vergiften... Es wird immer wieder ein neuer Krebs entstehen. Aus diesem Grunde zählen Krebsleiden zu den chronischen Krankheiten. Vielfach zeigt sich nach der ersten Heilung ein Rückfall. Manchmal erst Jahre nach der Ersterkrankung, und die meisten Menschen sterben an ihrem Zweittumor. Es ist deshalb von großer Wichtigkeit, die Vorbeugung ernst zu nehmen und ebenso nach einer Erkrankung zielstrebig eine Sekundärprophylaxe zu betreiben. Hierbei ist in erster Linie ein abwehrstarkes Immunsystem der beste Gefährte auf dem Wege, gesund zu bleiben oder wieder gesund zu werden. Besondere Aufmerksamkeit sollte plötzlich auftretenden Hautveränderungen, der Warzenbildung und Altersflecken sowie chronischen Erkrankungen geschenkt werden. Jede Erkältung trainiert die Abwehrkräfte. Deshalb sollte eine akute Verkühlung nicht medikamentös ausgebremst oder Fieber unnötig gesenkt werden. Erhöhte Körpertemperatur gehört zu den wirksamen Mitteln gegen junge Krebszellen! So bekommen Malariapatienten, die regelmäßig ihre Fieberschübe durchstehen müssen, keinen Krebs. Alles was die Abwehr stärkt, kann auch zur Vorbeugung von Erst- und Zweittumoren genutzt werden (siehe **Abwehrschwäche**).

Mistel

Die Anwendung der Mistel bei Krebs, insbesondere in der Vorbeugung von Metastasen, ist und bleibt umstritten. Die Heilpflanze hat aber ungezählten Menschen das Gefühl vermittelt, selber etwas für die eigene Gesundung tun zu können. Es empfiehlt sich, über die Misteltherapie mit dem Hausarzt zu sprechen und ein ganz persönliches Behandlungskonzept auszuarbeiten.

Ringelblume

In jüngster Zeit wurde die besondere Heilkraft der Ringelblume bei bösartigen Geschwüren bestätigt. Gerade wenn eine familiär bedingte Veranlagung zum Krebs vorliegt, sollte im Gespräch mit dem Naturheilpraktiker oder naturheilkundlich orientierten Hausarzt überlegt werden, ob eine Therapie mit der Ringelblume in Frage kommt.

Lebererkrankungen

Die Leber (lateinisch hepar) ist die größte Drüse des menschlichen Körpers und gleichzeitig ein unentbehrliches Chemiewerk. Sie wiegt etwa 1500 Gramm und hat ihren Sitz im rechten Teil des Oberbauches direkt unter dem Zwerchfell. Ihr unterer Rand läßt sich gelegentlich am Rippenbogen ertasten. An der Unterseite der Leber, in einer leichten Einbuchtung, liegt die Gallenblase. Der Leber- und der Gallenblasengang vereinigen sich zu einem gemeinsamen Ausführungsgang, der in den Zwölffingerdarm einmündet. Der Mensch verfügt etwa über siebenmal so viel Lebergewebe wie er benötigt, und eine geschädigte Leber kann sich in gewissem Maße selber heilen und erneuern, wenn ihr rechtzeitig die notwendigen Hilfen angeboten werden.

Die „chemische Fabrik" wirkt als Speicher- und Entgiftungsorgan. Sie produziert pro Tag rund einen halben Liter Galle, der für die Verdauung, insbesondere der Fette, unverzichtbar ist. Die Leber speichert unter anderem Kohlenhydrate in Form von Glykogen und gibt die Reserve als Traubenzucker (Glukose) in den Blutkreislauf ab, wenn das „Muskelbenzin" notwendig wird. Alle Venen des Magens und des Darmes passieren auf dem Wege zum Herzen die Leber. Die schädlichen Substanzen des „verbrauchten Blutes“ werden hier entsorgt. Außerdem ist die Leber eine „Wärmezentrale“, indem sie die Körpertemperatur beeinflusst. Weitere Aufgaben sind die Beteiligung an der Bildung und dem Abbau roter Blutkörperchen (Erythrozyten), die Produktion von blutgerinnenden Stoffen (Fibrinogene), die Speicherung von Eisen und Kupfer sowie die Herstellung und Bereithaltung von Vitaminen sowie die Spaltung von Eiweißsubstanzen (Aminosäuren).

Funktionsstörungen der Leber führen binnen kurzer Zeit zu Appetitlosigkeit, Übelkeit, Blähungen und häufiger Erkältung. Das Unwohlsein geht meistens nicht vom Magen, sondern von der Leber aus. Schreitet die Leberschädigung fort, verändert sich unter anderem die Haut. Es bilden sich im Gesicht und auf dem Oberkörper rote Punkte, die von kleinen Äderchen umgeben sind, den sogenannten Lebersternchen. Gleichzeitig läßt die **Konzentration** nach, das Denken und die Reaktionsfähigkeit sind gemindert. Jede Hilfe für Leber- und Gallenfluß besteht zunächst in der Ausschaltung von Giften wie Nikotin, Alkohol, unnötigen Medikamenten und chemischen Umweltgiften, die mit der Kost oder der Atemluft in den Körper gelangen. Nicht umsonst wird der bedrängten Leber bei einem handfesten „Kater“ am meisten geholfen, wenn man sich in sauerstoffreicher Luft aufhält. Im übrigen ist die Vorstellung falsch, durch Fastenzeiten der Leber eine Pause zu gönnen. Das genaue Gegenteil ist der Fall, da sie die Abbauprodukte während der Schlankheitskur verstärkt entsorgen muß und unter fettfreier Diät sogar gezwungen wird, in komplizierten chemischen Prozessen aus Kohlenhydraten Fette aufzubauen. Es gibt eine Reihe von Heilpflanzen, die der Leber hilfreich zur Seite stehen.

Alant

Nach neuesten medizinischen Erkenntnissen eignet sich der Alant vor allem für eine Behandlung von Leber und Nieren sowie der Gallenblase. Der Alant wird innerlich angewandt, nachdem er 10 Tage im Verhältnis 3:100 in Wein angesetzt wurde. Ein Glas pro Tag genügt.

Artischocke

Schon die alten Ägypter wußten: Zur Erleichterung und bei Funktionsstörungen der Leber und Galle eignen sich Artischocken. Die Knospen der Artischocke werden im Verhältnis

3:100 abgekocht. 1–2 Tassen täglich reichen aus. Ebenso wird der Frischpflanzensaft empfohlen.

Brunnenkresse

Die Wirkung von Brunnenkresse fällt in den großen Bereich des Blut- und Stoffwechsels. Ihre Wirkung auf die Leber- und Gallenfunktion ist nachgewiesen. Im Frühling mischt man Brunnenkresse in den Salat und wer mag, kann das heilsame Gewürz zum täglichen Bedarf auf der Fensterbank ziehen.

Klette

Neben ihrer allgemein den Stoffwechsel anregenden Wirkung besitzt die Klette Eigenschaften, die die Funktionen von Leber und Gallenblase verbessern. Für Diabetiker ist die Klette besonders geeignet, zumal sie den Blutzuckergehalt auf natürliche Weise senkt.

Löwenzahn

Der Löwenzahn ist ein Aktivator für den gesamten Zellstoffwechsel. Auf diesem Wege regt er auch die Tätigkeit der Leber an und kann Gallensteinen vorbeugen. Empfohlen wird der Heilpflanzensaft aus der Wurzel des Löwenzahns. Es ist darauf zu achten, nicht mehr als 4 EL täglich zu sich zu nehmen. Junge Löwenzahnblätter eignen sich ebenfalls zum Verzehr.

Mariendistel

Die Samen der Mariendistel sind in der Lage, die Leber zu schützen, zu entgiften und gegebenenfalls zu kurieren. Bei Vergiftungen der Leber und auch Leberzirrhose werden Abkochungen der Mariendistel im Verhältnis 3:100 besonders empfohlen. Zwei Tassen am Tag genügen.

Odermennig

Diese seit der Antike bekannte Heilpflanze wirkt regulierend auf Leber und Galle, also die empfindlichsten Organe im Bauchraum. Deshalb ist Odermennig fast allen Pflanzenarzneien beigefügt, die Störungen in diesem Bereich lindern sollen. Empfohlen werden 2-3 Tassen eines im Verhältnis von 2:100 vorgenommenen Aufgusses.

Schafgarbe

Die Pflanze eignet sich bei Leber- und Oberbauchbeschwerden, die auf zu geringen Gallenfluß zurückgehen. Ein Aufguß der blühenden Sproßspitzen von 4 g auf 100 ml Wasser sollte 2–3 mal täglich getrunken werden.

Spargel
Die Gemüsepflanze mit der enormen Heilwirkung kann über die Entlastung des Flüssigkeitshaushaltes der überanstrengten Leber helfen, ihrer vielfältigen Entgiftungsarbeit leichter nachzukommen. Neben dem Verzehr von Spargel und dem Genuß von Spargelbrühe gibt es entsprechende Präparate.

Tausendguldenkraut
Mit seiner Fähigkeit, regulierend auf die Funktion von Magen und Darm einzuwirken, heilt das Tausendguldenkraut auch Störungen von Leber und Galle. Ein Aufguß von blühenden Sproßspitzen im Verhältnis 1: 100 läßt diese Eigenschaften der Heilpflanze wirksam werden. Täglich 2 Tassen gelten als ausreichend.

Wegwarte
Schon die alten Griechen haben die Wegwarte geschätzt. Der Arzt Galen nannte sie in seinen Schriften die „Freundin der Leber". Sie regt nachweisbar die Leberfunktion und den Gallenfluß an. Die Heilkräfte der Wegwarte entfalten sich optimal, wenn die zerkleinerte Wurzel im Verhältnis von 5:100 abgekocht wird.

Lungenerkrankungen

Unser paariges Atmungsorgan, das auch als Lungenflügel bezeichnet wird, braucht viel mehr Aufmerksamkeit als bislang angenommen. Die Lunge ist ein besonders zartes Organ, in dem der sogenannte Gasaustausch stattfindet. Das heißt, der Sauerstoff der Atemluft diffundiert (dringt) in das Blut ein, wird vom roten Blutfarbstoff, dem Hämoglobin, aufgenommen, während das Kohlendioxid aus dem Blut zurückwandert. Die Lunge ist von elastischen Fasern durchzogen und hat die Tendenz, sich zusammenzuziehen. Ausdehnen kann sie sich nicht. Mit zunehmender Verschlechterung der Atemluft, sowohl in den Wohn- und Arbeitsräumen als auch unter freiem Himmel durch Abgase verschiedenster Art, hat die Lunge mehr Arbeit zu leisten und braucht daher Unterstützung. Vielen Belastungen ist der Mensch hilflos ausgesetzt, aber man kann durchaus das Rauchen aufgeben, verräucherte Räume meiden und möglichst viel in frischer sauerstoffreicher Luft laufen und wandern bzw. Sport treiben. Bestimmte Heilpflanzen verfügen über Inhaltsstoffe, die auf das Lungengewebe postiv einwirken.

Andorn

Seine hustenlindernden und auswurffördernden Eigenschaften machen den Andorn bei Lungenkrankheiten vor allem bei katarrhalen Formen zu einer wirksamen Heilpflanze. Das wurde auch in klinischen Untersuchungen nachgewiesen. 2-3 Tassen der im Verhältnis von 1:100 aufgegossenen Sproßspitzen werden pro Tag empfohlen.

Eibisch

Der Eibisch ist Bestandteil zahlreicher Hustenmittel. Seine beruhigende Wirkung auf die Atemwege kann auch als Aufguß der Wurzeln genutzt werden (Verhältnis 5:100 – 2 Tassen täglich).

Huflattich

Bei erkältungsbedingtem Husten und Bronchitis gelten die Blütenköpfchen des Huflattichs als wirksames Heilmittel. Ein Aufguß der Köpfchen (Verhältnis 3:100 bei täglich 2 Tassen) wird empfohlen. Außerdem können die getrockneten Blätter als Rauch inhaliert werden, wenn man sie in einer Schüssel anzündet.

Isländisches Moos

Beim isländischen Moos handelt es sich um eine Flechte, die bei entzündeten Schleimhäuten und Husten Verwendung findet. Eine Abkochung der getrockneten Pflanze (im Verhältnis 2:100 – 2 Tassen täglich) gilt als geeignet.

Sellerie

Abkochungen der Selleriewurzeln im Verhältnis von 3:100 helfen bei chronischem Lungenkatarrh. Von diesem Dekokt trinkt man eine Tasse nach den Mahlzeiten.

Spitzwegerich

Neben der schleimlösenden Wirkung wirkt diese Heilpflanze auf natürliche Weise antibiotisch, also Bakterien tötend. Bei Erkrankungen der Lunge und der Atemwege hat sich der Heilpflanzensaft von Spitzwegerichblättern bewährt. Es wird empfohlen, bei einem Katarrh der Luftwege mehrmals täglich 1 EL zu trinken.

Vogelknöterich
Bevor es die modernen Antibiotika und weitere Medikamente (Tuberculostatika) gab, wurde Vogelknöterich bei Lungentuberkulose verabreicht. Die heutige Erfahrungsmedizin empfiehlt ihn noch gegen Husten und bei Lungenleiden. Dabei wird die gesamte oberirdische Pflanze im Verhältnis von 20:100 in 60%igem Alkohol angesetzt. Von dieser Tinktur nimmt man 2 mal täglich 20 Tropfen.

Magenbeschwerden

Alles, was der Mensch ißt und trinkt, gelangt vom Mund über die Speiseröhre in den Magen. Von dort aus setzt der Speisebrei seine Reise durch den Verdauungskanal fort. Nicht umsonst heißt es: „Gut gekaut, ist halb verdaut".

Diese Mahnung gilt der wichtigen Vorbereitung zur Entlastung des Magens, die allzu oft mißachtet oder wegen der Geringfügigkeit an kaufähiger Masse durch vorgefertigte Industriekost nicht mehr zur Geltung kommt. Mit Hilfe der Magensäure wird das Nahrungsgemisch desinfiziert, danach in Eiweißbausteine zerlegt und unter Absonderung von Magensaft der Fettverdauung zugeführt. Salzsäure und das Verdauungsenzym Pepsin gehören zu den Bestandteilen des Magensaftes. Damit dieser sich gründlich mit dem Speisebrei durchmischen kann, setzen sich die Muskeln der Magenwand kräftig in Bewegung. Je nach Zusammensetzung des Essens verweilen die Speisen im Magen. Ein Stück Gänsebraten oder Schweinenacken liegt länger im Magen als Apfelmus oder Kartoffelbrei. Das vom Magen vorbereitete Gemisch gelangt portionsweise in den ersten Darmabschnitt, in dem es den Magenpförtner passiert. Die Wände des birnenförmigen Magenbeutels bestehen aus mehreren Muskelschichten und sind mit Magenschleimhaut (einer Tapete vergleichbar) ausgekleidet. In der Magenwand befindet sich ein feines Geäst von Nerven, das die Bewegungsabläufe der Muskelschichten koordiniert. Gleichermaßen steht es aber über zahlreiche Leitungen direkt mit dem Rückenmark in Verbindung. Somit gibt es zwischen Magen und Nervensystem des gesamten Körpers enge Bezüge. Diese Vernetzung zeigt, daß der Magen in seelischen Hochs und Tiefs eingebunden ist und auf seine Weise reagiert. So schlagen beispielsweise Hektik, Erregung und Streß im wahrsten Sinne des Wortes „auf den Magen“. Ebenfalls sorgen fünf kleinere Mahlzeiten am Tag für mehr Wohlbehagen im Magen als grosse Portionen, die noch dazu gierig verschlungen werden, weil der Hunger übermächtig ist oder die Zeit drängt. Krankheiten und Funktionsstörungen des Magens sind vielfach nicht an typischen Symptomen erkennbar. Appetitlosigkeit, Völlegefühl, Übelkeit, lästiges Aufstoßen und Brechreiz können sehr unterschiedliche Ursachen aufweisen. So zeigt Appetitlosigkeit, daß unter Umständen sowohl eine akute Magenschleimhautentzündung (Gastritis) als auch eine chronische Magen-Darm-Störung vorliegen können. Im Gegensatz zu schwerwiegenden Problemen wie Magengeschwüren, Magenschleimhaut- und Bauchspeichel- drüsenentzündungen sind sogenannte Magenneurosen vorzüglich mit Heilpflanzen zu behandeln. Auch in den Bereichen funktioneller und chronischer sowie psychosomatischer Beschwerden des Magens hat sich die Pflanzenheilkunde etablieren können. Ein gutes Beispiel für funktionell bedingte Magenbeschwerden ist unter anderem der weit verbreitete Reizmagen. Vielfach wissen Betroffene sehr genau, weshalb ihr Magen empfindlich und überanstrengt ist. Liegt kein erklärbarer Fehler vor, sollte bei Schmerzen ärztlicher Rat eingeholt und keine Hausmittel wie Soda oder andere rezeptfreie Medikamente ausprobiert werden. Die Gefahr ist zu groß, daß ein Magengeschwür, Entzündungen, Infektionen sowie Krebs und angeborene Mißbildungen nicht rechtzeitig erkannt und behandelt werden können. Außerdem wirken sich seelische Belastungen und anhaltender bedrückender Streß sehr negativ auf die Gesundheit des Magens aus. Dauer und Heftigkeit der Beschwerden sind aber nicht immer ein Gradmesser für die Schwere der Grunderkrankung. Bei einer Neigung zu Magengeschwüren sollte möglichst auf Genußgifte wie Alkohol, Nikotin und Koffein verzichtet werden. Mehrere kleine Mahlzeiten über den Tag verteilt, eine schwach gewürzte Kost und dazu ein dickes Fell sind entscheidend, um dem Magen unnötige Strapazen zu ersparen. Das Angebot pflanzlicher Wirkstoffe, unterstützt von positiver Veränderung der Lebensgewohnheiten, hilft dabei, Magen- und Verdauungsstörungen zu überwinden, chronischen Entwicklungen vorzubeugen und die verlorene Balance wiederherzustellen.

Spitzwegerich

Roter Sonnenhut

Wildes Stiefmütterchen

Thymian

Rundblättriger Sonnentau

Tausendgüldenkraut

Vogelknöterich

Veilchen

Weidenröschen

Weißdorn (Blüte)

Weißdorn (Frucht)

Gemeiner Wacholder

Wegwarte

Zwiebel *(siehe Atemwegserkrankungen)*

Weinrebe

Weißtanne

Ysop

Basilikum

Die Blätter und die blühenden Sproßspitzen des Basilikums werden zur Linderung von Magenkrämpfen eingesetzt. Dabei wird der pflanzliche Rohstoff im Verhältnis 3:100 aufgegossen. Nach jeder Mahlzeit eine kleine Tasse.

Beifuß

Wie alle anderen Bitterstoffdrogen wirkt Beifuß krampflösend bei starken Magenstörungen und Verdauungsproblemen. Auch bei schlechtem Mundgeruch, der aus dem Magen kommt, wird Beifußtee im Verhältnis von 2: 100 aufgegossen. Eine Tasse nach den Mahlzeiten.

Beinwell

Durch die innere Anwendung von Beinwell in Form von Tee werden Magen- und Darmgeschwüre sowie Magenkatarrhe gelindert. Die Dosierung ist 5:100 bei täglich einer kleinen Tasse.

Eibisch

Schutz für die angegriffene Magenschleimhaut bieten die im Eibisch enthaltenen Schleimstoffe. Es werden die Wurzeln und Blätter verwendet. Um die wirksamen Schleimstoffe zu erhalten, eignet sich ein Kaltauszug.

Engelwurz

Die Heilpflanze bringt den Magen durch ihren Gehalt an Bitterstoffen und ätherischen Ölen in Schwung. Bitterstoffpflanzen sind das klassische Mittel, um die Verdauung anzuregen.

Hafer

Pfarrer Kneipp nannte ihn die beste medizinische Nahrung, und bis zum heutigen Tage dient Hafer zur Heilung von Magenleiden. Der vertraute Haferschleim saniert den Verdauungsapparat und versorgt den Körper mit leicht verdaulichen Nährstoffen. Je nach Erkrankung werden die Haferflocken mit Wasser zu Schleim oder mit Milch zu Haferbrei aufgekocht.

Himbeerstrauch

Wegen ihrer vielen Gerbstoffe helfen getrocknete Himbeerblätter in Form von Tee bei Magenbeschwerden, Schleimhautentzündungen und gegen Durchfall. Im Verhältnis 2:100 mehrmals täglich eine Tasse.

Kamille
Die Inhaltsstoffe der Heilpflanze ergänzen sich ideal: Ätherisches Öl beruhigt und wirkt gegen Entzündungen. Außerdem sind krampflösende Stoffe enthalten, die der Wundheilung förderlich sind und die Produktion von schützendem Schleim in der Magenschleimhaut anregen. Kamille kann als Tee oder Extrakt angewandt werden.

Karotte
Der regelmäßige Verzehr von Karotten oder deren Saft absorbiert überschüssige Magensäure und hilft somit, die Übersäuerung des Magens zu vermeiden. Insbesondere Magenerkrankungen bei Säuglingen werden mit der Karotte erfolgreich behandelt.

Melisse
Melisse wirkt beruhigend und ausgleichend. Die Heilpflanze ist bei nervösen Magenbeschwerden eine gute Hilfe.

Pestwurz
Die Heilpflanze wirkt beruhigend und ausgleichend auf den Magen, hilft bei chronischen und akuten Entzündungszuständen und bei nervösen Magengeschwüren. Die Pestwurz reguliert die Funktionen des Magens und stillt den Schmerz. Abkochungen der Wurzelstocks im Verhältnis 5:100 werden angeraten. 2–3 Tassen täglich.

Quitte
Zur Vorbeugung von Magenentzündungen wird der Verzehr frischer Quitten empfohlen. Sind diese nicht verfügbar, besteht auch die Möglichkeit, eine im Verhältnis von 10:100 hergestellte Abkochung zu benutzen. Von dieser trinkt man täglich 2-3 Tassen.

Süßholz
Die Süßholzwurzeln werden pulverisiert und helfen dabei, Magenstörungen zu beseitigen. Das Wurzelpulver wird im Verhältnis von 4:100 abgekocht und zweimal täglich eine Tasse getrunken.

Weißkohl
Als Saft gepresst enthält der Weißkohl wirksame Substanzen gegen Magen-, und Zwölffingerdarmgeschwüre. Seine Inhaltsstoffe beschützen die Magenschleimhaut vor dem Zugriff der

Magensäure und ermöglichen ein Ausheilen der Geschwüre. Weißkohlsaft wird trinkfertig angeboten.

Mundgeruch und schlechter Atem

Mundgeruch wird von den meisten Betroffenen nicht, von der Umgebung aber um so mehr bemerkt. Außer Pflegefehlern, insbesondere einer Vernachlässigung der Mundhygiene, gibt es auch andere Ursachen für die Belästigung. Es kann sich um die Entzündung der Zähne, des Zahnfleisches sowie der Mandeln und des Rachenraums handeln. Darüber hinaus führen Magen- und Verdauungsstörungen sowie der Verzehr stark riechender Speisen wie Knoblauch und Zwiebeln zu Mund- und Körpergeruch. Die richtige Mund- und Zahnpflege im Verbund mit Spülungen und der Einsatz verschiedener Substanzen aus der Grünen Apotheke können dem Mundgeruch entgegenwirken. Die Schulmedizin hat bisher noch keine echte Handhabe entdeckt. Aber die Volksheilkunde und Erfahrungsmedizin verfügt durchaus über pflanzliche Wirkstoffe, um Mundgeruch und schlechtem Atem den Kampf anzusagen.

Beifuß
Bei schlechtem Mundgeruch, der aus dem Magen kommt, wird Beifußtee im Verhältnis 2: 100 aufgegossen. Eine Tasse nach den Mahlzeiten wird zur regelmäßigen Einnahme empfohlen.

Dill
Das Kauen von Dillspitzen ist ein altes Hausmittel bei Mundgeruch.

Petersilie
Auch das Kauen der Petersilienwurzel hilft, üblen Mundgeruch loszuwerden. Aufgrund der stark verdauungsfördernden Wirkung sollte man die Petersilienwurzel nicht hinunterschlucken, weil sonst die Gefahr besteht, daß Durchfall auftritt.

Pfefferminze
Das in den Pfefferminzblättern enthaltene Öl ist ebenfalls ein gutes Mittel gegen Mundgeruch. Es wird empfohlen, auf handelsübliche Pfefferminzbonbons, -pastillen und Kaugummis zurückzugreifen.

Nervöse Störungen

Innere Unruhe, gesteigerte Erregbarkeit, unerklärliche Angst und mangelhaftes Selbstvertrauen, geringes Konzentrationsvermögen und allgemeines Unwohlsein sowie Kopf- und Muskelschmerzen, Herz- und Rückenbeschwerden gelten als Leitsymptome nervöser Störungen. Klare Fakten, die das Versagen des Nervenkostüms darlegen, gibt es nicht, denn es kommen immer einige Faktoren zusammen. Dazu zählen bedrückender Streß aufgrund anhaltender Überforderung und Doppelbelastung, ständige Gemütsbewegungen durch außerordentliche Anspannung und unbewältigte Vorkommnisse. Grundlage der nervösen Störung ist eine ererbte Disposition zu Nervenschwäche, die bei bestimmten Herausforderungen einen Nervenzusammenbruch nach sich ziehen kann. Schlafdefizite und stärkere Blutverluste, wiederholte Diätkuren und der Mißbrauch von Medikamenten sowie Nikotin und Koffein haben nervöse Überreaktionen im Gefolge. Die unkritische Einnahme von rezeptfreien Medikamenten, insbesondere von Entwässerungs- und Abführmitteln, führt häufig und auf direktem Wege zu nervösen Störungen. Diese sind noch keine Erkrankung im eigentlichen Sinne, sondern ein unübersehbares Signal, daß die körpereigene Balance verloren ging. Zeigt sich die nervöse Überforderung durch Teilnahmslosigkeit und Mutlosigkeit, dann sind sensible Ansprechpartner gefragt, die dem Betroffenen Verständnis und Aufmunterung entgegenbringen. Für das weite Feld nervöser Störungen hält die Grüne Apotheke eine Vielzahl von erprobten Substanzen bereit, die nebenwirkungsarm sind und dazu beitragen, das verlorene Gleichgewicht wiederherzustellen.

Baldrian

Ein leichtes und natürliches Beruhigungsmittel ist der Baldrian. Man kann ihn überall einnehmen, wenn auf die handelsüblichen Präparate zurückgegriffen wird. Außerdem besteht die Möglichkeit, 3–5 g des frischen Safts zu sich nehmen.

Johanniskraut

Bei innerlicher Anwendung entfaltet Johanniskraut seine Fähigkeit, zentral zu beruhigen. Neben zahlreichen Fertigpräparaten wird zu einem Aufguß der blühenden Sproßspitzen (Verhältnis 1:100 – zwei Tassen täglich) geraten.

Kalmus

Die Heilpflanze hat sich besonders bei sogenannten nervösen Magenbeschwerden bewährt. Der zerkleinerte Wurzelstock wird im Verhältnis von 3:100 aufgegossen. Nach jeder Mahlzeit trinkt man eine Tasse.

Melisse

Bei nervösen Herzbeschwerden und Einschlafproblemen bieten die Inhaltsstoffe der Melisse Hilfe an. Es gibt fertige Präparate, und außerdem können die blühenden Sproßspitzen als Tee (Verhältnis 1:100 – 3 Tassen täglich) getrunken werden.

Schlüsselblume

Die Blüten der Schlüsselblume wirken bekanntermaßen bei Nervosität, Herzklopfen und innerer Unruhe. Interessant ist außerdem, daß diese Heilpflanze auch gegen nervös bedingtes Stottern empfohlen wird. Zur Einnahme gilt ein Teeaufguß als geeignet, bei dem die Blüten im Verhältnis von 1:100 aufgegossen werden. Zwei Tassen täglich.

Weißdorn

Weißdorn aktiviert die Herztätigkeit. Die Heilpflanze ist immer dann angezeigt, wenn Blutdruckprobleme auf einer zu schwachen Herztätigkeit beruhen. Dies gilt besonders bei Kreislaufproblemen im Alter. Weißdorn gibt es in unterschiedlichen Ausführungen und Dosierungen. Zudem ist der Tee aus den Blüten sehr beliebt (Verhältnis 2:100 – eine Tasse vor dem Zubettgehen).

Neuralgie

Das Krankheitsbild verursacht keine äußerlich sichtbaren Veränderungen, aber die heftigen Schmerzen können die Betroffenen fast in den Wahnsinn treiben. Unter dem Begriff Neuralgie werden all jene Schmerzempfindungen zusammengefaßt, die sich auf das Ausbreitungsgebiet eines bestimmten Nervs beziehen. Die Schmerzattacken treten anfallartig, zuweilen wie ein Blitz aus heiterem Himmel auf. Häufig geht dem Einsetzen der Beschwerden das Gefühl von unangenehmer Hitze und Ameisenlaufen voraus. Der neuralgische Schmerz wird als dumpf, reißend und bohrend beschrieben. Zwischen den Anfällen verschwinden die Beschwerden. Viele Neuralgien sind psychosomatischer Natur und werden mit psychischen Leiden in Verbindung gebracht. Die bekannteste Form des Leidens erstreckt sich mit ihren Attacken auf den fünften Gehirnnerv, den Trigeminus. Er umfaßt Kopf, Stirn und Augen, Augenlider, Wangen und Unterkiefer, und bis heute kennt niemand die eigentliche Ursache der Schmerzattacke. Diese tritt meistens in der Lebensmitte auf und häufiger sind Frauen betroffen. Plötzliche Temperaturschwankungen oder das Gähnen, Kauen, Niesen und Sprechen können einen Anfall auslösen. Im Vorfeld wird eine Überempfindlichkeit gegen jede Berührung des Gesichtsbereichs empfunden, die mit Tränen und verstärktem Speichelfluß verbunden ist. Die Grüne Apotheke verfügt über einige wirksame Heilpflanzen, die dabei helfen, die gestörte Balance wiederherzustellen und den inneren Arzt wirksam werden zu lassen.

Bockshornklee
Warme Breiumschläge aus dem Samenpulver sollten auf die schmerzenden Bereiche (mit Hilfe einer Kompresse) gelegt werden.

Efeu
Der Efeu hat sich mit seinen antineuralgischen Wirkstoffen bewährt. Abkochungen der Blätter (Verhältnis 6:100) können ihre schmerzlindernde Wirkung über getränkte Verbände entfalten.

Holunder
Die antineuralgische Wirkung der Holunderfrüchte kommt insbesondere bei Trigeminusneuralgien zum Tragen. Zur Einnahme wird der Saft aus den Früchten empfohlen, von dem man täglich zwei Teelöffel zu sich nehmen sollte.

Kamille
Um die starken Schmerzen der Neuralgie zu lindern, wird die Einnahme von Kamilleblüten empfohlen. Dabei hat sich ein Teeaufguß bewährt (Verhältnis 5:100 – zwei Tassen täglich).

Pfefferminze
In Form leichter Einreibungen kann Pfefferminzöl örtlich auftretende neuralgische Beschwerden lindern oder ganz verschwinden lassen.

Nieren- und Harnwegsleiden

Wenn man morgens beim Blick in den Spiegel feststellt, daß die Augenlider angeschwollen sind, dann kann dies ein Zeichen dafür sein, daß die Nieren mit einer Belastung des Vortages oder -abends nicht fertig geworden sind. Es kann aber auch heißen, daß sie durch eine Infektion geschwächt und nicht voll leistungsbereit sind, denn im Gewebe um die Augen haben sich Giftstoffe und Flüssigkeit angesammelt. Seit Menschengedenken hat sich die Heilkunst mit besonderer Aufmerksamkeit um das Wohl und Wehe der Nieren gekümmert. Schließlich sind sie nicht nur „Kläranlage" des Körpers, die das hinauszufiltern haben, was überflüssig oder gar schädlich sein könnte, sondern sie müssen den Wasserhaushalt regulieren, indem sie dem Blut Flüssigkeit entziehen. Außerdem halten sie das Gleichgewicht zwischen Säuren und Basen aufrecht. Die Nieren bewältigen ein enormes Pensum: Bis zu dreihundertmal pro Tag passiert die gesamte Blutmenge des Körpers die Nieren. Das sind etwa 1500 Liter. Die Nieren sind verschiedenen Gefährdungen ausgesetzt, zum Beispiel durch ihre Lage im unteren Rückenbereich, die bei den meisten Menschen nicht optimal durchblutet und daher häufig kalt ist. Außerdem sammelt sich nach Anstrengungen genau in diesem Bereich kalter Schweiß. Wird die Wäsche nicht sofort gewechselt, umgibt ein naßkalter Umschlag den Nierenbereich, und die Durchblutung wird weiterhin gemindert. Außerdem droht den Nieren Gefahr von Seiten der Blase und Harnleiter. Letztere sind bei Frauen sehr viel kürzer als bei Männern und dadurch bedeutend krankheitsanfälliger. Krankheitserreger gelangen über kurze Wege in die Blase und bis hinauf zu den Nieren. Vielfach handelt es sich um eine Erkältung, die nur halbherzig behandelt wurde und sich dann durch eine Harnwegsinfektion zu einem Blasenkatarrh oder einer Nierenentzündung entwickelt. Nierenerkrankungen und damit einhergehende Funktionsstörungen erweisen sich als gefährlich, weil die Entgiftung des Organismus nicht mehr optimal verläuft und der Körper wertvolle Stoffe verliert, zum Beispiel Eiweißsubstanzen und Blutkörperchen. Am Eiweiß im Harn erkennt der Arzt Nierenerkrankungen. Wenn die Nieren ihre Arbeit nur unvollständig erledigen – und das erkannten schon die Ärzte der Antike -, bekommt der eine unreine Haut, der andere rheumatische Schmerzen, der dritte Magenbeschwerden und der nächste ein Lungenleiden. Die im Blut verbliebenen Gifte machen sich an der schwächsten Stelle des Organismus bemerkbar. Es hat deshalb nicht viel Sinn, die Lunge oder den Magen zu behandeln, ohne dabei die eigentliche Ursache, nämlich die Nierenstörung, zu beheben. Mindestens einmal im Jahr sollte jeder gesundheitsbewußte Mensch eine Nierenkur durchführen. Sie umfaßt eine gründliche Durchspülung der Nieren im Rahmen einer allgemeinen Blutreinigung mit reichlichem Trinken. Die Nieren erfahren auf diese Weise eine deutliche Entlastung. Wird während dieser Zeit weitgehend auf Kochsalz verzichtet und eine leichte Diät eingehalten, kann diese vorbeugende Maßnahme die Funktionsfähigkeit der Nieren aktivieren sowie **Blasen- und Harnwegserkrankungen** vorbeugen. Viele pflanzliche Wirkstoffe stehen hierfür bereit.

Ackerschachtelhalm

Die harntreibende Wirkung dieser Heilpflanze entfaltet sich am besten, wenn sie in Alkohol angesetzt wird (Verhältnis 20:100 in 20%igem Alkohol für eine Woche – zwei Teelöffel täglich).

Bärentraube

Diese Heilpflanze wird auch Harnkraut genannt und gilt als ausgezeichnetes Blasen- und Nierenmittel. Sie wirkt insbesondere gegen chronische Entzündungen und Reizungen dieser Organe. Wegen eventueller Nebenwirkungen sollte der Bärentraubentee nur unter Anleitung und Kontrolle eines Arztes verwendet werden.

Bohne

Die Bohnenschale wird seit Menschengedenken gegen Probleme des Wasserhaushaltes, d.h. gegen Nierensteine, Blasenprobleme und Nierenentzündungen genutzt. Ein Aufguß aus getrockneten Schalen wird zweimal täglich getrunken (Verhältnis 2:100).

Borretsch

Die Blätter dieser Heilpflanze werden wegen ihrer harntreibenden und reinigenden Wirkung gern bei fiebrigen Erkrankungen verwendet. Empfohlen wird eine Abkochung der Blätter (Verhältnis 3:100 – zwei Tassen täglich).

Brennessel

Die reinigenden und ausscheidenden Eigenschaften der Brennnessel sind altbekannt. Zur Einnahme gibt es fertigen Preßsaft aus frischen Blättern (täglich 5 bis 7 TL). Als Alternative bieten sich auch Brennesseltees an.

Eberwurz

Die Eberwurz wirkt stark harntreibend und gleichzeitig verdauungsfördernd. Als Abkochung aus der zerkleinerten Wurzel (Verhältnis 3:100 – zweimal täglich eine Tasse) entfalten sich die Wirkstoffe am besten. Aufgrund ihrer Seltenheit sollte diese Heilpflanze nur in Notfällen eingesetzt werden.

Hauhechel

Die Wurzel des Hauhechels wird in der Behandlung von Entzündungen der Niere, Blase und Harnleiter verwendet. Durch die gesteigerte Harnabsonderung können auch kleine Nieren- und Blasensteine ausgeschwemmt werden. Am besten eignet sich der Aufguß zerkleinerter Wurzeln (Verhältnis 1:100 – drei Tassen täglich).

Hängebirke

Die Blätter und Knospen der Hängebirke wirken harntreibend und flüssigkeitsausscheidend bei Wasseransammlung. Außerdem wird die Gallensekretion der Leber angeregt (dreimal täglich 1 EL Alkoholtinktur).

Klette

Harn- und schweißtreibend sowie reinigend wirkt die Klette. Dabei empfiehlt sich ein Aufguß der zerkleinerten Wurzeln (Verhältnis 5:100 – eine Tasse nach dem Aufstehen).

Küchenzwiebel

Der Verzehr roher Zwiebeln gilt als ausgezeichnetes Mittel bei Erkrankungen der Harnwege.

Liebstöckel

Die harntreibende Wirkung dieser Heilpflanze wird schon seit langem genutzt. Außerdem hilft sie bei kleineren Nieren- und Blasensteinen. Es sind alkoholische Tinkturen erhältlich.

Petersilie

Ob gekraust oder glatt, die Petersilie wirkt harntreibend und reinigend. Der Saft aus den frischen Wurzeln gilt als besonders wirksam (5-10 TL täglich). Schwangere sollten aufgrund gelegentlicher Nebenwirkungen auf andere Mittel zurückgreifen.

Preiselbeere

Die Früchte (oder deren Saft) des kleinen Strauchs gelten bei Entzündungen von Nieren, Blase und Harnwegen als geeignet.

Spargel

Spargel wirkt nicht nur harntreibend, er ist auch gleichzeitig ein bewährtes Mittel bei Wasseransammlung im Körpergewebe. Achtung: Präparate auf Spargelbasis sind bei Nierenentzündungen absolut zu meiden. Der Verzehr von Spargel und der Genuß von Spargelwasser (Abkochung) zeigt unmittelbar, wie wirksam diese Gemüsepflanze ist.

Wacholder

Neben ihrer harntreibenden Wirkung desinfizieren die Wacholderfrüchte (oder deren Saft) die Harnwege.

Ohnmacht

Wird das Gehirn nicht ausreichend mit Blut versorgt und stehen ihm damit nicht genügend Sauerstoffreserven zur Verfügung, kommt es zu einer Ohnmacht. Die Anzeichen einer bevorstehenden Bewußtlosigkeit können schwacher Puls, Schweißausbruch, Gesichtsblässe, das Gefühl zu versinken und starker Schwindel sowie Einbußen des Seh- und Hörvermögens sein. Zu einer Ohnmacht können langes Stehen, ein Schreck oder Schock, das schnelle Aufstehen nach überstandener Krankheit oder niedriger Blutdruck am Morgen sowie starke Schmerzen führen. Auch blutdrucksenkende Medikamente, ein ausgedehntes heißes Bad sowie übermächtige Emotionen und Alkoholmißbrauch können eine vorübergehende Bewußtlosigkeit einleiten. Allein häufigere Ohnmachtsanfälle weisen auf ernst zu nehmende Erkrankungen des **Herz-Kreislauf-**Systems und der Ohren hin. Wenn eine Ohnmacht droht, die sich durch Schwindel, Schweißausbruch und Schwäche ankündigt, sollte man sich umgehend hinlegen und wenn dies nicht möglich ist, dann setze man sich einfach auf den Boden. Der Kopf sollte auf die angezogenen Knie gelegt werden. Bei drohender Ohnmacht können aber ebenso gut auch Arzneimittel aus der Grünen Apotheke hilfreich sein. Achtung: Ärztliche Hilfe ist unbedingt notwendig, wenn die Bewußtlosigkeit zwei bis fünf Minuten andauert, ohne daß der oder die Betroffene trotz aller Bemühungen wieder zu sich kommt.

Kamille

Die Kamille gilt als wirksames Gegenmittel bei Neigung zu Bewußtlosigkeit. Dabei wird ein Aufguß von Kamillenblüten im Verhältnis 2:100 empfohlen. Zwei bis drei Tassen pro Tag.

Ohrenkrankheiten

Die weitaus häufigste Ursache von Ohrenbeschwerden ist leicht zu beheben: Die Ansammlung von Ohrenschmalz. Geschieht das Entfernen nicht ordnungsgemäß, kann es zu Ohrenschmerzen, Ohrausfluß und Ohrgeräuschen, selbst vorübergehender Schwerhörigkeit kommen.

Bei plötzlich auftretenden Ohrenschmerzen ist in den meisten Fällen von einer akuten Mittelohrentzündung auszugehen, denn für zahlreiche Infektionen ist gerade das Mittelohr außerordentlich anfällig. Außerdem verursachen Entzündungen, ein Furunkel oder eingedrungene Fremdkörper sowie die Ausstrahlungen von Zahnbeschwerden und Kiefererkrankungen häufig auch Ohrenschmerzen. Bakterien dringen meistens durch die sogenannte Ohrtrompete in das Mittelohr ein. Da diese bei kleinen Kindern deutlich kürzer und weiter als in späteren Lebensjahren ist, leiden gerade die Jüngsten gehäuft unter schmerzhaften Mittelohrentzündungen. Es bilden sich Flüssigkeit, Eiter oder Schleim, die auf das Trommelfell drücken und Schmerzen verursachen. Hinzu kommt Fieber und manchmal auch der zeitweilige Verlust des Gehörs. Um dem Aufreißen des Trommelfells unter verstärktem Druck vorzugreifen, öffnet es der Arzt mit einem Stich. Daraufhin klingen die Schmerzen meistens ab, und die Heilung des Trommelfells verläuft störungsfrei, aber die Entzündung des Mittelohrs muß damit nicht gebannt sein. Liegt eine chronische Infektion bei gleichzeitig verletztem Trommelfell vor, kann sich ein sogenanntes „laufendes Ohr“ mit fortwährenden Infektionen und Entzündungen entwickeln. Durch das gründliche Ausheilen und die gezielte Vorbeugung von Nasen-, Hals- und Racheninfektionen sind gefährliche Mittelohrvereiterungen zu verhüten. Deshalb sollte **Erkältungen** und **Halsbe-**

schwerden, wenn sie häufiger auftreten, die notwendige Aufmerksamkeit geschenkt werden. Das gilt insbesondere für Kinder, die binnen kurzer Zeitabstände immer wieder zu schmerzhaften Ohrenkrankheiten neigen. Der Besuch beim Arzt ist erforderlich, um die Rachen- und Gaumenmandeln begutachten zu lassen. Manchmal ist das operative Entfernen der einzig richtige Weg.

Ohrenkrankheiten treten vielfach im Gefolge von Masern, Diphtherie und Scharlach, weniger nach Keuchhusten und Mumps auf. Sie können auch ihre eigentliche Ursache in einer chronischen Nasennebenhöhlenentzündung haben. Ebenso breiten sich auch Infektionen, die im ganzen Körper stattfinden, auf das Innenohr aus. Mit der Stärkung der Abwehrkräfte ist in den meisten Fällen schmerzhaften Mittelohrentzündungen vorzubeugen. Ohrgeräusche wie Klingen, Rauschen, Klopfen und Summen hängen immer mit dem Innenohr zusammen (Tinnitus). Zahlreiche Geräusche kommen auch bei **hohem Blutdruck** und der Einnahme bestimmter Medikamente vor. Nicht selten lassen sie nach dem Absetzen der Präparate nach. Bei allen unerklärbaren Ohrbeschwerden, die zuweilen überhaupt nicht direkt mit den Ohren, den Pforten der Seele, in Verbindung gebracht werden, sollte unbedingt der Arzt aufgesucht werden. Es handelt sich unter anderem um Schwindelanfälle, auch plötzlichen Drehschwindel, **Übelkeit, Erbrechen**, Augenzittern (Tik) oder deutliche Veränderungen des Gehörs. Häufig können bei banalen Beschwerden der Ohren naturheilkundliche Maßnahmen, insbesondere aber pflanzliche Heilangebote aus der Grünen Apotheke, Linderung anbieten.

Anis

Bei Ohrenschmerzen wird fein zerstoßener Anis mit warmem Rosenöl vermischt und mit Hilfe eines getränkten Lappens auf das Ohr gelegt.

Hauswurz

Bei Schwerhörigkeit durch verhärtetes Ohrenschmalz träufele man den frischen Saft der Blätter ins Ohr, bis dieser den Pfropfen gelöst hat.

Huflattich

Frisch gepresster Saft aus den Blättern des Huflattichs wird unverdünnt in das schmerzende Ohr geträufelt.

Spitzwegerich

Umschläge mit Spitzwegerich-Saft (aus den Blättern) oder die Flüssigkeit direkt in das schmerzende Ohr geträufelt, nehmen laut alten Kräuterbüchern den quälenden Schmerz.

Pilzinfektionen

Ohne Viren, Bakterien und bestimmte Pilze wäre menschliches Leben nicht möglich. Von vielen hundert Bakterien beispielsweise sind gerade mal zwei bis drei Dutzend Krankheitserreger. Die übrigen werden vom Körper dringend gebraucht, etwa zur Verdauung oder zur Bildung von lebenswichtigen Vitaminen. Es ist deshalb an der Zeit, über die generelle Bekämpfung von Mikroorganismen gründlich nachzudenken. Auf unserer Haut und den Schleimhäuten siedeln hilfreiche Bakterien. Sie vernichten Viren und auch Pilze. Es handelt sich hierbei um „Untermieter" auf unserer Haut. Sie wachsen nicht nur an Füßen und Fußnägeln, sie können auf Haut, Haaren und Nägeln sowie den Schleimhäuten förmlich einnisten. Dabei haben sie eine ganz besondere Vorliebe für die Vagina. Es ist ein totaler Irrtum, anzunehmen, daß sich die „Untermieter" nur auf die äußere Hülle und die Körperöffnungen beschränken. Sind die Voraussetzungen günstig, dringen sie in den Körper vor und schrecken vor nichts zurück. Sie befallen den Darm, die Leber, die harnableitenden Organe und Drüsen. Dieser Zustand ist ausgesprochen gefährlich. Pilzinfektionen nehmen in jüngster Zeit drastisch zu und deshalb ist es notwendig, die Probleme zu kennen und mit sanften Heilweisen gegen sie vorzugehen. Die Stärkung der körpereigenen Abwehrkräfte (siehe dazu auch **Abwehrschwäche**) ist eine wichtige Voraussetzung, Pilzerkrankungen rechtzeitig einen Riegel vorzuschieben.

Bärlauch und Knoblauch

Beide eng miteinander verwandte Heilpflanzen können bei Pilzinfektionen hilfreich sein. Wie bereits Louis Pasteur vermutete, können die Zwiebelgewächse Bakterien töten. Das heißt, sie sind ein natürliches Antibiotikum, ohne die Nebenwirkungen der chemischen Antibiotika zu besitzen. Neben Bakterien erstreckt sich ihre Wirksamkeit auf Pilze und Hefen, also auf Infektionen, mit denen viele Zeitgenossen heute zu kämpfen haben. Insbesondere bei Infektionen des weiblichen Genitalbereichs, die häufig allen Medikationen zum Trotz binnen kurzer Zeit immer wieder auftreten, soll eine in Verbandsmull eingewickelte, leicht zerdrückte Knoblauchzehe wahre Wunder wirken. Das heilsame Allicin ist dafür verantwortlich. Knoblauch und Bärlauch können in Gemeinsamkeit ein gutes Gespann sein, um bei Pilzinfektionen hilfreich und ohne Nebenwirkungen einzugreifen.

Seifenkraut

In der Volksmedizin wird das Seifenkraut auch äußerlich gegen Ausschläge und Hautleiden angewandt. Seine pilzfeindliche Wirkung wurde kürzlich von Wissenschaftlern bestätigt. Allerdings muß man bei der äußerlichen Anwendung im Hinblick auf die Dosierung achtsam sein. Frisches Seifenkraut kann die Haut reizen. Wegen dieser Warnung sollte unbedingt mit dem Arzt bzw. Heilpraktiker vor der Verwendung über die richtige Dosierung gesprochen werden.

Walnuß

Walnuß ist immer dafür gut, das Blut zu reinigen. Außerdem helfen Sitzbäder aus Abkochungen der Walnußblätter bei Infektionen im Genitalbereich. Die jungen, frischen Blätter haben sich auch als Gegenmittel bei Pilzerkrankungen empfohlen. Die Abkochung der Blätter kann innerlich und äußerlich angewandt werden. Zur Einnahme sollte sie im Verhältnis von 1:100 vorgenommen werden. Zwei Tassen werden täglich empfohlen. Für Waschungen und Bäder wird ein Verhältnis von 5:100 angegeben.

Prostataleiden

Beschwerden mit der Prostatadrüse sind schon seit Jahrtausenden bekannt. Heute können sie zum Alptraum von Männern in der zweiten Lebenshälfte werden, weil sie sich vergrößert und Wucherungen aus völlig nutzlosem Gewebe bildet. Da die Prostata wie ein Ring um die Harnröhre unterhalb der Blase liegt, kann sie diese mehr oder minder abdrücken und den

Harnfluß reduzieren. Schlimmstenfalls ist es unmöglich, die Blase vollends zu entleeren. So bleibt ein Rest zurück, der die Nieren und das Herz belastet und vergiftet, so daß die vergrößerte Prostatadrüse letztendlich zu den vorgezogenen Todesursachen zählt. Häufig werden die ersten Anzeichen als vorübergehende Störung abgetan. Wenn bei einem etwa 50 bis 60jährigen Mann der Harnstrahl nicht mehr kräftig ist, dann sollte vorsorglich der Arzt aufgesucht werden. Alle späteren Hilfen verlaufen nur unbefriedigend, zumal die vielfach eingesetzte Östrogen-Therapie den Mann „verweiblicht" und seine Libido mindert. Zuweilen ist ein Katheter nötig, um den Harn abfließen zu lassen, oder eine Operation unumgänglich, die vielfach impotent macht. Rechtzeitige Vorsorge ist ebenso entscheidend wie eine vernünftige Lebensweise, und die Einnahme entsprechender Naturheilmittel hat sich seit Urzeiten bewährt.

Brennessel

Bei leichten und mittleren Formen von Prostata-Vergrößerung (Prostatahypertrophie) werden die Wirkstoffe der Brennessel empfohlen (als Preßsaft aus frischen Blättern, der gebrauchsfertig zu haben ist).

Kürbis

Bei Beschwerden der Prostata (Vorsteherdrüse) werden Abkochungen (10:100) von zerstoßenen Kürbiskernen empfohlen. Diese sollten warm und ungezuckert getrunken werden. Es gibt außerdem viele Zubereitungen aus Kürbis.

Reisekrankheit

Wir Deutsche sind „Weltmeister" des Reisens und deshalb spielen die sogenannten Reisekrankheiten mit unangenehmen Symptomen wie Schwindel, Erbrechen, Darmstörungen und Durchfall eine nicht unwesentliche Rolle. Die Pflanzenheilkunde hält ein altbekanntes zur Linderung der Beschwerden bereit.

Ingwer

Die allgemein harmonisierenden Wirkstoffe des Ingwer sind seit langem bekannt. Das macht verständlich, warum er gerade in den Tropen, wo in jeder Mahlzeit Gefahr lauern kann, besonders geschätzt wird. Untersuchungen der letzten Zeit konnten beweisen, daß der Ingwer auch bei Reisekrankheit gute Ergebnisse erzielen kann. Dabei werden Aufgüsse des zerkleinerten Wurzelstocks im Verhältnis von 2:100 empfohlen. Falls verfügbar kann auch auf den Ingwerwurzeln gekaut werden, um den harmonisierenden Effekt zu erzielen.

Rheuma

Dieser hauptsächlich genutzte Begriff steht für eine große Zahl von Erkrankungen des Stütz- und Bewegungsapparates, der Muskeln, Gelenke und Sehnen (siehe Arthritis, Arthrose und Gicht). Unter dem Sammelbegriff Erkrankungen des rheumatischen Formenkreises sind mehr als 300 Beschwerdebilder zu finden, die eines gemeinsam haben: Das Leitsymptom Schmerz. Und was da in der Umgangssprache einfach als Rheuma eingeflossen ist, gehört wegen der enormen Verbreitung nicht nur zu den häufigsten, sondern auch in der Behandlung teuersten Leiden der Menschheit weltweit.

Rheumatische Erkrankungen mit ihren vielschichtigen Schmerzzuständen führen zu Versteifung, Verhärtung und Bewegungseinschränkungen. Im Vordergrund der schulmäßigen Rheumabehandlung steht deshalb die Schmerzausschaltung und gleichzeitig die Entzündungshemmung. Diese Therapieansätze zielen direkt auf die betroffenen Bereiche ab. Dagegen legt die Naturheilmedizin ihren traditionellen Schwerpunkt auf die Identifikation und das Ausschalten von Störfeldern und Herden. Sie geht davon aus, daß auch weitab vom eigentlichen Schmerzgeschehen unterschiedliche Reizzentren und Störfelder ihren Einfluß auf den Verlauf der Krankheitsentwicklung nehmen, indem sie diese auslösen, unterhalten und verstärken. Eine erfolgreiche Beseitigung dieser weit entfernten und in keinem augenfälligen Zusammenhang stehenden Ursachen gelingt der Naturheilkunde häufig. Sie normalisiert Herde und Störfelder und kann damit schmerzhafte Zustände mildern oder ganz zum Verschwinden bringen. Ursächlich handelt es sich dabei um unentdeckte chronische Entzündungen, Narben und kranke Zähne sowie entzündliche Verlaufsformen im Verdauungs- und Darmtrakt sowie geschädigte Mandeln. Sehr häufig bleiben im Mund – Kiefer – Bereich solche Störfelder unentdeckt, zumal sie nicht unbedingt Schmerzen verursachen müssen. Schulmedizinisch ist es nicht zu erklären oder nachzuweisen, daß eine chronisch entzündete Stelle wie etwa eine Zahnwurzel Beschwerden im Schulter-, Knie- und Hüftgelenksbereich oder auch Herzrhythmusstörungen verursachen kann. Was aber solche Zahnherde für das rheumatische Schmerzgeschehen bedeuten können, wurde auf der Grundlage zahlreicher Studien an Rheumapatienten verdeutlicht. Allein durch deren Beseitigung und eine nachfolgende Behandlung konnte eine Erfolgsquote von über 80% erreicht werden. Heilpflanzen tragen nach der erfolgreichen Ausschaltung dieser schmerzhaften Stoffwechsel-Blockaden dazu bei, dem Körper die innere Balance zurückzugeben. Und weil der Organismus immer bestrebt ist, Störungen zu beheben und die gewohnte Ordnung zurückzugewinnen, greifen Heilpflanzen in diesen biologischen Regelkreis ursächlich ein. Sie unterstützen den Körper in seinem Bemühen um Ordnung und Ausgewogenheit. In diesem Umfeld spielt die sogenannte Blutreinigung eine entscheidende Rolle. Die Schulmedizin lehnt sie zwar in Bausch und Bogen ab und behauptet, daß es keine Stoffwechselschlacken gäbe. Die Blutreinigung läßt sich aber direkt auf die alte „Säftelehre" zurückführen, die darauf fußt, den gesamten Organismus dabei zu unterstützen, Schadstoffe auszuleiten. Die Blut- und Säftereinigung hat eine uralte Geschichte. Ein Erfolg des Entgiftungsprozesses mit Hilfe unterschiedlicher Heilpflanzen zeigt sich unter anderem durch die verbesserte Durchblutung, neue Spannkraft für die Haut, eine elastischere Körperhaltung, die Anregung der Wasserausscheidung und als Nebeneffekt einen spürbaren Verlust von überschüssigen Pfunden. Die traditionelle Frühjahrs-Regeneration verhilft insbesondere Rheumatikern zu Ordnung im ganzen Körper und vielfach wird ein positiver Einfluß auf unterschiedliche Schmerzzustände beobachtet, weil der Stoffaustausch in und an Billionen von Körperzellen wieder ungehindert fließen kann.

Arnika

Bei schmerzendem Muskel- und Gelenkrheumatismus kann Arnika den Schmerz lindern. Dazu werden mit in Arnika-Tinktur getränkte Umschläge auf die schmerzenden Körperbereiche gelegt.

Brennessel

Über die Ausscheidung von Stoffwechselendprodukten wirkt die Brennessel positiv auf das Rheuma-Geschehen ein. Früher wurde Rheumakranken empfohlen, die schmerzenden Körperpartien mit frischen Brennesseln zu schlagen. Diese rabiate Methode ist aus der Mode gekommen. Heute werden Brennesseltee und Preßsaft aus frischen Blättern angeboten.

Esche

Ebenso wirkt über den Weg der Blutreinigung die Heilpflanze Esche bei Rheuma und Gicht. Die getrockneten Blätter werden dabei im Verhältnis von 5:100 aufgegossen und zwei Tassen täglich getrunken.

Eukalyptus

Das ätherische Öl des Eukalyptus wird äußerlich bei rheumatischen Beschwerden angewandt. Vorsicht: Ätherische Öle sollten grundsätzlich mit Umsicht dosiert werden.

Gerste

Seit dem Mittelalter wird aus geschroteten Gerstenkörnern ein Getränk gebrüht, das gegen Rheumaschmerzen helfen soll. Jedoch ist diese völlig unbedenkliche Anwendungsform eher selten geworden. Ein Versuch könnte sich dennoch lohnen.

Hauhechel

Die Heilpflanze erweist sich bei jenen Formen des Rheumatismus als nützliches Heilmittel, die auf zu viel Harnsäure im Gewebe zurückgehen. Zur Einnahme wird ein Aufguß der zerkleinerten Wurzeln empfohlen (Verhältnis 2:100 – zwei bis drei Tassen täglich).

Rosmarin

Das ätherische Öl des Rosmarin wird äußerlich angewandt und vorsichtig dosiert auf die schmerzenden Körperpartien gegeben.

Schlüsselblume

Die Wurzeln der Schlüsselblume sind äußerlich angewandt ein bewährtes Mittel bei Gelenk- und Rheumaschmerzen. Dabei werden Waschungen und Bäder mit einer Abkochung empfohlen (Verhältnis 10:100).

Senf
In der Erfahrungsmedizin werden Senfkörner gern als Hautreizmittel verwendet. Zum Senfpflaster verarbeitet, helfen sie gegen Rheumaschmerzen, Muskelbeschwerden und fördern die Heilung bei Verstauchungen und Verrenkungen. Für ein Senfpflaster oder einen Wickel verrührt man gemahlene Senfkörner mit etwas Wasser und legt die Masse auf den Umschlag. Als Einreibemittel kann man die gemahlenen Senfkörner mit Alkohol oder Öl vermischen.

Silberweide
Die Rinde der Silberweide ist ein fester Bestandteil in der Behandlung von Rheuma- und Muskelbeschwerden. Eine Abkochung der Rinde (Verhältnis 5:100) kann als Badezusatz oder Waschwasser verwendet werden.

Wacholder
Abkochungen (Verhältnis 10:100) der Wacholderbeeren fördern äußerlich angewandt den Blutkreislauf und wirken deshalb schmerzlindernd auf Rheumabeschwerden ein. Das Dekokt wird je nach Bedarf mit Hilfe von getränkten Umschlägen auf die betroffenen Körperpartien gegeben.

Rückenschmerzen

Rückenbeschwerden sind typische Zivilisationsleiden. Mehr als 80% der Bevölkerung westlicher Industrienationen klagt im Laufe des Lebens über mehr oder minder schwerwiegende Rückenschmerzen. Mittlerweile gilt jeder dritte krankgeschriebene Arbeitnehmer in Deutschland als Rückenpatient. Häufig sind Rückenschmerzen die Folge unphysiologischer Bewegungsabläufe und vor allen Dingen des üblichen Sitzmarathons in unserem Arbeitsleben. Auch eine permanent falsche Lagerung des Rückens während der Nachtruhe sorgt für Schmerzzustände. Außerdem verursacht eine Vielzahl von Krankheiten wie Magenleiden, Nierenkoliken, Gallensteine und typische **Frauenkrankheiten** Rückenschmerzen. Ebenso kommen Infektionskrankheiten wie Grippe, Lungenentzündung, auch Malaria als Verursacher von Rückenbeschwerden in Frage. **Rheuma** und krankhafte Veränderungen der Wirbelsäule schaffen die Grundlage für Rückenprobleme. Außerdem können Bänderzerrungen, verrenkte oder gerissene Bandscheiben sowie Knochenerkrankungen unerträgliche Schmerzzustände nach sich ziehen. Häufig werden schwerwiegende Haltungsschäden durch nervlich bedingte Leiden, Erkrankungen des rheumatischen Formenkreises oder auch Unfälle eingeleitet und münden dann in chronische Verlaufsformen. Durch die Arbeit an Schreibmaschine und Computer verspannen sich die Nackenwirbel und Muskelgruppen im Schulterbereich bis zur sprichwörtlichen Hartnäckigkeit. **Kopfschmerzen**, Durchblutungsstörungen, Verschleißerscheinungen und krankhafte Haltungsabweichungen im Halswirbelbereich sind die Folge. Regelmäßige Bewegung, vernünftiges Schuhwerk sowie Kräftigungsübungen und die regelmäßige Behandlung mit pflanzlichen Heilmitteln können den überbeanspruchten Rücken stärken (siehe auch **Rheuma** und **Schmerzen**).

Beinwell

Bei Knochenhautreizungen und Entzündungen im Muskelgewebe können Beinwell-Umschläge Linderung schaffen. Dabei wird der Brei aus den Wurzeln als Packung oder Umschlag auf die schmerzenden Bereiche gelegt.

Majoran

Wenn die Rückenschmerzen rheuamtisch bedingt sind oder aufgrund von Neuralgien auftreten, wird in der modernen Pflanzenheilkunde zur Verwendung von Majoran geraten. Dieser ist äußerlich anzuwenden und sollte (als Aufguß im Verhältnis von 5:100) über getränkte Umschläge aufgebracht werden. Wegen gelegentlich auftretender Unverträglichkeiten sollte man mit einem kleinen Hautbereich beginnen.

Weide

Salix, der lateinische Begriff für Weide, zeigt die enge Verwandtschaft zu dem am häufigsten gebrauchten Arzneimittel, dem Aspirin, auf. Dessen chemische Bezeichnung lautet Acetyl-Salicyl-Säure, und die Grundsubstanz stammt tatsächlich aus der Weidenrinde. Aspirin wird heute in der Regel synthetisch hergestellt. Es gibt aber noch Weidenrindentee gegen schmerzhafte Verspannungen und Muskelentzündungen des Rückens. Der Tee kann je nach Bedarf genossen werden, da die Gefahr der Überdosierung nicht besteht.

Schlafstörungen

Der Mensch ist auf einen Wechsel zwischen zwei Dritteln Wachsein und einem Drittel Ruhepause konditioniert. Das heißt: Der Mensch verschläft ungefähr ein Drittel seines Lebens, denn der tägliche Schlaf-Wach-Rhythmus ist ein unabänderliches Naturgesetz. Um so erstaunlicher ist, daß erst in den letzten Jahrzehnten der Schlaf in den Blickwinkel von Forschung und Wissenschaft gelangte. Zahlreiche Studien über die dunkle Nachtseite des Lebens beziehen den Schlaf endlich in die ganzheitliche Betrachtung unserer Lebensumstände mit ein. Ob der Schlaf gut oder schlecht ist, kann nicht gesondert oder als eigenständige Lebensfunktion betrachtet, beurteilt und möglicherweise verbessert werden. Unzulänglicher und gestörter Schlaf sollte immer als Ausdruck oder Symptom verlorener Balance von Körper, Geist und Seele mit einer Vielzahl von Ursachen betrachtet werden. Sicherlich tragen unsere Umweltbedingungen dazu bei, daß sich der Schlaf so oft davonschleicht. Andererseits sind Unwissenheit, Mißverständnisse und eindeutiges Fehlverhalten ebenso häufig die Gegner der guten Nachtruhe, die sich der Mensch – ist sie erst verloren – so sehnsüchtig wünscht. Am liebsten würde es ein von Terminen gestreßter, ständig gehetzter, von Zeitnot geplagter Mensch der Giraffe gleich tun, die angeblich mit kurzen 20 Minuten Schlaf pro Tag auskommt. Der Schlüssel zum erholsamen Einschlafen ist die weitgehende Entspannung, und so manche persönliche Rituale wie ein abendlicher Spaziergang, Atemübungen, der Genuß leichter Speisen oder eines Glases Rotwein können den Schlaf herbeilocken. Eine allgemein gültige Richtschnur über die Schlafdauer des Erwachsenen gibt es nicht. Sie pendelt zwischen 4 bis 9 Stunden und unterliegt im Laufe des Lebens verschiedenen Schwankungen. Ungezählte können heute nur noch mit Schlaftabletten zur Ruhe finden. Viele dieser Tabletten enthalten Stoffgruppen, die dem Körper Schaden zufügen oder sogar süchtig machen. Natürliche Substanzen aus der Grünen Apotheke helfen dabei, den Schlaf-Wach-Rhythmus zu fördern und zu stabilisieren.

Anis
Schlaflosigkeit und Nervosität können mit Anistee (Verhältnis 1:100) behandelt werden. Man trinke dreimal täglich eine Tasse nach den Mahlzeiten.

Baldrian
Schlaf und Baldrian gehören einfach zusammen. Schon die großen Naturärzte bezeichneten Baldrian als das beste Nervenmittel. Er harmonisiert das gesamte System, ohne dabei Tagesmüdigkeit hervorzurufen. Bei Baldrian wird nicht vor unerwünschten Nebenwirkungen, sondern vor Unterdosierung gewarnt! Wenige Tropfen einer Baldriantinktur können keine Wirkung zeigen! Der konzentrierte Saft aus zerkleinerten Baldrianwurzeln ist empfehlenswert und gebrauchsfertig erhältlich (40–50 Tropfen täglich).

Holunder
Der Saft aus den Holunderbeeren reguliert die Herztätigkeit, verhindert nächtliche Beklommenheit und verhindert auf diese Weise auch Schlafstörungen (1 EL vor dem Zubettgehen).

Hopfen
Hopfen gehört zu den Hanfgewächsen. Er verfügt zwar nicht über die berauschenden Eigenschaften von Haschisch, wirkt aber ähnlich beruhigend und einschläfernd. Früher waren die sogenannten Hopfenkissen beliebt. Wer an Schlaflosigkeit litt, steckte sich Hopfendolden ins Kopfkissen. Allerdings ist die Wirksamkeit umstritten, zumal diese Art von Schlafmittel lediglich am Morgen leichte Benommenheit verursacht. Als verläßlicher gilt Hopfentee, bei dem die Blütendolden im Verhältnis von

1:100 aufgebrüht werden. Ein Tasse vor dem Schlafengehen reicht aus.

Melisse

Bei Schlaflosigkeit und Alpträumen ist die Melisse ein bewährtes Beruhigungsmittel. Hierfür werden die blühenden Sproßspitzen aufgegossen (Verhältnis 1:100 – eine Tasse nach dem Abendessen). Bei anhaltend schweren Schlafstörungen wird die Einnahme von Melissengeist oder Melissenextrakt (etwa 20 Tropfen mit Wasser verdünnt) vor dem Schlafengehen empfohlen.

Waldmeister

Bei nächtlichen Krämpfen, die am Einschlafen hindern, kann die beruhigende und krampflösende Eigenschaft des Waldmeisters hilfreich einwirken. Hierfür wird empfohlen, den oberirdischen Teil der Pflanze im Verhältnis von 2:100 aufzugießen. Eine Tasse nach dem Abendessen genügt.

Schmerzleiden

Es gibt zahlreiche Beschwerden und Erkrankungen, die sich zwar grundsätzlich voneinander unterscheiden, aber dennoch etwas Verbindendes besitzen – den Schmerz. Häufig sind die Schmerzen derart dominierend, daß alle weiteren Symptome kaum wahrgenommen werden. Deshalb gelten auch Schmerzen als ein gemeinsamer Leidzustand dieser sehr verschieden gearteten Erkrankungen. Hierzu zählen: **Kopf-, Zahn-** und **Nerven**schmerzen, **Migräne** sowie die **Trigeminusneuralgie**. Ebenso werden das Raucherbein und **Hämorrhoiden** dazugerechnet. Die Pflanzenheilkunde besitzt zwar einerseits Substanzen gegen schwerste Schmerzzustände wie etwa das Opium und seine Abkömmlinge, hat aber weniger Wirkstoffe bei leichten bis mittelschweren Schmerzzuständen anzubieten. Heilpflanzen können zum Beispiel die Durchblutung anregen, um auf diese Weise die Beschwerden zu lindern. Arnika, Wacholder und Bilsenkraut haben sich nicht nur im Rahmen der Volksmedizin, sondern auch auf fundierter Basis ärztlicher Erfahrungen bewährt.

Arnika

Arnika ist ein Wundkraut und wurde bereits von Sebastian Kneipp wegen seiner schmerzstillenden Eigenschaften gelobt.

Die alkoholische Arnikatinktur sollte auf die schmerzenden Bereiche bedarfsgerecht verteilt werden.

Eisenkraut
Umschläge aus dem Brei der blühenden Sproßspitzen wirken bei Schwellungen und Gelenkschmerzen.

Gänseblümchen
Der Brei aus den Blüten und Blättern des Gänseblümchens gilt bei schmerzenden Wunden als sehr geeignet, die Beschwerden zu lindern. In Kompressen einwickeln und auf die schmerzende Stelle legen.

Königskerze
Bei Schmerzen, die von Hämorrhoiden, Furunkeln und Ekzemen ausgehen, gelten Abkochungen (Verhältnis 5:100) von Königskerzenblüten als geeignet. Das Dekokt kann für Waschungen, Teilbäder oder getränkte Umschläge genutzt werden.

Rosmarin
Äußerlich angewandt wirkt Rosmarin mit seinen ätherischen Ölen als gutes Schmerzmittel bei Muskel- und Rheumaschmerzen sowie bei steifem Hals. Das ätherische Öl ist überall erhältlich.

Silberweide
Bei Schmerzen (Hautentzündungen, Rheuma, Muskelschmerzen) ist die Weidenrinde ein bewährtes Mittel. Wenn die Säfte im Aufsteigen sind, wird die Rinde von den jüngeren Zweigen abgeschält. Die Rinde wird im Verhältnis von 5:100 abgekocht, und das Dekokt kann anschließend für Bäder und Packungen genutzt werden.

Thymian
Thymiantee wirkt schmerzstillend und krampflösend. Bei Koliken, Menstruationsschmerzen, Bauchschmerzen und Unterleibskrämpfen werden die blühenden Sproßspitzen im Verhältnis von 2:100 aufgegossen. Zwei Tassen täglich genügen.

Schnupfen (siehe Erkältungskrankheiten)

Schwangerschaft

Der weibliche Körper ist auf die Belastung einer Schwangerschaft eingestellt. Viele Frauen fühlen sich im Verlauf der neun Monate besonders wohl. Manchmal verschwinden sogar **Hauterkrankungen, Kopfschmerzen, Migräne** sowie Gelenkbeschwerden, und die psychische Verfassung ist glänzend, während andere unter folgenden Gesundheitsproblemen leiden:

- häufiges **Erbrechen** in den Morgenstunden, Schwindelgefühl und Benommenheit
- Schwellungen und Wasseransammlungen an Füßen, Händen, Gelenken und um die Augenlider
- Beschwerden im Brust- und Bauchbereich
- anhaltende **Kopfschmerzen**
- häufiger Harndrang und **Blasenbeschwerden**, zuweilen verfärbter, mitunter auch blutiger Urin

Zur Linderung des morgendlichen **Erbrechens** sollte noch vor dem Aufstehen etwas Brot oder ein Keks, auch ein Stück Banane langsam gekaut werden. Manche Frauen schwören auf eine gut gewürzte Fleisch- oder Gemüsebrühe, andere lutschen ein Stück Eis und begegnen damit der aufkommenden Übelkeit.

Vielfach hilft tiefes Ein- und Ausatmen und das Recken und Strecken, wie es eine Katze tut. Oberstes Gebot ist, nur vom Arzt verordnete Medikamente einzunehmen. Viele Präparate wie Schlaf-, Kopfschmerz- und Abführmittel, verschiedene Medikamente gegen Reisekrankheit, aber auch Nikotin und Alkohol gefährden das Ungeborene. Pro Jahr werden in Deutschland mindestens 2500 von Alkohol geschädigte Babys geboren. Sie mußten im Mutterleib mittrinken und sind dann ein Leben lang gezeichnet. Raucht die Mutter während der Schwangerschaft, bringt sie ein leichtgewichtiges Baby zur Welt und riskiert eine vorzeitige Geburt. Statt Medikamenten aus der Retorte können Naturheilmittel in Absprache mit dem behandelnden Arzt hilfreich sein. Die Verordnung ist immer vom jeweiligen Befinden der Frau abhängig. Deshalb wird an dieser Stelle auf Ratschläge verzichtet. Regelmäßige Bewegung, eine abwechslungsreiche und kalorienreduzierte Nahrung mit einem guten Angebot an Vollkornprodukten sowie Salat, Obst und Gemüse stabilisieren die Gesundheit und halten die Gewichtszunahme im normalen Rahmen. Außerdem wird der Verstopfung und **Hämorrhoiden**bildung vorgebeugt. Bei ernsthaften Komplikationen sollte stets der Arzt umgehend zu Rate gezogen werden. Zu solchen Komplikationen zählen unstillbares **Erbrechen**, vorzeitige **Blutungen** und sogenannte Schwangerschaftstoxikosen (Vergiftungen). **WICHTIG:** Wer glaubt, die Naturheilmittel seien sanft und in jeder Lebenslage hilfreich, wird gerade in der Schwangerschaft eines besseren belehrt! Folgende pflanzliche Mittel sind während der Schwangerschaft zu meiden:

Heilpflanzen, die in der Schwangerschaft ungeeignet sind:

Aloe (Aloe vera)
Bärentraube (Arctostaphylos urva-ursi)
Enzian, gelber (Gentiana lutea)
Liebstöckel (Levisticum officinalis)
Muskatnußbaum (Myristica fragrans)
Rhabarber (Rheum palmatum)
Rosmarin (Rosmarinus officinalis)
Safran (Crocus sativus)
Senna (Cassia angustifolia)
Silberweide (Salix alba)
Wacholder (Juniperus communis)

Sodbrennen

Wenn es in der Speiseröhre brennt und kratzt und das nach einem fetten, stark gesüßten oder sauren Essen, handelt es sich um Sodbrennen. Meistens sind dafür Diätfehler verantwortlich und der Betroffene nimmt an, daß sein Mißempfinden Folge eines übersauren Magensaftes oder vermehrter Magensaftbildung sei. In der Mehrzahl der Fälle handelt es sich um das genaue Gegenteil und eher um eine krankhafte Gärung bei zu geringem Gehalt des Magensaftes an Salzsäure. Vielfach vergeht das Sodbrennen bei einer Ernährungsumstellung von selbst. Es kann aber ebenso Zeichen einer beginnenden Magenerkrankung sein, das unbedingt ärztlicher Abklärung bedarf. Neben dem Genuß von Kamillentee kann ein roher geriebener Apfel, etwas Zwieback oder trockenes Weißbrot das quälende

Sodbrennen vertreiben. Es gibt außerdem weitere Hilfen aus der Grünen Apotheke.

Kamille
Bei Sodbrennen und lästigem Aufstoßen wirkt Kamillentee wahre Wunder. Herkömmlicher Kamillentee, je nach Bedarf getrunken, reicht vollkommen aus. Nebenwirkungen sind nicht zu befürchten.

Tausendguldenkraut
Neben seiner magenstärkenden Wirkung kann das Tausendguldenkraut auch bei Sodbrennen Abhilfe schaffen. Dafür wird ein Aufguß der blühenden Sproßspitzen empfohlen (Verhältnis 1:100 – eine Tasse vor den Mahlzeiten)

Weinrebe
Der regelmäßige Verzehr frischer Weintrauben (oder deren Saft) gilt als geeignete Vorbeugungsmaßnahme gegen Sodbrennen.

Sonnenbrand

Es hat sich hinlänglich herumgesprochen: Wer sich nicht ausreichend geschützt übertrieben lange der intensiven Sonnenbestrahlung aussetzt, wird nicht nur braun, sondern auch rot und schadet seiner empfindsamen Hülle. Obwohl das Risiko eines Sonnenbrands nicht erst seit Bekanntwerden des Ozonlochs eine Rolle spielt, werden die Schattenseiten überreichlichen Sonnenbadens in allen Medien bekannt gemacht. Wenn allerdings ein leichter Sonnenbrand auftritt, kann so mancher Hinweis aus der Naturheilkunde wertvoll sein, denn die pflanzlichen Heilmittel besitzen hier einen traditionell bekannten Wirkungsbereich.

Johanniskraut
Äußerlich angewandt wirkt Johanniskraut bei Verbrennungen der Haut lindernd und heilend. Waschungen oder Auflagen mit getränkten Kompressen werden mit einem Aufguß (Verhältnis 5:100) vorgenommen.

Karotte
Die Karotte und alle weiteren orangen, roten, grünen und gelben Gemüse- und Obstsorten versorgen den Körper mit dem Zellschutzstoff Beta-Carotin und weiteren lebenswichtigen

Pflanzenfarbstoffen. Wer sich ohne Sonnenbrand den Freuden des Sommers hingeben möchte, sollte reichlich von diesen natürlichen Wirkstoffen zu sich nehmen. Es gibt außerdem Carotin-Kapseln. Den äußerlichen Sonnenschutz können sie jedoch nicht ersetzen.

Roßkastanie

Das in der Roßkastanie enthaltene Aesculin ist Bestandteil zahlreicher Salben gegen Sonnenbrand. Da es auch die Fähigkeit besitzt, ultaviolettes Licht zu absorbieren, lohnt es sich, nach entsprechenden Präparaten zu fragen.

Zitronenbaum

Die Behandlung ist zwar etwas brutal, aber dafür um so wirksamer. Auf die durch Sonnenbrand geröteten Hautpartien wird vorsichtig frischer Zitronensaft geträufelt. Das Vitamin C trägt dazu bei, daß sich die Haut rasch regeneriert (nach der Behandlung sollte keine fett- sondern feuchtigkeitsspendende, kühlende Creme aufgetragen werden.

Sportverletzungen (siehe auch Stauchungen und Prellungen bzw. Wunden)

Übermüdung, Überschätzung und Überlastung zählen zu den häufigsten Ursachen für Verletzungen im Freizeitsport. In den vergangenen fünf Jahren verletzten sich allein 2,4 Millionen Wintersportler und für 3,9 Millionen endete im gleichen Zeitraum ein Hand-, Fuß- oder Volleyballspiel in der Praxis eines Arztes. Viel unfallträchtiger als allgemein angenommen ist das Radfahren. Bei der so harmlos anmutenden Beschäftigung verunglückten in den zurückliegenden Jahren 2,4 Millionen Hobbysportler. Niemand muß um Gesundheit und Wohlergehen beim Sport und Bewegungstraining bangen, wenn die Betätigung dem Lebensalter und den persönlichen Fähigkeiten entsprechend geplant wird. In besonderem Maße sind die Betreiber von Fitness-Studios aufgefordert, ihrer Sorgfaltspflicht zu genügen. Bei bestimmten Risiken wie **Herz-Kreislauf**-Beschwerden, Übergewicht, **Rückenerkrankungen** sowie **Allergien** und **Atemwegsstörungen** sollte vor regelmäßiger sportlicher Betätigung der Rat des Arztes eingeholt werden. Nach jüngsten Untersuchungen handelt es sich neben Muskelkater meistens um Blutergüsse, Muskelzerrungen und Bänderdehnungen sowie Quetsch- und Rißwunden. Während Befunde wie Tennisarm, Golfellenbogen, Joggerknie und Surferknoten unbedingt in ärztliche Behandlung gehören, sind die leichten bis mittelschweren Sportverletzungen mit sanften Heilweisen und vernünftiger Lebensführung durchaus in den Griff zu bekommen.

Muskelkater

Gänseblümchen

Der frische Saft des blühenden Krautes mit etwas Weingeist vermengt, wird als Einreibung bei Muskelkater und Muskelschmerzen in die betreffenden Bereiche massiert.

Majoran

Häufig wird der Majoran bei Muskelkrämpfen und Muskelkater eingesetzt. Hierfür werden die blühenden Sproßspitzen im Verhältnis von 5:100 aufgegossen. Dieser Aufguß kann direkt auf die schmerzenden Glieder gegeben werden.

Sehnenentzündung

Fichte und Weißtanne

Gelenks- und Sehnenentzündungen durch sportliche Überlastungen werden mit ätherischem Öl je nach Bedarf eingerieben. Da Fichte und Tanne hinsichtlich ihrer Heilwirkung identisch sind, können beide Pflanzen verwendet werden.

Stauchungen und Prellungen

Im Haushalt und im Berufsleben, bei Tätigkeiten in der Freizeit oder auch im Straßenverkehr kann man sich Prellungen, Stauchungen und Quetschungen durch Stoß, Schlag oder einen Sturz zuziehen. Jedoch sollten nur leichte Verletzungen dieser Art der Selbstbehandlung überlassen bleiben. Jede besorgniserregende Beeinträchtigung sollte vom Arzt begutachtet werden. Aufgrund von Stoß, Schlag oder Sturz kommt es zu Blutergüssen und Platzwunden. Damit eine schwere Platzwunde ohne störende Narbenbildung glatt verheilt, sollte sie vom Arzt versorgt und unter Umständen auch geklammert oder genäht werden. Dagegen sind Schürfwunden an Ellenbogen, Schienbein und Knie meistens flächig, aber nicht tief. Alltägliche Prellungen und Quetschungen gehören zu den Verletzungen, die nicht nur blaue Flecken herbeiführen, sondern anfänglich auch sehr schmerzhaft sein können. Da durch äußere Beeinträchtigungen Blutgefäße aufreißen, entsteht auch in den unteren Hautschichten ein Bluterguß. Er zeigt die typischen Regenbogenfarben, bevor er nach einiger Zeit wieder verschwindet. Viele Mittel aus der Grünen Apotheke haben sich bei leichteren Stauchungen und Quetschungen bewährt.

Arnika
Bei Blutergüssen infolge von Prellungen oder Verstauchungen ist Arnika ein bewährtes Mittel. Hierfür wird eine Alkoholtinktur empfohlen (der zerkleinerte Wurzelstock wird dabei im Verhältnis von 10:100 in 70%igem Alkohol eine Woche lang angesetzt), die über getränkte Umschläge aufgebracht wird. Die Umschläge sollten mehrfach täglich gewechselt werden.

Bohnenkraut
Aus der Zeit, in der Badehäuser für die Gesundheit zuständig waren, stammen auch die Empfehlungen für Bohnenkrautbäder (eine Handvoll Droge reicht aus). Sie eignen sich bei Verletzungen, wundgelaufenen Füßen, zum Abschwellen von Prellungen und der Förderung des Heilungsprozesses bei leichteren Wunden.

Johanniskraut
Johanniskrautöl ist ein vorzügliches Einreibungsmittel bei Verrenkungen und Verstauchungen. Auch bei Ischias und Hexenschuß kann neben der äußerlichen Anwendung das Johanniskrautöl auch innerlich (10-15 Tropfen auf einen halben TL Wasser – nicht auf Zucker!) angewandt werden.

Kamille
Seit Generationen wird die wohltuende Wirkung der Kamille als Badekraut erwähnt. Bei allen schmerzenden, durch Überlastung und Sport auch geschwollenen Gelenken wirkt ein Kamillenabsud (Verhältnis 500 g : 5 L Wasser – 10 Minuten ziehen lassen und danach abseien) im Vollbad wahre Wunder.

Meerrettich
Seine deutlich desinfizierende Wirkung macht ihn zu einem geeigneten Mittel zur Säuberung von Wunden und anderen Verletzungen. Meerrettichumschläge sind jedoch recht schmerzhaft.

Ringelblume

Äußerlich angewandt beschleunigt die Ringelblume die Wundheilung. Daher empfiehlt sich die Heilpflanze bei allen äußeren Verletzungen von Schnittwunden bis hin zu Verbrennungen. Es gibt verschiedene Salben auf Basis der Ringelblume. Darüber hinaus können auch die abgekochten Blüten (Verhältnis 6:100) für getränkte Kompressen oder Waschungen genutzt werden.

Schafgarbe

Die wundheilende und entzündungshemmende Wirkung der Schafgarbe wird zum Reinigen und Desinfizieren kleinerer Wunden und Abschürfungen genutzt. Hierfür werden die blühenden Sproßspitzen im Verhältnis 10:100 aufgegossen. Anschließend kann der Aufguß für Waschungen oder zum Tränken von Kompressen genutzt werden.

Sterilität

Früher wurde angenommen, daß Unfruchtbarkeit oder Sterilität in erster Linie ein weibliches Problem sei. Bei etwa 40% der Paare mit Kinderwunsch, die vergeblich auf Kinder warten, werden auch beim Mann Fruchtbarkeitsstörungen festgestellt. Die Ursachen sind mannigfaltig. Sie können hormoneller, konstitutioneller oder anatomischer Natur sein. Außerdem kommen psychologische und biochemische Faktoren hinzu. Es ist heute selbstverständlich, beide Partner zu untersuchen.

Sterilität der Frau

Fälle von relativer Sterilität sind häufiger anzutreffen als absolute. Und bei der Frau sind zwei Drittel aller Störungen der relativen Sterilität zuzuordnen. Sie beruhen auf Veränderungen an den weiblichen Geschlechtsorganen. Dies können angeborene Defekte oder auch infektiöse Prozesse sein. Eine Entzündung der Eileiter kann zu deren Verschluß führen. Regelstörungen sind häufig die Folge entzündeter Eierstöcke, die dann das Einnisten der Eizelle behindern. Funktionsstörungen der Schilddrüse, Hirnanhangdrüse und der Nebennieren können eine Sterilität zur Folge haben. Die Periodenblutung bleibt aus und deshalb kann eine ordnungsgemäße Eireifung nicht stattfinden. Die sanfte Medizin bietet einige Substanzen an, die hilfreich und ordnend eingreifen.

Quitte

Die Ärzte der Antike verordneten bei sexuellen Problemen Medikamente, die den Bauch und Unterleib wärmen sollten. Es waren Quitte und Ingwer. Heute scheint man von dieser Vorstellung nicht mehr sehr viel zu halten. Aber alles, was die Durchblutung anregt (wie Sport und Bewegung), sollte in diesem Fall genutzt werden.

Rosmarin

Der Kräuterpfarrer Kneipp empfahl bei der Unfruchtbarkeit der Frau den Rosmarinwein. Dabei werden 70 g Rosmarinblätter in einem Liter Weißwein vier Tage lang angesetzt und anschließend durchgefiltert. 3 Gläschen davon werden pro Tag empfohlen.

Sonnentau

Aus der Volksheilkunde stammt der Hinweis, daß sich der Sonnentau bei Unfruchtbarkeit der Frau anbietet. Dabei ist der auch in der modernen Volksheilkunde gebräuchliche Aufguß zu empfehlen (Verhältnis 1:100 – zwei Tassen täglich). Übrigens: In Finnland wird der Sonnentau gegen die Sterilität der Frau in anderer Form angewandt. Man legt das Heilkraut in Milch und bringt diese zum Gerinnen. Die Sauermilch besitzt für einige Wochen Haltbarkeit und wird täglich eßlöffelweise eingenommen. Diese Art der Herstellung gelingt in Mitteleuropa nicht. Als Grund werden bestimmte Mikroben angenommen, die standortbedingt dort im Sonnentau vorkommen.

Sterilität beim Mann

Sterilität beim Mann beruht auf Impotenz oder mangelnder Spermaqualität. Hier sollte die Untersuchung der Samenflüssigkeit mit Hilfe des Spermiogramms Auskunft geben. Die körperliche Untersuchung sollte sich neben der Diagnose von Allgemeinstörungen auf Anomalitäten im Bereich der Geschlechtsorgane richten. Die häufigsten Ursachen der Unfruchtbarkeit sind heute eine Strahlenschädigung der Keimdrüsen. Auch eine Überhitzung kann Sterilität zur Folge haben. Ein Verschluß der Samenwege, Infektionen oder Erkrankungen der Prostata sowie Störungen bei der Spermienproduktion sind die häufigsten Ursachen der Unfruchtbarkeit. Obwohl in ausreichender Menge gebildet, können die Samenfäden unreif, fehlerhaft geformt oder unfähig sein, sich richtig fortzubewegen. Auch im Falle einer normalen Spermienbildung mit herabgesetzter Menge sinkt die Wahrscheinlichkeit einer Befruchtung.

Übrigens: Eine Fülle der angebotenen Präparate nutzt nur dem Hersteller, und deshalb ist Vorsicht geboten. Ein Gespräch mit dem Hausarzt oder Facharzt für Urologie ist allemal sinnvoller.

Kalmus
Aus der Volksheilkunde ist der Hinweis bekannt, daß bei beginnenden Potenzstörungen Kalmus helfen könne. Dazu werden 20 g Kalmuswurzeln in einem Liter Apfelmost angesetzt. Hiervon solle man eine Woche lang täglich einen viertel Liter zu sich nehmen.

Sellerie
Aus den Wurzeln des Selleries wird ein ätherisches Öl gewonnen, das als nervenstärkend gilt und die durch Krankheit verlorene Sexualkraft des Mannes neu zu beleben vermag. Hiervon sollte man zweimal täglich 6-8 Tropfen mit Wasser vermischt zu sich nehmen.

Stillen

Muttermilch ist nach wie vor das Beste für den Säugling. Sie enthält alle notwendigen Nährstoffe in idealer Zusammensetzung und passt sich den Bedürfnissen des Neugeborenen an. Auch wenn die Muttermilch ins Gerede kam, weil sie mit Schadstoffen belastet ist, sollte das nicht davon abhalten, die ersten 6 Lebensmonate des Kindes mit der natürlichsten Nahrung der Welt zu beginnen. Selbstverständlich gibt der Körper mit der Muttermilch viele Nährstoffe an das Baby weiter. Deshalb sollte die Ernährung der Frau reichlich Vitamine, Mineralstoffe und Spurenelemente, weniger ein Plus an Energie anbieten. Außerdem sollten mindestens zwei Liter Flüssigkeit am Tag in Form von Mineralwasser, Obst- und Gemüsesäften sowie ungesüßten Kräuter- und Früchtetees getrunken werden. Heilpflanzen unterstützen den gesunden reichlichen Milchfluß und gelten auch dann als hilfreich, wenn das Stillen nach und nach eingestellt werden soll.

Förderung des Milchflusses

Anis

In der Volksmedizin wird stillenden Müttern ein reichlicher Genuß von Anis empfohlen, da er die Milchbildung fördern soll. Der Anistee (Aufgußverhältnis 1:100) gilt als empfehlenswerte Anwendungsform.

Dill

Es ist schon lange bekannt, daß die Gewürzpflanze gegen Frauenleiden günstig wirkt, und die Milchbildung bei Wöchnerinnen anregt. Diese Annahme ist zwar wissenschaftlich nicht bestätigt, da aber vermutlich die beruhigenden Stoffe teilweise in die Frauenmilch übergehen, sollten stillende Mütter frischen Dill zu sich nehmen.

Geissraute

Die Heilpflanze kann eine klar umrissene Wirkung vorweisen. Sie wird in erster Linie für die Steigerung der Milchproduktion bei stillenden Müttern eingesetzt. Nach Meinung namhafter Kräuterexperten gilt diese Wirkung als eindeutig.

Mönchspfeffer

Der Mönchspfeffer besitzt eine nachweisbare Förderung des Milchflusses. Er gehört zu den pflanzlichen Sexualhormonen und dämpft bei Frauen und Männern das sexuelle Verlangen. Über Dosierung und Anwendung geben der behandelnde Arzt oder Heilpraktiker Auskunft.

Abstillen

Petersilie

In der Volksheilkunde wird Petersilie (die Blätter und Stiele) auf die weibliche Brust gelegt, um den Milchfluß einzudämmen.

Salbei

Ohne jegliche Nebenwirkungen kann Salbeitee bei entsprechender Dosierung die Milchproduktion langsam unterbinden und damit das Abstillen in Gang setzen. Aufgüsse der Salbeiblüten werden gewöhnlich im Verhältnis von 2:100 aufgegossen. Täglich eine Tasse reicht aus.

Stoffwechselstörungen

Alle chemischen Umsetzungsprozesse im Organismus wie die Aufnahme von Sauerstoff aus der Atemluft, die Vorbereitung und Verdauung der Nahrung für die Aufnahme der unterschiedlichen lebenswichtigen Nährstoffe in 60-100 Billionen Körperzellen, das Ausscheiden von Schlackenstoffen, auch das Wachstum und der fortwährende Umbau von Zelleinheiten gehören in das gigantische Unternehmen: Stoffwechsel. Laufen alle Auf-, Ab- und Umbauprozesse in ausgewogener Balance, werden gleich viel Elemente in Form von Nahrung aufgenommen und als Stoffwechselendprodukte abgegeben. Dann spricht man mit Fug und Recht von einem Stoffwechselgleichgewicht. Bei der Verbrennung der Nährstoffe wird im Körper Energie (Wärme) frei, Sauerstoff verbraucht und Kohlendioxid abgegeben. Durch exakte Messungen einer oder aller dieser Größen, erhält man ein Maß des Gesamtstoffwechsels. Bei der Diagnose von Erkrankungen, die auf Stoffwechselentgleisungen beruhen, ist dieses Untersuchungsmoment von höchstem Wert. Mineralsalze, Vitamine, Enzyme und Hormone greifen in das Unternehmen Stoffwechsel ein und steuern und begleiten ungezählte Abläufe. Körperliche Arbeit, sportliche Betätigung, Kälte und Gemütsbewegungen regen den Stoffwechsel vermehrt an. Zu den hauptsächlichen Stoffwechselstörungen und -entgleisungen zählen Fettleibigkeit und **Diabetes**. Die Grüne Apotheke hält zahlreiche Wirkstoffe bereit, die den Stoffwechsel zu einer rascheren Gangart anregen, ihn stabilisieren und wieder beleben.

Bärlauch

Seine reinigenden und harntreibenden Eigenschaften machen den Bärlauch zu einem guten „Stoffwechselbeschleuniger". Seine Wirkstoffe entfalten sich am besten, wenn der oberirdische Teil der Pflanze im Verhältnis von 3:100 in 70%igem Alkohol angesetzt wird. 15 Tropfen auf ein Zuckerstück gegeben, werden nach den Mahlzeiten eingenommen. Außerdem ist frischer Bärlauch eine Bereicherung des Speisezettels im Frühling und kann beispielsweise Salaten und Suppen beigegeben werden.

Brennessel

Stoffwechselschlacken im Körper sind noch keine Krankheit. Aus ihnen kann sich aber eine ganze Reihe ernster Organleiden entwickeln. Es empfiehlt sich, mindestens ein- bis zweimal im Jahr zur Reinigung und Entschlackung eine Brennessel-Kur von drei Wochen einzuplanen. Der frisch gepresste Saft (oder wahlweise auch Brennesseltee) aus den Blättern tut gute Dienste.

Estragon

Estragon kann die Funktionen des empfindlichen gestörten Magens wieder in gewohnte Bahnen lenken. Dies gilt insbesondere bei einem Mangel an Magensäure, bei Blähungen und inneren Gärungsprozessen.

Gänseblümchen

Zur Frühlingskur eignet sich ein Tee (Verhältnis 2:100 – eine Tasse auf nüchternen Magen) aus Gänseblümchen. Außerdem kann man frische Blüten auf den Frühlingssalat geben.

Kalmus

Mit seiner appetitanregenden und verdauungsfördernden Wirkung eignet sich der Kalmus zur Förderung von Stoffwechselprozessen. Als Aufguß (Verhältnis 2:100 – eine Tasse nach den Mahlzeiten) entfaltet diese Heilpflanze ihre reinigende Wirkung auf schonende Weise. Wegen des bitteren Geschmacks sollte man den Aufguß mit etwas Honig süßen.

Knoblauch

Man kann vieles heimlich tun – die Schule schwänzen, mit dem Briefträger flirten oder sein Geld nach Luxemburg transferieren – nur eines nicht: Heimlich Knoblauch essen. Er gilt als eine der ältesten Heilpflanzen der Welt, und man nimmt an, daß er vor mehr als 5000 Jahren bereits seine stärkenden und krankheitsvorbeugenden Eigenschaften unter Beweis gestellt hat. Seine reinigende Wirkung auf den gesamten Magen-Darm-Trakt dürfte der Schlüssel zum Verständnis seiner Heilwirkung sein. Knoblauch wirkt durchblutungsfördernd, gefäßschützend, antibakteriell und cholesterinsenkend. Allerdings nur in wirksamer Dosis! Dafür müßte man täglich zwischen 30 und 100 Gramm frischen Knoblauch essen. Erst dann ist eine Besserung vieler Leiden festzustellen. Es gibt Präparate mit standardisierten Mengen, die ihren Preis in der Gesundheitsvorsorge durchaus wert sind.

Liebstöckel
Die Wurzeln dieser Heilpflanze fördern die Harn- und Gallensekretion ebenso wie die Schweißabsonderung. Auch der körpereigene Wasserhaushalt wird durch die Einnahme von Präparaten auf der Basis des Liebstöckels angeregt. Dabei wird die zerkleinerte Wurzel im Verhältnis von 3:100 aufgegossen. Zwei Tassen pro Tag reichen aus.

Löwenzahn
Medizinisch betrachtet, ist der Löwenzahn eine Stimulanz für den gesamten Zellstoffwechsel. Er regt die Tätigkeit der Leber an, aktiviert die Hormondrüsen und verbessert die Arbeit der Nieren. Zur Vorbeugung von Zivilisationserkrankungen sollte frischer Löwenzahnsaft (aus der Wurzel) kurmäßig jedes Frühjahr eingenommen werden.

Mistel
Bei Bluthochdruck mit Schwindelgefühlen kommt die heilsame Wirkung der Mistel auf das Herz zum Tragen. Man kann die Mistel – ähnlich wie den roten Fingerhut – zur Stärkung des Herzens im Alter nehmen. Mistelkraut wirkt über das Nerven- und Gefäßsystem beruhigend auf den ganzen Organismus ein. Der pflanzliche Rohstoff wird im Verhältnis von 5:100 kalt aufgegossen und etwa zehn Stunden stehen gelassen. Zwei Tassen dieses Kaltauszuges sollte man täglich zu sich nehmen.

Walderdbeere
Die Wurzeln der Walderdbeere wirken reinigend, harntreibend und beugen auf diese Weise der Gicht, Arthritis und Rheumaleiden vor. Das gilt außerdem für Ischias und Steinleiden. Ein Tee aus den Blättern (Verhältnis 5:100) sollte drei- bis viermal täglich getrunken werden (kleine Tasse).

Tiere

Wenn schonend wirksame Heilmittel auf pflanzlicher Basis für den menschlichen Organismus so vielfältige Hilfestellungen anbieten können, die körpereigene Balance wiederherzustellen, dann liegt die Vermutung nahe, daß naturheilkundliche Arzneimittel auch bei Tieren erfolgreich anwendbar sein müßten. Denn auch die Präparate der modernen Veterinärmedizin sind zumeist chemisch erzeugte Nachbildungen pflanzlicher Wirkstoffe. Tatsächlich greift auch die Tiermedizin auf uralte Rezepte aus der Grünen Apotheke zurück, deren früheste Verwendung sich teilweise bis in die Antike zurückverfolgen läßt. Im Unterschied zur Humanmedizin, deren verschiedenen Therapien zumeist ein Dialog zwischen Arzt und Patient vorausgeht, ist die Tiermedizin viel enger an die zu behandelnden Symptome gebunden. Hund oder Katze sind nicht in der Lage, die Art ihrer Verdauungsbeschwerden zu beschreiben. Dennoch können pflanzliche Heilmittel im Sinne einer Erfahrungsmedizin bei klar umrissenen Symptomen sowohl bei Nutz- wie auch bei Haustieren den Heilungsprozeß der Vierbeiner anregen. Einige der Möglichkeiten, Tiere mit Heilpflanzen zu behandeln, werden hier vorgestellt. Doch auch bei den Tieren sollte zuerst der (Tier-)Arzt aufgesucht werden, um in Absprache mit diesem gegebenenfalls pflanzliche Heilmittel einzusetzen:

Alant

Teeabkochungen eignen sich zur Behandlung von Wunden, Verletzungen und Hautkrankheiten (Krätze). Es gibt auch Salben auf Alantbasis.

Anis

Wenn man Tiere mit Anisöl einreibt, kann man sie damit von Läusen, Flöhen und Milben befreien.

Bärlapp

Um bei Haustieren die Unfruchtbarkeit zu beheben, werden 15 Tropfen einer Bärlapptinktur empfohlen, die über einige Monate hinweg verabreicht werden sollte.

Basilikum

Um Bienenstöcke gepflanzt, hilft Basilikum, das Bienenvolk gesund zu halten.

Bockshornklee

Wird der Samen des Bockshornklee dem Futter beigemengt, gibt es gesunde und kräftige Tiere. „Drei Heilpflanzen mit den Anfangsbuchstaben „B“ sollen auf keinem Bauernhof fehlen, Beinwurz, Brennessel und Bockshornklee, Mensch und Tier bleiben gesund!“ In der Tiermedizin wird diese Heilpflanze in der Wundbehandlung sowie bei Ekzemen, Geschwüren, Furunkeln und Krätzen eingesetzt.

Brennessel

Der Tee aus den Blättern der Brennessel hilft Tieren bei Koliken. Außerdem wird geraten, Kühen getrocknete Brennesseln unters Futter zu mischen, um die Milchproduktion anzukurbeln.

Fenchel

Wird der Fenchelsamen dem täglichen Futter untergemischt, kann das bei Tieren, die die Nahrung verweigern, die Freß-Unlust unterbinden.

Frauenmantel

Abgesehen davon, daß Pferde diese Pflanze sehr gern fressen, gilt sie allgemein als gesundheitsfördernd. Darüber hinaus sollten weibliche Tiere nach dem Werfen Frauenmanteltee bekommen, um die natürlichen Abwehrkräfte zu stärken.

Gundelrebe

Insbesondere bei Pferden wird die Gundelrebe eingesetzt, um Stoffwechselendprodukte auszuleiten. Außerdem dienen Abkochungen der Gundelrebe als Waschwasser bei Hautentzündungen von Haustieren.

Isländische Moosflechte

Bei Darmerkrankungen, Koliken und allen Lungenerkrankungen wird diese Heilpflanze benutzt. Außerdem wirkt sich die Isländische Moosflechte bei Verletzungen mit hohem Blutverlust beim Vieh sehr günstig aus. Dabei wird die getrocknete Pflanze als sogenanntes Wundstreupulver angewandt.

Kalmus

Die gepulverte Kalmuswurzel wird in kleinen Mengen gestreut oder in das Futter vermengt, damit schwache Jungtiere kräftiger werden. Mit der Kalmusessenz in Form von Umschlägen kann man bei Hunden und Katzen Wunden und Geschwüre behandeln.

Königskerze

Die Blüten und Blätter in Wasser kurz abgekocht, werden als abgeseihte Brühe hustenden Tieren eingeflößt. Die Wirkung ist schleimlösend und schmerzlindernd.

Küchenzwiebel

Brüchige Nägel und die sogenannte Hufspröde können mit Zwiebelsaft erfolgreich bekämpft werden. Auch bei der Behandlung der Maul- und Klauenseuche hat sich die Zwiebel bewährt. Sie wird gerieben und zwischen die Klauen gegeben. Dort wirkt sie desinfizierend; außerdem sollten das Maul und die Zähne damit eingerieben werden.

Kümmel

Bei Mensch und Tier wirkt der Kümmel blähungstreibend, krampflösend und ist ein gärungswidriges Mittel bei Koliken. Eine leichte Kümmelabkochung belebt den Milchfluß der Kühe.

Melisse

Schon vor rund 2000 Jahren riet der römische Schriftsteller Ovid, Bienen an den heimischen Stock zu fesseln, indem man das Innere des Bienenstocks wie auch die Rahmen und Gerätschaften mit Melissentee wäscht. Durch diese Maßnahme sollen die Bienen gesünder bleiben.

Petersilie

Petersilienfrüchte sind ein ausgezeichnetes Mittel gegen Wurmbefall bei Hunden.

Ringelblume

Salben auf Ringelblumenbasis haben sich bei allen Haustieren zur Behandlung von Geschwüren, Geschwülsten oder offenen Stellen bewährt.

Schafgarbe

Wenn Tiere draußen weiden, enthält ihr natürliches Futter genug Schafgarbe. Sie bietet daher vorbeugend alle Substanzen gegen Blähungen und Krämpfe an.

Sonnentau

Noch heute soll in der ländlichen Tiermedizin der Sonnentau gegen Geschlechtsträgheit bei Tieren verwendet werden.

Wacholder
Die harnfördernde Kraft des Wacholders wirkt sich besonders gut bei Hunden aus. Versuche ergaben die siebenfache Menge eines normalen Tages. Zerdrückte Wacholderbeeren ins Futter gegeben, beleben die Freßlust von Haustieren.

Wermut
Gegen Gelbsucht, Leberschwellung und Harthäutigkeit in Folge eines Leberleidens hat sich Wermut bei Haustieren einen festen Platz in der Behandlung erobert. Bei Krätze, Beulen und Verletzungen wird Wermut als äußerliche Anwendung mit Umschlägen auf die betroffenen Stellen gegeben.

Traditionelle Chinesische Medizin

Präventive und therapeutische Möglichkeiten heute

Die Hauptaufgabe der nunmehr über 5000 Jahre alten traditionellen chinesischen Medizin (TCM) war, Krankheiten zu verhindern. Darum verpflichtete man einen Arzt, der die ganze Familie meistens ein Leben lang in Gesundheitsfragen beriet, und zahlte ihm ein Honorar. Man nahm ihm aber sofort übel, wenn seine vorbeugenden Hilfen nicht von Erfolg gekrönt waren und stellte die Zahlungen ein. Nach altem chinesischem Verständnis galt ein Arzt als unfähig, der für sein medizinisches Handeln auf sichtbare Symptome einer Krankheit wartete. Dieser Standpunkt wurde im legendären Gesundheitsratgeber, dem „Buch von Huang Di“ unmißverständlich dargelegt: *„Arzneien gegen Krankheiten zu verabreichen, die sich bereits entwickelt haben, und Leiden zu behandeln, die bereits zum Ausbruch gekommen sind, ist so, als wolle man einen Brunnen graben, wenn man bereits durstig ist oder seine Waffen erst dann schmieden, wenn der Kampf schon begonnen hat. Kommen diese Maßnahmen nicht auch zu spät?“*

Der nachhaltige Erfolg vorsorgender medizinischer Maßnahmen im alten China beruhte auf zwei einfachen Voraussetzungen:

1. Der praktischen Anleitung des Menschen, wie er mit seiner persönlichen Gesundheitsvorsorge und Hygiene umzugehen hatte.

2. Der Vorstellung, daß der Arzt frühzeitig erkennen mußte, zu welcher Art von Krankheiten seine Schutzbefohlenen neigten, um die individuellen Schwachpunkte rechtzeitig zu erkennen, noch bevor eine Erkrankung überhaupt zum Ausbruch kam.

Zu Punkt 1 zählten gesunde Ernährung, richtiges Atmen und angemessene Bewegung sowie eine geregelte Sexualität und tägliche Vorbeugungsmaßnahmen. Der Lebensstil hatte sich dem Wechsel der Jahreszeiten und dem jeweiligen Wetter anzupassen, damit nach altchinesischem Verständnis die Außen- und Innenwelt des Menschen unter einem optimalen Energiegleichgewicht stehen konnte. Die alltäglichen Vorbeugungsmaßnahmen sollten den Gesundheitszustand stabilisieren, die Vitalität steigern und die Abwehrfähigkeit gegen Infektionen verbessern.

Der jeweilige Stand der Dinge zeigte dem behandelnden Arzt frühzeitig, welche Maßnahmen bei nervösen Störungen, Atemschwierigkeiten, Stimmungsschwankungen und Leistungsschwäche angezeigt waren, um Krankheiten abzuwenden. Dem Arzt ermöglichte die Pulsdiagnose, bestimmte Anomalien und Schwächen der Organtätigkeiten so rechtzeitig zu erkennen, daß sofort Naturheilmittel eingesetzt werden konnten. Waren die durch eine Pulsdiagnose festgestellten Schwächen bestimmter Organe beseitigt, konnte die Behandlung beendet werden. War dagegen keine Besserung möglich, blieb die praktische Präventivbehandlung über Monate oder gar Jahre, zuweilen auch ein Leben lang erhalten.

Von jeher war die Gesundheit der Nachkommen ein besonderes Anliegen der Chinesen. Deshalb zielten die Vorsorgemaßnahmen darauf ab, das Erbgut der zukünftigen Eltern zu stärken. Denn, so glaubte man, robuste junge Menschen bekämen vitale Kinder, die ihr Leben lang weniger krankheitsanfällig und seelisch gesund wären. Wegen des unaufhörlichen Bemühens, das genetische Gut durch gezielte Gesundheitsvorsoge zu verbessern, soll sich das chinesische Volk im Verlauf seiner langen Geschichte durch besondere Zähigkeit und Vitalität ausgezeichnet haben.

Die chinesischen Heilpflanzen

Dank der Millionen Chinesen in aller Welt werden in vielen Ländern chinesische Heilpflanzen angeboten. Welche Pflanzenteile zu therapeutischen Zwecken genutzt werden, ist wie in der westlichen Pflanzenheilkunde unterschiedlich. Außerdem richtet man sich nach ganz spezifischen Wirkweisen, Geschmacksnuancen und Energiequalitäten. Es würde sehr viel Zeit und Geld kosten, diese uralten Wirkweisen der Erfahrungsheilkunde nach westlichen Gegebenheiten und Untersu-chungs-methoden zu erforschen. Es ist bedauerlich, daß der chinesischen Medizin von den westlichen Ärzten noch immer Arroganz und Mißtrauen entgegengebracht wird, denn von der ganzheitlichen Sichtweise des Menschen und wichtiger Früherkennung sowie den Methoden der sanften Heilung könnte heute die ganze Welt lernen! Aber auch gegen chronische Leiden sind chinesische Naturheilmittel geeignet, vorausgesetzt, man bringt genügend Geduld auf. Es ist ratsam, einen qualifizierten Arzt zu konsultieren, der sich mit chinesischer Medizin befasst hat und beispielsweise Akupunktur anwendet. In den meisten Fällen kennt er sich auch mit chinesischen Heilpflanzen aus.

In China werden die traditionelle Medizin des Landes und westliche Heilverfahren erfolgreich miteinander kombiniert. Die Chinesen waren stets aufgeschlossen und um eine Erweiterung ihrer Gesundheitsmaßnahmen bemüht. Deshalb ist das Gesundheitssystem das flexibelste, wirksamste und umfassendste der ganzen Welt. So scheint die Weisheit des Ostens uns auch in Zukunft eine Nasenlänge voraus zu bleiben. Die Zusammenarbeit zwischen Ost und West könnte vielversprechend sein und es ist an der Zeit, daß westliche Ärzte ihre Überheblichkeit ablegen, sonst könnte ihre Arroganz als Fahrlässigkeit ausgelegt werden. Auch deutsche Patienten sollten das Recht haben, chinesische Heilweisen anzuwenden, wenn diese als sanft gelten und den westlichen eindeutig überlegen sind.

Alang-Alang-Gras (Imperata cylindrica)

Übelkeit oder Erbrechen, Husten aufgrund trockener Lungen, Blut in Speichel und Harn werden durch die fiebersenkenden, entwässernden, harntreibenden, blutstillenden und die Schleimhaut schützenden Wirkungen gemindert. Die stark blutstillende Wirkung führt bei frischen Wunden zu sofortiger Blutgerinnung, verhindert Blutergüsse und sogar innere Blutungen.

Alant, asiatischer (Inula britannica)

Bei übermäßiger Schleimbildung und Husten, Übelkeit, Erbrechen und Aufstoßen wirkt die Heilpflanze schleimlösend, hustenlindernd und brechreizhemmend.

Bocksdorn (Lycium chinense)

Die Pflanze wirkt hustenstillend, fiebersenkend und abkühlend bei Hitzeüberschuß in den Lungen, Asthma, Husten und Blut im Harn. Die frische Pflanze senkt Blutdruck und Blutzuckerspiegel.

Brucea (Brucea javanica)

Bei chronischer Amöbenruhr, bei Malaria und Hühneraugen wirkt das Heilmittel stark antiseptisch gegen Amöben, Darmparasiten, Malariaerreger und lindert Infektionen der Vagina.

Chrysantheme (Chrysanthemum morifolium)

Sie wirkt fiebersenkend, verbessert die Sehkraft und hat abkühlende, beruhigende und blutdrucksenkende Eigenschaften. Sie lindert Kopfschmerzen und Fieber sowie Schwindel und Schwellungen aufgrund von Leberentzündungen. Auch bei Bindehautentzündung hat sich die Chrysantheme in Form von Aufgüssen bewährt. Innerlich und äußerlich wird sie gegen Abszesse angewandt.

Drachenaugenbaum (Euphoria longan)

Bei Herz- und Milzerkrankungen, Herzklopfen, Unruhe und Schlaflosigkeit, Schwäche und Müdigkeit durch Anämie wirkt das getrocknete Fruchtfleisch des Drachenaugenbaums ausgleichend, herzstärkend, verdauungsfördernd und optimiert die Blutbildung. Die Heilpflanze hat sich als blutstillendes Mittel zur äußerlichen Anwendung bei Wunden und Verletzungen bewährt.

Edelraute (Artemisia capillaris)

Auf Magen, Leber, Gallenblase und Milz wirkt die Edelraute entwässernd. Das heißt, bei den Auswirkungen von Feuchtigkeitshitze-Überschuß. Die Pflanze ist ein wirksames Mittel gegen **Gelbsucht**. Sie fördert die Produktion von Gallensaft.

Engelwurz, chinesische (Angelica sinensis)

Bei Regelbeschwerden, sowohl zu lang anhaltender als auch ausbleibender Regelblutung, schmerzenden Wunden und traumatischen Verletzungen, rheumatischen Beschwerden und Schmerzen im Bauch nach der Geburt wirkt diese Heilpflanze kreislaufstärkend, schmerzstillend, sedativ, laxativ und menstruationsfördernd. Sie ist das wichtigste Heilmittel der TCM gegen menstruationsbedingte Störungen.

Enzian (Gentiana macrophylla)
Ein weiteres Mittel mit antirheumatischen, fiebersenkenden und schmerzstillenden Fähigkeiten ist der Enzian. Er wirkt auch bei verspannter Muskulatur und Gelbsucht.

Froschlöffel, gemeiner (Alisma plantago-aquatica)
Bei Schwierigkeiten beim Wasserlassen, Schwellungen, Durchfall, trübem Harn und Scheidenausfluß wirkt der Froschlöffel entwässernd, harntreibend und abkühlend.

Gewürznelke (Syzygium aromaticum)
Bei Erbrechen und Aufstoßen, Nierenstörungen und Scheidenausfluß wird die Gewürznelke angewandt. Sie ist ein beliebtes Mittel gegen übermäßiges Aufstoßen. Nelkenöl ist ein ausgezeichnetes Lokalanästhetikum und außerdem übt die Gewürznelke einen kreislaufstärkenden Einfluß auf den Organismus aus. Bei akuten Zahnschmerzen kaut man eine Gewürznelke.

Ginseng (Panax ginseng)
Bei schwachem Puls und Energiemangel, Sodbrennen, Bluthochdruck, Schlaflosigkeit, Herzklopfen und Diabetes wird Ginseng verabreicht. Er wirkt sich sowohl auf den Blutdruck als auch auf den Blutzuckerspiegel positiv aus und optimiert bei Frauen und Männern die Produktion von Sexualhormonen.

Hanf (Cannabis sativa)
Abführend, hustenlindernd, antiseptisch und antidotisch wird der Hanf eingesetzt. Dies gilt insbesondere bei Verstopfungen aufgrund von Flüssigkeitsmangel, vor allem bei älteren Patienten und nach Entbindungen. Die männlichen Blüten der Pflanze verwendet man bei Menstruationsstörungen, das Harz der weiblichen Blüten ist leicht giftig und beeinflußt das Nervensystem.

Haselwurz (Asarum sieboldii)
Hilft bei allen Arten von Erkältungen sowie bei Fieber und **Kopfschmerzen** einschließlich akuter **Zahnschmerzen**. Haselwurz hat sich bei der Beseitigung von Abszessen im Mund bewährt.

Ingwer (Zingiber officinale)
Die für uns als Gewürzpflanze interessante Substanz wirkt wärmend, schleimlösend, magenkräftigend und verdauungsfördernd. Außerdem hemmt sie den **Brechreiz**. Die frische Wur-

zel verwendet man gegen **Erkältungen**, **Übelkeit** und Magenstörungen, **Durchfall**, schwachen Puls und bei Fischvergiftungen.

Kampferbaum (Dryobalanops aromaticus)

Seine Inhaltsstoffe wirken krampflösend, fiebersenkend, schmerzstillend und wiederbelebend. Bei **Ohnmacht**sanfällen und **Krämpfen** eignet sich der Kampferbaum. Zur äußerlichen Anwendung hat er sich bei Bindehautentzündung, der Behandlung von **Erfrierungen**, Ringelflechte, Furunkeln und Abszessen bewährt.

Krotonölbaum (Croton tiglium)

Bei akuter Verstopfung, Schwellungen und weiteren Formen der Wasseransammlung sowie bei **Atembeschwerden** aufgrund von Schleimansammlungen und zur Heilung von Abszessen wird der Krotonölbaum verwendet. Die Pflanze ist äußerst giftig und enthält das stärkste aller Abführmittel. Deshalb sollte dieses Arzneimittel nur gelegentlich und in kleinen Dosen innerlich angewandt werden. Zur äußeren Anwendung bei Abszessen, Eiterbeulen und Furunkeln ist das aus den Samen gewonnene Krotonöl wirksam.

Losbaum (Clerodendrum trichotomum)

Die Pflanze wirkt antirheumatisch bei Arthritis, aber gleichzeitig auch bei Hautjucken durch übermäßige Feuchtigkeit und **Bluthochdruck**.

Lotus (Nelumbo nucifera)

Die Pflanze wirkt fiebersenkend und kühlend bei Sommerhitze-Erkrankungen, Druck auf der Brust und im Kopf sowie bei starkem Durst und spärlicher Harnausscheidung. Die Samen dieser Heilpflanze verwendet man gegen **Schlaflosigkeit** und **Durchfall**, die Staubgefäße wirken vorbeugend gegen verfrühte Ejakulation.

Magnolie (Magnolia officinalis)

Bei Erkrankungen des Magens, der Milz, der Lungen und des Dickdarms hat sich die Magnolie bewährt. Sie lindert den **Brechreiz**, wirkt verdauungsfördernd, nimmt das Druckgefühl in Bauch und Brust und ist bei übermäßiger Schleimbildung in den Atemwegen und daraus entstehender Kurzatmigkeit geeignet.

Mandarine (Citrus reticulata)

Die Inhaltsstoffe der Mandarine wirken verdauungsfördernd, magenkräftigend, schleimlösend und hustenlindernd. Außerdem hemmen sie den Brechreiz. Bei Schmerzen und Druckgefühl im Bauch, **Übelkeit**, **Erbrechen**, **Sodbrennen** sowie Druck auf der Brust, Keuchhusten und übermäßiger Schleimabsonderung wird diese Heilpflanze eingesetzt. Die weißen Fasern der Schale wirken besonders stark schleimlösend und hustenlindernd.

Maulbeerbaum, weißer (Morus alba)
Bei **Husten**, **Kopfschmerzen** und **Erkältungen** sowie Schwellungen und Augenschmerzen wirkt der weiße Maulbeerbaum ebenso schleimlösend wie bei **Asthma**, Bronchitis und **Husten**.

Meerträubchen (Ephedra sinica)
Bei Erkältungen, Fieber, Bronchialasthma und Heuschnupfen stimuliert das Meerträubchen die Atmung, wirkt schweißtreibend, entwässernd und fördert die Harnsekretion.

Notoginseng (Panax notoginseng)
Schmerzstillend und kreislaufstärkend kann Notoginseng außerdem gefährliche Blutgerinsel auflösen. Die Pflanze wird in der TCM bei Bluthusten, Nasenbluten und traumatischen Verletzungen eingesetzt. Das äußerst wirksame Mittel kann bei starken **Blutungen** in großen Dosen unbedenklich angewandt werden

Pfeilwinde (Aristoloachia debilis)
Bei unregelmäßiger Atmung, Bronchitis und **Asthma**, chronischem **Husten** und Blut im Auswurf hilft die Pfeilwinde.

Schilf (Phragmites communis)
Neben der kühlenden Wirkung auf Magen und Lungen wirkt dieses chinesische Heilmittel fiebersenkend und bei Schleimhautreizungen sowie **Erbrechen** und **Husten**, bewältigt dickflüssigen Schleim. Die Pflanze wird als Gegenmittel bei Lebensmittelvergiftungen, insbesondere durch Meeresfrüchte verwendet.

Schlangengurke (Trichosanthes kirilowii)
Bei Husten aufgrund übermäßiger Hitze in den Lungen, Schleimbildung und Verstopfung durch Trockenheit im Darm

hat sich die Schlangengurke bewährt. Sie löst den Schleim, erweitert die Bronchien und hat emollientische sowie laxative Fähigkeiten. Die Wurzel wirkt fiebersenkend und fördert außerdem die Milchproduktion.

Schnurbaum, japanischer (Sophora japonica)
Jüngste Untersuchungen zeigen, daß sich der japanische Schnurbaum zur Behandlung von **Venenerkrankungen** wie Krampfadern sehr gut eignet. Bei Blut im Stuhl und blutenden **Hämorrhoiden**, zu lang andauernder Regelblutung und Nasenbluten hat sich die Pflanze bewährt. Neuerdings wendet man die Blüten auch zur Senkung des **Blutdrucks** und zur Kräftigung der Blutgefäßwände an, weil sie deren Durchlässigkeit verhindern können.

Seide, japanische (Cuscuta japonica)
Bei Nierenstörungen und Impotenz, vorzeitiger Ejakulation, Ohrensausen, Blasenschwäche, Hexenschuß, Scheiden**ausfluß** und verschwommenem Sehen durch Leberstörung wird diese Pflanze angewandt. Sie ernährt Knochen, Sehnen und Knorpel, tonisiert die Leber und verbessert die Sehkraft.

Süßholz (Glycyrrhiza uralensis)
Die meist verwendete chinesische Heilpflanze wirkt tonisierend und fiebersenkend, antidotisch und schleimlösend, lindert Schleimhautreizungen und stillt Schmerzen. Süßholz wird bei Magenstörungen, **Blutarmut** und Energiemangel, Abszessen, Halsschmerzen und Angina, **Husten**, **Asthma** und akuten Schmerzen im Bauchraum verordnet. Außerdem hat sich diese Heilpflanze bei Pilzvergiftungen und Magengeschwüren bewährt.

Sumach, chinesischer (Rhus chinensis)
Bei chronischem **Durchfall**, übermäßiger Schweißbildung aufgrund von **Lebererkrankungen**, blutenden **Hämorrhoiden** und Samenausfluß aus der Harnröhre ohne sexuelle Erregung haben sich die Blätter und Stengel dieser Heilpflanze bewährt. Sie wirkt sehr stark adstringierend und hier insbesondere auf Lungen und Dickdarm. Ihre fiebersenkende und blutstillende Wirkung hat sich in der TCM seit Jahrtausenden bewährt.

Thuja (Thuja orientalis)
Die Heilpflanze besitzt blutstillende, adstringierende, fiebersenkende und menstruationsfördernde Eigenschaften. In der TCM

werden mit Thuja alle Arten von **Blutungen** behandelt. Die Samen der Pflanze verwendet man bei **Schlaflosigkeit**, Herzklopfen und **nervösen Störungen**. Zur Herstellung eines Haarwuchsmittels legt man die frischen Blätter sieben Tage lang in eine 60 %ige Alkohollösung. Die so entstandene Tinktur reibt man dreimal täglich auf die kahlen Stellen.

Yamswurzel (Dioscorea hypoglauca)
Bei trübem Harn, Harnröhrenentzündung, Scheiden**ausfluß** sowie steifen Gelenken (Kreuz und Knie) und schmerzenden Muskeln wirkt die Pflanze entwässernd, harntreibend und beseitigt sogenannte „Wind-Feuchtigkeits"-Symptome.

Zypergras (Cyperius rotundus)
Bei Druck auf der Brust, Schmerzen im Brustkorb, Energiestau in der Leber, **Sodbrennen** und **Bauchschmerzen**, Verzögerung der Regelblutung und damit verbundenen Beschwerden hat sich das Zypergras bewährt. Es wirkt ausgleichend auf die Leber, menstruationsfördernd und schmerzstillend.

Thrombose (siehe auch Venenleiden)

Es handelt sich um eine Blutgerinnungskrankheit, d.h. die Bildung eines Blutpfropfes innerhalb der Gefäße (oder Blutadern). Ihre lichte Weite wird verengt oder verschlossen, wenn ein solches Gerinnsel auftritt. Solange es an seiner Stelle bleibt, ist zwar ein Risiko vorhanden, aber schlimm wird es erst, wenn das Gerinnsel mit dem Blutstrom fortgerissen wird. Es können sich eine sogenannte Koronarthrombose oder ein Koronarverschluß bilden. Dieser Zustand führt zu einem Infarkt im Herzmuskel. Bei der Behandlung einer Koronarthrombose setzt der Arzt gerinnungshemmende Medikamente ein.

Von einer sogenannten Thrombophlebitis spricht man, wenn sich ein Thrombus mit einer Entzündung in der inneren Venenwand befindet. Eine Infektion oder Verletzung sowie eine Operation können die Venenwand reizen, was wiederum die Bildung von Blutgerinnseln fördert. Schmerzen an der betroffenen Stelle sind gewöhnlich das erste Anzeichen einer Thrombophlebitis. Die große Gefahr dieser Erkrankung besteht darin, daß sich das Blutgerinnsel von der Venenwand löst und in das Herz und die Lunge gelangt. Hier kann es großen Schaden anrichten, zentrale Blutgefäße verstopfen und sogar zum plötzlichen Tod führen. Auch hier werden gerinnungshemmende Mittel eingesetzt. Zur Vorbeugung von Thrombosen sind folgende Heilpflanzen geeignet.

Honigklee
Honigklee ist ein altes Venenmittel. Er wird ähnlich wie die Roßkastanie verabreicht. Der in ihm enthaltene Wirkstoff Cumarin macht die Wände der Blutadern elastischer. Außerdem verhindert Cumarin die Blutgerinnung und beugt somit Thrombosen vor. Vorsicht: Menschen, die zu Blutungen neigen, sollten über den Wirkstoff Cumarin mit dem Arzt sprechen. Das getrocknete Kraut wird aufgegossen (Verhältnis 5:100). Zwei Tassen täglich reichen aus.

Roßkastanie
Thrombosen, Krampfadern und Venenentzündungen werden mit Zubereitungen aus der Roßkastanie behandelt. Diese stehen in Form alkoholischer Auszüge sowie als Kapseln, Dragées, Salbenzäpfchen und Badezusätze zur Verfügung. Bei der Verwendung von Kastanienpräparaten sind die entsprechenden Hinweise von Seiten des Arztes und auf dem Beipackzettel genauestens zu beachten.

Vegetatives Nervensystem

Wie das zentrale Stellwerk eines großen Bahnhofs, das gleichzeitig ankommende und abfahrende Züge überwacht, wirkt das vegetative, vom Willen unbeeinflußbare Nervensystem. Wenn man auf die natürlichen Lebensvorgänge wie Atmung, Blutdruck, Verdauung und Schlaf mit diesem Vergleich anspricht, ergibt sich daraus ein gewisser Eindruck von den vielfältigen Funktionen des Vegetativums. Es ist der Impulsgeber für den ungestörten Ablauf elementarer Lebensvorgänge und darüber hinaus eine der kompliziertesten Einrichtungen, die Mutter Natur dem Menschen in die Wiege legte. Fühlt sich der Mensch wohl, das heißt in der Balance von Körper, Geist und Seele , dann sind die elementaren Lebensvorgänge nicht spürbar. Das ändert sich, wenn das Vegetativum durch Angst, Ärger, anhaltenden Streß, übermäßige Belastung oder Umwelteinflüsse aus dem Gleichgewicht gebracht wird. Die zentrale

Leitstelle schüttet unverzüglich Informationen aus, die wie Rotlicht im System aufleuchten. Das Wohlbefinden ist dahin, Kopfschmerzen plagen, das Einschlafen will nicht mehr glücken und Herzstolpern, Magendruck, nervöse Unruhe und Verdauungsstörungen weisen darauf hin, daß es mit der Gesundheit hapert. Damit sich aus anfänglich nervös bedingten Entgleisungen keine vegetative Dystonie mit organischen Erkrankungen entwickelt, können sanfte Therapien mit Heilpflanzen im Vorfeld hilfreich sein. Ganz gleich, ob es sich um Kreislaufprobleme, **Kopfschmerzen,** Wetterfühligkeit, Magen-, Darm- oder **Schlafstörungen** handelt – die angemessene Unterstützung gegen Fehlsteuerungen kommt aus der Natur und wirkt aktiv gegen die Folgen von Hektik, Überlastung und Alltagsstreß.

Apfelbaum

Apfelschalentee mit Honig gesüßt ist seit Generationen ein altes Hausmittel zur Nervenberuhigung und für Groß und Klein zu empfehlen.

Baldrian

In der Hetze der Zeit wirkt Baldrian als leichtes natürliches Beruhigungsmittel. Eigentlich sollte man immer ein Präparat in der Tasche haben. Vor allem bei innerer Unruhe kann der Saft frischer Wurzeln – zwei bis fünf Gramm täglich – die verlorengegangene Balance nach und nach wieder herstellen.

Enzian, gelber

Bei Schwächezuständen und Überforderung kann die Wurzel des gelben Enzians zur Kräftigung beitragen. Das Angebot an Gerbstoffen macht diese stärkste Bitterdroge zu einem ausgezeichneten Magentonikum. Die angebotenen Fertigdrogen werden aus Kulturpflanzen gewonnen. Man leistet also der Zerstörung der Umwelt keinen Vorschub.

Salbei

„Was braucht der Mensch zu sterben, wenn Salbei in seinem Garten wächst?“, hieß es im alten Rom. Salbei ist Ausscheidungsmittel, und mit seinem bitteren Geschmack sorgt der Tee für die allgemeine Stärkung der ganzheitlichen Gesundheit. Ein Aufguß aus den Blüten (Verhältnis 2:100) bringt die Heilkräfte des Salbeis zur Entfaltung. Pro Tag reicht eine Tasse aus.

Thymian

Überall dort, wo Organe durch nervlich bedingte Spannung außer Kontrolle geraten, kann der Thymian lindernd eingreifen. Teeaufgüsse der blühenden Sproßspitzen (Verhältnis 2:100 – bei zwei Tassen täglich) genügen, um die ausgleichenden Kräfte des Thymians wirksam werden zu lassen.

Weinrebe

Daß ein Glas Wein durchaus positive gesundheitliche Wirkungen haben kann, ist heute unumstritten. In der Volksheilkunde galt ein Glas Rotwein am Abend als bewährtes Mittel. Er wirkt stimmungsaufhellend und entkrampfend und kann nervöse Unruhe und große Streßanfälligkeit mindern. Außerdem ist Wein, richtig dosiert, ein wirksames Aphrodisiakum und lenkt nach einem Tag voller Streß das Interesse auf die schönen Dinge des Lebens.

Venenleiden

Venenleiden sind alles andere als eine Bagatelle. Läßt man sie unbehandelt, so schreiten sie unaufhaltsam fort und können sogar zu lebensbedrohlichen Komplikationen führen. Oft jahrelang unbemerkt und demzufolge unbehandelt, werden sie regelrecht zur Zeitbombe. 50 bis 80% der Deutschen leiden heute an krankhaften Venenveränderungen. Jede zweite Frau und jeder dritte Mann sind mittlerweile betroffen. 27% der Jugendlichen zwischen 14 und 16 Jahren weisen bereits ernsthafte Venenveränderungen auf und 24% der 18 bis 22jährigen haben Krampfadern und Besenreiser. Weit über zwei Milliarden Mark müssen jährlich für Behandlung, Arbeitsunfähigkeit und Invalidität aufgebracht werden.Venen sind die Blutadern mit Stromrichtung zum Herzen. Sie entsorgen das durch Sauerstoffentzug dunklere Blut, um es erneut mit Sauerstoff aufzuladen. Manche Venen, besonders die unter der Haut gelegenen, besitzen Venenklappen, die den Rückfluß des Blutes verhindern sollen. Diese sind ganz besonders anfällig für Schäden und Überbelastung durch langes Stehen, Sitzen und Übergewicht. Blutadern können sich leicht entzünden, so daß Vorsorge und eine venenfreundliche Lebensweise wie reichliche Bewegung, Abbau von Übergewicht und – wo immer möglich – das Hochlagern der Beine das A und O einer wirksamen Prävention sind. Bei einer chronischen Venenschwäche (auch chronische Veneninsuffizienz = CVI) gehören Kompression und Medikation zur Therapie. Sie wirken in dieser Kombination dem Ödem (Wasseransammlung) erfolgreich entgegen und lindern Schmerzen und Schweregefühl in den Beinen. Bei sommerlichen Temperaturen werden jedoch Kompressionsstrümpfe als Last empfunden (Stauungshitze, Beengungsgefühle). Venenmedikamente aus der Grünen Apotheke bieten sich zur Behandlung an:

Rosmarin
Der Tee (Verhältnis 1:100 – eine Tasse nach den Mahlzeiten) wirkt sich tonisierend auf die Gefäße aus und reguliert damit den gesamten Kreislauf. Diese Wirkung erstreckt sich ebenso auf den Rückfluß des venösen Blutes zum Herzen, der durch die Anregung des Rosmarins gestärkt und stimuliert wird.

Roßkastanie
Die Roßkastanie ist für die Vorbeugung und Behandlung von Venenleiden erste Wahl. Ihre Wirkstoffe zeichnen sich dadurch aus, daß sie die Blutgefäße kräftigen, ihre Spannung normalisieren, deren Durchlässigkeit regulieren und angegriffene oder entzündete Gefäßwände heilen können. Außerdem hilft die Roßkastanie bei geschwollenen Beinen, geplatzten Äderchen (Besenreiser) und kann im Gewebe angesammeltes Wasser ausscheiden helfen. Es stehen zahlreiche Präparate zur Verfügung.

Verbrennungen

Verbrennungen führen zu Schädigungen der Haut infolge von offenem Feuer, heißen oder kochenden Flüssigkeiten, elektrischem Strom, übermäßiger Sonnenbestrahlung sowie der Einwirkung von Röntgenstrahlen. Man unterscheidet vier verschiedene Grade von Verbrennungen:

1. Rötung der Haut (Erythem)
2. Blasenbildung (Brandblase)
3. Tiefgreifender Gewebeschaden (Nekrose)
4. Verkohlung und Zerstörung der Haut durch unmittelbare Einwirkung von Feuer

Bei großflächiger Ausdehnung der Verbrennung besteht grundsätzlich Lebensgefahr! Der extreme Verlust von Flüssigkeit und Eiweißsubstanzen führt durch die Störung der Wärmeregulation im Bereich der verbrannten Körperteile zu Schädigungen des Kreislaufs. Mehr oder minder starke Funktionsstörungen der inneren Organe und hier insbesondere der Leber, Nieren und Nebennieren setzen die Immunkraft des Körpers spürbar herab. Größere Verbrennungen gehören grundsätzlich und umgehend in ärztliche Betreuung. Nur fachkundige erste Hilfe kann dafür sorgen, daß die betroffenen Bereiche weitgehend keimfrei gehalten werden. Zahlreiche kleinere Verbrennungen des Alltags sind mit pflanzlichen Substanzen erfolgreich zu behandeln. Dazu zählen Rötungen und Blasenbildungen der Haut (siehe **Sonnenbrand**) sowie Verbrühungen.

Eibisch
Äußerlich angewandt ist der Eibischwurzelbrei – mit oder ohne Honig – eine sehr schmerzstillende und heilende Auflage bei Brandwunden.

Gundelrebe
Die wundheilenden und zusammenziehenden Wirkstoffe der Gundelrebe eignen sich bei leichten Verbrennungen zur äußerlichen Anwendung. Dabei werden Aufgüsse aus dem pflanzlichen Rohstoff (Verhältnis 5:100) mit Hilfe getränkter Kompressen auf die betroffenen Hautbereiche gegeben.

Hauswurz
Bei Brandwunden hilft eine Hauswurzsalbe nach altem Rezept. In warmes Schweineschmalz wird ausgepresster Blättersaft gegeben, verrührt und stehengelassen, bis die Masse erkaltet ist. Hernach wird sie auf die Wunden gegeben und mit einem sauberen Leinentuch abgedeckt.

Johannisbeere, rote
Wenn das Fruchtfleisch frischer Johannisbeeren auf frische Brandwunden gelegt wird, trägt das zur schnellen Heilung bei. Allerdings kann durch die Säure der Früchte eine Steigerung des Schmerzes hervorgerufen werden.

Klette
Sehr gute Erfolge mit der Salbe von Kletten erzielte Kräuterpfarrer Kneipp. Er verwendete sie vor allem zum Abheilen von

Brandwunden. Die Klettenwurzelsalbe ist leicht hergestellt: Man vermischt den frischen Saft der Wurzel mit reinem Schweinefett zu salbenartigem Brei und gibt diesen vorsichtig auf den betroffenen Hautbereich.

Spitzwegerich

Spitzwegerichblätter heilen auch Brandwunden. Dazu sagte Pfarrer Kneipp: „Einige Spitzwegerichblätter, etwas geknetet und der Saft in die Wunde gepresst, so heilt sie rasch zusammen. Wie mit Goldfäden näht der Spitzwegerichsaft den klaffenden Riß zu und wie sich am Gold nie Rost ansetzt, so flieht den Wegerich jede Fäulnis und faules Fleisch".

Wechseljahre

Die Wechseljahre sind von unterschiedlichen Mißempfindungen gekennzeichnet. Während manche Frauen kaum über Beschwerden klagen, so hat die Mehrzahl Hitzewallungen, Schweißausbrüche, Schlafstörungen und Kopfschmerzen, die außerdem durch Symptome wie Traurigkeit und Niedergeschlagenheit ergänzt werden. Letztendlich ist die Einstellung jeder Frau zum Klimakterium und ihr Verhältnis zum eigenen Körper und Älterwerden von ganz besonderer Bedeutung. Das gilt insbesondere für die subjektive Einschätzung der Beschwerden. Wie das Klimakterium verarbeitet wird, liegt aber nicht immer und ausschließlich in der eigenen Verantwortung. Der Frauenarzt hat eine Reihe von Hilfsangeboten, die sowohl dem Körper als auch der Seele helfen, mit den Beeinträchtigungen dieses Lebensabschnittes besser fertig zu werden. Alltägliche Beschwerden sind mit konzentrierten Wirkstoffen aus der Grünen Apotheke auf natürliche Weise zu behandeln. Für Frauen, die eine Hormontherapie ablehnen, bieten sich zahlreiche pflanzliche Mittel an:

Baldrian

Der berühmte deutsche Naturarzt Hufeland rühmte den Baldrian als bestes Mittel zur Stärkung und Regulierung des Nervensystems. Deshalb wird die Heilpflanze auch bei vielfältigen Störungen des Wohlbefindens in den Wechseljahren empfohlen und mit Erfolg eingesetzt. Der Heilpflanzensaft aus der

Baldrianwurzel ist nach neuesten Erkenntnissen das Mittel der Wahl.

Frauenmantel

In der Volksmedizin wird die heilsame Wirkung von Frauenmantel auf die weiblichen Organe sehr geschätzt und bei allen Frauenleiden – natürlich auch bei Beschwerden in den Wechseljahren – empfohlen. Eine im Verhältnis von 5:100 vorgenommene Abkochung gilt als geeignet (3 TL täglich).

Gänsefingerkraut

Pfarrer Kneipp empfahl das Gänsefingerkraut bei Bauchkrämpfen und Periodenschmerzen. In der Volksmedizin gehört es zu den sogenannten Frauenmitteln und wird gern mit solchen Drogen kombiniert, die in gleicher Richtung wirken (z.B. Johanniskraut).

Wunden

Verletzungen der normalen Hautstruktur und anderer Körpergewebe werden als Wunden bezeichnet. Man unterscheidet unter anderem Schnitt-, Stich-, Biß- und Schußwunden. Jede dieser Verletzungen kann Eintrittspforte für ungezählte Krankheitserreger sein und muß deshalb mit großer Sorgfalt abgedeckt und mit Verbänden versorgt werden. Bei schweren Verletzungen sollte unverzüglich ein Arzt konsultiert werden.

Aloe

Aloe ist in erster Linie als Abführmittel mit zuweilen starker Wirkung bekannt geworden. Der zweite Bereich, in dem die Pflanze wirksam ist, liegt im wahrsten Sinne des Wortes auf der Haut. Das verrät bereits sein volkstümlicher Name: Wundkaktus. Wenn der Saft aus Aloeblättern auf Wunden aufgetragen wird, soll die Heilung beschleunigt werden. Wegen dieser Wirkungen wird Aloe-Extrakt Pflegepräparaten wie Cremes beigegeben.

Arnika

Im Volksmund sprach man von den drei „S", gegen die Arnika stets hilfreich sein soll – Stich, Stoß und Schlag. Pfarrer Kneipp nannte sie zu seiner Zeit Wundkraut, und heute ist die Arnika als beste Heilpflanze gegen Verletzungen aller Art anerkannt.

Die angebotenen Arnikatinkturen werden über getränkte Kompressen und Verbände angewandt. Weiterhin stehen zahlreiche Salben auf der Basis der Arnika zur Verfügung.

Gundelrebe

Die Gundelrebe gilt als Heilpflanze bei Hautabschürfungen, Hautentzündungen und soll die rasche Heilung fördern. Hierfür wird der krautige Teil der Pflanze im Verhältnis von 5:100 aufgegossen und für Waschungen und zum Tränken von Umschlägen genutzt.

Isländische Moosflechte

Die antibiotische Wirkung der Pflanze ist zwar nicht stark ausgeprägt, aber aufgrund ihrer desinfizierenden Eigenschaften eignet sich die Isländische Moosflechte als reinigendes Mittel bei Verletzungen und Wunden. Hierfür wird eine Tinktur genutzt, die mit Hilfe eines Wattebauschs auf die betroffenen Hautpartien gebracht wird.

Ringelblume

Die Ringelblume wird seit dem Mittelalter verwendet. Hildegard von Bingen lobte bereits ihre Heilkraft und empfahl sie bei vielen Leiden. Die Pflanze wirkt reinigend, zusammenziehend und beschleunigt auf diese Weise die Wundheilung. Bei äußerlichen Verletzungen – von Schnittwunden bis hin zu Abschürfungen – leistet die Ringelblume wertvolle Dienste. Als besonders milde Arzneimitteldroge sind Überdosierungen praktisch ausgeschlossen. Es werden Salben und Tinkturen auf der Basis der Ringelblume angeboten.

Wurmerkrankungen

Der Befall mit Würmern ist für Kinder und Erwachsene gleichermaßen unangenehm. Er kann auch ernste gesundheitliche Schädigungen nach sich ziehen. Von den in Europa verbreiteten Wurmarten ist der Madenwurm, auch Springwurm genannt, sehr häufig anzutreffen. Er lebt im Dünn- und Dickdarm, den er häufig verläßt, insbesondere nachts, um am After und seiner Umgebung starken Juckreiz hervorzurufen. Diese Infektion erfolgt meistens bei Kindern durch schmutzige Finger, die in den Mund gesteckt werden (Kratzen der Afterregion im Schlaf, anschließend Finger lutschen). Häufig ist die gesamte

Familie befallen. Es gibt noch eine Reihe weiterer Wurmarten, die sich ähnlich verhalten. Folgende Heilpflanzen eignen sich, Würmer auszuleiten:

Bärlauch (Knoblauch)
Die reinigenden Wirkstoffe von Knoblauch und Bärlauch können auch bei Wurmbefall hilfreich sein. Beide Zwiebelgewächse gibt es als Tinkturen.

Bohnenkraut
Das Universalgenie Bohnenkraut wird bei vielerlei Beschwerden im Verdauungssystem empfohlen und kann auch gute Dienste gegen Würmer leisten. Insbesondere bei Kindern sollte man jedoch mit diesem würzigen Kraut vorsichtig umgehen, da es allergische Reaktionen hervorrufen kann.

Eberwurz
Der auch als Silberdistel bekannte Eberwurz hat seine Wirksamkeit gegen Würmer unzählige Male unter Beweis gestellt. Er wird aber nur noch in der Tiermedizin genutzt. Es ist viel wichtiger, diese gefährdete Pflanze zu schützen als ihre Heilkräfte zu nutzen.

Esche
Aus der Erfahrungsmedizin stammt ebenso, Eschenblättertee (Verhältnis 2:100 – zwei Tassen täglich) als wirksames Wurmmittel zu nutzen. Hier kommt die allgemein reinigende und abführende Wirkung der Esche zum Tragen.

Karotte
Aus der Volksmedizin ist seit jeher bekannt, daß rohe Karotten die Eingeweidewürmer aus dem Darm rasch vertreiben können. Deshalb wird geraten, mindestens eine Woche lang zwei bis drei rohe Karotten täglich zu verzehren.

Zähne

Zahnerkrankungen sind gewöhnlich mit Schmerzen verbunden. In solchen Fällen hilft man sich häufig mit der Einnahme schmerzstillender Medikamente, aber es ist allemal besser, zum Zahnarzt zu gehen. Im übrigen wirkt ein bewährtes Hausmittel bei Zahnschmerzen hervorragend: Man kaut eine Gewürznelke. Hauptursache von Zahnschmerzen ist zweifellos die

Karies. Es handelt sich um die häufigste aller Zivilisationskrankheiten, weil rund 95% der Bewohner westlicher Industrienationen kariöse Zähne haben.

Karies entsteht durch bakterielle Prozesse, die den Zahnschmelz schädigen. Dabei wird das umgebende Zahnschmelzoberhäutchen aufgelockert, entkalkt, und Bakterien und Schadstoffe können ungehindert zum Zahn vordringen. Schrittmacher der Karies ist der übermäßige Verzehr von Süßigkeiten, der meistens schon im Kindesalter beginnt. Außerdem fordert der Verzehr vorgefertigter Industrienahrung die Kauwerkzeuge viel zu wenig heraus. Mangelhafte Zahnpflege tut ein übriges, um Karies und Zahnfleischentzündungen zu provozieren. Die Heilung der Karies ist nicht möglich. So kann der Defekt immer nur mit einer Füllung behoben werden, und der Zahn bleibt weiter den Schädigungen des kariösen Zugriffs ausgeliefert. Der Verlust der Zähne in der zweiten Lebenshälfte steht unter dem Vorzeichen des Zahnfleischschwundes. Auch hier kann Vorsorge der beste Ratgeber sein. Das heißt, mindestens zwei Routinebesuche pro Jahr beim Zahnarzt. Blutendes Zahnfleisch ist meistens ein Zeichen von Parodontitis. Es weist auf die Vernachlässigung der Pflege des Zahnfleisches hin. Hier können eine spezielle Massage sowie die optimale Versorgung mit Vitamin C hilfreich sein. Zahnbeschwerden haben unterschiedliche Ursachen und können mit verschiedenen Substanzen aus der Pflanzenheilkunde wirksam behandelt werden.

Arnika
Arnika ist eine der wichtigsten einheimischen Heilpflanzen. Sie hilft gegen Entzündungen im Mundbereich und eignet sich deshalb zur äußerlichen Anwendung in Form von Tee oder auch Tinktur zum Gurgeln.

Blutwurz
Bei Zahnfleischentzündung und allen weiteren entzündlichen Ereignissen in der Mundhöhle kann die Blutwurz hervorragende Dienste leisten. Für Mundspülungen, Einpinselungen, Gurgeln und Waschungen wird ein Aufguß im Verhältnis von 10:100 aus den zerkleinerten Wurzeln hergestellt.

Bohnenkraut
Entzündungen der Mundschleimhaut wirken sich negativ auf die Zähne aus. Deshalb sollte mit dem Bohnenkraut als Aufguß

des krautigen Teils der Pflanze (Verhältnis 5:100) gegurgelt werden.

Brombeere

Entzündungen und leicht blutendes Zahnfleisch sind mit einer Abkochung aus Brombeerblättern (Verhältnis 5:100) zu lindern. Es bieten sich Mundspülungen und das Gurgeln an.

Odermennig

In der Volksheilkunde wirkt Odermennig bei Zahnfleischentzündungen und allen Beschwerden im Mund- und Rachenraum. Überforderte Sänger nutzen die Heilpflanze, um ihrer Stimme wieder Kraft und Ausstrahlung zu geben. Die blühenden Sproßspitzen werden im Verhältnis 10:100 zum Gurgeln und für Spülungen benutzt.

Nelken

Gewürznelken haben nicht nur ein beeindruckendes Aroma, sie verfügen auch über einen charakteristischen Geschmack. Ihr konzentriertes ätherisches Öl wird in der Zahnheilkunde, insbesondere bei Zahnfleischinfektionen genutzt. Ein altes Hausmittel besagt: Bei akuten Zahnschmerzen soll man auf einer Gewürznelke kauen, um die Beschwerden im erträglichen Maß zu halten (den raschen Besuch beim Zahnarzt können sie trotz ihrer schmerzlindernden Wirkung nicht ersetzen!).

Salbei

Die Heilpflanze mit ihren universellen Wirkweisen ist ein außergewöhnlich gutes Mittel gegen blutendes oder poröses Zahnfleisch, Rötungen sowie kleine Mundgeschwüre und schlechten Atem aufgrund defekter Zähne. Hierfür sind Spülungen mit einem im Verhältnis von 5:100 hergestellten Aufguß der Blüten zu empfehlen.

Teebaum

Der frische Duft einer Mundspülung mit Teebaumöl vertreibt selbst den schlimmsten Mundgeruch und ist in der Lage, wie ein echter Weißmacher für die Zähne zu wirken. Damit aber nicht genug; man kann Teebaumöl direkt auf das Zahnfleisch träufeln und stellt auf diese Weise mit drei Tropfen Teebaumöl auf ein drittel Glas Wasser ein heilendes und desinfizierendes Mundwasser her. Außerdem wird Teebaumöl als schnell wirkendes Lokalanästhetikum auch bei Zahnschmerzen empfohlen. Überdies hemmt es die Ausbreitung einer Vielzahl von Mikroorganismen, von denen allgemein angenommen wird, daß ihnen bei der Bildung des Volksleidens Paradontose im Erwachsenenalter eine Schlüsselrolle zufällt.

Walderdbeere
Wegen ihres Angebots an Gerbstoffen eignen sich Tees aus den Wurzeln und Blättern von Walderdbeeren als Heilmittel gegen gereizte und entzündete Schleimhäute sowie angegriffenes Zahnfleisch in der gesamten Mundhöhle. Der Tee aus jungen Erdbeerblättern ist ein wohlschmeckendes Getränk, das sich selbst als Haustee empfiehlt, weil auch nach größeren Mengen und längerem Genuß keine Nebenwirkungen bei Groß und Klein zu erwarten sind.

Bildnachweis:

IBIS Bildagentur, Bergisch Gladbach: S. I o., W. Trölenberg, u. l., K. Tönges, u. r., W. Layer; S. II o. r., Wisniewski, u. r., R. König; S. III u. r., M. Ruckszio; S. IV m. r., R. König, u. l., G. Pölking, u. r., F. Labhardt; S. V u. r., R. König; S. VI m. r., M. Ruckszio, u. r., W. und. B. Kahl; S. VII u. l., K. Tönges; S. VIII m. und u. l., M. Ruckszio, u. r., F. Labhardt; S. IX m. r., M. Pforr; S. X u. l., W. Layer, u. r., M. Ruckszio; S. XI o. l. und m. l., R. König, u.r., E. Pforr; S. XII u., R. König; S. XIV o. r., Wisniewski, u. l. und u. r., W. Layer, u. m., M. Pforr; S. XV o. l., M. Ruckszio, m. r., Skibbe, u. r., Wisniewski; S. XVI o. r., W. Layer, u. l. und u. r. M. Pforr

Lichtwer GmbH, Berlin: S. V o. r.

Madaus AG, Köln: S. III m.; S. VII o.; S. IX o. l.; S. XII o. l.; S. XIII o. l.

MJR Hamburg, Guido Rückert: S. II o. l.; S. III o., u. l.; S. IV o.; S. V o. l., u. l.; S. VI o., u. l.; S. VII u. r.; S. VIII o.; S. IX u.; S. XI o.r., m. r., u. l.; S. XII o. r., m. r.; S. XIII o. r., u.; S. XIV o. l.; S. XV o. r., u. l.; S. XVI o. l.

Schaper & Brümmer GmbH u. Co. KG, Salzgitter: S. IX o. r.

Sertürner GmbH, Gütersloh: S. II u. l.

ZEFA Visual Media GmbH, Düsseldorf: S. X o., Lange